분단된 마음의 지도

분단된 마음의 지도

2017년 6월 27일 초판 1쇄 찍음
2017년 6월 30일 초판 1쇄 펴냄

지은이 이우영 · 구갑우 · 이수정 · 권금상 · 윤철기 · 양문수 · 양계민 · 김성경
펴낸이 윤철호 · 김천희
펴낸곳 (주)사회평론아카데미
편집 임현규 · 고하영
마케팅 강상희

등록번호 2013-000247(2013년 8월 23일)
전화 02-2191-1133
팩스 02-326-1626
주소 03978 서울특별시 마포구 월드컵북로 12길 17(1층)
이메일 editor@sapyoung.com
홈페이지 www.sapyoung.com
ISBN 979-11-88108-19-0

• 이 저서는 2014년 정부(교육부)의 재원으로 한국연구재단의 지원을 받아
  수행된 연구임(NRF-2014SIA2043571).

분단된 마음의 지도

이우영·구갑우·이수정·권금상·윤철기·양문수·양계민·김성경

사회평론

머리글

2000년의 남북정상회담은 문자 그대로 분단사에서 역사적인 사건이었다. 수많은 사상자가 발생한 전쟁을 경험하였고, 이후에도 크고 작은 충돌과정에서 죽고 다친 사람들이 적지 않았다. 그래서 통일은커녕 평화적 공존도 '희망'에 불과했던 현실에서, 남과 북의 주민들뿐 아니라 탈냉전의 예외지역이었던 한반도를 비관적으로 보았던 나라 밖 사람들에게도 전환의 가능성을 보여주었기 때문이다. 정상회담 이후 과거 경험하지 못했던 남북 간 교류가 활성화되었다. 남한의 학생들은 금강산으로 수학여행을 가는 것이 일상화되었고, 북한의 어려운 현실을 지원하려는 남쪽 사회의 노력도 이어졌다. 공연과 전시 등이 남과 북을 교차하면서 이루어지기도 하였고, 남북이 합작하는 드라마가 제작되기도 하였다. 그리고 한국전쟁 당시 가장 중요한 격전의 공간이었던, 그래서 전쟁이 끝난 이후에도 남북의 최정예 부대가 서로를 겨누었던 개성지역에서는 남북의 노동자들이 어울려서 '생산'을 위해 땀을 흘리기도 하였다. 그러나 화해와 협력의 분위기는 오래가지 못 했고, 남북한 간의 증오와 적대적인 '대치'가 남북을 다시 지배하고 있다. 마치 연애 경험이 없는 남녀보다 실연을 겪었던 남녀가 사랑에 더욱 좌절하듯이 오늘날 남북관계는 오히려 그 어느 때보다 악화되어 있고, 남북한 사람들의 거리감도 그에 못지않게 멀어져 있다.

통일에 대한 이야기들이 대하소설의 양을 채우고도 남을 정도이고, 통일이나 북한에 대한 각종 연구들의 제목만 모아도 시리즈로 출판할 만큼의 양이다. 북한 핵 문제 해결에서 이탈주민의 사회적응에 이르기까지 제안되고 추진된 통일관련 정책들만으로 별도의 자료실을 구축할 정도에 이름에도 불구하고, 통일은 차치하고 불안하지 않은 일상조차 확보하지 못하고 있는 것도 문제지만, 더욱 우울한 것은 이러한 현실이 개선될 전망도 불투명하다는 점이다. 이와 같은 잿빛 현실이 필진들이 의례적인 말이지만 동시에 당연한 말이기도 한 '근본'부터 다시 하나씩 성찰할 필요가 있다는 결론에 도달하게 된 까닭이다. 통일은 진짜 무엇일까? 통일을 남북한 사람들이 바라기는 하고 있을까? 통일을 바란다면 모두가 생각하는 모습은 같을까? 남한과 북한 사람들은 서로를 얼마나 알고 있고, 이들이 생각하는 희로애락은 같을까? 분단이후 나와 이웃들은 어떤 생각을 갖고 상대를 바라보고 있을까? 남과 북이 상대 체제 혹은 사람들을 얼마나 미워할까? 남과 북의 아이들을 같은 교실에서 친구로 사귈 수 있을까? 오늘의 남한과 북한은 하나의 민족이라고 할 수 있을까? 등등.

같지는 않지만 '비슷하거나' '통하기는 하는' 마음을 가진 사람들이 모여 연구를 시작한 것은 위의 문제의식에서 비롯되었다. 많은 문제 가운데 마음의 통합에 관심을 가지게 된 것은 통일이 무엇인가가 중요한 것이 아니라 남북한 사람들이 서로 어울려 지낼 수 있는가에 대한 고민부터 시작하여야 한다는 생각 그리고 서로 어울릴 수 있는가를 알기 위해서는 우선 나(혹은 우리)와 상대방에 대한 올바른 이해가 전제되어야 한다는 생각 때문이다. 남과 북의 분단을 이념적인 차원으로 말하지만 분단과정이 지속되면서 남북의 사람들 사이에 감정, 사고방식, 가치관에서 단절이 깊어졌다. 통일 그리고 통합을 이야기한다면 이러한 것들에 대한 성찰적 분석이 출발점이 되어야 한다. 구체적으로 말하자면 남한과 북한 사람들의 (복합적) 마음들이 어떤 특성을 갖고 있으며 같은 점과 다른 점이 무엇인지를 분석할 필요가 있다는 것이다.

통일과 통합에 대한 현실적인 고민에서 출발하였지만 '남북한 마음통합 연구단'이 갖고 있는 또 다른 차원의 희망은 학문적 차원에서 지금까지의 통일 및 북한 연구를 '업그레이드'하는 것이다. 북한 및 통일 연구들이 거둔 성과들을 인정하면서도 거대담론이나 당위론 혹은 이념적 편향성을 극복하는 것이 학문적 차원에서나 현실문제 해결을 위해서나 필요하다고 보기 때문이다. 단순히 기존에 관심을 못 받았던 영역을 새롭게 연구한다는 것만을 의미하는 것은 아니다. 특별한 북한적 현실(?)을 핑계로 포기되었던 이론과 방법론을 도전적으로 시도함으로써 보편적 수준으로 통일학·북한학이 자리 잡았으면 하는 것이 연구진들의 작지만 동시에 원대한 바람이다.

6년 전에 마음통합 연구단이 결성되어 지난해에 연구성과를 『분단된 마음 잇기』로 출판하였고, 이번에 세상에 나온 책은 두 번째 연구성과이다. 『분단된 마음 잇기』는 남북한 마음이 상호작용하는 공간으로 '접촉지대(contact zone)'에서 남북한 사람들의 마음이 어떻게 만나고, 충돌하고, 협상하는지를 사례별로 연구한 결과물이다. 남북한 마음통합을 위해서는 각각의 마음을 분석하는 것이 일반적이지만, 남북한은 체제와 구조에서 개인들의 생각에 이르기까지 분단체제에서 자유롭지 않은 것처럼, 남북한 마음도 상호연관성을 염두에 두어야 하기 때문에 연구진들은 귀납적 방식으로 분석을 진행하기로 하였다. 즉, 다양한 접촉공간에서 일어나는 남북한 마음의 상호작용 연구에서 출발해 남북한 마음체계를 구성하기로 한 것이고 그 결과물이 『분단된 마음 잇기』라 할 수 있다. 그리고 그 결과물의 토대 위에서 북한의 마음체계를 구성해보고, 남북한 마음체계를 비교한 글들이 중심이 되는 이 책은 다음 단계의 연구 즉, 체제 전환국가의 마음체계 비교로 이어질 것이다.

이 책은 크게 세 부분으로 구성되어 있다. 제1부는 북한 주민의 마음체계의 변화에 영향을 준 '결정적 사건'으로서의 '고난의 행군', 북한 소설가 한설야의 평화의 마음, 북한 속어 '석끼' 담론, 지배권력의 성 담론, 노동계급의 정체성 변화 등 북한의 역사와 문화를 통해 북한의 마음체계에 조금 더 다가가고자 했다. 제2부는 남북한 주민의 물질주의와 개인주의, 북한이탈주민이 다문화집단에 대해 느끼는 현실갈등인식 등의 주제를 통해 북한적 마음에 대한 정량적 접근을 시도했다. 제3부는 '방법으로서의 마음'이다. '마음'을 어떤 실체가 아닌 '방법'으로 취함으로써 우리는 근대적인 이성 중심의 사고에 대해 비판적이면서 동시에 북한 사회에 대한 이해를 다원화할 수 있었다. 제3부는 우선 자기민속지학을 원용하여 '북한이탈주민'이라는 타자와 연구자 주체 사이의 윤리적 관계 맺기의 문제를 적나라하게 드러내면서 시작한다. 이어서 북한 주민의 일상으로서 '생활총화', 북한이탈주민과 남북 여자축구를 함께 관람하는 마주침의 장소를 통해서 북한주민의 마음을 읽어내고자 했다.

북한대학원대학교의 마음통합연구단에 참여한 연구진들에게 감사의 말을 전하고자 한다. 함께 이 책의 집필진으로 참여한 북한대학원대학교 양문수·구갑우·김성경 교수, 덕성여대 이수정 교수, 서울교육대 윤철기 교수, 청소년정책연구원 양계민 박사, 본 연구단의 공동연구원 권금상 박사, 그리고 연구 과정에 참여하여 활발한 토론을 함께 했던 공동연구원 장윤미 박사, 강진연 교수, 전임연구원 최순미 박사, 연광석 박사, 이들 모두의 노력으로 이 책이 세상에 나올 수 있었다. 또한 연구의 원활한 진행을 위해 헌신해 온 최선경, 오승준, 최강미, 김경민, 오주연, 정시형, 김은진, 김민지, 박아람, 정고은에게도 감사의 뜻을 전한다. 아울러 북한대학원대학교의 교직원과 심연북한연구소 연구원의 도움도 적지 않았다. 마지막으로 경제적 이익과는 동떨어진 이 책의 출판을 위해 애써주신 사회평론아카데미의 임현규 선생님과 윤철호 대표께도 심심한 감사의 뜻을 표한다.

남북한 마음통합 연구단장
이 우 영

차례

제3부 방법으로서의 마음

제1부 북한의 역사와 문화를 통해 본 마음

제1장

고난의 행군과 북한 주민의 마음

이우영(북한대학원대학교)

I. 들어가는 말

1. 문제제기

1989년 동구의 국가사회주의가 몰락하고 1991년 소련 연방이 해체되면서 북한은 심각한 체제위기를 겪었다. 북한은 내부적으로는 유일지배체제와 사회주의 산업화의 효율성이 한계를 드러냈으며, 동구 및 소련의 체제전환으로 사회주의 국제시장을 잃었다. 1990년대 초반 잇단 수해로 대규모 아사자와 식량난이 발생하면서 북한 당국은 이를 '고난의 행군'으로 명명했다.[1] 이 사건으로 북한은 정치·사회적으로 큰 변화를 맞았

---

[1]   공식적으로 북한에서는 1996년 신년공동사설에서 고난의 행군을 천명하였고, 2000년에 종료되었다고 하나, 구체적인 시기에 대해서는 다소 논란이 있다(김갑식, 2005: 9). 고난의 행군 기간 동안 사망자가 수백만에 이른다는 주장이 있을 정도였지만, 최근 통계청에 따르면 33만여 명이 사망한 것으로 추산하고 있다(대한민국 통계청, 2010).

다.[2] 정치이념 차원에서 북한 당국은 위기 상황을 극복하기 위해 '선군정치'를 시작했고(김갑식, 2005), 경제적으로 축적기제와 조정기제를 변화시킬 수밖에 없었다(차문석, 2005). 배급이 중단되고 국가의 보호로부터 내팽개쳐진 주민들은 생존을 위해서 시장을 발전시켰다(정은이, 2009). '고난의 행군'은 북한체제 전반에 영향을 미쳤는데 구조적인 차원뿐만이 아니라 사회구성원들도 그 영향에서 벗어날 수 없었다. 북한 주민들은 국가가 보호해주던 안정적인 삶이 파괴되고 주위 사람들이 굶어 죽어가는 모습을 목도하고, 공동체가 해체되는 것을 경험하면서, 일상과 의식의 변화를 겪게 되었다(이무철, 2006: 191-194; 이기동, 2011: 22-24).

본 연구는 이 지점에서 시작한다. 역사적 사건으로의 '고난의 행군'을 '북한 주민의 마음'이라는 미시적 차원에서 접근했다. 건국 이래 북한이 경험한 가장 중요한 역사적 사건은 한국전쟁으로 이후 북한체제의 성격을 규정하는 데 커다란 영향을 미쳤다고 할 수 있다.[3] '고난의 행군' 역시 북한체제와 주민의 마음체계에 다차원적인 영향을 끼쳤다. 이러한 맥락에서 이 글은 '고난의 행군'이 역사적 트라우마로서 어떻게 기억되고 있는가에 주목한다. 이를 위해서 구체적으로 검토할 문제는 다음과 같다. 첫째, '북한 당국은 고난의 행군을 어떻게 기억시키고 있는가,' 둘째, '역사적 트라우마로서 고난의 행군은 북한주민들의 마음체계에 어떤 영향을 미치고 있는가'이다.

---

2   대규모 기근은 다양한 개인화 체제에 다양한 영향을 미치게 되는데, 고난의 행군도 마찬가지라고 할 수 있다(정진선, 2014).

3   한국전쟁이 북한체제에 미친 전반적인 영향에 대해서는 고병철 외(1992) 참조. 특히 사회적 영향력에 대해서는 한성훈(2012)을 참조.

2. 이론적 논의 및 연구방법

북한 주민의 마음체계를 분석하기 위해 살펴 볼 이론적 개념은 '마음의 사회학'개념이다(김홍중, 2014).[4] 그는 마음(heart), 마음가짐(heartset) 그리고 마음의 레짐(regime of the heart)의 개념을 제시하면서 마음은 순수하게 개인의 내적 지평에서 발생하는 현상으로 체험되지만 그것은 마음가짐이라는 공유된 구조의 규제 하에서 작동되고, 동시에 마음의 레짐이라는 사회적 제도의 틀을 통해 구성되는 것임을 논증했다. 또한 마음의 행위능력을 합리성(rationality), 합정성(emotionality), 합의성(volitionality)으로 구분했으며, 마음의 레짐은 이념(ideology), 습관(habitus), 장치(apparatus), 풍경(imaginary)으로 구성된다고 풀이했다. 그는 마음의 레짐의 발생동학을 설명하면서 마음의 레짐은 거시적이고 객관적인 사회구조의 압력이나 중대한 사건에 의해 야기된 '문제들'을 해결할 수 있는 행위 능력의 생산이라는 주요 기능 요건을 충족시키기 위해 발생/지속/진화한다고 보고 있다(김홍중, 2014: 202-203). 그가 생각하는 마음의 레짐 형성과정에서 마음의 레짐은 구조적 압력을 문제로 번역하는 인식론적 틀로 기능하는 것이 된다.

　마음의 레짐 형성을 설명하는 도식이 **그림 1**인데, 이 글에서는 마음의 레짐의 형성과정에서 구조(S(1))로서 '고난의 행군'을 상정하고, 이것이 어떻게 북한주민들에게 입력되어 구성과 재구성의 과정을 겪는지를

4　'북한붕괴론'과 같이 목적론적인 분석이 남한의 북한 연구 분야에서도 여전히 위세를 떨치고 있지만 과거와는 달리 다양한 이론과 방법을 동원하여 북한체제를 다양한 차원에서 연구가 진행되고 있다(양문수·이우영, 2014). 그러나 여전히 북한연구에서 이론적 논의는 상대적으로 충분치 않으며 북한연구의 질적 제고도 지체되고 있다고 할 수 있다. 이러한 맥락에서 김홍중의 이론화가 아직 완성 단계에 이르지 못하고 있더라도 북한연구에 적용해 보는 것도 의미가 있을 것이다.

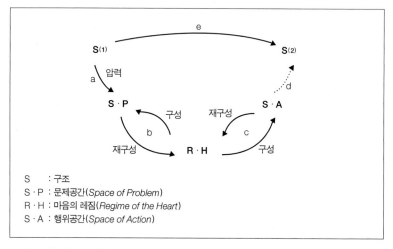

그림 1. 마음의 레짐 설명논리
(김홍중, 2014: 202)

분석하고자 한다. 다시 말해, 위 그림의 왼쪽 측면 즉, a와 b의 차원을 중점적으로 다루고자 한다. 이 부분의 분석을 위해서 다음으로 차용하고자 하는 것은 집단기억(collective memory)과 트라우마(trauma) 개념이다.[5]

알박스(Halbwachs)는 베르그송(Bergson)이 표방했던 '순수기억'의 주관주의를 극복하고 기억을 사회적 현상으로 해석하려고 시도했다. 개인적 기억도 오직 사회적으로 매개됨으로써만 형성될 수 있다는 것이 그의 견해였다. 그는 자신의 논의를 뒷받침하기 위해 뒤르켐의 '집단의식'의 사회학을 수용하여 '집단기억' 이론을 제시했다(전진성, 2003: 108). 그리고 알박스는 문서나 사진 등의 기록에 의해 형성되고 그것을 통해 전달되는 기억을 '역사적 기억'으로 명명했다. 역사적 사건은 시공

5   제프리 K. 올릭(2007) 1장과 알렉산더(Alexander, 2004)를 참조.

간적으로 떨어져 있는 사건이나 업적을 같이 모여 추념하는 기념식이나
전례를 통해서, 아니면 읽거나 듣는 것만으로도 고취된다. 이 경우에는
과거가 사회 제도들에 의해 보전되고 해석되는 것으로 볼 수 있다. 알박
스에 따르면 과거는 사실 전체가 그대로 보존되거나 되살려지는 것이 아
니라 현재를 토대로 재구성되는 것이다. 또한 과거에 행해진 사건에 대
한 현재 시점의 발화(發話)는 과거를 어떻게 보는지를 결정할 뿐만 아니
라 미래의 행위에도 영향을 끼친다. 우리가 과거의 사건을 기억하는 방
식은, 우리가 앞으로 무엇을 할 것인지 그리고 어떻게 살 것인지와 관련
해 매우 중요한 영향력을 갖게 되는 것이다(김영범, 2010: 252-253).

집단 트라우마는 정치, 경제, 규범이나 법 등에서 광범위한 사회적
변화를 유발한다(최윤경, 2014: 78).[6] 또한 가변스러운 기억을 현재가 재
구성하는 경우가 많다(Kim, 2008: 95-96).[7] 역사적 트라우마는 자아 심
리학에서 말하는 트라우마와 근본적으로 다른 양상들을 지닌다. 첫째,
자아 심리학에서 외상 후 스트레스 장애를 앓고 있는 사람들은 사건을
직접 경험하거나 그것을 옆에서 체험한 자들이다. 반면 역사적 트라우
마를 가진 사람들이 보이는 증상은 과거 사건을 직접 경험한 자들에게
만 나타나는 것이 아니라 그것과 아무런 체험적 관련성이 없는 자들에게
서도 나타난다. 둘째, 더 특이한 것은 이들 비경험자가 세대를 넘어 후세
대까지 연장되며 외상 후 스트레스 장애가 세대를 걸쳐 유전된다는 점이

6   9/11 테러의 경우, 미국 사회는 위반 행동에 대한 규제를 통해 집단 구성원들을 위험으로부
터 보호하기 위한 사회적 책임감을 강조하였고, 테러에 의해 야기된 위험감과 집단 불안전
감의 증가와 관련해서 '사회 질서' 규범화가 나타났다. 이와 달리, 허리케인 카트리나 이후
미국 사회는 인종차별 문제, 늑장대응과 피해에 대한 책임 공방 등, 국가적 절망과 막대한
부당함에 직면하였고, 이는 '사회 정의' 동기를 활성화시켰다 (Janoff-Bulman & Sheikh,
2006). 집단기억과 역사적 트라우마에 대해서는 제프리 K. 올릭(2007: 60-64) 참조.
7   김미경(Kim, 2008: 39). 특히 기억하기엔 너무나 힘든 트라우마의 경우, 망각, 부정 또는
왜곡이라는 개체보존의 기능으로 나타난다(McKeena, McKay and Laws, 2000).

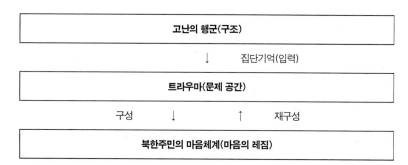

그림 2. '고난의 행군'과 마음체계

다. 셋째, 역사적 트라우마를 갖고 있는 사람들이 개인이 아니라 집단이며 외상 후 스트레스 장애가 한 사회의 이해 불가능한 병리적 현상으로 극단화되어 나타난다는 점이다(김종곤, 2013: 41-42). 따라서 역사적 트라우마로서 '고난의 행군'이 집단기억이 되는 방식을 분석함으로써 북한주민의 마음체계와 변화과정을 이해할 수 있다. 앞서 언급한 김홍중의 마음의 레짐 설명 논리를 바탕으로 고난의 행군과 북한주민의 마음의 관계를 도식화하면 다음과 같다.

기존 연구에서도 '고난의 행군'을 의식과 관련해 조명한 부분이 적지 않았다. 김갑식·오유석(2004)은 고난의 행군이 북한주민들의 정치적 의식, 경제적 의식, 사회문화적 의식 등 세 단층의 변화를 가져왔다고 제시하면서 사회문화적 단층으로는 '이타적인 공적 연대감의 약화', '공적 가족주의의 약화'가 발생했다고 분석했다. 이기동(2011)은 세대의 관점에서 '고난의 행군' 시기 성장한 젊은 세대가 공식문화에서 벗어나고 있으며, 집단의식이나 체제헌신성이 약해지고 있다고 주장하고 있다. 이주철·오유석(2007)은 '고난의 행군'을 거치면서 북한 인민들의 의식과 행동양식이 변화하고 있으며 집단주의가 무력화되고 있으나, 체제가 부과한 이데올로기를 거부하는 수준에는 이르지 못했다고 보고 있다. 문화예술과 관련해 고난의 행군을 분석한 연구들도 적지 않았다. 대표적으로 소설이나 영화에서 고난의 행군을 묘사하는 내용을 분석하거나(임옥규, 2007; 오창은, 2007; 김은정, 2006), 트라우마와 치유의 관점에서 작품을 연구한 것들이다(전영선·권정기, 2013). 고난의 행군을 의식이나 문화적으로 접근한 연구들은 사회변화에 따른 의식체제나 예술작품의 변화를 연관시켜 설명하고 있다는 점에서 의의가 있다. 그러나 '고난의 행군'이라는 구조적 사건이 구체적으로 북한 주민들의 마음과 어떻게 연결되는지 살펴보는 연구는 부족했다.

　기억의 차원에서 본다면 국가와 사회구성원 각각의 주체가 되는 부분으로 나눌 수 있다. '유일지배체제'를 유지하면서 강력한 국가중심의 체제를 유지하고 있는 북한에서는 국가가 기억의 창조와 확산에 중심이 되겠지만 사회구성원들은 주체적인 기억을 생성하고 유지한다고 할 수 있다. '고난의 행군'과 북한주민의 마음체계를 이해하기 위해서는 국가의 기억과 주민의 기억에 대한 검토가 모두 필요하다. 이 글에서는 일차적으로 북한 당국이 고난의 행군을 기억시키는 내용을 알아볼 것이다. 이를 위해서 북한 당국이 생산한 공식문건과 문학예술작품을 분석 대상으로 삼고자 한다.[8]

8　공식문건은 로동신문과 조선중앙통신을 활용할 것이고, 문학예술작품은 2000년대 『조선문학』에 나온 소설 가운데 고난의 행군을 다룬 작품을 분석대상으로 하였다.

II. 국가가 기억하는 '고난의 행군'의 특징

1. 공식문건에 나타난 '고난의 행군'

북한에서 공식적으로 '고난의 행군'을 명명한 것은 1996년 신년 공동사설이다.

> 지난해 우리 혁명의 내외환경은 대단히 어려웠다. 제국주의자들과 반동들은 사회주의보루인 우리 공화국을 고립시키고 사회주의위업을 말살하려고 계속 악랄하게 책동하였다. …(중략)…당과 혁명 앞에 무거운 과업이 나서고있는 오늘 우리 당은 전체 당원들과 인민군장병들, 인민들이 백두밀림에서 창조된《고난의 행군》정신은 제힘으로 혁명을 끝까지 해나가는 자력갱생, 간고분투의 혁명정신이며 아무리 어려운 역경속에서도 패배주의와 동요를 모르고 난관을 맞받아 뚫고나가는 락관주의정신이며 그어떤 안락도 바람이 없이 간고분투해나가는 불굴의 혁명정신이다. 이 정신이 맥박치는곳에 혁명의 붉은기가 높이 휘날리고 사회주의승리 만세의 함성이 힘차게 울리게 된다(「로동신문」, 1996년 1월 1일).

북한의 공식문건은 고난의 행군 시기 경제적 어려움을 제국주의자의 압력 같은 외부적 요인으로 돌렸다. 사회주의 국가의 붕괴와 자연재해와 같은 북한으로서는 불가항력적인 사건들의 결과라는 점도 강조했다.

> 오늘 우리 혁명의 정세는 매우 복잡하고 준엄하다. 여러 나라에서의 사회주의의 붕괴와 그에 따르는 제국주의자들과 반동들의 반사회주의, 반공화국 책동의 격화, 몇해째 계속되는 혹심한 자연재해로 하여 우리 인민은 형

언할수 없는 시련과 난관을 겪으면서 사회주의를 건설해나가고있다(「로동신문」, 1997년 11월 28일).

비록 외적인 요인에서 기인했다고 하지만 고난의 행군이 인민들의 어려운 생활을 초래하고 있다는 점은 북한 당국도 인정하고 있다.

지난해 우리 당과 인민의 투쟁은 자주적 인민의 삶을 계속 누리느냐 아니면 노예가 되느냐 하는 결사전이였다. 여러해째 계속된 《고난의 행군》은 우리에게 있어서 참으로 어려운 시련이였다. 우리 인민은 겹쌓인 난관을 대담한 공격으로 뚫고 우리 식 사회주의 총진군을 힘있게 벌려왔다. 제국주의의 포위속에서, 혹심한 자연재해와 경제적 난관 속에서 단독으로 사회주의를 지키고 주체조선의 존엄을 높이 떨쳐온것은 력사의 기적이다 (『조선중앙년감』, 1999: 487).

최근 몇해동안 우리 인민은 류례없는 시련의 언덕을 넘어 왔다. 90년대 후반기 우리가 벌린 《고난의 행군》, 강행군은 우리 식 사회주의를 지키기 위한 결사전이였다(『조선중앙년감』, 2001: 517).

피눈물로 가득 차고 증오의 불길로 이글거리고 멸적의 총창으로 서리발 치는 그 나날들은 살아 있는 생명체마냥 세차게 박동치며 우리의 심장에 끊임없이 말하고 있다. 6년, 이 나날은 정녕 짧았던가 길었던가(「로동신문」, 2000년 10월 3일).

그러나 고난의 행군의 사명은 어려운 경제사정을 극복하고 동시에 사회주의 체제를 유지하는 건으로 보고 있다.

우리는 지금 시대와 력사 앞에 지닌 성스러운 사명을 스스로 걸머지고 사회주의와 우리의 운명개척을 위하여 영웅적인 《고난의 행군》을 하고 있다. 사회주의를 지켜 영예롭게 사느냐 아니면 사회주의를 버리고 노예로 되느냐 하는 판가리싸움이 우리 앞에 나서고 있다. …(중략)… 위대한 수령 김일성동지의 회고록 《세기와 더불어》(계승본) 7권에는 우리 혁명의 가장 어려운 시기였던 항일의 고난의 행군 참가자들을 높이 평가하신 다음과 같은 교시가 인용되여있다. 《고난의 행군에 참가한 사람들은 모두가 영웅들입니다. 이 행군에 참가한 사람들은 산 사람이건 죽은사람이건 다 영웅들입니다.》 (『조선중앙년감』, 2001: 517).

아울러 북한의 공식문건은 고난의 행군이 주민들에게 경제적인 고통을 안겨줬지만 결국 극복했다고 선언했다. 북한은 이를 '제국주의자에 대한 승리'로 묘사하고 있다.

지난해 우리 당과 인민의 투쟁은 자주적 인민의 삶을 계속 누리느냐 아니면 노예가 되느냐 하는 결사전이였다. 여러해째 계속된 《고난의 행군》은 우리에게 있어서 참으로 어려운 시련이였다. 우리 인민은 겹쌓인 난관을 대담한 공격으로 뚫고 우리 식 사회주의 총진군을 힘있게 벌려왔다. 제국주의의 포위속에서, 혹심한 자연재해와 경제적 난관 속에서 단독으로 사회주의를 지키고 주체조선의 존엄을 높이 떨쳐온것은 력사의 기적이다. (『조선중앙년감』, 1999: 487).

오늘 우리 혁명의 정세는 매우 복잡하고 준엄하다. 여러 나라에서의 사회주의의 붕괴와 그에 따르는 제국주의자들과 반동들의 반사회주의, 반공화국 책동의 격화, 몇해째 계속되는 혹심한 자연재해로 하여 우리 인민은 형언할수 없는 시련과 난관을 겪으면서 사회주의를 건설해나가고 있다(「로동신문」, 1997/11/28).

90년대 우리 나라는 제국주의와의 가장 치렬한 대결장으로 되였다. 우리식 사회주의를 압살하려는 제국주의자들의 책동은 전례없이 강화되였지만 갈수록 궁지에 빠지게 된것은 우리가 아니라 제국주의자들이다(『조선중앙년감』, 2001: 518).

주체89(2000)년에 우리 인민은 위대한 김정일동지를 따라 력사에 류례없는《고난의 행군》, 강행군을 이겨 냈으며 강성대국건설에서 전환을 가져 오고 조국통일의 밝은 전도를 열어 놓은 승리자의 크나큰 긍지와 자랑을 안고 당창건 55돐을 뜻 깊게 맞이하였다(『조선중앙년감』, 2001: 80).

《고난의 행군》은 승리자의 영웅서사시이다. 혁명의 길은 평탄한 길이 아니며 혁명의 승리는 꽃피는 봄처럼 저절로 오지 않는다. 준엄한 폭풍을 헤쳐가는 영웅적투쟁을 혁명이고 값비싼 희생으로 안아오는것이 혁명의 승리이다(「로동신문」, 1997년 12월 12일).

고난의 행군을 극복하는 데 가장 중요한 요소로 사회주의의 기반인 집단주의와 지도자에 대한 헌신을 지적하고 있다.

사회주의는 개인주의에 기초하고있는 자본주의사회와는 근본적으로 달리 집단주의에 기초하고있는 사회입니다. 사람들의 행동의 통일성과 높은 조직성은 집단주의에 기초한 사회주의사회의 본질적특성입니다.(「로동신문」, 1997/12/12)

집단주의는 사회적존재인 사람의 본성적요구입니다. 사람은 사회적집단 속에서만 자기 운명을 자주적으로, 창조적으로 개척해나갈수 있으며 사회 정치적생명을 빛내이면서 보람있는 삶을 누릴수 있습니다.(『김정일 선집 12』, 1997: 9).

오늘의 총진군은 위대한 김정일동지의 령도따라 강성대국건설에서 비약 을 이룩하기 위한 투쟁이고 준엄한 시련속에서 고수하여 온 우리식 사회 주의 불패의 위력을 과시하기 위한 성스러운 투쟁이다.(『로동신문』, 1997 년 12월 12일).

북한의 공식문건에서 고난의 행군을 기억하는 방식은 몇 가지 특징 이 있다.

첫째, 경제적 어려움을 인정하고 있다는 점이다. '고통', '난관'이라 는 표현을 하고 있으며, '형용할 수 없는', '극심한' 등 다소 어조가 강한 형용사도 동원하고 있다. 북한의 공식문건에서 '종파투쟁'과 같이 정치 적 반대세력에 대한 이야기 외에 북한체제 내의 부정적인 내용을 언급하 는 경우가 많지 않다는 점에서 이례적이다. 아사자가 속출하는 등 위기 의 범위가 광범위하고 심각했기 때문이라고 볼 수 있다.

둘째, 위기의 원인을 두 가지 차원으로 구분하고 있다. 하나는 외적 요인으로 제국주의의 압박과 사회주의국가들의 몰락이다. 또 다른 하나 로는 수해와 같은 불가항력적인 요인을 강조하고 있다. 그러나 어떤 경 우든 위기의 책임이 국가에 있지 않다는 점을 주민들에게 설득하고 있 다. 이는 위기의 원인을 외적인 요인으로 돌리면서 내부적인 통합을 위 한 시도라고 할 수 있다.

셋째, 위기의 극복을 위하여 과거의 역사적 경험을 활용하고 있다는 점도 눈에 띈다. '고난의 행군'이라는 용어가 항일투쟁과 천리마 시대에서 비롯된 것이다. 어려웠던 역사와 극복의 경험을 강조함으로써 현재의 위기를 극복하려는 의도로 풀이된다. 미래지향적이거나 합리적인 대안을 제시하기 보다는 과거의 향수를 자극하고 있다는 점에서 설득력을 확보하기에는 한계가 있는 논의 구조라고 볼 수 있다.

넷째, 집단주의를 강조하고 최고지도자에 의존하는 위기극복 담론이 중심을 이루고 있다. 그러나 이례적으로 북한 당국이 인정할 수준의 극심한 식량난임에도 불구하고 위기극복의 대안이 추상적이고 구체적이지 않다는 문제가 있다. 집단주의나 최고지도자에 대한 '결사옹위' 담론은 유일지배체제 성립 이후 지속되었던 것이라는 점을 주목할 필요가 있다. '고난의 행군'의 위기가 유례없는 상황이었다는 점에서 기존의 논의 구조와 차이가 없는 위기 극복 담론이 효용성을 갖는 것은 어려울 수 있다.

2. 예술작품에 나타난 '고난의 행군'

북한 문학예술의 일차적 역할은 정치적 선전선동이다. 로동신문이나 조선중앙방송이 당의 공식적 입장을 천명하는 매체라면 이것을 일반 주민들에게 전달하는 통로는 문예작품이라는 것이다. 다시 말해, 문학예술작품에는 당의 공식입장이 포함되어 있으며 동시에 선전선동의 효과를 제고하기 위해 주민들의 현실이 고려되고 있다.[9] 고난의 행군 시기를 다루는 북한의 문예작품은 국가에 의해 구성된 기억이 '입력'되는 통로이자, 북

---

9   북한 문학예술의 창작의 기본 원칙은 '당성,' '로동계급성,' 그리고 '인민성'인데 인민성은 북한 주민들의 현실에 부합하여야 하고, 주민들의 문화적 취향이 반영되어야 한다. 중요한 것은 기본적으로 작품의 사상성이지만 이것이 주민들에게 받아들여지지 않으면 평가받기 어렵다. 따라서 북한의 예술작품에는 창작 시점의 당의 입장이 포함되어 있지만 동시에 주민들의 입장도 반영되어 있다.

한 주민들의 집단적 기억을 '공유'하는 기능을 수행하게 된다. 이러한 맥락에서 '고난의 행군'은 북한 문학예술작품의 중요한 소재이자 주제였다.

북한의 문학예술 작품에서 드러나는 고난의 행군의 첫 번째 모습은 어려움이다.

《고난의 행군》이 시작되자 우리 학급에도 결석하는 동무들이 나타났다. 학교에 안 오는 친한 동무들을 생각하면 공부도 제대로 되지 않았다. 나는 수업이 끝나면 굶주려 일어 나지 못하는 아랫마을 광윤이나 철삼이들을 찾아 가군 하였다. 《광윤아, 그렇게 맥을 놓으면 래일은 걷기 싫어지고 모레는 일어 서기 힘들고 그것이 계속 반복되면 죽는단 말이야… 죽음이란 간단한거야.…》 나는 마치 기근의 체험자나 되는듯이 이런 말을 하며 억지로 바다에 끌고 나가군 했다(황청일, 2002: 48-49).

《고난의 행군》이 시작되던 어느해 봄이였다. 허기진 배를 달래며 령길에 오른 성녀는 둘째딸 춘실이 내외가 보이지 않는다는 것을 알았다. …(중략)… 마당에 들어 서고 부엌에 들어 서도 인적이 느껴 지지 않았다. 부뚜막이 싸늘하여 가마뚜껑을 열어 보니 맹물만 한바가지 들어 있었다. (이 애들이 아침을 끓이지 못했구나…) 며칠전까지만 해도 칡뿌리를 캐여 가루범벅을 해먹는것을 보았는데 이젠 그것마저 동이 났단 말인가. 방문을 열고 들어 서니 아닐세라 썰렁한 방에 춘실이내외가 누워 있었다. 처녀때처럼 늘 발갓한 홍조가 피여 나던 딸의 얼굴은 누렇게 떠서 부석부석 부어 있었고 사위의 검둥한 얼굴은 두눈이 우멍하게 꺼져 들어 가 있었다(김명진, 2002: 21-22).

우리 어머닌 아버지가 돌아 간 다음 자꾸 앓았어요. 그래두 계속 직장에

나갔어요. 설계가 밀린다구 하면서… 며칠동안은 너무 아파서 직장두 못
나가구 죽두 못 먹었어요. …(중략)… 깊은 밤에 어머니가 너무 심하게
앓아서 사람들이 날 데리러 왔어요. 내가 엄마 죽하구 숙제장을 안구 달려
갔는데… 어머닌 말두 못하구 숨도 쉬지 않았어요. 〈엄마! 내가 왔어. 숙
제를 다 했어. 오늘 5점두 맞았어. 엄마, 죽 먹어.〉하구 암만 말해두 엄만
눈을 뜨지 않았어요. 엄만… 엄만 죽었어요(오광철, 2001: 73).

　공식문건이 추상적인 수준에서 고난의 행군의 어려움을 이야기하고
있는 반면 소설에서는 상대적으로 현실적이다. 학교를 못나오는 아이들,
끼니를 굶고, 굶어 죽는 장면도 나타난다. 심지어 출산을 적극적으로 장
려하는 북한의 정책과 달리 다른 소설에서는 임신이 되어 걱정하는 경우
도 있다.

　큰딸한테서 해산방조를 바라는 편지가 날아 왔을 때 안해는 한숨을 섞어
가며 푸념을 늘어 놓았었다.《원 셈평들이 없지. 아이도 때를 보아 가면서
낳는거지 이건 아무 때나 덜썩…》…(중략)… 나는 안해의 푸념에 할 말
을 찾지 못하고 편지를 밀어 놓았다. 미상불 반갑기는 해도 난감한 일이
아닐수 없었다. 한끼 때식이 새삼스러운 때에 햇찹쌀은 어디서 나며 꿀은
무슨 수로 구하겠는가(김홍철, 2000: 33).

　굶주림의 고통과 더불어 고난의 행군을 다루는 문학작품에서 자주
등장하는 것은 자연재해의 실태에 대한 이야기이다.

　비는 보름이 넘도록 쏟아졌다. 늙은이들도 난생 처음 본다는 장마비가 어
제 저녁부터는 폭우로 변하여 바께쯔로 쏟아붓듯 퍼부어댔다. …(중략)…

이상한 예감이 들어 자리에서 일어나 창문으로 밖을 내다본 그는 깜짝 놀랐다. 제방을 넘어선 황토색강물이 농장밭들을 삼켜버리고 영배네 터밭으로 밀려들고있었다. 탁아소소장을 하는 어머니가 물참봉이 되여 뛰여들었다. 나서자란 정든 집과 가산이 순식간에 물속에 잠기는것을 보는 영배의 가슴은 아팠다. 그들 모자는 다급히 밖으로 나와 허리를 치는 물결을 헤치며 산쪽으로 향했다. 산기슭에 아담하게 들어앉은 림산마을이 물속에 잠기고있었다(김순철, 2008: 58).

자연재해는 물리적 피해를 주는 것을 넘어 지역사회의 해체로 이어지고 있음을 보여주기도 한다.

아버지와 함께 일하던 사람들은 이젠 마을에 별로 없다. 특히 최근《고난의 행군》을 하면서 세상을 많이 떠나갔다. …(중략)… 불안한 밤이였다. 영화나 텔레비죤련속극에서처럼 번개가 번쩍거리고 우레가 으르렁거렸다. 밤중에 바께쓰로 쏟아 붓는 무더기비가 내리기 시작하였다. 새벽녘에 무섭게 범람한 소동천이 염소우리들을 밀어 내기 시작했다. 2층건물에는 새로받아온 새 품종이 있었다. 마지막 두 마리를 채 안아 내오지 못했는데 집의 한쪽 모퉁이가 무너지기 시작했다. 아버지는 사람들이 만류했으나 다시 2층으로 달려 들어 갔다. 마지막 염소를 그러안은 채 아버지는 그만 밖으로 나오지 못하였다. 집이 통째로 무너졌던 것이다(황청일, 2002: 50-51).

소설과 더불어 영화에서도 고난의 행군 시기를 다루는 방법은 동일하다. 2000년 조선예술영화촬영소에서 제작하고, 2001년 개봉한 예술

영화 「자강도사람들」이 대표적이다.[10] 발전소 건설과정에서 자강도 사람들이 겪은 문제를 정면으로 다룬 영화로서 먹을 것을 찾아 벌판을 헤매다 죽은 주인공 송만호가 고난의 행군의 어려움을 단적으로 드러낸다. 영화에서도 어려움을 구태여 숨기려 하지 않는다. 영화는 폭풍한설이 몰아치는 영상 위로 "하룻밤 자고 나면 또 어디에서 사람들이 쓰러졌다. 또 어느 공장이 멎어버렸다. 뼈를 깎아내는 듯한 아픔이 온 나라를 휩쓸고 있는데…"라는 내레이터의 목소리가 처절하게 흐르면서 시작한다. 「자강도 사람들」에서는 고난의 행군 시기 자강도 주민들의 어려운 삶이 고스란히 녹아 있다. 굴진작업을 하는 광부들에게 주어진 식사는 옥수수 알갱이 40알과 멀건 죽 뿐이었고, 대체식량으로 나온 것은 풀뿌리, 니탄 덩어리였다. 먹지 못해 쓰러지고, 약이 없어 죽음을 기다린다.[11]

영화는 북한의 다양한 예술장르에서도 정치적으로 가장 중요한 장르다. 특히 「자강도 사람들」은 '고난의 행군'을 다루고 있는 예술작품 가운데서도 큰 차이가 있다.[12] 즉, 「자강도 사람들」은 고난의 행군과 관련된 북한 당국의 공식적 담론을 대변한다고 볼 수 있는데, 소설과 마찬가지로 결핍과 죽음 등을 현실성 있게 보여주고 있다.

고난의 행군을 다루는 북한의 예술 작품들이 북한 주민의 생존 문제를 비교적 현실적으로 보여주고 있지만 동시에 위기 극복이라는 긍정

---

10   북한에서는 김정일이 직접 영화제작을 지도하였다고 할 정도로 중요한 영화로 평가받고 있다(『조선문학예술연감(2002)』, 2003: 53~54). 자강도 사람들의 줄거리에 대해서는 한국영화데이터베이스를 참조.
      http://www.kmdb.or.kr/vod/vod_basic.asp?nation =F&p_dataid =24664#url
11   항일투쟁 시기를 제외하고 북한영화에서 굶어 죽는 사람이 나온 것도 처음이다(전영선·권정기, 2013: 207).
12   「자강도 사람들」 외에도 「추억의 노래」나 「민족과 운명: 어제 오늘 그리고 래일편」 등 '고난의 행군'을 다룬 북한 영화가 여러 편이 있지만 최고지도자가 관심을 보이고 평론이 집중된 영화는 없다.

적인 결과로 마무리한다. 이 과정에서 위기 극복의 방안으로 제시되는 것이 '강계정신'이다. 강계정신은 김정일이 1998년 자강도를 현지 지도한 것을 계기로 시작된 구호이다(「로동신문」, 1998/2/16). 강계정신은 크게 '수령절대 숭배의 정신', '결사관철의 정신', '자력갱생·간고분투의 정신', '혁명적 낙관주의 정신'으로 구성된다. '수령절대숭배의 정신'은 자기 영도자만을 굳게 믿고 받드는 것을 의미하며, '결사관철의 정신'은 김정일의 경제건설 구상과 의도를 실현키 위해 투쟁하는 정신이다. '자력갱생·간고분투의 정신'은 자신의 힘을 믿고 자기 단위의 살림살이를 자체로 꾸려나감을 의미한다. '혁명적 낙관주의 정신'은 사회주의 미래에 대한 믿음과 희망을 잃지 않는 것을 의미한다.[13] 고난의 행군 시기를 대표하는 작품인 「자강도 사람들」의 지역적 배경으로 자강도가 선택된 것은 자강도가 척박한 곳이면서 수해 피해가 컸던 까닭에 식량문제가 심각했기 때문이다. 또 강계정신을 부각시키기 위한 의도라고도 볼 수 있다.

「강계정신」은 불멸의 향도 시리즈의 소설이다(리신현, 2002). 이 작품에서도 불이 들어오지 않아 난간을 잡고 아파트를 올라가기 때문에 계단의 숫자를 알게 될 정도라고 묘사하면서 심각한 전력난을 그대로 드러내고 있다. 꽃제비가 생겨날 정도의 가족해체도 현실에 바탕을 두고 재현되었다. 그러나 보다 중요한 것은 최고지도자의 '영도'아래 자력갱생으로 위기를 극복한다는 메시지다. 자력갱생과 헌신 그리고 절대충성으로 요약할 수 있는 강계정신과 이를 토대로 한 위기극복은 「자강도 사람들」이나 「강계정신」 외의 작품에서도 마찬가지이다.

위대한 장군님께서 구상하신 강성대국 건설은 그누구의 도움이나 방조를

---

13 통일부 북한정보포탈. http://nkinfo.unikorea.go.kr/nkp/term/viewNkKnwldgDicary. do?pageIndex=1&koreanChrctr=&dicaryId=1 (검색일: 2015.8.11).

바라고 하는것이 아닙니다. 자력갱생으로 강성대국을 건설하는것입니다.
모든 일군들은 자기 맡은 단위와 초소들에서 자기 몫을 찾아야 합니다. …
(중략)… 물론 사람들은 지칠대로 지쳤습니다. 하지만 수소폭발과 화학시
약에 취하여 쓰러졌다가도 다시 일어나 현장을 떠나지 않은 그들입니다
(김광남, 2000: 77).

여러사람이 앞을 막아섰으나 그는 발길을 돌리지 않았다. 《나는 이 광산
을 다시 복구하기 전에는 절대로 죽지 않소. 나에게는 그럴 권리가 없단
말이요.》…(중략)… 마침내 그들은 그처럼 불가능하게 생각되던 광산복
구를 두달남짓한 기간에 완전히 끝내고 다시 생산의 동음을 울리게 되었
다(김우경, 2005: 63).

북한의 예술작품과 공식문건은 고난의 행군 시기 주민들의 어려운
삶을 조명하고, 그들을 독력함으로써 정치적 통합을 강조하고 있다. 그
러나 몇 가지 차이점도 발견된다.

첫째, 예술작품에서는 고난의 행군의 실질적 어려움을 사실적으로
묘사하고 있다는 점이다. 아사, 가족의 해체, 교실의 붕괴 등 고난의 행
군 시기 북한 주민들이 실제로 겪었던 문제들을 있는 그대로 담고 있다
는 것이다. 이러한 차이는 정치적 성명이나 사설과 같은 공식문건과 문
예작품이라는 매체의 차이에서 비롯됐다. 다시 말해, 공식 문건은 선언
적인 성격을 띠며 추상적이고 원칙을 표출하고 있다. 반면 분량의 제한
이 없는 문학예술 작품은 직접적으로 주민들을 설득하는 일이 목적이다.
이는 사회주의적 사실주의와 주체사실주의를 창작이론으로 삼고 있는
북한 문학예술의 특성과도 무관하지 않다. 현실 적합성을 강조하는 사실
주의 원칙으로 인해 고난의 행군 시기 어려움을 있는 그대로 그리고 있

다는 것이다.[14]

둘째, 문예작품과 공식문건은 고난의 행군 책임을 근본적으로 외적 요인과 자연재해에 전가하고 있다는 점에서 유사하다. 생존이 위협받을 정도의 어려움에 대한 책임이 국가와 지도자에 있지 않다는 점을 지속적으로 강조하고 있는 것이다. 따라서 외적 요인이나 불가항력적인 재해에서 비롯된 어려움을 극복하는 것은 외부의 '적'에 대한 승리가 되거나 지도자의 탁월한 능력으로 연결시킬 수 있게 된다. 그러나 공식문건과는 달리 문예작품에서는 내부의 책임문제가 언급되기도 한다. 대표적인 작품이 김문창의 『열망』과 강선규의 『교정의 륜리』이다(김문창, 1999; 강선규, 2001).

최관형은 정무원에서 소집한 회의들에 참가하면서 그리고 경제지도 부문의 여러 일군들과 부딪쳐 보면서 가슴 아픔을 금할 수 없었다. 과연 나라의 경제를 추켜 세울 수 없단 말인가? 그는 그렇게 생각하지 않았다. 물론 사회주의 시장이 일시에 허물어지고 우리나라에 대한 제국주의자들의 경제봉쇄와 압살책동이 더욱더 악랄해진 환경은 나라의 경제건설에 전혀 영향을 미치지 않는 것은 아니었다. 그러나 그보다도 문제로 되고 있는 것이 경제부문 지도 일군들의 무책임성이라고 최관형은 보았다. 우의 일부 지도 일군들은 당의 방침을 관철하기 위한 실질적인 경제조직사업은 하지 않고 그것을 아래에 되받아넘기거나 무턱대고 내려 먹이며 빨리 하라고 독촉이나 하는 것으로 자기가 할 바를 다한 것처럼 여기면서 실제적으로는 자리지킴이나 하고 있었다. 지어 어떤 일군들은 경제적 난국을 이겨내기 위한 문제들을 해결하는데 한몸 바쳐 나설 대신 나라와 인민은 어떻

---

14 탈북자 면접 과정에서도 「자강도 사람들」이 그리고 있는 고난의 행군 시기의 생활상이 현실에 비교적 부합한다는 의견이 많았다.

게 되든 직위를 악용하여 자기만이 잘 살기 위한 구명수를 찾는데 더 신경을 쓰고 있었다. 문제는 여기에 있는 것이었다(김문창, 1999: 쪽수).

위의 인용한 부분을 보면 고난의 행군과 북한 체제의 문제를 내부적 요인으로 분명하게 지적하고 있음을 알 수 있다. 이 소설은 심지어 자력갱생의 한계에 대해서도 고민할 정도이다. 이러한 경향성이 특히 문학작품에서 나타나고 있는 것은 작가의 문제와 관련 있다. 다시 말해, 고난의 행군 시기 극단적인 곤경에서 벗어나기 시작하면서 작가들은 자신의 이야기를 하기 시작했다는 것이다. 참상을 겪은 북한의 작가들은 더 이상 별다른 일이 없었던 것처럼 세상을 볼 수 없게 되었다. 북한 사회가 이런 심각한 상태로 오게 된 원인에 대해 문제의식을 갖지 않을 수 없었던 것이다(김재용, 2007: 10).

셋째, 위기 극복의 방안으로 집단주의와 지도자에 대한 충성을 일방적으로 강조하던 공식문건과 달리 문예작품에서는 개인들의 헌신이나 희생이 강조된다. 고난의 행군 시기 소설에서 특별히 순직하는 사람들의 이야기가 많은 것도 이 때문이라고 할 수 있다.

최영진아바이는 상상을 뒤엎는 노래소리에 넋이 나간 사람처럼 전화기를 든채 입술을 벌리였다. 그 노래소리가 어딘가 비장한 선율로 안겨왔다. 반장이 지금 최후를 맞이하고 있다는 예감이 뇌리를 스치자 아바이는 가슴이 철렁하였다. …(중략)… 그 순간 김기덕의 비장한 목소리가 전화기를 세차게 울리였다. 《동무들, 취수구는 막히였다. 발전기를 부탁…》최영진아바이가 호스를 당기며 반장을 애타게 불렀으나 김기덕의 목소리는 더는 들리지 않았다…(림병순, 2000: 67-68).

중간간부는 간부대로 일반 사람들은 그들의 차원에서 헌신과 희생을 강조하고 이러한 행위를 영웅으로 미화시키고 있다는 것이다. 구조와 체제의 문제 해결을 개인으로 전가한다는 의미인데 이 과정에서 여성, 특히 '어머니'를 부각시키기도 한다.

… 지금 우리가 겪는 이 〈고난의 행군〉에서 남자들보다 연약하다구 생각했던 녀자들이 오히려 꿋꿋이 살아 나가는걸 보면 저도 모르게 그 어머니들을 생각하게 된다. 지금 어머니들은 그 어머니들에게서 자랐구 그 어머니들보다 더높이 서있다. 명옥아, 다음번엔 너희들 차례다. 우리가 아는 훌륭한 어머니들처럼 살거라. 내 그래서 아무리 힘들어도 어머니의 본도만은 어지럽히지 못하는게다. 어느 책엔가 씌여 있더라. 이땅의 좋은 일에두 나쁜 일에두 다 어머니의 책임이 있다구… 그날 명옥은 자기의 공민증에 네 아이를 자기자식으로 올렸다. 자기가 강가에서 옷을 잃어 버린 그 네아이였다. 어머니의 붉은 피가 흐르고 있는 심혁이가 그의 맏아들로 되었다. 그 순간 명옥은 자기의 한생이 자기 어머니와 같은 이 나라의 훌륭한 어머니들처럼 아름답고 빛나기를 빌었으며 또 굳게 믿었다. 그러자 사랑의 곡절이 더는 두렵지도 않았고 놀랍게도 자기의 인생길이 먼 지평선우의 길처럼 어렴풋이나마 보이는것이였다. 아마도 그것은 명옥이가 돌아보는 어머니들의 한생이 수천만 자식들이 믿고 전해 오는 그런 길우에서 언제나 하나로 흐른 그때문이리라(오광철, 2001: 78).

사회구조적 문제를 개인의 희생으로 극복할 것을 강조하고 있으며, 이를 사회주의의 집단주의와 지도자에 대한 충성으로 정당화하고 있다는 것이다. 공동체에 대한 희생이나 헌신은 집단주의를 강조하는 북한에서 꾸준하게 강조됐다. 고난의 행군 관련 문예작품에서 드러난 희생에는 과거에는 보기 어려웠던 내용들이 있다는 사실을 주목할 필요가 있다. 즉, 과거의 희생들은 항일운동, 한국전쟁, 국가건설 그리고 수령에 대한 '결사옹위' 차원에서 공적이익 실현하는 경우였지만 고난의 행군을 다룬 작품들에서는 체제 위기로 인한 희생들이 나타나고 있다는 점이다(전영선·권정기, 2013: 210). 그리고 공적인 차원의 희생 역시 개인적인 동기에서 비롯된 경우도 있다.(김은정, 2008: 460). 구조적 차원의 문제를 개인의 차원에서 해결을 시도하거나 모성에 의존하는 해결을 지향하는 담론은 한계가 있다고 볼 수 있다.

III. 국가가 기억하는 '고난의 행군'의 의미

고난의 행군은 북한체제와 주민들에게 많은 영향을 미쳤다. 다수의 아사자가 발생했고, 사회주의의 근간인 배급 체제도 와해됐다. 북한으로서는 한국전쟁 이후 최악의 위기 상황이었다. 사회주의 체제에서 국가로부터 보호를 받았던 주민들은 갑자기 생사의 갈림길에 내몰렸고, 가족이 해체되는 고통을 겪었다. 이러한 맥락에서 '고난의 행군'이라는 구조는 집단 기억이 되는 과정에서 북한체제와 주민들에게 '역사적 트라우마'라는 문제 공간(Space of Problem)을 제공했다. 따라서 '고난의 행군을 어떻게 기억하는가'의 문제는 북한 체제의 전환과정과 북한 주민들의 정체성 형성과 마음체계의 변화에 중요한 변수가 될 수 있다. 집단 기억이 다양한 주체의 기억들이 경합하는 과정에서 형성된다고 본다면, 고난의 행군에 대한 국가의 공식적 기억은 사회적 기억의 한 부분이라고 할 수 있다. 그러나 시민사회가 미성숙하고, 실질적인 국가의 규정력이 높은 북한에서 그 영향력은 상대적으로 크다고 볼 수 있다. 이러한 차원에서 국가가 기억하는 '고난의 행군'은 다음의 몇 가지 차원에서 의미가 있다.

첫째, 공식문건이나 문예작품에서 나타나는 고난의 행군은 체제의 위기인 동시에 주민들에게는 고통이었다는 것이다. 실질적 피해가 적지 않았기 때문이지만 위기와 고통을 인정하는 것은 체제의 부정적인 문제들을 드러내기를 꺼려왔던 북한의 전통에서 보면 이례적인 일이다. 그러나 위기와 고통을 인정하는 토대 위에서 위기 극복 담론을 통해 체제의 정당성을 강화하는데 치중하고 있다. 다시 말해, 국가의 입장에서 '고난의 행군'의 핵심은 위기와 극복이라고 볼 수 있다.

둘째, '고난의 행군'이라는 개념은 국가적 차원에서 명명될 때부터 이러한 기획이 존재했다고 할 수 있는데, 항일무장투쟁과 전후복구라는 과거의 승리의 경험을 활용해 위기 극복을 시도했다고 할 수 있다. 과거의 기억을 반복하고 있다는 것은 역으로 구체적인 위기 극복의 방안이 부재했을 뿐더러 미래에 대한 긍정적인 비전이 부족했다는 점을 보여준다. '고난의 행군'과 더불어 '붉은기사상'이나 '총대' 개념 그리고 노래 '적기가'까지 과거의 역사를 되풀이하는 것도 이러한 상황을 대변해 준다. 과거 회귀적인 이야기 구조는 북한이 처한 현실과의 부조화로 인해 주민들에게 설득력을 갖기 쉽지 않을 것으로 분석된다.

셋째, 국가의 기억에서 고난의 행군의 원인을 외부적 요인과 자연재해의 피해를 강조함으로써 국가의 정책적 실패나 북한 체제의 구조적 요인을 감추려는 시도를 볼 수 있다. 이는 외부적 갈등을 조명함으로써 체제 내부적 통합을 강화하고 북한주민들의 정치적 저항을 방지하기 위한 것으로 해석할 수 있다.

넷째, 고난의 행군을 위기와 극복이라는 차원에서 이야기하고 있는 북한에서 극복과 관련된 담론이 개인의 차원에 집중되고 있는 경향이 있다. 사회주의의 가치를 중시하고 집단주의의 중요성을 강조하고 있음에도 불구하고 문예 작품에서 묘사하고 있는 위기 극복 경험들은 개인들의 희생이나 헌신에 의존하고 있다는 점은 모순적이다. 집단주의적 가치는 구호의 차원에 머무르고 있는 반면 개인의 가치가 중시되는 까닭에 국가가 추구하는 고난의 행군 극복의 기억은 일관성이 결여되는 결과를 가져올 가능성이 있다.

다섯째, 공식문건과 문예작품에서 나타나는 고난의 행군 기억에서 부분적 균열을 발견할 수 있다. 공식문건은 체제위기의 원인을 외부 요인으로 보고 있지만, 일부 작품에서는 체제 내부의 구조적인 문제를 지적하고 있다. 주민들이 겪는 기아의 고통이나 죽음 등 개인의 희생이 내부적 문제에서 발생되었다는 내용이 등장하는 것도 이와 같은 맥락이다. 아울러 공식문건에서 강조하는 '자력갱생' 담론 또한 일부 작품들에서는 상대적으로 약화되었고, 위기 극복도 정책보다는 개인의 차원에서 이루어지고 있는 점도 공식문건과 차이가 있다. 북한의 문학예술이 창작에서 유통에 이르기까지 당의 엄격한 통제 아래 있다는 점에서 개별 작품과 공식문건 간의 균열은 중요한 의미가 있다. 이와 같이 차이가 나타나는 것은 작품의 창작 주체로서 작가들이 국가와는 다른 방식으로 '고난의 행군'을 기억하고 있음을 보여준다. 이는 기억의 주체로서 작가와 국가 간 분리가 발생하고 있으며, 작가를 하나의 사회 집단으로 보았을 때, 그 동안 북한에서 볼 수 없었던 새로운 기억주체가 형성될 가능성을 보여주고 있다고 할 수 있다.

IV. 맺음말

공식문건이 제시하는 '고난의 행군'의 기억은 북한 주민들에게 일방적으로 수용되지 않을 것이다. 앞서 살펴본 로동신문 및 공식기구가 생산주체인 간행물과 문학예술작품에서 볼 수 있듯, 고난의 행군에 대한 인식의 차이가 드러나고 있다는 사실은 주민들의 차별적 수용을 반증하고 있다. 더욱이 고난의 행군을 거치면서 국가의 통합 능력 저하는 선전선동 기능의 저하를 함께 동반하기 때문에 주민들이 자신의 상황에 대해 주체적으로 인식하는 것을 가능하게 할 수 있다.

그럼에도 불구하고, 일차적으로 국가가 기억시키는 고난의 행군이 북한주민의 마음체계를 구성하는 일차적인 문제 공간인 트라우마를 형성하는 것은 분명하다. 고난의 행군에 대한 공식적인 기억을 토대로 유추해볼 수 있는 '구성된 북한 주민의 마음체계'는 '위협의 일상화'와 '생존에 대한 집착'이다. 이 때 북한 체제의 토대인 윤리와 이념 그리고 명분은 더 이상 의미가 없어진다. 이와 더불어 사회주의의 근간인 집단주의의 약화라고 할 수 있다. 위기 극복의 기제를 개인에게 찾고 있는 것도 개인주의의 강화를 초래할 수 있다. 체제 위기 자체를 정면으로 드러내고 있는 것은 국가 체제 및 공동체에 대한 신뢰를 약화시킬 가능성이 있다. 비록 위기의 원인을 체제 내부에 찾고 있지 않는다 하더라도 의식주와 교육 및 보건을 책임졌던 체제의 작동 부재는 주민들의 마음체계에 크게는 국가에서 작게는 가족에 대한 불신을 일반화한다. 또한 위기 극복의 방안으로 과거의 경험을 소환하는 것은 미래의 전망 부재와 더불어서 퇴행적이고 복고적인 마음체계의 구성을 자극할 수 있다. 위기 상황과 결합된 과거 지향은 단순히 발전과 진보를 가로막을 뿐만 아니라, 현실의 불안을 회피하는 경향을 조장할 가능성이 크다.

이념과 윤리가 아닌 물질의 중시, 집단보다 중요한 개인의 대두, 국가와 공동체에 대한 불신, 의식의 퇴행은 북한 주민들의 기존 마음체계의 근본을 흔드는 것이라고 할 수 있다. 이것은 개인적이고 집단적 수준의 불안정을 유인하면서 일상과 구조의 동요를 유발할 수도 있다.

　물론 고난의 행군의 집단 기억은 국가만이 주체가 되는 것은 아니다. 고난의 행군 시기 북한주민의 마음체계가 (재)구성 되는 과정은 고난의 행군을 경험한 북한주민들의 기억을 검토하고, 주민의 기억과 국가의 기억 간 어떠한 균열이 발생했는지를 밝혀냄으로써 가능할 것이다. 나아가 고난의 행군과 관련된 북한의 집단기억이 역사적 트라우마로서 북한주민의 마음 체계에 어떠한 영향을 미칠 수 있는지를 포괄적으로 이해할 수 있을 것이다.

제2장

북한 소설가 한설야의 평화의 마음

구갑우(북한대학원대학교)

I. 문제설정

1949년 4월 9일, 북한의 소설가 '한설야'(韓雪野)는, 식민시대 노동운동
가로 소련의 동방노력자공산대학 출신이며 북조선민주녀성동맹 위원장
을 역임한 '박정애'(朴正愛), 3·1운동의 33인 가운데 한 명이었던 기독교
사회주의자로 미국의 신학교에서 유학을 했고 남한에서 좌파 성향의 기
독교민주동맹을 결성했던 '김창준'(金昌俊)과 함께 프랑스 파리로 출발
했다. 약 이틀에 걸쳐 북소국경 지역까지 차로 이동한 한설야 일행은 소
련의 연해주에서 비행기를 타고 모스크바로 이동하여 사증발급과 기타
준비관계로 며칠을 체류했다. 4월 19일 모스크바를 떠나 여섯 시간 정도
지나 체코의 수도 프라하에 도착했다. 프라하에서 프랑스 대사관에 들러
프랑스 입국을 문의했고, 두 국가가 외교관계가 없는 상태에서 입국승인
에 수일이 걸릴 수도 있다는 대답을 들었다. 한설야 일행은 4월 22일 프
랑스 정부로부터 입국허가를 받았고, 그 날 오후 비행기로 파리에 도착

했다. 14일이 걸린 여정이었다.[1]

한설야 일행이 파리로 간 까닭은, 1949년 4월 20일 개최예정인 "평화 옹호 세계 대회"(World Congress of Advocates of Peace)에 참석하기 위해서였다.[2] 이차대전 종료 이후 전쟁을 승리로 이끈 반(反) 파시즘 연합이 해체되면서, 미국의 핵독점과 새로운 전쟁 가능성에 저항하는 반핵(反核)·반전(反戰) 평화운동이 조직되기 시작했고, '세계평화대회'(World Peace Congress)는 그 운동 가운데 하나였다. 이 평화대회 형태의 평화운동은 두 흐름의 결합이었다. 하나는, 소련공산당이 주도한 공산주의적 국제주의(communist internationalism) 조직인 코민포름(Communist Information Bureau, Cominform; Informbiro)을 매개로 전개된 평화운동이었다. 다른 하나는, 반파시즘 성향의 지식인들이 핵전쟁의 예방을 위해 조직한 비정부적 평화운동이었다. 1948년 8월 폴란드의 브로츠와프(Wroclaw)에서 '평화를 위한 세계지식인대회'(World Congress of Intellectuals for Peace)가 열렸고,[3] 1949년 4월 프랑스 파

1　이 여정은 한설야, "파리 기행: 제1차 세계 평화 대회를 중심으로,"『한설야 선집: 수필』(평양: 조선작가동맹출판사, 1960)에서 확인할 수 있다.

2　한설야의 "파리 기행"에서는 "평화 옹호 세계 대회"와 같이 단어마다 띄어 쓰고 있다. 1954년에 간행된 『조선어 철자법』(평양: 조선 민주주의 인민 공화국 과학원)이 그 띄어쓰기의 이론적 기초다. 그러나 2005년에 출간된 『조선문화어건설리론』(평양: 사회과학출판사)은 "조선민주주의인민공화국"으로 붙여 쓰고 있다. 대중용 띄어쓰기 지침은 북한의 대중잡지인 『천리마』에 게재된다. 예를 들어, 『천리마』 2000년 6-7, 8호에 게재된 "새로 규정한 우리 글의 띄여쓰기" 참조. 이 글에서는 북한문헌을 직접 인용할 때, 가능한 한 출간 당시의 띄어쓰기를 사용한다. 따라서 같은 표현이 다른 띄어쓰기를 가질 수 있다. 두 따옴표에 들어 있는 인용문은 북한의 글들이다. 한설야의 문학작품의 제목과 인용도 두 따옴표를 사용한다. 이 원칙은 국내외 문헌의 인용에도 적용된다.

3　공산주의자가 주도한 평화캠페인이었지만 다수의 비공산주의도 이 대회에 참여했다. 영국의 생물학자이자 유네스코(UNESCO) 사무총장이었던 줄리안 헉슬리(Julian Huxley)가 의장직을 수행했다. 이 헉슬리는 『멋진 신세계』의 작가 헉슬리(A. Huxley)의 형이다. 의장이었던 헉슬리는 이 대회를 회고하면서, "단어의 일상적인 의미에서 토론은 없었다"고 썼다. 소비에트작가동맹(Union of Soviet Writers)의 의장이었던 파데에프(Alexander

리와 체코의 프라하에서 '평화옹호세계대회'가 개최되었다.[4] 평화옹호
세계대회는 '여성국제민주연합'(Women's International Democratic
Federation)과 브로츠와프대회에서 결성된 '국제지식인연락위원회'(In-
ternational Liaison Committee of Intellectuals)가 공동으로 조직한 운
동이었다.[5] 72개국의 대표가 참가한 세계평화대회가 두 도시에서 열린
이유는, 프랑스정부가 북한을 비롯한 중국, 폴란드, 소련, 불가리아, 루
마니아 등 사회주의국가 대표단의 입국을 거부했기 때문이다. 그러나 파
리 세계평화대회 이틀 후인 1949년 4월 22일 프랑스정부는 특이하게도
북한과 몽골대표단의 프랑스 입국을 허용했다.

　　이 글은 1949년의 시점에서 지구적 수준의 반핵·반전 평화운동에
북한대표로 참여했던 북한 소설가 한설야의 '평화의 마음'을 추적하려 한
다. 즉 한설야 '개인'이 1949년에 가지고 있던 평화의 개념을 찾는 작업

Fadeyev)가 미국에 대한 독설을 쏟아냈다고 한다. 마치 전쟁을 선포하는 것 같았다는 기
록도 있다. 유진 오닐, 앙드레 말로, 장 폴 사르트르와 같은 유명 작가들에 대해, 파데에프
는 "만약 하이에나가 타자를 칠 수 있고 승냥이가 쓸 수 있다면, 그들이 그러한 작품을 쓸
것이"라고 비아냥했다고 한다. 비공산주의 계열의 참가자들을 당혹스럽게 한 발언이었다.
1948년 9월 코민포름은 "항구적 평화를 위하여, 인민의 민주주의를 위하여"라는 제목의
잡지에서 브로츠와프대회를 평화와 문화의 수호를 위해 지식인들이 함께 한 것으로 평가
했다. L. Wittner, *One World or None: A History of the World Nuclear Disarmament
Movement Through 1953* (Stanford: Stanford University Press, 1995), pp. 175-177.

4　파리 세계평화대회 직전인 1949년 3월, 미국의 뉴욕에서 '세계평화를 위한 문화·과학회의'
(Cultural and Scientific Conference for World Peace)가 개최되었다.

5　1945년 11월 파리에서 창립된 여성국제민주연합(WIDF)은 진보적, 좌파-페미니스트 국
제조직이었다. 공산주의와 강한 연관을 가지고 있었지만, 독립적인 여성조직 등도 회원으
로 참여했다. 냉전이 전개되자 WIDF는 소련을 지지했다. 그러나 WIDF는 국제공산주의
운동에 의해 만들어진 것도 소련의 전선조직도 아니었다. WIDF가 평화운동에 개입한 이
유는, 평화가 조직의 목적인 여성 및 아동의 권리를 보호하기 위한 필요조건이었다고 생
각했기 때문이다. F. de Haan, "The Women's International Democratic Federation
(WIDF): History, Main Agenda, and Contributions, 1945-1991," http://wasi.alexan-
derstreet.com/help/view/the_womens_international_democratic_federation_widf_
history_main_agenda_and_contributions_19451991.

이다. 1949년 파리대회를 전후로 한 한설야의 수필과 소설이란 형태로 고정되어 있는 텍스트(text)가 한설야의 평화의 마음을 읽기 위한 주요 대상들이다. 문학작품을 텍스트로 설정한 이유는, "삶을 위한 장비"로서 그 존재이유가 있는 문학이 대중의 정서를 재현하고 구성하는 매체이고, 특정 정세 속에서 서로 다른 태도와 선택을 만들게끔 한다는 의미에서 전략의 성격을 가지고 있다고 생각하기 때문이다.[6] 즉 문학이 비정치적일 때조차 사회적 기능을 가진다고 한다면, 문학이란 언어적 실천은 역사적 관계를 현현하는 정치행위를 수행하고 있다는 의미다.[7] 달리 표현한다면, 문학이 인간의 희로애락을 위한 전략을 담고 있고, 문학이 정치와 분리될 수 없다면, 문학적 실천은 미적 대상을 매개로 적과 친구를 선택하는 전략일 수 있다.

기행문과 같은 역사적 텍스트가 있음에도 소설이란 허구의 텍스트를 함께 보는 이유는, 소설가가 처한 역사적 맥락(context)에서 그 맥락을 어떻게 '이해'했는가를 보기 위해서다. 1949년의 시점에 한설야의 이름으로 출간된 소설이 그 대상이다. 그 이해는 허구의 소설쓰기, 즉 미적 형상화의 원천이다. 따라서 소설이란 텍스트에서 현실의 이해에 기초한 반영으로서 왜곡은 불가피하다. 역사적 사실을 반복한다면, 문학이라 할 수 없다. 현실을 작가가 미적으로 전유할 때, 주체의 상대적 자율성은 제고된다. 현실의 과잉과 부재는 작가의 이해의 산물이다. 문학이 과잉정치/과소정치를 보이는 이유다. 그러나 그 정치성이 문학의 미적 성취를 담보하는 것은 아니다.[8] 무목적의 미로서의 문학과 목적의 도구로서의

6   K. Burke, 1938. "Literature as Equipment for Living." Direction 1, Reprinted in D. Richter, ed., *Classic Texts and Contemporary Trends* (Boston: Bedford Books, 1998).

7   자크 랑시에르 저, 유재홍 역, 『문학의 정치』 (고양: 인간사랑, 2009); 리디아 라우 저, 민정기 역, 『언어횡단적 실천』 (서울: 소명출판, 2005).

8   예를 들어 다음과 같은 언명은 그 지점에 대한 통찰이다: "이주노동자와 비정규직 노동자

문학이 길항하는 지점이다.

'1949년'에 주목하는 이유는, 지구적 수준에서 전쟁도 평화도 없는 상태인 냉전(冷戰)이 구조로 정착되는 시점이면서 동시에 반핵·반전 평화운동이 전개된 연도이기 때문이다. 소련판 냉전적 인식이 북한으로 수입되어 국제정치경제에 관한 북한적 '마음체계'(system of mind)가 굳어지는 과정에서 북한은 열전(熱戰)을 준비하며 평화운동에 참여했다. 특정한 마음체계는 특정한 정치경제적 국면에서, 이성과 감성 그리고 의지와 상상력이 결합되어 있는 복합체로, 주체의 행동을 가능하게 하는 '의도성'(intentionality)을 담지하고 있는 총체적 심리의 체계다.[9] 정치권력이 생산하는 북한판 평화의 마음체계가 한설야의 텍스트를 호명하거나 또는 한설야의 '체현된 마음'(embodied mind)을 주조했다고 할 수 있겠지만,[10] 반대로 그 텍스트는 대중들에게 그 마음체계를 전달하는 역할을 했다고 가정할 수 있다.

이 글의 또 다른 가설은, 북한적 마음체계와 한설야 개인의 텍스트

들의 투쟁을 지지하며 성명서에 이름을 올리거나 지지 방문을 하고 정치적 이슈를 다루는 논문을 쓸 수도 있지만, 이상하게도 그것을 시로 표현하는 것은 쉽지가 않다. 사회참여와 참여시 사이에서의 분열, 이것은 창작 과정에서 늘 나를 괴롭히던 문제이다." 진은영, 『문학의 아토포스』(서울: 그린비, 2014), p. 16.

9   마음의 레짐과 마음체계는 비슷한 개념이지만, 마음이 한 개체가 자신의 의도성은 물론 다른 개체의 의도성을 인식할 때 성립하는 개념이란 점에서 이 글에서는 마음체계란 용어를 사용한다. 마음의 레짐은, 김홍중, 『마음의 사회학』(파주: 문학동네, 2009), pp. 22-24. 의도성을 마음의 핵으로 정의하는 글은 대니얼 대닛 저, 이희재 역, 『마음의 진화』(서울: 사이언스북스, 2006) 참조.

10   비데카르트적 마음이론은 뇌과정과 더불어 몸의 구조와 과정을 포함하는 체현된 마음, 유기체의 마음과정 일부가 세계에 대한 행동에 의해 구성된다는 연장된(extended) 마음, 인지과정이 환경 속에 내재해 있다는 내재된(embedded) 마음, 어떤 사물을 본다는 것이 그것을 만지는 것과 비슷하다는 작동적(enacted) 마음을 상정한다. 결국 이 마음들은 체현된 마음과 연장된 마음으로 환원되고 이 두 마음의 결합된(amalgamated) 마음으로 정리된다. M. Rowlands, *The New Science of the Mind: From Extended Mind to Embodied Phenomenology* (Cambridge: The MIT Press, 2010).

가 충돌하면서 균열할 수 있는 가능성이다. 즉 한설야가 구조의 담지자 (agent)이지만 개별적 마음을 가진 자율적 행위자로서, 집합적 내지는 평균적 마음인 북한적 마음체계에서 이탈할 수 있는 문학작품을 생산할 수 있었는가에 대한 질문이다.[11] 한설야란 개별 인간의 마음의 한 구성요소인 의식적 자아는 집합적 마음체계를 복사하려 하겠지만, 문학이란 텍스트의 쓰기는 그 의식적 자아로부터 분리된 독립적인 감성의 발현을 가능하게 할 수 있기 때문이다. 비유하자면 북한적 마음체계의 '대변인'으로서 한설야와 소설가로서의 한설야의 균열이다.[12] 특히 북한의 작가들이 소련으로부터 수입한 '사회주의 리얼리즘'(socialist realism)을 창작의 방법으로 선택할 때,[13] 새로운 사회주의적 삶을 형상화하기 위해 부정

---

11 국제관계학에서 정보의 부족과 우연의 문제를 다루기 위해 소설 또는 허구(fiction)가 분석을 위한 매개로 사용되곤 한다. 더 나아가 문학텍스트의 읽기와 사용을 넘어 국제관계학에서 소설쓰기와 같은 방법도 제안되고 있다. 즉 소설에 관하여 쓰는 것이 아니라 '소설쓰기'를 하는 소설적 또는 허구적 국제관계학의 발견이다. S. Park-Kang, "Fictional IR and Imagination: Advancing Narrative Approaches," *Review of International Studies*, 41 (2015). 이 글의 '부분적' 목적도 한설야의 수필과 소설을 매개로 국제관계학의 '소설'을 쓰는 것이다. 평균과 개별의 충돌은 소설 또는 이야기를 통해 밝혀질 수밖에 없다.

12 어떤 텍스트가 의식적 자아와 감성의 충돌을 수반할 때만, 문학으로 읽힐 수 있다. 한 진화심리학자는, "인간의 마음이 대기업이나 공공기관의 관료조직을 닮았다고 말한다." "마음은 이사회, 홍보부, 대변인 등을 포함하는 대규모 조직"이고, 이 조직에서 이사회가 비합리적 선택을 했을지라도 홍보부와 대변인은 마치 합리적 결정인 것처럼 포장하게 된다. 이 논리는, "대변인, 즉 의식적인 자아는 우리 마음의 주인이 아니"라는 주장으로 전개된다. 전중환, "내 속에 '나'는 없다," 「경향신문」, 2015년 11월 18일. 이 글의 일부는 한설야가 정치권력의 '대변인'이 아닐 수 있는 가능성의 탐색이다. 그가 '소설가'이기 때문이다.

13 1920년대 중반 소련에서는 프롤레타리아 문화라는 이름으로 다양한 미적 실험이 이루어졌지만, 1929년경부터 문화예술에 대한 당적 통제가 강조되었고 1934년 소련작가대회에서는 19세기의 문화예술사조인 리얼리즘에 사회주의적이란 수식어를 붙인 '사회주의적 리얼리즘'이 문화예술의 창작방법으로 선택되었다. 그 중심에는 코민포름의 이론가였던 즈다노프가 있었다. '어머니'란 소설의 작가 고리끼(M. Gorky)도 주요 인물 가운데 하나였다. "Soviet Cultural Policy-the Liberal Periond," in R. Daniels, ed., *A Documentary History of Communism Vol. I* (New York: Random House, 1960), pp. 26-271; "Socialist Realism: Gorky, Soviet Literature," in R. Daniels, ed., *A Documentary History of*

적 현실을 서술할 수밖에 없고 그 순간 정치권력이 주조하고자 하는 마음체계와 충돌하는 마음의 일단이 드러날 수 있다. 이 질문은 한설야의 텍스트를 읽는 독자도 텍스트의 지시로부터 이탈하는 읽기, 즉 다른 텍스트와 접속하여 다른 해석을 할 수 있다는 의미로 연장될 수 있다.[14]

II. 사회주의진영의 냉전적 마음체계와 평화의 개념

미국은 1945년 8월 이차대전 종료 직전 일본의 히로시마와 나가사키에 대한 핵폭탄 투하를 통해 핵무기의 파괴력과 핵무기 사용의지를 시현했다. 미국의 핵독점은 냉전체제의 형성과 관련하여 "미묘하지만 중요한" 사건이었다.[15] 사건들의 연쇄와 그 사건들의 우연성과 경로의존성이 구

Communism Vol. II (New York: Random House, 1960), pp. 41-45. 북한에서 사회주의적 사실주의가 번역된 냉전에 기초하여 "미학적 절대 이념"으로 채택된 시점은 1947년 2월 북조선인민위원회 출범 즈음이었다. 유임하, "북한 초기문학과 '소련'이라는 참조점," 『한국어문학연구』, 57집 (2011); 이민영, "1947년 남북 문단과 이념적 지형도의 형성," 『한국현대문학』, 39 (2013) 참조. 북한의 평론가 안함광은 1956년 6월 초판이 발간된 『조선문학사』에서 사회주의적 사실주의(realism)의 기본원칙으로, "문학의 당성 원칙", "애국주의적 인도주의적 빠쓰의 표현", "긍정적 주인공의 지배적 창조", "혁명적 랑만주의" 등을 언급했다. 인용은, 안함광, 『조선문학사』 (연길: 연변교육출판사, 1957)을 1999년 한국문화사가 영인한 판본에서다.

14 하나의 문학텍스트로 고정되는 순간, 그 텍스트에서는 독자와 저자 둘 다 사라지게 된다. "독자는 글쓰기의 행위에 부재하고, 작가는 글읽기의 행위에 부재"하기 때문에 둘 사이에 의사소통이 없게 된다. 따라서 읽는다는 것은 해석하는 것과 같은 의미다. 폴 리쾨르 저, 박병수·남기영 편역, 『텍스트에서 행동으로』(서울: 아카넷, 2002), pp. 159-192. 이 글도 1949년에 생산된 다른 텍스트들과의 접속을 통해 한설야의 텍스트에서 보이는 마음과 보이지 않는 마음을 해석하는 작업이다.

15 D. Holloway, "Nuclear Weapons and the Escalation of the Cold War, 1945-1962," in M. Leffeler and O. Westad, eds., *The Cambridge History of the Cold War: Volume I Origins* (Cambridge: Cambridge University Press, 2010), pp. 378-380. 핵무기의 출현이 국제정치에 미친 결과는 체제전복적이었다는 평가는, 박건영, "핵무기와 국제정치:

조를 (재)생산하는 과정에 주목하는 다사건적(多事件的, eventful) 접근
에 따르면,[16] 이차대전 이후 냉전체제의 형성에 결정적 영향을 미친 사건
은 '1947년 6월' 미국의 국무장관 마셜(G. Marshall)의 하버드대학 연
설이다.[17] 미국이 서유럽에 대한 경제지원을 담은 유럽경제부흥계획안
(European Recovery Program)인 '마셜 플랜'(Marshall Plan)을 추진하
자, 소련이 '두 진영론'으로 맞섰고, 결국 냉전체제가 형성되었다는 논리
다.[18]

　　마셜 플랜은 미국의 핵독점을 전제할 때 가능한 기획이었다.[19] 미국
은 핵독점 때문에 군사력경쟁보다 서유럽의 경제재건에 집중할 수 있었
다. 마셜 플랜은 미국과 서유럽을 경제와 안보 양 측면에서 하나의 진영
으로 만드는 '서방'(the West)을 상상하게 한 계기였다.[20] 1947년 3월의
트루먼 독트린에는 반대하는 성명서 발표 정도로 사실상 침묵했던 소련
은 6월의 마셜 플랜에 대해서는 행동으로 반응했다.[21] 소련은 '1924년',

　　역사, 이론, 정책 그리고 미래," 이수훈 편, 『핵의 국제정치』 (서울: 경남대 출판부, 2012),
　　p. 12.

16　채오병, "식민구조의 탈구, 다사건, 그리고 재접합: 남한의 탈식민 국가형성, 1945-1950,"
　　『담론201』, 13:1(2010).

17　김영호, "탈냉전기 냉전 기원의 새로운 해석에 관한 연구," 『한국정치학회보』, 35:2(2001).
　　마셜 플랜을 냉전체제 형성과 관련하여 분기점이 된 사건으로 해석할 때, 소련의 세계혁명
　　추구라는 팽창정책을 냉전의 원인으로 보는 전통주의적 시각이 문제화된다. 냉전의 기원과
　　관련하여 수정주의적 시각은 미국의 책임을 강조한다.

18　마셜 플랜의 전(前) 사건은 그리스와 터키의 공산화를 막기 위해 미국이 군사적, 경제적 지
　　원을 하겠다고 선언한 '1947년 3월'의 '트루먼 독트린'(Truman Doctrine)이다. 이 독트린
　　에서도 세계에 대한 미국의 이항대립적 사고가 나타나고 있다.

19　존 루이스 개디스 저, 정철·강규형 역, 『냉전의 역사: 거래, 스파이, 거짓말, 그리고 진실』
　　(서울: 에코리브르, 2010), pp. 57-59.

20　W. Hitchcock, "The Marshall Plan and the Creation of the West," in M. Leffeler and O.
　　Westad, eds., The Cambridge History of the Cold War, pp. 154-159.

21　미국의 대소 봉쇄정책(containment policy)의 설계자인 케난(G. Kennan)이 X라는 필명
　　으로 Foreign Affairs에 "The Source of Soviet Conduct"를 발표한 시점은 1947년 7월이

스탈린(J. Stalin)이 트로츠키(L. Trotsky)의 영구혁명론을 비판하고 이른바 '일국사회주의'(socialism in one country)를 제안한 이후,[22] 자국의 안보를 국가의 최우선 가치로 생각하고 있었다. 이차대전 종료 이후에도 영미의 산업적, 군사적 우위를 고려하면서 서방과 협력관계를 유지하고자 했다. 특히 미국의 '핵투하' 이후 힘의 균형이 소련에 불리하게 작동하고 있음을 인지했지만, 서방과 결전을 불사할 의지를 가지고 있지는 않았다.[23] 그러나 마셜 플랜을 자국 및 동유럽의 안보에 대한 위협으로 인식한 소련은 '1947년 9월' 코민포름을 창설했다.

　　소련, 체코, 불가리아, 루마니아, 헝가리, 폴란드, 유고슬라비아, '프랑스', '이탈리아'의 공산당들이 참여한 코민포름은, 1919년에서 1943년까지 활동한 공산주의 국제주의 조직인 코민테른(Communist International, Comintern)과 달리, 소련공산당이 주도하지만 형태상 '자발적 조직'의 형태를 띠고 있었다.[24] 코민포름을 만드는 회의에서 소련의 즈다

다. 냉전 봉쇄정책을 정치적 비용을 절감할 수 있는 군사력의 확대를 선호하며 국제질서를 구축하던 자유주의 기획의 한 형태로 보는 시각은, 김학재, 『판문점 체제의 기원』(서울: 후마니타스, 2015), p. 131.

22　"Stalin on Socialism in One Country," in R. Daniels, ed., *A Documentary History of Communism Vol. I* (New York: Random House, 1960), pp. 257-261.

23　V. Pechatnoy, "The Soviet Union and the World, 1944-1953," in M. Leffeler and O. Westad, eds., *The Cambridge History of the Cold War*, pp. 90-111. 이 논문에서는 1946년 봄을 반파시즘 연합의 해체시점으로 보고 있다. 워싱톤 주재 소련대사 노비코프(N. Novikov)는 정부에 보낸 보고서에서 미국을 적으로 간주하고 있었고, 당시 소련정부는 미국이 세계패권을 추구하고 있다고 생각했다고 한다. 북한의 김일성도 1946년 9월에 비슷한 인식의 일단을 피력한 바 있다: "오늘의 국제정세는 한편으로 평화와 자유와 민주주의를 애호하는 인민들의 력량이 파시스트잔재세력을 숙청하고 세계의 안전과 사회적진보를 위하여 강력한 투쟁을 전개하고있는 반면에 다른편으로는 세계를 다시금 전쟁의 참화에로 이끌어가려는 국제반동이 대두하고있는것으로서 특징지어집니다." 김일성, "북조선로동당창립대회의 총화에 관하여," 『김일성전집 4』(평양: 조선로동당출판사, 1992), p. 186.

24　S. Fay, "The Cominform," *Current History*, 14, p. 77 (January, 1948). 예를 들어 코

노프(A. Zhdanov)는 "국제정세보고"에서 이차대전의 종료 이후 '사회주의체제 대 자본주의체제'의 대립이 나타나고 있다고 주장했다.[25] 즈다노프는 트루먼 독트린을 "적극적으로 민주적 인민에 반대하는 모든 반동적 정권에 대한 미국의 지원"으로 비판한 후, 마셜 플랜을 유럽국가들이 미국에 경제적, 정치적 독립을 포기하는 대가로 받는 보상으로 규정했다. 코민포름의 발족 선언문에서 국제정세에 대한 인식은, '제국주의적 반민주진영' 대 '반제국주의적 민주진영'의 대립구도로 나타났다.[26] 제국주의적 반민주진영인 미국과 영국이 이차대전 이후 "새로운 전쟁"을 획책하고 있다는 것이 코민포름의 주장이었다. 코민포름의 '선언'은 이차대전을 계기로 형성된 반파시즘 연합의 해체를 의미하는 담론이었다.

냉전의 정치적 기초인 진영들(camps)이 강제든 협상이든 동의든 초국가적 엘리트 또는 계급이 이념을 공유할 때 구성되는 것이라면, 코민포름의 국제정치경제 인식은 반파시즘 연합이 해체된 조건에서 다른 진영을 생각할 수 없었던 북한에도 수입되었을 것이라 예측할 수 있다.

민포름의 본부는 소련이 아니라 유고슬라비아의 베오그라드(Belgrade)에 위치했다. 코민포름에 참여했던 동구국가의 공산당들은 체코의 프라하(Prague)를 선호했지만, 소련은 이차대전 동안 독자적인 빨치산(partisan) 활동을 통해 공산화에 성공한 유고슬라비아의 영향권 이탈을 막기 위해 코민포름의 사무국을 베오그라드로 결정했다고 한다. 김철민, "코민포름 분쟁(1948)에 대한 유고슬라비아의 시각과 대응전략," 『슬라브연구』, 18:1 (2002). 그러나 소련의 다른 선택에도 불구하고 유고슬라비아는 소련의 패권에 도전하며 비동맹의 길을 가게 된다.

25 "The 'Cold War' and the Cominform," in R. Daniels, ed., *A Documentary History of Communism Vol. II*, pp. 155-160.

26 "Cominform Resolution and Manifesto," *Current History*, 13, p. 76 (December, 1947). 스탈린은 '1942년' 10월혁명 25주년 기념연설에서는, 이탈리아·독일연합 대 영국·소련·미국연합이라는 두 진영론을 제시한 바 있다. 스탈린은 영소미 연합 내부의 이데올로기와 사회체제의 차이를 부정하지는 않았지만, 공동의 적에 맞선 연합의 필요성을 강조했다. "Stalin on the Two Camps," in R. Daniels, ed., *A Documentary History of Communism Vol. II*, pp. 128-129.

특히 "위대한 쏘련군대의 결정적역할로 죄악과 억압 불행과 전쟁의 마즈막 발원지인 군국주의 일본은 조선에서 격퇴되었다"고 생각하는 북한에게 코민포름의 국제정치경제 인식은 명령에 버금갔을 수 있다.[27] 유럽에서의 미소대립으로 시작된 냉전이 동아시아로 수입되는 시점도 '1947년경'이다.[28] 미국은 1947년경 중국의 내전과 인도차이나 지역에 대한 정치군사적 개입을 본격화했다. 한반도에서도 1947년 5월 제2차 미소공동위원회가 무기한 휴회인 결렬로 가게 되면서, 냉전과 냉전의 한반도적 특수형태인 분단이 가속되었다. 1948년 3월 김일성은, 국제정세의 "본질적 변화"로 "자본주의체계 즉 제국주의반동진영이 현저하게 약화된 반면에 쏘련을 선두로 하는 국제민주진영이 형성되고 결정적으로 강화"되었다는 주장을 한 바 있다.[29] 1949년 2월 북한에서 남로당을 대표했던 박헌영의 글에서 볼 수 있듯이, "민주주의진영과 제국주의진영"의 대립, 즉 소련진영 대 미국진영의 대결로 코민포름 창설 이후 소련의 '국제정치' 독해를 복사하고 있었다.[30] 그리고 이 진영대립을 생산하는 외교정책

27 『朝鮮中央年鑑 國內篇 1949』, p. 57; '1958년'까지도 "위대한 쏘련의 무력에 의해 해방된" 이란 표현이 사용되었다. 김희중, "미제의 침략에 의한 남조선의 참상," 『근로자』, 제3호 (1958. 3. 1). 소련도, "소련의 무력이 일본의 식민적 억압으로부터 한반도를 해방했다"는 표현을 사용하고 있다. I.D. Ovsyany et al., *A Study of Soviet Foreign Policy* (Moscow: Progress Publishers, 1975), p. 68. '1956년' 중소의 북한에 대한 내정간섭인 이른바 "8월종파투쟁" 이후 북한문헌에서 '위대한 소련'이란 표현은 감소했다. 정성임, "북·러 관계," 『북한의 대외관계』 (파주: 한울, 2007), p. 303.

28 이삼성, "동아시아 대분단체제: 전후 동아시아 질서의 개념적 재구성과 '냉전'," 『냉전과 동아시아 분단체제』, 한국냉전학회 창립 기념 학술대회, 2015년 6월 25일.

29 김일성, "북조선로동당 제2차대회에서 한 중앙위원회사업총화보고," 『김일성전집 7』 (평양: 조선로동당출판사, 1993), p. 328.

30 중국공산당도 이차대전 이후의 정세를 비슷하게 읽고 있었다고 주장한다: "세계에는 미국과 소련 두 강대국의 상호 대치를 특징으로 하는 양극 구도가 점차 형성되었고 미국과 소련 간의 모순, 제국주의와 평화민주주의의 두 진영, 자본주의와 사회주의 두 제도가 서로 대항하고 뒤엉킨 국면이 나타났다." 중국중앙공산당사연구실, 홍순도·홍광훈 옮김, 『중국공산당역사 상』 (서울: 서교출판사, 2014).

을 국가성격의 연장으로 생각했다. "쏘베트국가의본성에서 흘러나오는 쏘베트외교정책의목적"이란 표현은 북한이 수입한 외교정책론이라 할 수 있다.[31]

진영대립이란 냉전적 마음체계의 형성은, 냉전적 틀 내에서 평화개념을 재정의하게끔 한 계기였다. 코민포름의 반전(反戰) 구호는, 소련사회주의 대 미국자본주의의 대립을 '평화세력 대 전쟁세력'으로 치환했다. 코민포름은 평화가 공산당 활동의 중심이 되어야 한다고 주장했고,[32] 평화를 사회주의와 등치했다. 볼셰비키혁명 전야(前夜)인 1916년 스위스의 취리히에서 쓴 레닌의 글『제국주의, 자본주의 최고의 단계』에서 제시된 것처럼 코민포름은 제국주의단계에서 자본주의국가들 사이의 전쟁이 불가피하다는 논리를 수용하고 있었지만,[33] 제국주의가 사회주의혁명의 전야라는 레닌의 비약은 생략되어 있었다.[34] 즉, 미국의 핵독점체제 하에서 힘의 열위상태에 있다고 생각한 소련과 사회주의진영은 평화에 이르는 방법으로서 폭력을 동반하는 '정의의 전쟁'(just war)을 의제화하

---

31 진영론은, 박헌영, "조선민주주의인민공화국정부의대외정책에관하여,"『인민』1949년 2월호; 외교정책의 목적은, 드·브·레빈, "외교의개념에관한 문제에대하여"『인민』1949년 3월호. 두 글 모두『북한관계사료집 37』(과천: 국사편찬위원회, 2002)에서 인용.

32 P. Deery, "The Dove Flies East: Whitehall, Warsaw and the 1950 World Peace Congress," *Australian Journal of Politics* & *History*, 48, p. 4 (December 2002).

33 V.I. 레닌, 남상일 옮김, 『제국주의론』(서울: 백산서당, 1988). 이 책의 번역시점을 보면, 한국의 민주화 이후 사회주의이론이 공개적으로 수입되기 시작했음을 알 수 있다.

34 1차대전 전야인 1912년 바젤(Basle)에서 열린 국제적 사회주의계열의 평화운동 대회에는 "만국의 노동자여 단결하라!"와 함께 "전쟁에 반대하는 전쟁"이란 구호가 걸려 있었다고 한다. 그러나 반전을 목표로 한 사회주의계열의 평화운동은 임박한 전쟁을 막지 못했을 뿐만 아니라 사회주의운동의 기반인 노동자계급이 자국의 전쟁참가에 찬성하는 역설적 현상을 목도해야 했다. 그러나 유럽의 노동자계급이 전쟁을 축하했다는 얘기는 신화라고 반박되기도 한다. K. Callahan, "The International Socialist Peace Movement on the Eve of World War I Revisited: The Campaign of 'War Against War!' and the Basle International Socialist Congress in 1912," *Peace & Change*, 29, p. 2 (2004).

지 않았다.[35] 즉 냉전초기 소련의 평화개념의 핵심어는 반전과 미국의 핵
독점에 맞서는 '반핵'(反核)이었다.[36] 소련공산당 국제부는 '소비에트평
화위원회'(Soviet Peace Committee)란 민간단체를 통해 국제적 평화운
동에 개입했다. 미국은 당시 소련의 '평화공세'(peace offensive)를 미국
을 무장해제하기 위한 운동으로 평가하고 있었다.[37]

　한반도에서도 1890년대 후반 "국가간에 전쟁이 없는 상태의 의미"
로서 평화개념이 수입되어 사용되기 시작했지만,[38] 국제주의를 표방하
는 한반도의 사회주의자들은 평화의 개념, 목표, 주체와 방법 등에 대한
다른 수입경로를 가지고 있었다. 북한의 집권세력은 특히 식민지시대 무
장투쟁을 경험한 바 있었다. 반전·반핵은 냉전초기 북한도 공유하는 평
화의 내용이었다. 특히 반핵은 북한의 국가수립 이전부터 언급되는 담
론이었다. 1947년 3월 13일 「로동신문」에는 "원자무기금지에 관한 문제
에 대하여"가, 그리고 8월 24일에는 "누구가 원자무기의 금지를 반대하
느냐" 등의 기사가 실렸다. 원자폭탄을 금지하는 문제의 토의를 미국과
영국이 회피하고 있다는 주장도 1949년 2월 24일 「로동신문」에 게재되

35　1948년 9월 미국의 트루먼 행정부는 국가안전보장회의(National Security Council)에서
　　"핵전쟁에 관한 정책"(Policy on Atomic Warfare)을 수립했고, 소련과의 전쟁에서 핵공
　　습(atomic air offense)을 중심교리로 채택했다. Holloway, "Nuclear Weapons and the
　　Escalation of the Cold War, 1945-1962."

36　당시 소련의 입장을 '반전평화론'으로 정리하고 있는 글은, 김태우, "냉전 초기 사회주의
　　진영 내부의 전쟁·평화 담론의 충돌과 북한의 한국전쟁 인식 변화," 『역사와 현실』, 83
　　(2012); 반핵은, G. Wernicke, "The Unity of Peace and Socialism? The World Peace
　　Council on a Cold War Tightrope Between the Peace Struggle and Intrasystemic
　　Communist Conflicts," *Peace & Change*, 26, p. 3 (2001).

37　"Report on the Communist 'Peace' Offensive; A Campaign to Disarm and Defeat
　　the United States," April 1, 1951. Prepared and Released by the Committee on UN-
　　American Activities, U.S. House of Representatives, Washington, D.C.

38　하영선, "근대한국의 평화 개념 도입사," 하영선 외, 『근대한국의 사회과학 개념 형성사』
　　(파주: 창비, 2009).

었다. 이틀 뒤인 2월 26일에도 소련이 "군비축소와 원자무기금지를 위한 투쟁의 선두에 서있다"는 기사를 볼 수 있다.

반면 반전에 대한 언급은 상대적으로 약했다. 이른바 "국제민주력량"에 "식민주의를 반대하며 민족적자유와 독립을 달성하기 위한 투쟁에 일떠선 피압박인민들의 거대한 힘"을 포함시킨 북한에서는, 예를 들어 중국인민해방군이 벌이는 전쟁을 긍정할 수밖에 없었다.[39] 북한판 평화개념이 수입이었음에도 '분단'과 연계되어 '변용'이 이루어질 수밖에 없는 계기가 이 지점이었다. 1949년 1월 김일성 신년사의 제목은, "국토의 완정과 조국의 통일을 위하여 궐기하자"였다. 1949년 3월 김일성은 소련을 방문해서 한반도의 무력통일에 대한 소련지도부의 의견을 문의했지만, 스탈린은 부정적으로 대답했다.[40] 김일성은 모스크바에 유학중인 북한학생들을 만나 "미국군대를 남조선에서 철거시켜야" 통일이 가능하고, "남북조선 로동당에 대한 통일적지도가 보장되는 조건에서 국토완정과 조국의 통일을 위한 우리의 투쟁은 더욱 힘있게 전개될것"이라는 발언을 했다. "남조선청년학생들의 반미국투쟁에 대하여 다른 나라 류학생들에게 광범히 소개선전하며 평화와 사회적진보를 위한 각국 청년학생들의 투쟁을 지지하여야" 한다는 것이 유학생들에게 보내는 김일성의

---

39 김일성, "북조선로동당 제2차대회에서 한 중앙위원회사업총화보고," p. 338. 소련의 반전 평화론과 동아시아 해방전쟁론의 충돌에 대해서는, 김태우, "냉전 초기 사회주의진영 내부의 전쟁·평화 담론의 충돌과 북한의 한국전쟁 인식 변화."

40 스탈린이 제시한 이유는, 북한군의 열세, 미군의 주둔, 미소의 38선에 대한 합의였다. 박명림, 『한국전쟁의 발발과 기원 I』 (서울: 나남, 1996), pp. 96-98. 한 일본저자에 따르면, 김일성과 박헌영이 무력통일 구상을 타진한 시점은 1949년 8월이다. 시모토마이 노부오 저, 이종국 역, 『모스크바와 김일성: 냉전기의 북한 1945-1961』 (서울: 논형, 2012), p. 90. 1949년 3월 김일성은 소련을 방문했을 때, 비밀군사협정을 체결했고 그에 의거하여 소련의 무기를 받는 대가로 금과 쌀을 지불하기로 약속했다. 소련의 무기공여는 원조가 아니라 사업이었다는 평가다. 기무라 미쓰히코·아베 게이지, 『전쟁이 만든 나라, 북한의 군사 공업화』 (서울: 미지북스, 2009), 9장.

당부였다.[41] 1949년 파리에서 세계평화대회가 열릴 즈음, 냉전적 마음체계를 수용한 북한의 평화개념은, '반핵'과 '평화의 통일로의 변용', 그리고 '폭력적 방법'에 의한 평화로서의 통일로 구성되어 있었다.

III. 1949년 한설야의 수필과 평론: '대변인'의 마음

북한의 '반핵담론'은 국제적 평화운동과의 연관 속에서 국내정치적 계기를 가지게 된다.[42] 1949년 2월 여성국제민주연합과 국제지식인연락위원회는 파리 세계평화대회를 공식적으로 요구했다. 코민포름은 파리에서 열릴 세계평화대회가 '역사적 사건'이 될 것이라 예측하기도 했다. 1949년 2월 21일 김일성은 "녀맹중앙위원회 위원장 및 문예총중앙위원회 위원장과 한 담화"인 "평화옹호세계대회에 참가할 준비를 잘할데 대하여"에서 다음과 같이 발언했다.[43]

> 우리 대표단이 평화옹호세계대회에 참가하여 국제적인 평화옹호운동에 적극 합세하는것은 우리 나라에서 동족상쟁의 위험을 없애며 미제침략군을 남조선에서 철거시키고 조국의 완전 자주독립을 이룩하며 민주건국위업을 성과적으로 실현하기 위하여서도 절실히 필요합니다.

북한은 이 자리에서 김일성이 세계평화대회 참여를 국내적 차원의

41   김일성, "쏘련 모스크바에서 공부하고있는 우리 나라 류학생들과 한 담화." 『김일성전집 9』 (평양: 조선로동당출판사, 1994), pp. 150-155.
42   북한 핵담론의 원형에 대해서는, 구갑우, "북한 '핵 담론'의 원형과 마음체계, 1947-1964년," 『현대북한연구』, 17: 1 (2014).
43   김일성, 『김일성전집 9』(평양: 조선로동당출판사, 1994), pp. 147-149.

대중운동과 연계하기 위해, "평화옹호전국련합대회"의 소집과 "평화옹호
전국민족위원회"의 결성을 요구했다고 기록하고 있다. 북한은 1949년 3
월 24일 평양에서 "평화옹호전국련합대회"를 개최했다.[44]

　이 대회를 주도한 인물 가운데 한 명이 소설가 한설야였다. 식민지
시대 '조선프롤레타리아 예술가동맹'(Korea Artista Proleta Federatio,
KAPF)의 일원이었던 한설야는, 해방 이후 김일성을 만난 이후, 김일성
을 '영웅'으로 형상화하는 글을 썼다. 1946년 5월 『정로』에 『김일성장군
인상기』를 연재했고, 같은 해 9월에는 김일성의 흔적을 찾아 중국 동북
지역을 답사한 이후, 『英雄 金日成장군』을 집필했다. 이 책은, "民主文壇
의巨星 韓雪野씨의 붓으로된" 작품이라는 소개와 함께 1947년 남한에서
발간되기도 했다.[45] 또한 한설야가 1946년에 발표한 소설 『혈로(血路)』
는 북한의 수령형상문학의 원조로 평가되고 있다.[46]

　한설야의 식민지시대 작품 가운데 대표작으로 평가받는 "과도기"가
농민계급 출신 노동자에서 혁명적 노동자로 전이해 가는 '주체'의 '전형'

44　북한의 기록에 따르면, 31개 사회단체들이 이 대회를 주최했다고 한다. 『조선민주주의인
　　민공화국 대회관계사 1』 (평양: 사회과학출판사, 1985), p. 78. 북한이 세계대평화대회 참
　　가를 위해 조직한 '조선평화옹호전국위원회'는 현재도 활동하고 있다. 2015년 6월 몽골의
　　울란바토르에서는 남한, 북한, 중국, 미국, 러시아, 일본, 몽골의 시민사회단체가 참여하여
　　동북아의 평화를 위한 정례적 대화를 갖기로 합의했다. 이른바 '울란바토르 프로세스'의
　　시작이다. 이 모임에 조선평화옹호전국위원회(Korean Peace Committee)의 대표가 참가
　　했다.

45　韓雪野, 『英雄金日成將軍』 (釜山: 新生社, 1947). 이 책의 인쇄소는 서울에 있는 '高麗文化
　　社'였다. 1949년 김일성종합대학의 교재로 쓰기 위해 발행한, 연안파였던 崔昌益이 편집한
　　『朝鮮民族解放鬪爭史』에서도 "김일성장군의 빨찌산운동"을 강조하고 있기는 하지만, 한설
　　야의 작품만큼 영웅으로 형상화하고 있지는 않다.

46　1962년 숙청된 한설야는 1990년대 초반 숙청 사실을 언급하지 않은 채 복권되어 2003년
　　평양의 애국열사릉에 묻혔다. 한설야의 김일성의 수령형상화 작업을 재평가한 북한역사의
　　희귀한 사건이다. 1954년 간행된 한설야의 수령형상화 소설 『력사』가 다시 인용되고 있다.
　　김룡준, "한설야와 장편소설 《력사》," 『사회과학원학보』, 82호 (2014).

을 다루고 있음을 볼 때, 식민지 민족해방운동의 영웅적 주체로서 김일성에 주목했다는 추론을 해볼 수 있다. 다른 한편, 카프의 주류가 아니었던 한설야의 권력의지가 김일성을 선택하게끔 했다는 해석도 고려해 볼 수 있다. 한설야의 이 '민첩성'은 그의 정치적 지위에도 반영되었다. 한설야는 1946년 8월 '북조선로동당'이 창립되었을 때, 그는 '북조선예술총련맹' 위원장 자격으로 북로당 중앙위원회 43명 가운데 1명으로 참여한 유일한 '문인'(文人)이었다. 당시 북로당의 강령 제13항은 "세계의 평화를 위하여 투쟁하는 연방과 평화를 애호하는 각 국가 각 민족들과 튼튼한 친선을 도모할 것"이라는 것이었고,[47] 한설야의 세계평화대회 참가는 이 강령의 연장선상에 있는 행동이기도 했다.

한설야가 서명자의 첫 머리를 장식한 1949년 3월 24일 '평화옹호 전국련합대회 선언'은 이차대전 종료 이후 "평화가 확립되었는가?"라는 질문으로 시작하고 있다. 당시 정세인식의 일단을 보여주는 구절이다.[48]

대전후 날이가면갈쑤록 세계에는 또다시 새로운전쟁의위험이 커지고있다. 그것은 전후의 세계제패를 꿈꾸며 반동의선두에선 미제국주의자들이 세계전쟁을 도발하고 있기때문이다. 그렇기때문에 전세계인민은 평화를 옹호하며 전쟁을 반대하며 국제반동파들을 반대하여 총궐기하였다.

한설야의 1946년 7월 『문예전선』에 발표된 작품인 "모자: 어떤 소비에트 전사의 수기"에서 "독일 파시스트"에 대한 '분노'는 있지만, 미제국주의가 아니라 미국으로 중립적으로 묘사했던 것과 비교해 보면, 인식

---

47 기광서, "북로당 창설 과정에 대한 검토," 2014 북한연구학회 동계학술회의 발표문.
48 평화옹호전국민족위원회, "평화옹호 전국련합대회 선언," 『평화옹호세계대회문헌집』 (평양: 국립인민출판사, 1949).

의 차이를 발견할 수 있다.[49] 한설야의 마음에서, 미국은 미국에서 "미제
국주의"로 "새전쟁방화자"로 옮겨 가고 있었다.[50] 반면, 소련은 평화의 옹
호자로 묘사된다. "세계의 항구한평화와 인류의 자유행복을 위하여싸우
는 쏘베트인민들"이라는 표현이 대표적이다.[51]

　"선언"에서 가장 주목되는 것은, 한반도적 맥락에서 평화를 미제국
주의 타도와 연계하고 있다는 점이다. "우리조국의 남반부를 자기 식민
지로 군사기지로 변화시키는 미제국주의들의 침략정책을 타도하"고 미
군을 "즉시철거케" 해야 한다는 주장에서는 북한의 한반도문제에 대한
인식의 원형을 발견할 수 있다.

　평화옹호전국연합대회에서는 한설야를 파리에서 열리는 세계대회
에 대표로 파견하기로 결정했다. 평화옹호전국연합대회 참가자들을, "작
가 배우 미술가 과학자 기사 교수 로동자 농민 기업가 상인 종교가 녀성
청년 및 사회활동가" 등으로 호명했던 사실을 상기해 보면 여성계의 박
정애, 기독교계의 김창준과 같은 국제적 감각을 가진 대표단의 구성은
당연한 귀결이었다고 할 수 있다. 북한에서 국가건설 초기 이른바 "인테
리"의 활용과 관련하여 정치적 논쟁이 있었다는 점을 생각한다면,[52] 건설

49　북한에 진주한 소련군의 부정적 행태 및 "행패"를 묘사했던 소설 "모자"는 개작의 과정을
　　거치게 된다. 남원진, 『한설야의 욕망, 칼날 위에 춤추다』 (광명: 도서출판 경진, 2013), pp.
　　103-137.

50　한국전쟁의 과정과 이후에 발간된 한설야의 소설에서 미국은 "승냥이"이자 "원쑤"가 된다.
　　『조선말대사전』에는 승냥이를 "포악하고 교활한 제국주의 침략자나 흉악하고 악독한 자를
　　비겨 이르는 말"로 정의하고 있다. 1951년 발표작 "승냥이"와 1952년 「로동신문」에 연재된
　　『대동강』 그리고 1955년 조선작가동맹출판사가 간행한 『대동강』 등이 한설야의 전형적인
　　'반미소설'이다.

51　평화옹호전국민족위원회, "평화옹호 전국련합대회 선언."

52　김일성은 국내파 공산주의자인 리주하, 주녕하, 오기섭이 건설과정에서 지식인의 역할을
　　무시한 좌편향을 보였다고 비판한 바 있다. 사회주의건설과 지식인의 역할에 관해서는, 신
　　언갑, 『주체의 인테리리론』 (평양: 과학백과사전출판사, 1986) 참조.

과정에서 지식인의 적극적 활용을 모색했다고 할 수 있다. 또한 당시의 세계평화운동을 문화예술인이나 과학자와 같은 지식인이 주도하고 있다는 사실을 염두에 둔 대표단 구성이었다.

파리평화대회의 핵심 의제는, '평화'를 위한 반미(反美)와 반(反)자본주의였다.[53] "쏘련을 반대하는 전쟁"을 준비하기 위해 "미국제국주의"가 "군비축소에 관한 모든제의"를 "거절"했고, "원자무기를 비법행위로 규정하자는 제의도 같은 운명에 처해있"다는 것이다. 구체적으로는, 마셜 플랜과 NATO에 대한 비판이 이루어졌다. "또다시 그들은 딸라로 우리의피를 사랴고하는것입니다"는 표현이 대표적이다. 자본주의 기업의 금융의 "반동정치(리윤의 원천)"를 전쟁의 원인으로 보고 있다는 점에서, 레닌의 제국주의론의 연장이었다. 그러나 이 평화운동은 "실질적으로 무당파적 민주 운동"이었고, '반핵'을 매개로 최대공약수를 찾아낸 대중운동으로 평가되기도 한다.[54]

1949년 4월 25일 '평화옹호세계대회'에서 '대표단수석'의 자격으로 한설야가 한 보고에서도 전국연합대회의 기조가 반복되었다. 미국은 "새전쟁방화자들"로, NATO는 "전쟁상인들의 뿌럭"으로 묘사되었다. 진영론적 사고는, "제국주의 반동진영은 군비축소와 원자력 관리 및 평화유지에관한 쏘련의 정당한 제안을 갖은 흉책으로 거부하고있습니다"라는 표현으로 나타났다. 한설야 보고의 결론은, "조국의 국토완정과 완전자주독립"이었다.[55]

53 "프레데리크·졸리오-큐리교수의 보고," 평화옹호전국민족위원회, 『평화옹호세계대회문헌집』 (평양: 국립 인민출판사, 1949).
54 청카이(程凱), "평화염원과 정치동원: 1950년의 평화서명운동," 백원담·임우경 편, 『'냉전' 아시아의 탄생: 신중국과 한국전쟁』 (서울: 문화과학사, 2013), pp. 108-111; 소련공산당의 역할을 강조하는 시각은, Barash and Webel, Peace and Conflict Studies, pp. 39-40.
55 한설야, "한설야씨의 보고," 평화옹호전국민족위원회, 『평화옹호세계대회문헌집』.

북한이 세계평화대회에 참가한 것은, 이차대전 이후의 '정세'와 사
회주의국가의 '성향'에 대한 북한의 인식을 보여준다.[56] '1957년'에 간행
된 『대중 정치 용어 사전』에는 "평화 옹호 운동"의 항목이 있을 정도다.[57]

전쟁을 반대하며 평화를 유지 공고화하기 위하여 투쟁하는 현 시기의 가
장 위력 있는 인민 대중의 운동이다. 제 2차 세계 대전후 얼마 안 있어 미
국과 그를 추종하는 서방 침략 계층은 쏘련과 인민 민주주의 나라들을 반
대하는 침략 전쟁 음모를 강화하여 나섰는바 이것은 전쟁의 참화를 체험
한 인민들을 불안케 하였다. 1949년에는 서부 렬강들이 북대서양 동맹을
조작하여 전쟁의 위협을 증대시켰다.

위 인용문에서 볼 수 있듯이, 북한은 조성된 '정세' 속에서 평화운동
의 출현을 정당화하고 있다. 그러나 평화운동을 사회주의진영의 전유물
로 생각하고 있지는 않았다.

현 시기의 평화 옹호 운동의 특징은 《평화는 앉아서 기다릴 것이 아니라
쟁취하여야 한다》는 구호 하에 적극적이며 조직적인 인민 운동으로써 전

---

56   국제정치에서 정세와 성향을 둘러싼 논의는, J. Mercer, Reputation & International
      Politics (Ithaca: Cornell University Press, 1996).
57   『대중 정치 용어 사전』 (평양: 조선 로동당 출판사, 1957), pp. 316-317. 1959년에 출간
      된 『대중 정치 용어 사전(증보판)』, pp. 296-297은, 이 구절에서 미국을 "미 제국주의자들"
      로 바꾸고, "서부 렬강" 앞에 "미제를 괴수로 하는"이라는 수식어를 붙이고 있다. 미국에 대
      한 표현이 보다 과격해졌음을 확인할 수 있다. 더불어 서구의 구호를 "《반쏘 반공》"으로 묘
      사하고 있다. 북대서양 동맹도 "북대서양 조약 기구(나토)"란 정식 명칭으로 부르고 있다.
      1957년판 『대중 정치 용어 사전』은 발간의 목적을 "로동자 농민을 비롯한 근로 대중의 일
      상 생활과 정치 학습에서 제기되는 용어들에 대한 해명을 줌으로써 그들의 학습을 방조하"
      기 위한 것이라 적고 있다. 98원의 가격이 매겨져 있고, '80,000부'가 발간되었다고 기록되
      어 있다.

쟁 방화자들의 음모를 적극적으로 폭로 분쇄하며 그들이 전쟁을 일으킬 수 없도록 고립시키는 데 있다. 이 운동은 처음에 공산당원을 비롯한 진보적 지식인들이 중심이 되어 시작된 것인데 그후 사상, 신앙, 민족별을 불문하고 세계의 모든 선량한 사람들이 광범히 망라되게 됨으로써 마침내 그의 규모와 조직성에 있어서 일찍이 력사상 류례를 찾아 볼 수 없는 위력 있는 운동으로 되었다.[58]

이 해설은 세계평화대회가 공산당과 지식인 중심에서 무당파적 성격으로 변모했다는 '사실'을 기술하고 있다. 그러나 '1959년' 『대중 정치 용어 사전』에는 공산당원을 비롯한 진보적 지식인이 중심이 되었다는 구절이 없다. 평화옹호운동의 무당파성을 강조하기 위한 것으로 보인다. 또한 이 해설에서 주목되는 것은, 세계평화대회의 의제 가운데 하나였던 핵무기의 '비법무기화'는 언급되지 않았다는 점이다.

평화운동의 보편성의 수용과 함께 북한은 평화운동의 한반도적 특수성을 '통일'과 연계하는 변용을 하고 있었다. 세계평화대회에서 북한 대표로 연설을 했던 한설야는 1949년 6월 귀환보고대회에서, "우리나라에서 평화옹호운동의 당면한 문제는 곧 미군을 철퇴케 하며 반동배들을 처단하여 조국의 완전한 통일독립을 완성하는 것"이라 다시금 강조했다. 1949년 6월 11일 「로동신문」에 실린 한설야 귀국담의 제목은, "전쟁도

---

58 1959년판 사전에는 "적극적으로"가 "신랄하게"로 바뀌어 있다. 1964년에 출간된 『대중 정치 용어 사전』 3판에는, 평화는 쟁취하여야 한다는 구절이 빠져 있다. 대신 북한에서 부정적 의미로 사용되는 "평화주의"에 이 구절이 들어 있다. "평화주의"는 "제국주의의 존재가 전쟁의 근원이라는 사실을 호도하며 정의의 전쟁까지도 포함한 온갖 전쟁을 부인한다"는 것이 비판의 핵심이다. "평화는 전쟁과 마찬가지로 국가 정책, 사회 제도의 본질과 관련되어 있"고 평화를 얻기 위해 폭력적 방법을 부정하지 않는다. 북한의 평화에 관한 마음체계의 핵심이 이 둘이었다.

발자를 반대하는 전세계 인민들의 단결은 공고하다!"였다. 한반도적 맥락에서 평화운동은 곧 통일운동으로 해석된 셈이다.[59]

대표단 귀환 직후인 1949년 6월 27일 북한에서는 '조국 통일 민주주의 전선'이 결성되었다. 통일운동체의 조직화였다. 북한은 이 조직을, "1946년 7월 22일에 조직된 북조선 민주주의 민족 통일 전선을 일층 확대 강화하고 조국 통일의 위업을 전국적 범위에서 더욱 강력히 촉진시키기 위하여 1949년 6월 27일에 남북 조선을 통한 71개의 애국적 민주 정당, 사회 단체 지도자들의 참가 하에 결성되었다"고 밝히고 있다.[60]

북한적 평화개념의 대변인으로서 한설야의 목소리는 반전·반핵을 넘어 '민족'과 '자주'를 포함하는 방향으로 나아가게 된다. 평화를 통일과 등치한 후에 나타날 수밖에 없는 개념의 확장이었다. 그 형태는 미국의 "세계주의"에 대한 비판을 매개로 한 길이었다.[61]

그들의 팟쇼사상은 히틀러시대보다도 수보전진하고 있다. 히틀러리즘의 기본에는 다분히 민족주의적인 요소가 있었으나 오늘날 세계제패를 꿈꾸는 미제의 그것에는 가장 위험하며 가장 악질적인 세계주의(코스모포리타니즘)가 가루누어 있다.

즉 그것은 미제국주의에 복무하는 노예로서의 행동의 일치 귀의의 일치로써 모든 국가와 수다한 민족을 자주권도 동등권도 국경도 없는 것으로 일

59 정용욱, "6·25전쟁 이전 북한의 평화운동," 『역사비평』, 106 (2014); 한설야, "평화옹호세계대회 참가귀환 보고," 평화옹호전국민족위원회, 『평화옹호세계대회문헌집』.

60 1949년에 출간된 『조국통일민주주의전선 선언서·강령』. 이 결성대회에서는 허헌(許憲)이 보고를 했다. 1957년판 『대중 정치 용어 사전』, p. 264. 1959년 증보판에서는 단체의 숫자가 72개다.

61 한설야, "평화를 위한 투쟁에서의 문학예술," 『문학예술』, 8호 (1949).

색화하려는것이니 이것이 곧 그들의 세계제패의 『이상』이며 이것의실현을 위하여 그들은 전쟁동업자를 주어묶으면서 전쟁을방화하기에 광분하고있는것이다.

세계주의는 계급과 민족과 또는 시간과 공간을 초월한 신비하고 추상적인것으로 그것은 어떤국가도 어떤민족도 또 모든 특출한 인물들까지도 운명지어주며 결정지어주는 세계의 가장 근원적인 조류인것처럼 제국주의어용학자들은 선전하고있다. 즉그것은 세계의 모든나라와 민족들로하여금 그들의민족적 또는 국가적자주권과 자결권을 미제복무에 투입하게 하는데 있어서 가장좋은방법으로되는 것이다.

한설야가 평화의 개념을 민족과 자주의 개념과 연계하면서 민족'주의'에 접근할 수 있었지만, 당시 북한에서 민족주의는 부정의 대상이었다.[62]

부르죠아지는 민족주의와 세계주의를 푸로레타리아 국제주의와 애국적 감정에 대치시키고있다. … 민족주의와 세계주의는 같은 부르죠아 이데오로기—의 양면에 불과하다. 민족주의는 소위 「고귀하지못한」 민족들을 마치지배하도록 운명지어있는 「선발된」 민족들의 인간증오의 종론을 전도하고있다.

한설야는 "평화를 위한 투쟁"에서 문학의 역할과 관련하여 1930년대 후반에 소련에서 직수입한 '혁명적 낭만주의'와 리얼리즘의 결합체인

---

62 쁘·위신쓰끼, 정관호 역, "세계주의는 제국주의 반동의 무기이다," 『문학예술』, 8호(1949), pp. 60-69.

'사회주의 리얼리즘'을 반복‥'갱신'했다.

우리에게 있어서 아름다운것은 낡은시대를 극복하고 새시대를 창조하는 생활과 현실이다. 이 생활과 현실을 생생한 자태그대로 보여주며 발전하는 현실속에 예시되는 미래의 윤곽을 보여주는 문학만이 아름다울수있으며 그것만이 리얼리즘의 문학일수있는것이다.

그 혁명적 낭만주의의 대상은 선취하는 미래로서 한반도의 '통일'과 현재화된 미래인 '소련숭배', 영웅으로서 '수령의 형상화'로 요약되었다. 한설야식 평화개념은 수령까지를 포괄하게 된 셈이었다.

오늘 미군을 우리강토에서 철거시키고 그앞잡이 리승만 역적도배들을 소탕할 마지막단계에돌입한 우리나라에서의 문학예술 분야를 담당한 우리들의 과업도 이에서 자명해지는것이다. 낡은것에대한 새것의 창조와 반동적 문학 예술에대한 진보적인 인민의 문학예술을 창조하는일이없이 우리는 반동을 완전히 승리할수없으며 우리나라를 높은 문화국가로 만들수없는 것이다.

우리가 우리의 위대한 영도자에 대하여 비상한 존경을 가지고 있으며 또 작품에 그리는 일을 적지않게 해보았으나 아직 그 누구도 그 영웅적 인간 전형으로의 실상을 보여 주지 못한 까닭은 우리가 진실로 김일성장군의 과거의 투쟁도 오늘의 사업도 실질적으로 깊이 또는 철저히 투시하지 못한데 있는 것이다.

한설야가 임박한 남침전쟁을 인지하고 있었는지는 불분명하지만,

"우리는 지금 국토완정과 조국통일독립을 목첩간에 두고있"고, "조국통일민주주의전선의 선언과 강령의 깃발밑에 총진군하는 조선의 전체인민은 반드시야 가까운 앞날에 조국통일독립의 민족적과업을 승리적으로 수행 쟁취하고야 말것이"라는 발언은 다시금 평화가 곧 통일이라는 1949년 대변인으로서 한설야식 인식의 마무리였다.

IV. 1949년 한설야의 단편소설: '복합적 마음'

1949년에 발표된 한설야의 소설은, 파리평화대회 이전에 게재된 「얼굴」과 「남매」 그리고 이후의 「자라는 마을」이 있다. 이 세 작품은 1950년 3월 '문화전선사'에서 간행한 한설야 단편집 『초소에서』에 실렸다.[63] 각각의 작품에 대한 분석을 통해 한설야의 수필이나 평론과 비슷한 평화의 마음을 드러내는지 아니면 또 다른 마음이 보이는지를 검토해 본다. 북한의 평론가 안함광에 따르면 한설야의 세 작품은 "민주주의적 민족 문학"론에 기초한 "평화적 민주 건설 시기의 문학"으로, 「자라는 마을」은 "로동에 대한 새로운 사상을 테마로 한 작품"이고, 「남매」는 "조쏘 친선을 테마로 한 작품"에 속한다.[64]

---

63 「얼굴」은 1949년 『문학예술』 1호에, 「남매」는 『八·一五解放四週年記念出版 小說集』(평양: 문화전선사, 1949)에, 「자라는마을」은 『한설야단편집 哨所에서』(평양: 문화전선사, 1950)에 게재된 것의 인용이다. 아래에서 작품의 인용 페이지는 명기하지 않았다.

64 북조선로동당 중앙위원회 상무위원회 제29차 회의(1947. 3. 28)에서 "북 조선에 있어서의 민주주의 민족 문화 건설에 관하여"라는 결정이 채택되었고, 그 핵심 내용은, "프로레타리아 국제주의로 일관된 고상한 애국주의"로 "계급적 내용"과 "민족적 형식"의 결합이다. 안함광, 『조선문학사』, pp. 367-375, 384-387, 391-393. 한설야 숙청 이후 출간된, 사회과학원 문학연구소의 1978년판 『조선문학사』(평양: 과학, 백과사전출판사, 1978)에서도 "평화적민주건설시기 문학"을 평하고 있지만, 한설야의 작품은 언급되지 않는다. 1986년에 1판이 발간된 박종원·류만, 『조선문학개관 2』(평양: 사회과학출판사, 2010)에서는 "평화적건

「얼굴」의 시간은 1945년 8월 12일로, 소련군의 한반도 진주를 그리고 있다. 역사적 사실과 부합하는 시간설정이다.[65] 공간은 동해안 도시의 유치장이다. 주인공 병수는 소련군 진주 전에 일제의 유치장에 끌려갔다. 병수가 이 유치장에서 소련군의 도움으로 구출되는 것이 「얼굴」의 줄거리다. 따라서 「얼굴」의 이항대립, 즉 '부정'과 '긍정'의 대당인 일제 대 소련으로 설정된다. 냉전이 구조화될 즈음 창작된 작품이지만, 미국이 아니라 일제와 왜놈 그리고 그 앞잡이인 형사가 적으로 등장한다. 작가의 상상력으로도, 소련의 친구로 이차대전을 승리로 이끈 반파시즘 연합의 한 구성원이었던 미국을 손에 잡히는 적으로 묘사하지 못하고 있는 셈이다.

단순 이항대립이 생산하는 갈등이 골간인 「얼굴」에서 소련은 구원자로 묘사된다. 마치 다가올 그날의 그대다. 그날을 기다리는 병수의 마음에는 자기희생의 결기가 담겨 있다.

오래 기다리던 무엇이 가슴에 와서 콱 안겨질것만 같았다. 낫과 마치를 그린 붉은기 휘날리는 배가 들어오믄 나도 억대우처럼 그짐들을 날르리.

병수를 왜놈의 유치(留置)에서 해방과 평화로 이끄는 기관차는 소련의 물리력이다. 같은 물리력도 누가 가지냐에 따라 그 평가가 달라진다. 병수를 유치장으로 데려 가던 형사의 총과 달리 소련군의 물리력은, "소문에 듣던 그 무서운 기동부대가 굉장한 부수레들을 몰아가지고 벼락 치듯 드리닥치는 것"으로 묘사된다. 유치장의 병수는, "도끼등으로 문걸쇠

설시기문학"에서는 한설야의 작품으로 김일성을 형상화한 "개선"과 "혈로"만이 언급된다.

65　시모토마이 노부오 저, 이종국 역, 『모스크바와 김일성: 냉전기의 북한 1945-1961』(서울: 논형, 2012), p. 28.

를 억대우처럼 즛모아댄다. 쇠 오그라지는 소리 부서지는 소리가 찌렁찌렁하며 벽돌집을 요란히 울린다 … 쏘련군들은 연기속에 쓸어진 사람들을 번쩍 번쩍 들어가지고 밖으로 내달"림을 경험한다. 심지어, 어린 아이들은 소련군의 "반들 반들한 따발총을 살근 살근 만져"보기까지 한다.

병수에게 소련군은 '얼굴'조차 제대로 볼 수 없는 구속적 경외의 대상으로 다가 온다.

쏘련군이 달려와서 억센 팔에 끄러안고 연기와 불길을 차고 밖으로 날라 다주었다. 병수는 그의 속에서 벗어나 제발로 걸으랴고 몇번 앙탈하듯 바둥그려 보았으나 허사였다.

유치장에서 나온 병수는, '목가적(牧歌的) 평화'를 느낀다. "새벽하늘의 공기는 맑다. 병수는 가슴을 내밀며 숨을 크게 쉬었다. 해 묵은 포도주와같은 구수한 냄새가 알려지는것같았다." 그리고 소련군의 말이 들린다. "여러분 이제 조선은 완전히 당신들의 것이요. 땅도 공장도 창꼬도 이거리의 그어느것도 보다 조선인민의 것이오 당신들의 희망대로 나라를 세울것이오. 우리는 여러분들의 생명과 재산을 보호할 책임을지고 있으니 안심하고 각각 집에 돌아가서 자기의 일들을 하시오." 한설야의 병수는, 소통이 불가능한 외국인인 소련군의 입을 빌려, 마치 연극의 독백처럼, 정치권력의 마음체계와 자신의 마음을 독자에게 전달하고자 한다.

평화가 폭력적 방법에 의해 이루어질 수 있음을 보여주는 '소품'이 한설야의 "얼굴"이다.[66] 좋은 폭력과 나쁜 폭력의 이분법은 시종일관 이

---

66   장편소설이 아닌 단편소설이기에 사회주의적 리얼리즘이 가져야 할 낡은 것과 새로운 것의 이른바 변증법적 투쟁을 묘사하지 못한다는 견해는, B. Myers, *Han Sŏrya and North Korean Literature* (Ithaca: Cornell East Asia Series, 1994), p. 53. 이 책의 부제는, "조

작품을 관통하고 있다. 그러나 일제의 현실에 대한 핍진한 묘사의 부재와, 영웅인 전형이 창출되는 과정에서의 비약은 물론 이 작품의 한계다. 소련군이 왜 북한인민을 위한 해방자인지 묻지 않는다. 소련군이 구원자라는 등식은 주어진 것일 뿐이다.[67] 자생적 '주체'의 형성도 "얼굴"에는 없다. 나쁜 일제를 좋은 소련군이 대체하고 있을 뿐이다.

"남매"는 구원자 소련군을 전면에 내세운 작품이지만 "얼굴"보다는 사회주의적 리얼리즘의 시각에서 볼 때, 진일보한 한설야의 인식이 드러나는 작품이다. 시간은 1947년 8·15 2주년 직전이고, 공간은 소련이 운영하는 '적십자병원'이다. 주인공은 젊은 철공(鐵工) 원주와 그의 동생 순이다. 둘은 조실부모 후 남매의 삶을 지탱해 왔다. 일제 대 소련이라는 이 항대립은 "얼굴"처럼 반복되지만, 연장(延長)의 변주가 있다. 원주의 병과 치유는 구원자의 도움으로 새 주체가 만들어지는 과정으로 등극한다.

원주는 "해방되던 바루전해에 왜놈들의 증병에 걸려 훈련소로 끌려갔다." 그곳의 교관들은, "피에 주린 개승냥이"였다. "개승냥이"는 미래의 적인 미국을 표현하는 전조(前兆)다. 원주의 증오와 그 증오를 극복하고자 결의는, "왜놈을 미워하기 때문에 또는 왜놈이 남겨논 모든 불행을 물리치기 위하여 나는 무엇보다 건강해야하겠다. 건강을 찾는 일은 곧 왜놈을 이기는일이오 그리자면 제일왈 건강이 필요하다"로 표현된다. 죽음에서 삶으로 이행하는 매개는, "얼굴"에서처럼 소련의 힘이지만, 군이 아니라 원주의 병을 고치는 의사로 "다시금 평화한 얼굴로 돌아와 환자들을" 치료하는 "크리블랴크 선생"이다. 외면의 갈등을 조정한 내면의

선민주주의인민공화국에서 사회주의적 리얼리즘의 실패"(The Failure of Socialist Realism in the DPRK)다.

67   북조선문학예술총동맹의 기관지인『문학예술』1948년 4호의 첫 머리를 장식하는 경구도, "일본제국구주의 기반으로부터 조선인민을 해방시켜준 영웅적 쏘련군대 만세!"; "민주조선건설에있어서 위대한 쏘련의 진정한 원조를 조선인민은 영원히잊지않으리!"였다.

본분이 크리블랴크 선생의 얼굴에 풍경으로 발현되는 것, 그것이 바로 '평화'다. 그러나 평화를 위한 싸움은 계속된다.

아직 사람 잡는 싸움을 꾸미는 놈들이 한편에 있는가하면 여기는 사람 살리는 거룩한 싸움이 있구나 싶었다. 조국과 세계 평화를 위한 싸움에서 돌아온 크리블랴크 선생은 오늘 조선인민의 행복을 위하여 생명을 위하여 싸우고 있는 것이다. 마땅히 어느 날 어느 곳에서도 간에 생명과 행복을 위한 싸움이여야 하리라 싶었다. 싸움도 승리도 도처에 있는 것이다.

"실로 여기에서 우리는 조쏘 친선 사상의 강화는 조국의 통일 독립과 민주 발전을 보장해 줄 뿐만이 아니라 미 제국주의의 일련의 반동 세력을 반대하여 싸우는 세계 평화 옹호 력량의 강화로도 된다는 것의 표현을 본다"는 평가를 받는 구절이다.[68] 좋은 싸움과 나쁜 싸움의 이항대립, 즉 평화를 위한 싸움은 계속된다.[69]

구원자로서의 소련에 대한 경외는 원주의 말로도 표현된다. 한설야의 상상에서 소련은 동경과 모방의 대상이다.[70]

---

68 안광함, 『조선문학사』, pp. 396-397. 안광함은 "남매"의 평에 무려 5쪽을 할애하고 있다. 소련의사의 도움으로 건강을 되찾은 원주와 순이가 "우리의 생활은 우리의 손으로 쌓아 올려야 하겠다"고 다짐하는 순간을, "이것은 두 말할 것도 없이 미 제국주의자들의 침략적 행동과 내정 간섭을 반대하면서 조선 문제는 조선 인민 스스로가 해결하기 위한 투쟁에 총궐기하고 있는 전체 조선 인민의 결의에 대한 예술적 해명이"라고 과잉해석될 정도다.

69 1949년 『문학예술』, 7호에 실린 方壽龍의 "平和의 소리"란 시에서도 싸움을 통한 평화의 쟁취란 인식을 볼 수 있다. "수백만 병사들이/ 불판을 달린 그것은/평화를 갈망한/ 인민의 지향이었고/모ㅡ진 총칼앞에/앙가슴 내민 그것은 조국의 평화를 위함이었다." 미국은 "딸라와 원자로/우리의 생명을 노리는 놈들"이고, 소련은 "우리는 너에게 정의와 힘을배웠고/ 자유와 독립을 위한 길에서/ 우의(友誼)찬 손길을 잡어왔느니"란 묘사의 대상이다. 결국, "흉악한 원쑤 짓부시어/지상에 영원한 평화 수놓으"고자 한다.

70 강진호, 『한설야』 (파주: 한길사, 2008), p. 146.

태양이 결코 우연히 솟을수 없는것처럼 오늘의 쏘련이나 그 무서운 승리
들이 결코 스스로 된것이 아닌것을 원주는 이순간처럼 사모치게 느낀일
은 없었다.

여기에 '새' 구원자가 추가로 열거된다.

낮은 낮대로 불꽃 튀는 승리속에서 나날이 자라나고 밤은 또 밤대로 평화
로운 푸른 꿈이 맺혀지는 이거리—모든 이날 어진 겨레들의 길이 이리로
모이고 또 여게서 줄줄이 펼쳐진 거리, 밤에도 오직 태양인 그이 우리와
함께 있는 이거리의 아름다움, 씩씩함⋯⋯⋯

사회주의 건설의 과정에서 김일성이 "태양"으로 소련과 함께 하는
셈이다. 그가 주는 밤의 "평화로"움은 낮의 '투쟁', 즉 건설을 통해 만들
어진다. 이 도약은 "얼굴"과 "남매"를 구분하는 지점이다. 초월적 영웅의
'새' 탄생이다.

원주가 사회주의 건설의 주체로 성장하는 과정을 매개하는 두 구원
자가 존재하는 셈이다. 원주와 원주를 먼발치에서 병수발하는 동생 순
이, 그리고 원주를 소련이 운영하는 적십자병원에 입원시킨 친구들 모
두 집합적 주체가 되어 가는 과정에서 두 구원자를 매개로 마음의 변화
를 경험한다. 순이의 오빠에 대한 지극 정성은, '소작농' 부모를 둔 가족
이란 주어진 사회형태에 대한 긍정의 의미도 주고 있다. 예를 들어 "원
주는 요행 동무들의 도움으로 적십자병원에 입원하게 되었으나 그것으
로도 순이의 발바닥에서 불이 꺼질수는없었다"는 표현이 그것이다. "어
두운 세월 속에서 맺어진 남달리 뼈에 사무치는 동기간의 애절한 사랑"
이 언급된 다음 도약이 있다. 순이는 오빠의 병간호를 하면서도, 일제시

대에 중단했던 인민학교를 졸업할 수 있었다. "새조선의 운명을 걸머쥔 귀중한" 딸로 성장한 것이다. 병수는 순이가 "제손으로 쌓은 승리"를, 즉 "이겼다"를 강조하며 "이 승리를 이 승리를 있게해준 바뀌여진 조국을 그 조국의 하늘을 그는 다시금 우러(르며) 태양은 분명 모든 인민의 것이었다"고 되뇌인다.

병에서 회복하는 원주가 친구들과 편지를 통해 스스로를 "당당한 전사"로 규정하는 마음의 변화를 일으킬 때, 그는 새 조국의 건설을 평화 만들기로 인식하고 있다. 그 와중에 추상의 적 미국이 "원자탄"으로 구체화되기도 한다.

우리에게 이 발전과 장성이 있는한 미국놈들의 원자탄도 그아무것도 두려워할 필요는 없다. 공장에서도 농촌에서도 한결같이 원쑤를 칠 불덩이를 제손으로 만들어 제 어깨에 걸머지고 날마다 날마다의 싸움속에서 원쑤를 치는 행진을 계속하고 있는 것이다.

부정의 싸움을 긍정의 싸움으로 바꾸는 계기는, 바로 '새 기술'이다. 이미 철공 원주는 이미 "으리으리하게 크고 유착스러운 선반 그것만이 자기의 모든 근심 걱정을 옥천바삭으로 갈아버릴것이라" 다짐한 바 있다. '탈식민'의 의지도 새 기술로 표현된다.

열성이 계속적으로 새로운 기술을 창조하고 있는 그사실이다. 하나의 기술에서 우리는 백천의 많음과 큼을 상상 할수 있고 또 실현할수 있다. 우리공장은 왜놈들이 파괴한것을 도루 복구한다거나 또 그기술을 그대로 답습하고 연장하고 있는것만은 결코 아니다. 우리 로동자들자신이 우리의 새기술을 창안 해내고 있는것이다. 그러기때문에 우리의 새기술은 아직

어리나 왜놈들보다 위대한 것이다.

　북한에서 '비날론'의 도시 함흥으로 추정되는 지역에서 일을 하는 친구들과의 대화를 통해 "카바이트에서 반드시 섬유를 뽑아내는 기술조선이 올것을 우리들은 확신한다"는 순간, 그 일을 짊어질 원주는 마음의 성장을 통해 각성된 청년주체로 서게 된다.

　한설야의 세계평화대회 참가 이후의 작품인 "자라는마을"의 시공간은, "해방삼주년이 아직 달포나 남아있"는 북한의 국가수립 직전의 '농촌'이다. 더 이상 소련의 개입이 없는 공간설정이다. 소련의 빈자리는 김일성이 대신한다. '무구지'(황무지)를 개척하는 새 농촌의 건설과정에서의 이항대립은 이기성 대 이타성으로 발현한다. 인물로는 일제시대에 농업학교를 나와 당시 과수원을 운영하고 있는 최기수 대 새 농민인 주인공 수길이가 금복이와의 사랑까지를 포함한 대결구도를 형성하고 있다. 최기수의 성품도 이항대립적으로 묘사한다. "본시 최기수는 모든것을 「내것」과 「남의것」으로 갈라놓고 노는 버릇이있다"는 것이고, 좋아하는 여자를 볼 때도 "응, 내것, 저떡이 내떡이렸다" 한다는 것이다.

　수길의 여자친구 금복의 어머니는 문맹이다. 그이에게 한글을 가르치는데 첫 단어가, "김 일 성 장 군"이다. 이해하는 방식은, "김일성장군만세 지 무시기냐. 그건 나두 안다. 집집마다 그 글방 앙이 붙은 집 있다디"다. 두 번째 단어는 "민주주의 인민 공화국 헌법 만세!"다. 북한적 냉전체제의 마음체계인 제국주의진영 대 민주주의진영의 대립구도가 인민의 입말로 묘사된다.

　정말 이제 완전자주독립국가가 된다구들 기뻐하였다. 이승만이들 도적개무기라 오라지않아 불맞은 짐승처럼 곤두박질을 치다가 똥싸고 버두러질 것을 상상하고 사람들은 통쾌해하였다. 그리고 또 이도적들의 놈의 새끼들도 쇠부살만한 코를 싸쥐고 몰려갈것이라고들 하였다.

이승만의 의붓애비 미국놈들은 쩡향에 선 수숫대처럼 키만 멋없이 덜렁 커서 저 으릉으릉 우는 발전소 송전선에 새워놓고 그놈의 모가지를 한번씩 슬적슬적 대주기 좋을것이고 그러면 당장 불에 떨어진 메뚜기처럼 버둥거리다가 죽을것이고 금복어머니도 우스께를 한일이 있다. 그만치 금복어머니는 미국놈이라면 천질색이다.

이승만과 미국을 경험하지 못한 금복어머니에게서 나오는 말들이다.[71] 한설야가 파리평화대회 참가 이후, 냉전적 마음체계와 평화를 통일과 등치하고 있음을 확인할 수 있는 부분이다. 추상의 적 미국이 "미국놈들"로 전변되는 순간이다.

북한 스스로 자기를 정의하는 '민주주의'는, 독립과 적대의 종료와 건설이다. 인민들이 민주주의가 어떻게 이해되었는가를 보여주는 금복어머니의 말이다.

그래 민주주의가 좋지 앙이문 나뿌단 말이냐 없던 내나라가 생겼으니 좋지.

내 무식해서 모르긴하겠다만 민주주의란기 다른기 앙이드라. 제일 미운기 다없어지구 백성덜이 보구싶구 하구싶구 가지구 싶든기 모래밭에서 무이

---

71 이 지점에서 생각해봄직한 하나의 가설이 있다. 현실에서 부정과 긍정의 인물이 대립하고 그 대립이 소련이란 상위의 꼭지점을 통해 해소되는 한설야적 이등변 삼각형 구도에서, 소련도 미국처럼 외세라 할 때, 소련을 대체하는 '태양'은 소련과 충돌할 수 있는 잠재력을 가질 수밖에 없다는 것이다. 사회주의 리얼리즘의 사각형 구도의 불가능성에 대한 생각이다.

뽑듯 하나씩 둘씩 척척 나오고 앙겨지는기더라.

이른바 민주주의를 기초로 평화인 통일을 이루는 과정에서 소련의 제안이 언급된다.

금년정초에 쏘련군대와 미국군대가 함께 우리나라에서 나가자는것을 쏘련이 말했는데 미국놈들이 앙이 들었담메. 그리구 이승만이랑 그놈들이 미국놈 나가지 말라구 의붓애비 홍패메구 춤추듯 미쳐 돌아가구 있담메. 쏘련말대로 했으문 벌써 미국놈들이 나갔을기 앙임메.

한반도 분단의 원인이 미국의 거부 때문이라는 인식의 일단이다. 금복은 무력통일을 암시하는 발언도 한다.

우리를 못살게구는 놈들을 우리 손으로 두들겨 쫓아야지 별수없음메. 그러니 인제 정말 정신 차리구 공부합세.

공부와 건설을 통해 통일의 길을 가야 한다는 논리다. 북한 내부의 평화는 외적으로 통일의 기초가 된다.

건설과정인 무구지 개척의 노정에서는 이기와 이타의 싸움이 전개된다. 역사적 사실로서도 흥미로운 부분은, 북한초기 농촌지역의 세금형태였던 '현물세'(現物稅)를 물어야 하기에 증산을 안 하는 이기적 모습의 묘사다. 이타적 인물의 전형으로 수길이 성장하면서 무구지를 개척하는 '자라는 마을'에서의 갈등은 타자를 배제가 아니라 포용하는 방식으로 전환된다. 정신노동과 육체노동의 차이에서 비롯된 대립도 연대를 보여주는 감동적인 언술로 포장된다. "농민들이 나가는길에서 학생들이 노

래를 불러주기는 아마 개벽 이래 처음일것이다"는 말에서 건설의 연대의
필요성이 읽힌다.

그 과정에서 경쟁에 대한 긍정도 배치된다. 경쟁이 협력을 만든다는
인식이다.[72]

아래웃 반이 서루 지지말랴고 맹렬히 경쟁하였다.

그래서 이렇게 서루 경쟁하면서도 돕는기구 그런데서 발걸음이 빨라지는
기오.

사랑조차 경쟁을 통해 성숙해 가는 것으로 묘사된다. 수길이 금복에
게 하는 사랑고백은, "너와 나와는 일생을 경쟁할기다"이다.

마무리는 김일성이다. "한글학교에는 김일성장군에게 보내는 여러
장의 감사문이 들어왔다"는 언급이 작품의 중간에 등장하고, "자라는마
을"의 종지부의 노래는, "민주조선 창건하는 장엄한 새날의 투사다 …
건설의 노래 우렁차게 김장군 두레에 뭉치자"이다. 이 작품을 "새 환경에
적합한 새 방법"으로 해석하는 '새'가 김일성으로 귀결되는 형국이다.[73]

V. 계속작업을 위하여

한설야가 파리세계평화대회에 참여하고 그 전후로 소설을 생산하는

72　안함광은 이 경쟁에 기초한 협력을, "민주주의적 협동적 사상"이라 부른다. 안함광, 『조선
　　문학사』, p. 387.
73　안함광, 『조선문학사』, p. 387.

1949년 봄부터 가을까지 제국주의진영 대 민주주의진영이라는 소련판 냉전적 마음체계를 수입한 북한의 지도부는 평화를 통일과 등치하는 사유를 공유하고 있었다. 그러나 1949년 가을까지도 소련의 스탈린은 김일성과 박헌영의 전쟁의사에 반대하고 있었다.[74] 한설야가 그 사실을 인지하고 있었는지 알 길은 없지만, '대변인'으로서 한설야는 평화가 자신들이 생각하는 민주제도와 사회주의제도에서 비롯되는 것이란 생각을 가지고 있었다. 한반도적 맥락에서 평화를 통일로 등치하면서, 전쟁을 통한 평화와 통일의 길에도 동의하고 있었다.

　반면 한설야의 소설에서 평화는 정형화를 넘어서 있었다. 개인의 내면에서 비롯되는 평화가 "얼굴"과 "남매"에서는 돌출된다. "자라는마을"에서 볼 수 있는 것처럼 북한국가의 내면인 건설이 평화를 만들어 간다는 인식도 보인다. 이 두 내면의 평화는 폭력적 방법에 의한 평화와 충돌한다. 개인과 국가 내면의 평화가 외면에서의 전쟁을 위한 기초가 될 수 있다는 마음의 전변은 한설야 개인에게 모순으로 남을 수 있지만, '대변인' 한설야는 이 모순에 침묵할 수밖에 없었을 것이다. 만약 이 모순을 핍진하게 그리는 소설을 생산했다면, 정치인으로서 그의 지위는 위협당할 수밖에 없었을 것이다.

　1949년 8월 소련은 카자흐스탄 사막지역에서 지상폭발의 형태로 핵실험에 성공했다. 미국의 핵무기에 맞서는 소련의 세력균형정책이었다. 소련의 핵실험 사실이 공식화된 1949년 9월 북한은 "쏘련에서의 「원자폭발사건」에 관한 따쓰의 공식보도"를 언급한 후, 9월 29일에는 '북조선직총'과 '북조선민청' 중앙위원장의 명의로 미국과 영국이 소련의 핵실험에 당황하고 있고, 소련의 핵실험이 "인류행복에 기여한다"는 반향

74　시모토마이 노부오, 『모스크바와 김일성』, pp. 90-96.

을 1면에 보도한 바 있다. 반전·반핵의 구호가 실종될 수밖에 없는 상황
이었다. 1949년 9월에는 소련파 공산주의로 1956년 이른바 '8월 종파사
건'으로 숙청되는 박창옥이 '북조선로동당 선전선동부장'의 직함으로 "쏘
련의 원자무기소유는 전세계의 평화와 안전에 기여될 것이"란 발언을 할
정도였다. 반전·반핵을 주요 내용으로 했던 평화개념의 또 다른 전변이
었다.[75]

1950년 6월 한국전쟁이 발발하고 전쟁의 와중에도 소설가 한설야
는 세계평화대회와 아시아지역에서 개최된 평화대회에 참여했다. 1949
년과 마찬가지로 「전별」, 「승냥이」, 「대동강」, 「황초령」, 「땅크 214호」,
「력사」와 같은 소설들과 평화와 관련된 수필을 생산한다. 전쟁이 전개되
고 있는 상황에서 반미와 평화 그리고 김일성의 형상화를 주제로 한 소
설과 수필들에서 한설야의 평화의 마음이 어떻게 나타나고 있는가를 탐
색하는 것이 다음의 과제다.

---

75 소련의 핵실험이란 정세의 변화에도 불구하고, 핵무기의 금지를 향한 북한판 평화운동은
계속되었다. 북한 최고인민회의는 1950년 3월 3일 "평화옹호 세계위원회 평화제의 호소문
에 관하여"란 결정을 채택했다. 세계평화대회 상설위원회의 호소문의 주요 내용은, "군비
및 병력을 축소하며 원자무기를 금지하며 강대국간의 평화조약을 체결"하는 것이었다. 『조
선중앙년감 1951-1952』 (평양: 조선중앙통신사, 1952), p. 80. 당시 「로동신문」 기사를 보
면, 최고인민회의 대의원 최경덕, 평화옹호 전국 민족위원회 대표 김익두, 대의원 리기영
등이 토론을 했다고 한다.

제3장

북한 속어 '석끼' 담론을 통해 본 북한 주민의 마음

이수정(덕성여자대학교)

I. 들어가며

> C: 너무 심통하다. 구실을 붙여가지고 시간 뽑아낼려고 그런 속에서 또
> 저렇게 성근하게…… 남의 몫까지 하는 사람이 있는데 어찌 보면 너무
> 저렇게 성근하게 하는 사람을 북한에서는 좀 석끼같다고. 여기서는 뭐
> 라고 표현하나?
>
> A: 모자라다.
>
> C: 남의 일 자기 일 가리지 않고 어딘가 좀 지네 똑똑치 못한 사람을. 그
> 런 게 딱 엿보이면서 너무 재미있고.
>
> 연구자: 지금 선생님 말씀이, 성근한 사람이라고 말씀하셨어요?
>
> C: 석끼. 모자란, 앉을 자리 설 자리 모르는 사람.

2015년 초여름 어느 날, 필자와 공동연구자 한 명은 3명의 북한 출
신 여성들과 함께 북한 '텔레비죤 드라마' 「따뜻한 우리집」 1부를 보고

이야기를 나누었다. 북한 사람들의 마음에 대한 연구의 일환으로 진행된 이 이벤트는 '탈북자를 통한 북한 읽기'가 가진 '위치성'과 '현재적 재구성' 문제를 부분적으로라도 극복하기 위해 시도되었다. 이미 북한을 떠나 한국사회의 시민으로 살아가는 북한 출신 주민들의 이야기가 북한 사람들의 삶을 대변할 수 있는가 하는 문제제기는 분단과 적대 상태에 있는 한민족의 한 쪽으로부터 다른 쪽으로 이주한 이들이 갖는 독특한 위치성(주로 떠나 온 사회를 부정적으로 기억·재현해야 하는)과 이에 따른 경험의 부정적 재구성 문제와 관련된다.[1]

이러한 문제는 이들을 통해 북한 주민들의 '마음'을 파악해보고자 하는 연구자의 시도와 관련해서는 훨씬 더 도전적인 이슈이다. 이들의 마음은 북한 사회에서 만들어진 마음이기도 하지만, 이미 한국 사회에서 조건화된 마음이기 때문이다. 마음을 살펴보기 위한 다른 연구에서 필자는 북한 출신 주민들이 북한에서의 마음을 남한에서의 기준으로 평가하여 재구성하려는 경향이 있음을 종종 발견하였고, 따라서 미디어를 이용한 즉각적 반응을 살펴보는 것을 새로운 전략의 하나로 선택한 것이었다. 함께 시청한 「따뜻한 우리집」 1부는 2004년 조선중앙TV에서 상영되었던 드라마로 북한주민들에게 큰 인기를 끌었다.[2] 함께 드라마를 본 3명의 북한 출신 여성들은 오랜만에 북한 영화를 보니 매우 재미있다는 소감과 더불어 위와 같은 얘기를 쏟아내었다. "성근"해서 "석끼같다"고

---

1 북한 출신 주민을 통한 북한 연구의 문제점에 관한 보다 상세한 논의는 다음을 참고하라. Lee, Soo-Jung, "North Korea 24-7: The Negotiation between Disciplinary and Market Regimes," 「AAS-ICAS 2011 Joint Conference」, Association for Asian Studies, Annual Conference of Association for Asian Studies(AAS), 2011. 4. 3.

2 〈따뜻한 우리집〉은 모두 4부작으로 이루어져 있으며 2004년부터 2005년에 걸쳐 제작되어 조선중앙TV를 통해 전국에 방영되었다. 북한 최고 산부인과 병원인 평양산원을 중심으로 도도한 여성의사와 제대군인 출신의 우직한 남성의사의 사랑과 일상사를 담아낸 이 드라마는 북한 인민들 사이에 인기가 높았다고 한다.

평가받은 사람은 드라마의 주인공 남성이었다. 그는 제대군인 출신 산과 의사로서 모든 일에 성실하고 근면한(즉, "성근"한), 북한의 공식담론에서 모범으로 재현되는 사람이었다. 이러한 인물형에 대해 북한 출신 여성 C는 웃음을 터뜨리며 북한에서는 바로 이런 사람을 두고 "모자란, 앉을 자리 설 자리 모르는 사람"이라는 뜻의 "석끼"로 평가한다고 이야기했다. C의 이러한 즉각적 반응은 필자의 호기심을 유발했다. 1990년대 이후 사회주의체제와 시장경제라는 이중구조 속에서 사람들이 어떠한 마음을 가지고 살아가는지 궁금했던 연구자에게, C의 이러한 이야기는 북한주민들의 마음의 일단을 알리는 매우 중요한 순간으로 포착되었다. 이후 연구자는 '석끼'라는 용어가 북한에서 어떻게 활용되는지 알아보았고, 이 용어가 북한의 사전에는 물론 로동신문 등 공식적 매체에서는 찾아볼 수 없는 일종의 유행어, 그 중에서도 속어임을 파악할 수 있었다.[3]

이 연구는 이러한 과정을 통해 파악한 북한의 유행어·속어 중 하나인 '석끼' 관련 담론을 중심으로 북한 주민의 마음을 포착해 보고자 한다. 북한사회에 대한 직접적인 현장연구가 불가능한 상황에서, 이 연구 역시 대부분의 북한 일상을 다루는 연구와 같이 북한 출신 주민들을 면접대상자로 설정하였다.[4] 우선 앞에서 언급한 것처럼 3인과의 영화 감상 및 그 소감에 관한 포커스 그룹 인터뷰(FGI)를 진행했다. 영화감상에 활

---

3   인터뷰이들에 의하면 "저 사람 완전 석끼다," "석끼 같다"라는 표현으로 주로 쓰이지만, "석끼 없다"라는 표현도 동일한 의미로 쓰인다. 인터뷰이 D는 이를 다음과 같이 설명하였다: "아… 석끼네, 석끼 없다. 이런 말 두 가지가 있어요. 같은 말이에요. 그냥 같은 표현인데 말만 다르게 하는 거예요."
4   북한 출신 주민들에 대한 인터뷰를 중심으로 북한주민의 일상생활에 대한 연구를 진행한 대표적 저작으로는 다음을 참고하라. 조정아 외, 『북한주민의 일상생활』, (서울: 통일연구원, 2008); 동국대학교 북한일상생활연구센터, 『북한의 일상생활세계: 외침과 속삭임』, (서울: 한울, 2010); 홍민, 박순성, 『북한의 권력과 일상생활: 지배와 저항 사이에서』, (서울: 한울, 2013).

표 1. 연구참여자 기본 정보

		인터뷰 날짜	인터뷰 당시 연령대	북한에서 주요 거주지	탈북년도	입국년도
관객조사 및 FGI	A	2015. 6. 17	40대 후반	함경북도	2014	2014
	B	2015. 6. 17	40대 초반	양강도	2014	2014
	C	2015. 6. 17	50대 중반	함경북도	2014	2014
개별 심층 인터뷰	D	2015. 6. 18	20대 후반	함경북도	2012	2012
	E	2015. 6. 25	20대 중반	함경북도	2014	2014
	F	2015. 7. 10	40대 후반	양강도	2014	2014
	G	2015. 7. 10	40대 중반	양강도	2014	2014
	H	2015. 7. 15	50대 중반	함경북도	2012	2013
	I	2015. 7. 16	50대 후반	양강도	2014	2014
	J	2015. 7. 17	60대 초반	함경북도	2014	2014
	K	2015. 7. 22	20대 후반	함경북도	2014	2014
	L	2015. 7. 24	50대 초반	함경남도	2015	2015
용례 변화 문의 (대면, 전화, SNS 인터뷰)	M	2015. 10. 2	40대 후반	황해도	2007	2007
	N	2015. 10. 2	30대 후반	강원도	2006	2006
	O	2015. 10. 5	40대 중반	함경남도	2005	2005
	P	2015. 10. 5	30대 후반	양강도	2005	2005
	Q	2015. 10. 7	40대 중반	강원도	1998	2002

용된 연구방법은 북한의 문화생산물에 대한 북한출신 주민들의 이해와 해석 방식을 살펴보았다는 점에서 일종의 '수용자·관객 연구'의 형식을 띠었다고 볼 수 있다. FGI 이후 비교적 최근에 북한을 떠나온 여성 9명에 대한 개별 심층 인터뷰를 실시하였고, 그 결과를 바탕으로 한국사회에 진입한 지 꽤 오래 된 5명의 북한출신 지인들과 만남, 전화, 카카오톡 등을 통해 의견을 나누었다.

비교적 최근 북한을 떠난 여성들을 대상으로 한 심층인터뷰의 경우, 생애사 중심의 인터뷰를 하다 석끼에 대한 언급이 있는 경우 기회를 잡아 관련 논의를 진행하였고 그렇지 않을 경우 연구자가 직접 석끼에 대한 질문을 던지고 대화를 나누는 방식으로 진행하였다. 우선 석끼라는 용어를 듣거나 사용한 적이 있는지 문의하고 (이에 대해서는 모든 인터뷰이가 그렇다고 하였다) 어떠한 사람을 어떤 상황에서 석끼라고 했는지, 이들에 대한 평가나 느낌이 어땠는지 구체적인 예를 들어 묘사해 달라고 하였다. 인터뷰이들은 남한 출신 연구자가 북한 주민들이 일상에서 사용하는 '석끼'라는 유행어를 알고 있다는 사실에 모두 놀라움과 흥미를 표현했으며, 따라서 매우 즐겁게 이야기를 풀어나갔다. 연구자는 석끼와 관련한 북한 출신 주민들의 풍부한 이야기를 통해 북한 주민들의 현재적 마음을 징후적으로 파악할 수 있었다.

한편, 한국사회에 진입한 지 상당기간이 경과한 연구자의 오랜 지인들에 대한 짧은 대면, 전화, SNS 인터뷰는 '석끼' 관련 담론의 변화와 지역적 차이를 살펴보는 데 도움이 되었다. 심층면접 대상자 대다수가 2014년 이후(2명의 경우 2012년) 북한을 떠났고 함경남북도와 양강도 출신이었던 반면, 이들은 빠른 경우 1998년 탈북하였고 강원도, 황해도 출신을 포함하고 있었기 때문이다. 이들 중 일부는(M, Q) 북한의 고향에 있을 때는 "석끼"라는 말을 들은 적이 없다고 하였으며, 최근에 북한을 떠난 동향 출신 지인들과의 연락을 통해 그 말이 일상에서 자주 활용된다는 소식과 사용 맥락을 전해주었다.[5]

---

5   논문 심사 후 출간을 준비하는 과정에서 지인을 통해 평양에서 거주하다 2014년 탈북한 사람에게도 석끼라는 용어사용에 대해 문의하였다. 그 결과 2000년대부터 평양지역에서도 '모자란 사람'이라는 뜻의 '석끼'라는 용어를 일상에서 사용하기 시작했음을 확인할 수 있었다. 다만, 신의주에도 거주한 적이 있는 이 사람의 경험에 의하면 평양에서는 함경도처럼 자주 사용하지는 않는다고 한다. 지역적 차이와 그 함의에 관해서는 앞으로 보완연구가 필

II. 북한연구와 마음, 그리고 유행어·속어

1. 북한연구와 마음

한국사회에서 '마음'을 사회학적 분석 대상으로 전면화시킨 김홍중은 인간 행위를 만들어내는 근원적 힘이 근대적 이성 중심의 패러다임에서 상상하는 것보다 훨씬 깊고 넓다는 문제의식 위에서 '마음'에 주목했다. 근대적 패러다임에서 주목하는 생각, 의식 등은 마음의 작동을 구성하는 한 차원에 불과하다는 것이다. 그는 마음을 순수하게 개인의 내적 지평에서 발생하는 현상들로 바라보는 관점을 비판하고 좀 더 구조화되고 체계화된 사회적 구성이라는 관점에서 분석할 것을 제안하며 "마음의 사회학"을 주창한다.[6] 즉 마음을 심리학적으로 설명하려는 태도를 벗어나 사회구조와 규범 등의 외부로부터 구성되지만 동시에 행위성을 가진 힘으로 보아 사회학적 견지에서 이를 설명하고자 한 것이다. 그는 또한 마음을, 인지적·합리적 사고 능력을 중심으로 한 마인드(mind) 대신, 인지, 정서, 의지적 행위능력을 포괄하고 종합하는 중심부인 하트(heart)로 파악하고자 한다.[7] 하트로서의 마음은 "사회적 실천들을 발생시키며, 그 실천을 통해 작동(생산, 표현, 사용, 소통)하며, 실천의 효과들을 통해 항상적으로 재구성되는, 인지적/정서적/의지적 행위능력의 원천"이다.[8] 그런데 김홍중이 사회심리, 집합심리 등 학계에서 익숙한 개념 대신 '마음' 개념을 사용하고자 한 것은 그 개념의 포괄성과 모호함이라는 위험성을

요함을 알 수 있다.

6   김홍중, 『마음의 사회학』, (서울: 문학동네, 2009).
7   김홍중, "마음의 사회학을 이론화하기: 기초개념들과 설명논리를 중심으로," 『한국사회학』, 제 48권 4호 (2014), p.180.
8   김홍중, 위의 글, p.184.

무릅쓰고 한국의 독자들과 보다 직관적으로 소통가능한 개념으로 한국 사회의 현실과 문제를 입체적으로 논의하고자 함이었다.[9]

최근 북한연구에서도 유사한 문제의식을 가지고 '마음' 개념을 중심으로 북한사회의 상황과 남북통합의 문제를 논의하는 흐름이 이어지고 있다. 이들은 기존의 북한연구 및 남북통합 연구가 정치, 체제, 이념, 제도 이슈에 치중되어 왔고 비교적 최근 성장하고 있는 일상연구의 경우도 의식과 행위 등의 이슈에 집중되어 있다는 점에 주목하면서, 감정, 이성, 의지, 감각 등의 총체이자 특정 사회 구성원들의 성향과 행위의 근원이기도 한 마음에 관한 연구의 필요성을 제기한다.

예를 들어 구갑우의 경우 마음체계(mind system)를 "특정한 정치경제적 국면에서, 이성과 감성 그리고 의지와 상상력이 결합되어 있는 복합체로, 주체의 행동을 가능하게 하는 '의도성(intentionality)'을 담지하고 있는 총체적 심리의 체계"로 정의하고, 평화에 관한 북한적 마음체계가 형성되는 과정인 1949년 파리평화대회에 북한 대표로 참여했던 소설가 한설야의 평화의 마음이 어떻게 작동하였는지 분석한다.[10] 이 대회 참여 전후로 한설야가 쓴 수필과 소설을 분석하여, 그가 구조의 담지자로서 평화에 대한 북한적·냉전적 마음체계를 대변하는 동시에 현실을 미적으로 전유하는 개별 소설가로서 지배적 마음체계에서 이탈하는 복합적 마음을 가지고 있었음을 논의한다.

한편 김성경(2015)은 다케우치 요시미가 주창한 '방법으로서의 아시아' 전략을 차용하여,[11] 마음을 '방법'으로 접근함으로써 이성과 합리

---

9   이는 북한대학원대학교 SSK 남북한마음통합연구단의 2015년 11월 20일 초청강연에서 김홍중이 밝힌 내용이다.

10   구갑우, "북한 소설가 한설야의 평화의 마음(1), 1949년." 『현대북한연구』, 제18권 3호 (2015), p. 265.

11   다케우치 요시미는 일본의 중국문학자이자 문예비평가로서 전후 일본의 대표적 사상가 중

성을 중심으로 한 근대적 사고와 지식체계로서 이해하기 어려운 '타자' 북한에 대한 해석을 다원화하고 '마음' 개념의 모호성과 포괄성을 오히려 적극적으로 활용하여 새로운 시각에서 복수(複數)의 형태로 끊임없이 재구성되는 북한사회에 대한 이해를 시도하자고 제안한다.[12] 이러한 시도의 한 예로서 그는 "생활총화"와 "검열"이라는 상황에 주목하여, 이러한 상황에서의 상호작용 메커니즘을 미시적으로 분석함으로써 현재 북한 주민들이 공유하고 있는 사회적 마음의 일면, 즉 서로의 "체면"을 지켜주는 "공모하는 마음"을 분석한다.[13] 이러한 연구의 기반은 "인간 행동이 사회 내 행위자가 공유하는 관계 양식에 따라 상호작용의 형태가 되었을 때 사회적 의미를 지닌다"는 고프만의 "상황의 사회학(sociology of occasion)"이다.[14]

북한 속어 '석끼' 담론을 통해 북한주민의 마음을 분석하고자 하는 이 연구는 이성, 의지, 감정, 감각을 포괄하는 총체이자 행위를 추동하는 힘인 '마음'이 북한의 현실을 이해하는 데 있어 유용한 개념이라는 선행 연구들의 문제의식을 공유하면서도, 마음의 복수성(複數性, 즉 북한주민 '들'의 마음'들')과 마음 간의 갈등에 좀 더 초점을 맞추고자 한다.[15] 이는

한 명이다. 1960년 국제기독교대학 아시아문화연구회에서 진행한 강연 "방법으로서의 아시아"에서 서구모델을 그대로 가지고 온 일본의 근대화를 비판하며 '아시아' 혹은 중국을 또 다른 참조점으로 하여 스스로를 성찰하는 가운데 새로운 사회/가치상을 만들어나가자고 주창하였다. 이 때 아시아는 어떠한 '실체'로서 존재하는 것이 아닌, 새로운 주체형성을 위한 '방법'으로 제안되었다. "방법으로서의 아시아"는 다케우치 요시미 선집 2권 『내재하는 아시아』라는 책에 실려 한국어로 번역되어 있다. 다케우치 요시미 저, 마루카와 데쓰시·스즈키 마사히사 편, 윤여일 역, 『내재하는 아시아: 다케우치 요시미 선집 2』, (서울: 휴머니스트, 2011).

12 김성경, "북한 주민의 일상과 방법으로서의 마음: 생활총화와 검열의 상황에서의 공모하는 마음," 『경제와 사회』, 제109권 (2016), pp. 157-163.

13 김성경, 위의 글, pp. 166-187.

14 김성경, 위의 글, p. 162.

15 다 같이 '마음'이라는 개념을 사용하면서도, 김홍중은 이를 'heart'로, 구갑우와 김성경은 이

사회적 상황을 구성하는 상호작용의 규칙뿐만 아니라 이러한 규칙을 깨뜨리는 갈등의 상황에 주목할 때 발견될 수 있는 다른 마음들/사람들을 읽음으로써 북한사회에 대한 이해의 폭을 넓히려는 시도이다. 이는 또한 북한이라는 사회를 살아가는 다양한 집단의 사람들이 매우 다른 시간성(temporality)을 점유하고 있을 가능성, 혹은 개개인들이 중첩적 시간성을 일상적으로 협상하며 살아가고 있을 가능성에 대한 탐색이기도 하다. 김성경이 정치하게 살펴본 것처럼 북한의 주민들은 어떤 상황과 맥락에서는 '공모하는' 사회적 마음을 구성하지만, 다른 상황과 맥락에서는 구갑우의 한설야처럼 지배적 마음의 체계와 협상 또는 갈등하기도 한다. 이러한 협상 또는 갈등은 이중구조 속에서 살아가는 북한주민들의 현재적 삶 속에서 더욱 증폭될 수밖에 없을 것이며, 이는 다른 마음/사람들의 서로 다른 시간성과도 관련되어 있을 것이라는 것이 이 연구의 가정이다. 공모와 갈등의 다이내믹스를 살펴봄으로써 이 연구는 북한주민의 마음을 보다 두텁게 그려보고자 한다.

2. 마음 연구 방법으로서의 유행어·속어 담론 분석

이 글은 북한의 공식문헌이 아닌, 일상적 유행어(vogue word)인 '석끼' 담론 분석을 통해, 북한주민'들'의 마음'들'을 읽어보고자 한다. 즉, 유행어를 북한주민의 마음을 읽는 방법으로 활용하고자 하는 것이다. 유행어는 한 사회의 특정 시기 대중들이 많이 쓰는 언어로서 흔히 당대의 사회상과 대중의 정서를 민감하게 반영한다.[16] 특정 시기 일시적으로 광범위

를 'mind'로 번역하고 있다. 이 글은 "마음" 개념 자체가 부분적으로 heart와 mind의 이분법을 문제시하기 위해 도입되었다는 점에 주목하여 잠정적으로 "*maŭm*"으로 표기하도록 한다.

16 주창윤, "해방 공간, 유행어로 표출된 정서의 담론," 『한국언론학회보』, 제53권 5호 (2009),

하게 퍼지는 (즉, '유행'하는) 어휘현상인 유행어는 강력한 시대성, 의미의 광범위성, 구어체성, 창의성 등의 특징을 가지고 있다.[17]

한편 석끼는 유행어인 동시에 속어이기도 하다. 속어는 일반대중에게 널리 통용되면서도 표준어법에서 벗어난 비속한 언어를 말한다. Dumas와 Lighter는 다음 중 2가지의 요소를 갖추면 속어(slang)로 분류할 수 있다고 주장한다. 1. 공식적이고 진지한 언어의 권위를 떨어뜨린다; 2. 사용자가 특정 속어를 사용하는 행위는 그 말이 가리키는 것에 친숙함을 – 혹은 그것에 친숙해서 이를 사용하는 사람들에 친숙함을 – 암시한다; 3. 더 높은 사회적 지위나 더 많은 책임을 가진 사람과의 대화에서는 쓸 수 없다; 4. 잘 알려진 전통적 동의어의 진부성을 극복하고자 하기 때문에 이를 대체하는 경향이 있다.[18]

이러한 속어의 생산 주체는 익명의 대중이며, 활성화된 속어는 대체로 당대의 주요 이슈를 반영하는 경향이 있어 당대의 대중적 가치관과 정서 등을 파악하는 창으로 유용하다. '석끼'는 이 표현을 사용하는 사람들에게서 부정적인 인물형으로 공감되며 '바보' 등의 공식적인 표현으로 전달하지 못하는 뉘앙스를 담은 비공식적 언어로서, 1990년대 함경도 지역에서 발생하여 2000년대 이후 다른 지역으로 확산되었고 현재는 전국적으로 사용되고 있는 유행어이자 속어라고 볼 수 있다.

속어와 유사한 어휘현상으로 '은어(argot),' '풍자어(satire)'가 있다. 은어는 "특정 부류의 사람들이 비밀, 유희, 친교, 성별 등의 목적으로 공용어에 없는 새로운 표현들을 만들어 씀으로써 일반대중이 쉽게 알아듣

---

pp. 364-365.

17 이진호, "국어 유행어에 대한 연구," (전남대학교 국어국문학과 석사학위 논문, 2008), p. 1.

18 Dumas, Bethany K. and Jonathan Lighter, "Is Slang a Word for Linguists?" American Speech, Vol. 53 No.1 (1978), pp. 14-15.

지 못하고 은밀함을 느끼게 하는 특수어"이며,[19] 풍자어는 사회현실이나 타인의 결점을 다른 것에 빗대어 비웃으며 폭로하고 공격하는 데 사용되는 언어를 가리킨다. 북한사회에서의 비공식적 언어현상을 통해 사회변화를 파악하고자 한 시도로, 은어 및 풍자어를 분석한 최봉대·오유석의 연구가 있다. 이들은 은어, 풍자어의 사회저항적 성격에 주목하고, 특히 사회주의 사회 등 비민주적 정치체제를 가진 사회의 경우 은어나 풍자어의 재생산 정도로 그 사회를 살아가는 대중들의 지배체제에 대한 탈정당화 정도를 보여줄 수 있다는 문제의식 하에 1980년대 이후 북한에서 유행하는 은어, 풍자어를 분석하였고, 이를 통해 북한체제에 대한 일반주민들의 탈정당화 문제를 논의하였다. 이 연구에서 이들은 사회영역의 근원적 차원의 탈정당화라고 할 수 있는 범죄와 매춘 관련 은어, 풍자어의 재생산은 매우 활발한 반면, 권력세습 비판이나 경제개혁, 개방 등과 관련된 정치, 경제 영역에서 근본적 문제를 비판하는 은어, 풍자어의 재생산은 매우 열악함을 지적하며 북한 경제 위기에도 불구하고 정치, 경제 체제 등 근원적 차원의 탈정당화 가능성은 크지 않다고 결론지었다.[20]

석끼는 특정 집단에 한정되지 않고 광범위하게 활용되지만 북한 공식 담론에서 요구하는 이상적 인간형을 풍자하는 용도로 쓰인다는 점에서 은어는 아니지만 풍자어라고 볼 수 있다. 이 연구는 석끼 담론에 대한 맥락적 분석을 통해서, 이 담론을 (재)생산하는 북한주민들의 마음과 이들의 마음이 생산되는 사회적 맥락을 읽어보고자 한다는 점에서 다수의 은어, 풍자어를 범주화하고 분야별 재생산 정도를 측정하여 체제전환 가

---

19   주경복, "한·불 은어비교를 통한 언어의 사회 심리적 기능 연구." 『언어』, 제15권 (1990), p. 8.
20   최봉대·오유석, "은어·풍자어를 통해 본 북한체제의 탈정당화 문제," 『한국사회학』, 제32권 (1998).

능성을 탐구하고자 한 최봉대·오유석의 연구와는 차별성이 있다. 즉 이 연구는 '석끼'라는 유행어·속어와 관련된 담론을 북한 주민들의 마음을 읽는 방법으로 활용하고자 한다. 이러한 과정에서 필자는 석끼 담론의 풍자어적 성격과 이 담론이 특정 인구집단·인간유형을 빗대어 비판하고 있다는 점에 주목하여 이 담론이 재현하고 있는 사회적 갈등의 지점과 그 함의를 주목한다. 풍자가 존재한다는 것은 권력관계, 갈등관계가 있다는 것이며, 이는 북한주민의 마음이 하나가 아니라는 뜻이기도 하다. 석끼라는 하나의 유행어와 관련된 담론을 분석함으로써 북한의 마음'들'을 읽는 이 연구는 기존의 북한 마음 연구의 지형을 풍부하게 하고, 중층적이고 역동적인 북한 사회를 읽어내려는 시도에 기여할 것이다.

한편, 필자는 이 연구를 진행하는 과정에서 유행어를 중심으로 일종의 수다떨기와 같은 면접을 실시하는 것이 북한출신 주민들을 통해 북한 주민들의 마음을 연구하는 데 매우 유용한 연구방법임도 파악할 수 있었다. 유행어의 일상성과 오락성은 적대적 분단 체제의 한 쪽에서 다른 쪽으로 이주하여 분단 문법 속에서 이제는 타자가 된 고향/사람을 대표하는 위치에 놓이곤 하는 북한출신 주민들의 재현의 무게를 덜어줄 뿐만 아니라, 그 어휘를 구사하는 연구자와의 거리감을 줄여 비교적 자유로운 분위기에서 풍부한 이야기를 나눌 수 있도록 하기 때문이다.

III. '석끼'의 특징과 대표적 예

앞서 논의한 것처럼 '석끼'는 일종의 유행어이자 속어이기 때문에 로동신문이나 소설 등 북한의 공식문헌에서 발견할 수 없었다. 인터뷰에 응한 북한 출신 여성들도 그 유래를 알지 못했으며 문자화되어 있는 것을

보지 못했다고 했다. '석기'나 '석끼' 중 어떤 것이 바른 표현이냐는 질문
에 이들은 직접 글자로 써 본 적도, 다른 사람이 쓴 것을 본 적도 없다고
하였다. 그냥 사람들이 일상적으로 '석끼'라는 발음으로 말을 한다는 것
이다. 그런 점에서 석끼는 전형적인 구어(口語)이다. '석끼'의 '석'이 돌
석(石)자에서 유래했을 것이라는 점에는 대부분의 인터뷰이가 공감했지
만, '석기시대'의 '석기'에서 유래된 것이 아닐까 하는 연구자의 추측에는
모두 반대하며 심지어 실소를 금치 못했다.[21] 그러나 대체로 1990년대에
함경남북도를 중심으로 이 표현이 언급되기 시작했고, 2000년대를 거쳐
최근 일상에서 매우 자주 활용되는 유행어가 되었다는 점에는 동의했다.
이 장에서는 인터뷰에 응한 북한 출신 여성들이 증언한 석끼의 특징과
범주에 대해 기술함으로써 석끼 담론의 맥락화를 시도한다.

1. 석끼의 특징

가. 모자라는데, 주제·상황 파악 못 하고, 간섭하는 사람

석끼를 묘사해 달라고 부탁했을 때, 가장 자주 등장한 표현이 "좀 모자
라는 사람," "주제 파악 못 하는 사람," "앉을 자리 설 자리 모르는 사람,"
"나대는 사람" 등이었다. 즉 석끼는 그가 처한 사회적 상황에 대한 이해
가 부족하고, 그 상황 속에서 자신이 어떠한 위치에 있는지 그래서 어떻
게 행동해야 하는지 파악하지 못한 채, 다른 사람들의 삶에 그릇된 방식
으로 참견하여 피해를 주는 사람이라는 것이다. 인터뷰이 중 유일하게

21　2007년 북한을 떠난 해주 출신의 인터뷰이(M)가 북한에 있을 때 "석끼"라는 말을 전혀 들
　　어보지 못했다고 하면서 "돌로 만든 그릇 말입니까" 하고 반응한 것으로 보아 연구자의 이
　　런 짐작에 전혀 근거가 없다고 할 수는 없을 것이다. 그러나 북한에 있을 때 이러한 표현을
　　자주 사용했다고 한 모든 응답자는 석끼와 '석기시대'의 연결고리에 대해서 한 번도 생각해
　　본 적이 없다고 하였다.

1990년대 이전(고등중학교 때인 1980년대) 석끼라는 표현을 사용한 적이 있다고 기억한 인터뷰이 I의 경우, 친구들이 모여 놀이를 하는데 놀이의 규칙을 제대로 파악하지 못한 채 자기 주장만 하며 훼방을 놓아 결국 다른 아이들도 놀지 못하게 한 친구에 대해 "야! 왜 이렇게 석끼처럼 노니. 야! 왜 석끼야."하고 화를 내었다고 하였다. 인터뷰이 F는 장사를 하지 않으면서 참견이 많던 아랫집 아주머니를 석끼로 기억하며, "누가 뭐 옷 사 입고 나면 저 여자는 저거 또 어디 가서 사 입어. 한번 와서 먹고는 아오… 그 집에는 반찬도 몇 가지로 놓고 먹더라… 이렇게 말한다 말이야." 하며 자기 할 일은 못하면서 "말새질"이나 고발을 일삼아 다른 사람에게 피해를 주는 사람이라고 하였다.

이렇듯 석끼는 기본적으로 상황파악 부족, 자신의 처지에 대한 몰이해, 다른 사람들에 대한 피해의 삼박자를 갖춘 일종의 '민폐' 캐릭터인 것이다. 상징적 상호작용론의 관점에서 보면, 상호작용의 사회적 규칙을 깨뜨리는 존재들로서, 다른 이들의 마음에 균열을 일으키는 사람들이다. 다만 인터뷰이들은 석끼가 "아무 것도 모르는 머저리"와는 차별성이 있다고 주장하였다. 알긴 아는데 충분히 알지 못하는 사람, 그래서 다른 사람들에게 피해를 주는 사람, 즉 "반푼이"이자 "설익은 사람"이 석끼의 특징이라는 것이다.

나. 시대착오적인 사람: 공식담론, 당정책대로 사는 사람

석끼는 시장화된 북한 현실을 인정하지 못하고, '혁명성' '충실성' 등 공식담론과 당정책을 부르짖는, 현실과 맞지 않는 사람이기도 했다. 한마디로 시대의 변화를 인식하지 못하고 경직되게 구시대적 사고를 하는, 시대착오적인 사람이라는 것이다. 이러한 의견은 석끼 관련 담론이 사회적으로 유행하기 시작한 시기를 늦게 잡은 인터뷰이일수록, 나이가 어릴

수록 강하게 개진되었다. 시장화의 진전에 따라 석끼의 의미가 북한 주민들의 '시간성' 개념과 더 긴밀하게 연관되게 되었음을 알 수 있는 경향성이다.

경제난 이후 북한사회는 더 이상 개인의 생계를 당과 국가에 의존할 수 없는 시대가 되었고, 이에 따라 각자도생, 즉 개인이 자신의 삶을 책임지는 사회가 되었다. 따라서 개인의 삶을 우선 생각하는 가치관과 실천이 생겨났다. 조직생활은 형식화되었고, 중요한 가치가 부여되던 조직생활의 많은 부분이 돈으로 살 수 있는 거래대상이 되었다. 예를 들어, 인민반 활동이나 생활총화 등도 돈을 주고 참여하지 않을 수 있게 되었고, 직장 또한 "돈을 고이고" 나가지 않아도 되었다.[22] 생활총화가 강화되어 참여가 불가피한 상황이 되어도, 이미 상당 부분 형식화되었기 때문에 직접적인 비판을 가하기보다는 의례화된 상호작용을 하는 것이 사회적 규칙이 되었다.

그런데 인터뷰이들은 이렇듯 변화한 북한사회에 적응하지 못하고 "김일성 시대를 살고 있는 듯" "돌처럼 머리가 굳어" "시대에 뒤떨어진 방식으로 행동"하는 사람들이 여전히 존재함을 전하면서 이들을 "석끼"라고 표현했다. 자신들과는 다른 시간대, 과거를 살고 있는 사람들이라는 것이다. 석끼는 "당의 유일사상체계 하나만 놓고 완전 사람을 까대"는, "혁명성이 넘쳐나는," "집단주의 충실성에 집착하는," "김일성 시대처럼 노는," "사상적 표현을 많이 하는" 사람들이고, "사고가 넓지 못하고" "시야가 넓지 못한" "미개한" "깨지 못한" "행방이 없는" "주제파악 못하는" 사람들이다. 인터뷰이 E의 표현처럼 "그러니까 한 마디로 70년대, 60년대 그 김일성 있잖아요. 김일성 때 그 의식이 그대로 보존되어

---

22 "고인다"는 것은 뇌물을 준다는 의미이다.

있는 사람 같은 느낌. 그 때 그 사고 그대로. 그렇죠. 지금의 사회는 다른데 그 때 사회같이 생각하고…" 그래서 "[북한]영화에서 나오는 원형들… 그 원형처럼 행동하려 하는 사람들"은 다 석끼들인 것이다.[23]

다. 도덕이 없는 사람

석끼는 시대착오적이기 때문에, 사회주의체제와 시장경제의 이중구조가 형성되는 과정에서 지난한 과정을 거쳐 주민들이 잠정적으로 합의한 "도덕과 질서를 깨는" 부도덕한 사람이기도 했다. 이때의 "도덕"은 북한의 공식담론에서 얘기하는 "사회주의 도덕"과는 그 내용이 매우 다르다. 공식담론에서 주장하는 "사회주의 도덕"은 "단지 예의범절이 아니라 수령과 당에 대한 충실성과 조국에 대한 사랑, 노동에 대한 애착 등을 포괄하는 사상문화적 내용을 갖는" 것이다.[24] 특히 수령과 당에 대한 충실성을 도덕의 최고의 가치로 삼으며, 혁명적 양심과 의리에 기초한 인간관계를 강조한다.

그러나 경제난으로 배급이 중단되고 주민들이 각자도생의 삶을 실천하기 시작하면서 전통적 사회주의 도덕은 주민들에게서 힘을 잃기 시작했다. 공식적 도덕담론의 기초가 되었던 물질적 재분배 체계가 붕괴되고 생계윤리, 생존주의가 지배적인 상황에서[25] 사회주의 도덕의 최고 가치인 수령과 당에 대한 충실성을 지나치게 자주 언급하고 지배적 규범을

23 인터뷰이 중 여러 명은 대표적 석끼의 예를 들어달라는 부탁에 "이석기가 딱 석끼지" 하며 통합진보당 출신 전 국회의원 이석기를 언급하기도 했다. 이들이 이해하는 석끼의 '시대착오성'의 성격을 파악할 수 있는 흥미로운 현상이었다.

24 정영철, "북한의 생활문화로서 도덕 – 반제국주의 사상혁명과 사회주의 도덕," 『남북문화예술연구』, 제9권 (2011), p. 285.

25 홍민, "북한의 도덕담론 교환구조와 사회적 관계의 변화 동학," 『북한학 연구』, 제2권 1호 (2006), p. 206.

타인에게 곧이곧대로 들이대는 사람이 곧 도덕 없는 사람, 즉 석끼가 되었다. 석끼는 구시대적 사고방식으로 "비사회주의적 언행을 비판"하고 "꼰질러 바치"는 등 "다른 사람들의 삶에 참견"하는, 인터뷰이 G의 표현을 빌면 "앞으로 나가는 사람들한테, 정진하는 사람들한테 불편을 주"는 기피대상들이다.

이렇듯 "도덕"과 "석끼" 관련한 인터뷰 내용에서 발견한 흥미로운 점 중 하나는 북한 주민들의 내러티브 속에서 "도덕"이 주민 간의 "예의"로 축소되었다는 점이다. 실제 인터뷰이들은 "도덕이 없는 사람," "예의가 없는 사람"을 병행해서 사용했고, 이때의 도덕 혹은 예의는 "어른들에게 무례하지 않는 것," "소리 질러 얘기하지 않는 것" 등 개인 간의 예의범절뿐만 아니라 이중구조 속에서 새롭게 구성된 상호작용의 규칙을 지키는 것, 그래서 타인에게 피해를 주지 않는 것을 뜻한다.

그런데 그나마 생존주의가 지배하는 문화 속에서 예의범절을 지키는 것도 쉽지 않다. 수령에 대한 충실성, 혁명성은 고사하고 개인 간의 예의범절을 지키기도 쉽지 않은 상황을 빗대어 한 인터뷰이는 "지금 도덕하고 국정가격 없어진 지 언젠데……"라는 말이 유행하고 있다고 전하기도 했다. 그런데 인터뷰이들에 따르면 이런 상황에서 석끼는 탈맥락적으로 전자(혁명성, 충실성)를 지키기 위해서 후자(개인 간 지켜야 할 예의범절, 상호작용의 규칙)를 지키지 않는 존재들이며 이들이야말로 이 시대 북한에서 "도덕이 없는 사람"들인 것이다.[26]

---

26 이러한 연구결과는 경제난에도 불구하고 주민들의 집합적 저항이 나타나지 않는 이유의 문화적 차원을 주민들의 일상에 착근되어 있는 사회주의 도덕에서 찾는 남근우(2014)의 연구결과를 보다 중층적으로 읽을 것을 요구한다. 남근우는 북한 영화와 탈북자 인터뷰 분석을 통해 사회주의 도덕 중 집단주의적 사고 및 행동양식이 약화되고 동지들 간 윤리 및 가정생활윤리 등 일부 덕목이 약화된 반면, 지도자, 당, 체제에 대한 무비판성, 사회적 의무에 대해 무조건 이행해야 한다는 의식 등 사회주의 도덕의 주요 요소가 여전히 남아 주민

2. 대표적 석끼

앞서 논의한 것처럼 석끼는 일반적으로 상황파악을 잘 못하고 다른 사람들의 삶에 간섭하여 피해를 주는 인물을 가리키며, 경제난 이후 석끼의 특징은 김일성 시대의 전형적 모범이라고 간주될 만한 요소를 갖춘 그런 인물 유형이다. 그런데 흥미롭게도 "경험하신 대표적인 석끼에 대해서 구체적으로 말씀해 주세요. 그 사람은 어떤 사람이고 주로 어떤 행동을 했나요?"라는 질문에 인터뷰이들을 특정한 사회적 그룹을 가리키는 경우가 대부분이었다. 제대군인, 인민반장, 규찰대와 보위부 혹은 보안성 밀정 등이 이들이다.

가. 제대군인

대표적인 석끼의 예는 "제대군인"이다. 북한은 법제도상 남성들을 대상으로 한 의무병제를 채택하고 있다. 따라서 대부분의 남성들은 고급중학교 졸업 후인 17세를 전후로 입대하여 10년간의 군사복무를 한다.[27] 경

들의 행위와 의식을 규제하는 문화적 순종기제로 작동하고 있다고 설명한다(남근우, "북한 영화와 탈북자 면접조사를 통해 본 사회주의 도덕의 약화와 현실 지속성 – 북한 주민들은 왜 저항하지 않는가?" 『아태연구』, 제21권 4호 (2014), pp. 164-182). 그러나 지도자, 당, 체제에 대해 드러내어 비판하지 않고, 생활총화 등에서 이들이 언급된다는 것이 수령에 대한 충실성과 혁명성이 실제 주민들의 마음에 도덕적 원리로 남아있음을 의미하는지에 대해서는 보다 면밀한 논의가 필요하다. 필자의 연구에 따르면, 석끼로 재현되는 사람들의 사례는 남근우의 논의를 뒷받침하는 반면, 석끼에 대해 비판적 시각을 가진/전하는 북한주민들의 경우 "사회주의 도덕에의 순응"은 이중구조 속에서 생존을 도모하는 주민들의 상황적/공모된 수행(performance)일 수 있기 때문이다.

27 북한은 2012년 기존의 '11년제 의무교육' 학제를 '전반적 12년제 의무교육'으로 개편한다고 발표하면서 기존 6년제 고등중학교를 초급중학교 3년, 고급중학교 3년으로 분리하였다. 한편, 북한의 군복무기간 또한 시대에 따라 변화해 왔다. 1958년 내각결정 148호는 지상군 3년 6개월, 해/공군 4년으로 규정하였으나 실제로는 5년에서 8년 동안 복무하였다고 알려졌다. 이후 1993년 김정일의 지시에 따라 '10년복무연한제'를 실시하였고, 1996년 10월

제난 이후 북한 군대의 질서가 많이 무너졌다고는 하지만, 정신무장과 규율이 강조되는 '군' 문화에서 10년을 살아온 군인들은 제대 후 사회변화에 유연하게 적응하기가 어렵고 따라서 전형적인 '석끼'라는 것이다. 사실 북한은 1990년대 경제난 이후 시장의 증가에 따른 물질주의적 가치관의 확산과 집단주의적 가치관의 균열에 대응해 '선군정치'와 '혁명적 군인정신'을 기치로 사회전반에 대한 재조직을 시도했다. 이는 고난의 행군 시기 집단성, 규율성, 희생성을 보여 준 '군인문화'를 전 사회에 확장하기 위한 것으로서, 북한의 군인들은 이러한 시도의 주요한 대상이자 주체가 되었다.[28] 그 결과 북한군인의 사상무장 정도는 상대적으로 매우 강한 것으로 알려져 있다.[29]

그러나 '군인문화'의 주요한 확산 주체로 기대되는 제대군인들은 사회에서 "돌처럼 머리가 굳었고… 그냥 고지식하게 하나만… 당의 유일사상체계 하나만 놓고 완전 사람을 까대"는 석끼로 평가받는다. 이들은 10년동안 "남이 해 주는 밥 먹고 계속 세뇌돼서" 그렇게 살았기 때문에,

군복무 조례를 변경하여 복무연령을 30세까지로 연장하였다가 2003년 군사복무법 채택을 통해 다시 복무기간을 10년으로 단축하였다. 이후 2014년, 군입대자의 감소로 다시 11년 혹은 13년으로 늘렸다는 소식이 있으나 아직 법제화되지는 않은 것으로 알려졌다. 신체검사 불합격자, 성분불량자, 특수분야 종사자 및 정책수혜자 등은 징집에서 제외되며, 대학에 진학할 경우 대학 수학 기간을 군 복무 기간에서 빼주는 것이 관례라고 한다. 여성의 경우 2014년 가을, 의무병제를 도입한다는 소문이 있었으나 확정되지는 않았으며, 모병제를 기반으로 한다. 남성에 비해 복무기간은 3년가량 짧아 2013년 기준 7년이다. (http://munibook.unikorea.go.kr/?sub_name=information&cate=1&state=view& idx=86&page=3&ste= 검색일 2016. 4. 25.)

28　정영철, "북한의 생활문화로서 도덕 – 반제국주의 사상혁명과 사회주의 도덕," p. 284.

29　이교덕 외가 2011년 탈북군인 11명에 대한 면접 및 200명 대상의 설문조사를 중심으로 실시한 연구에 따르면 만성적인 식량난으로 인해 북한군 내부에서도 군사물자의 유용과 착복, 대민피해, 탈영, 기밀누설 등의 기강해이 현상이 약간씩 나타나기는 하지만 광범위하게 발생하고 있지는 않으며 따라서 지도자에 대한 충성심이나 사상무장에 큰 영향을 주지는 않고 있는 것으로 파악되었다 (이교덕 외, 『북한군의 기강 해이에 관한 연구』, 서울: 통일연구원, 2011).

시장질서가 지배적인 "사회생활"에 대한 이해가 떨어지고 따라서 전혀 적응하지 못하는 사람들이다. 인터뷰이 D는 제대군인인 친척을 전형적 석끼로 묘사하였다.

〔군대 나갔다 온 친척이〕 사회생활에 적응을 잘 못하고 군대에서 생각하고 있던 걸 사회에서 자꾸 생각하고 있더라구요. …… 예를 들면 군대에서는 집단정신이잖아요. 이거를 북한도 이젠 집단주의인 것보다는 개인주의인 게 점점 많아지고 있단 말이에요. 시장 중심이니까. 시장이 막 활성화되고 있다 보니까. 시장은 다 같이 하는 게 아니고 혼자서 하는 거잖아요. 그런데 이걸 빨리 깨우치지 못하고 자꾸 생각이 치우치는 거예요. 나는 군대 때 이렇게 안 했었는데 사회는 너무 바뀌었어. 이러고 막. 되게 철딱서니 없는 얘기를 하고 있고. (D)

제대군인 석끼들은 대표적으로 과거의 시간대를 사는, 시대에 뒤떨어진 인물들인 것이다. 군대에서 "10년여의 세월동안 충실성, 혁명성 교육만 받기 때문"에 "당이 제일, 수령이 제일인 줄 아는 인물"들이다. 불가능한 일에도 "할 수 있습니다"를 되뇌이고, 당정책을 따라야 한다고 주장하는 "비현실적"인 사람들이기도 하다. 인터뷰이 H의 아래와 같은 묘사는 이를 생생하게 드러낸다.

배운 게 그건데 뭐, 오직 군사복무하면서 배운 게 그건데. 오직 수령, 오직 당. 그저 배운 게 그기니까. 당의… 제대되면서도 당의 명령이라면 최곱니다. …… 야네는 그저 …… (웅변조로) 그저 나가자 앞으로 나가자! 해낸다! 할 수 있다! 못 하는 것도 그저 자기는 할 수 있다 하니까는 그게 우리로 말하면 사회생활 하는 사람들하고 그게 맞지 않지. 제대군인들하고. 야 그건 무슨무슨 기계가 와야만 돌아가는데 그건 너네 아무리 마음이 앞서서 (웅변조로) 할 수 있다! 한다! 나간다! 그게 되니? 아이 맞단 말입니다, 우리하고. 갸네는 오직 무시기 없어도 그저 할 수 있습니다. 나가야 합니다. 이런 게 오직 구호 됐으니까는. (H)

이들은 또한 제대할 때쯤이면 이미 명령하는 지위에 있기 때문에 호령을 일삼는 이들이기도 하다. 그래서 "도덕이 없다"고 평가받는다. 다시 H의 이야기를 들어보자.

명령만 듣던 사람들인데 사회 나와서 우리처럼 조용히 말하는 거 마음에 들지 않거든요. 자기가 아래 병사들 호령질하고 명령 내리고 하던 사람들인데 사회 나와서 사회생활 맞으니까 힘들거든요. 그니까는 살랑시 말할 것도 내가 광부장인데 난 제대됐으니 광부장보다 더 높다 더 높으니까 광부장 앞에서도 막 소리친단 말입니다. 그니까 사회 생활하는 사람들이 군대들하고, 제대군인들하고 서서 말하기 싫어한단 말입니다. 너무 자기 성격 살리고 말하니까는…… 자기가 다 명령하고 자기가 다 지시할려고 이런 게 있더라고요. 그래서 우린 제대군인들한테 어 저 3년 석끼들 언제 3년 돼서 제대로 되겠냐고.(H)

시대착오적이면서 주장이 강하고 예의가 없는 제대군인들은 가장 빈번히 언급되는 석끼들로, 많은 인터뷰이들을 이들과 관련되어 성가시고 짜증났던 경험들을 떠올리며 혀를 차고 도리질을 하곤 했다. 그런데 H뿐만 아니라 다른 인터뷰이들도 제대군인들을 "3년 석끼"로 지칭하였다. "석끼 배낭을 3개 메고 나와서 한 해에 한 개씩 벗기 때문"에 3년이 걸린다. 3년은 지나야 "군대 때를 벗고," 사회생활에 적응을 좀 하기 시작한다는 뜻이다. 이는 "군대는 [상대적으로] 예외"적인 공간이며, 이들 제대군인들도 북한의 일상 현실에 몸담다 보면 계속 "석끼짓을 하며 살 수는 없다는 걸 알게 된다"는 북한주민들의 해석을 담고 있는 표현이기도 하다.

다만 여자 제대군인은 '일생석끼,' '종신석끼' 신세를 면하기 어렵다고 평가된다. 이는 상당히 젠더적인 현상으로 판단되는데, 여성 제대군인이 사회변화에 적응하지 못한 채 '호령하는' 경우, 시장활동을 통해 가계를 책임지는 일과 더불어 가정이나 다른 사회적 상황에서 순종적이고 보조적인 행동양식을 보이도록 기대되는 성역할 규범에 비추어 더욱 더 부정적으로 평가받기 때문이다.

나. 인민반장

사회주의 조직생활의 말단으로 역할하며 주민들과 상호작용이 잦은 인민반장 중 일부도 대표적인 '석끼'로 지목되었다. 1945년 인민정권기관 수립과 함께 조직되기 시작하여 김일성에 의해 "권력기관의 가장 초급 수준의 세포"로 정의된 인민반은 북한의 전 인민을 대상으로 하는 최말단 행정 협조조직이다.[30] 평균적으로 20~30가정이 하나의 인민반에 속하였으나, 도시화로 인한 인구밀집화 현상으로 도시에서는 40가구로 늘어나기도 하였다. 전통적으로 인민반의 주요 기능은 정치교양, 주거지역 위생보건 및 건설 사업 등 노력동원, 공공질서 유지, 주민 간 유대와 협력 강화 등이었으며 인민반 구성원들은 잦은 만남과 활동 등을 통해 "옆집 숟가락, 젓가락 개수도 알 수 있을 만큼" 밀접하고 친밀한 관계를 형성해 왔다. 아래 J의 이야기는 이러한 상황을 잘 나타낸다.

자꾸 인민반 모임을 가지니까. 회의를 한 달에 몇 번씩 하니까 인민반 사

---

30 「평양신문」, 1983년 4월 7일. 알렉산드르 제빈, "사회제체의 변화된 전통으로서의 북한의 인민반," 『아세아연구』, 제37권 1호 (1994), p.145에서 재인용.

람 다 알게 돼요. 소통을 하게 돼요. 저기 몇 호집이고, 식구가 몇이고. 저 건 저 집 애야. 이렇게 하면 다 알죠.(J)

그런데 경제난 이후 체제 이완 현상이 나타남에 따라 북한 당국은 인민반 제도를 이용하여 주민동원 및 통제를 강화해 오고 있으며, 따라서 인민반 활동은 많은 인터뷰이들에게 원성의 대상이 되고 있었다. 국가의 재정난 때문에 예전 같으면 공공영역에서 해결했던 많은 사업이 인민반 사업으로 할당되고 있고, 따라서 인민반 활동의 대부분이 생활환경 개선사업 명목의 국가건설사업 동원이나 사회적 과제 등의 수행에 집중되고 있다. 인터뷰이들은 "예전에는 인민반 활동이라고 하면 동네 청소하는 것 정도였는데, 요즘에는 도로까지 놓으라고 한다"거나 "내라는 것은 얼마나 많은지 점점 늘어나요"라며 변화상을 전했다. 매일같이 진행되는 이러한 인민반 활동은 시장활동에도 크게 지장을 준다. 시장활동으로 피곤한 몸을 새벽마다 일으켜 중노동에 참여해야 하는 것도 고역이거니와, 먼 곳으로 행방이라도 떠나야 할 일이 생기면 참여가 불가능하여 곤란한 상황에 처하기 때문이다.

한편, 모두가 국가에서 주는 직장에 배치받아 배급과 월급을 받고 살던 시대에 비해, 비법 활동이 증가하고 시장에서의 성공 여부에 따라 빈부격차가 발생하면서 인민반 활동과 인민반 구성원들의 근접성과 친밀성은 개개인들에게 위험 요소가 되고 있기도 하다. "아는 사람이 고발하기" 때문이다. 따라서 밀무역 등 비법적 시장활동이 활성화된 지역 출신의 인터뷰이들일수록 인민반 조직과 활동에 대한 부정적인 견해를 더욱 강하게 표현하곤 했다.

인민반 활동을 조직하고 주민들의 동태를 감시하고 파악해서 당국에 보고하는 역할을 하는 인민반장은 인민반원들에게 막강한 권력자이자 위협요소이다. 인민반장은 소속 인민반원들의 추천 형식을 거쳐 인민위원회 동사무소에서 임명한다. 이들은 전통적으로 충성심과 성분이 양호한 여성이거나 연금생활자들로서, 항시적으로 인민반과 관련된 활동을 할 수 있는 처지여야 한다.[31] 그러나 시장화와 더불어 각자도생 추구가 지배적인 현실에서 인민반장 역할은 점점 더 어려워지고 있다. 우선 시시때때로 요청되는 다양한 인민반 활동으로 인해 인민반장은 생존을 위해 필수적인 개인적 시장활동을 적극적으로 하기 어렵다. 또한 주민들의 경제적 어려움, 시장활동 등으로 동원이 어려워 당국에서 할당한 노력동원의 성과를 채우기 어려운 반면 "욕 먹기만 쉽기 때문에" 인민반장 역할을 수행하는 일은 많은 경우 곤혹스러운 일이 되었다.

이러한 상황에서 "너 살고 나 사는 것, 처지를 다 알기 때문에," 융통성을 발휘하여 인민반을 잘 이끌어가는 인민반장들이 있다. 바쁘고 여유 있는 가구와 그렇지 않은 가구 등을 구분하여 전자는 돈, 후자는 노동력으로 적절한 역할분담을 통해 인민반 활동에 기여하게 하는 것, 그러면서도 말 나지 않게 하는 것, 장사를 위해 집을 비우는 세대 등 반원들의 사정을 적당히 눈감아 주는 일, 회의를 요령껏 진행하는 일, 그러면서도 당국의 눈 밖에 나지 않는 것 등이 주민들에게 인정받는 능력 있는 인민반장의 자질이다. 이렇게 적절하게 눈치껏 자기 역할을 하는 인민반장들에게는 주민들도 "귀찮긴 하지만, 위에서 시켜서 하는 일이니" 이해를 하려고 노력하는 편이다. 그러나 어쨌든 편치 않은, 고단한 자리이긴 하다.

이에 따라 최근에는 생각이 좀 있는 주민들은 인민반장 역할을 기피하는 경향이 있고, "충성심이 세고 행방을 모른 채 나서기 좋아하는 사람"이 인민반장을 자청하는 경향이 늘고 있다고 한다. 인터뷰이 L의 표

현을 빌자면 "똑똑한 사람은 인민반장 서로 아이할라 한다 말입니다. 꼭 석끼같은 것들이 나서서" 하는 상황이다.

석끼가 인민반장이 되는 경우, 그 인민반 사람들의 삶은 고달파진다. 뭐든지 "당 정책대로"를 외치며 융통성이 없기 때문에 많은 시간을 인민반 활동에 투여해야 하며, 끊임없는 감시에 시달린다. "남의 일에 귀를 도사리고" "유도리 없이 뭐든지 정석으로, 당에서 시키는 대로 하기 때문"이다.

> 대체로 인민반장이라든가 초급단체 위원장이라든가 옛날과는 달라서 똑똑한 사람 하기 싫다는 거예요. 남한테 싫은 소리 하기 싫고. 그래서 이런 건 석끼가 다 한다 이렇게 말하거든요…. 인민반장이라든가, 인민반장 요구는 아침저녁 문 열어서 확인하라는 거예요. 그런데 인민반장이 어떻게 구차스럽게 매일 다녀요. 그런데 석끼 없는 거는 계속 문 두드리고 아버지 어디 갔는가 아이는 있는가 물어봐요. (L)

그렇다고 이들 인민반장들이 자신들의 노고에 해당하는 보상을 받는 것도 아니다. 인터뷰이들은 이들이 자신들이 생각하는 맥락에서의 (경제적) 이익이 전혀 없는 상황에서 다른 사람들에게 욕을 먹어가며 "석끼짓"을 계속하는 것에 가장 비판적이었다. 인터뷰이 I는 동생네 가족 중 일부가 한국으로 간 후 동생을 계속 감시하던 동생네 인민반장을 대표적 석끼 중 한 명으로 지목했는데, 강에서 사금을 캐며 하루하루 먹고 살고 심지어 거의 꽃제비가 된 적까지 있으면서도 감시자의 역할을 충실히 하는 것을 매우 한심해 하였다. 다음은 인터뷰이 I가 전하는 석끼 인민반장에 대한 생생한 묘사이다.

그래 우리 저 머저리 덕석게 같은 게, 석끼질 한다고. 제 밥도 온전히 못 얻어먹는 게 주제에 그런다고 막 이렇게 욕한다 말이. 갸네 반장. 내 계속, 갸네 반장, 내 욕한다 말이. 머저리라고. 제 먹을 쌀도 없어서 나가서 강 여가리 가서 계수 사금해 먹고 사는 게, 그저 우리 동생이 달아나는가 새 벽이고 밤이고 들낙날락하미 지킨다 말이. 긍께 내 그래 내 그래 저런 게 바로 진짜 석끼라 하며 내 이래 계속 욕했다 말이…. 내가 그 전에 또 무 스개 쪼끔 벌어서 간혹 진짜 곤란하게 살아서 다 막 진짜 꽃제비 됐을 때 내가 그래도 쌀이랑 줘서 이렇게 웅크러 앉았단 말이.(I)

다. 규찰대와 보위부 밀정

로동자 규찰대 또한 대표적인 석끼이다. 규찰대는 북한 당국이 사회질서 유지를 위해 일반 노동자나 대학생 등 중에서 차출하여 조직한 일종의 풍 기단속 조직으로서, 로동자 규찰대의 경우 지역인민보안부 순찰대의 지 시 하에 거리 주민들의 옷차림부터 장마당 비법활동에 이르기까지 광범 위한 감시, 감독의 역할을 한다. 특히 장마당에서는 보안원이 직접 나서 기보다는 이들 규찰대로 하여금 통제와 단속을 하게 하는 경우가 잦다.

　인터뷰이들은 보안원들의 경우 상황을 봐 가면서, 즉 "저 할마이 나 올 게 그 정도다, 그 이상 요구하면 문제가 생긴다"는 판단 하에 현실성과 지속가능성을 염두에 두고 적절한 선에서 협상하는 등 게임의 룰을 지키 고 "유도리가 많은" 반면, 규찰대는 당정책을 그대로 들이밀며 비현실적 인 적용을 함으로써 "저도 괴롭고 우리도 괴로운" 존재들로 묘사하였다.[32]

32　인터뷰이에 따라 석끼 관련 보안원에 대한 진술은 엇갈리는 경우도 있었다. 예를 들어 두 명의 인터뷰이는 "총이나 들고 다니며 떡떡거리고" 등의 표현을 써 가면서 보안원 중에서 도 석끼가 많다고 진술하였다. 그러나 이들도 규찰대가 보안원보다는 훨씬 더 석끼스럽다 고 얘기하였다.

일부는 규찰대를 일제 강점기 완장 찬 조선인 치안대에 비유하기도 하였다.

> 그래 우리 북한에서 그런다 말이. 늙은이들하고. 50년대 전쟁 시기 미국
> 놈보다, 우리 대는 미국놈이라 했거든. (하하하) 미국놈보다 치안대, 조선
> 사람 치안대 완장 꼈지. 그게 더 악질이 됐다고. 이런다 말이. 저런 것 보
> 고. 그게나 저게 딱 같은 게가. 이런단 말이. 야~~~ 고것들이 더 밉게
> 논단 말이. 그 뒤에 시키는 것들은 다 그 일정한 직업 쥔 사람들, 뒤에 서
> 서리 다 뒷짐 지고 다니고, 그런 사람들.(I)

실질적 권한을 가지고 지배력 강화와 장기적 효과를 고려한 전략
을 기획하고 실천하는 "넓을 만큼 넓게 사고하고 융통성 있는," "자기 삶
의 이익을 챙길 줄 아는" 간부들에 비해, 규찰대는 "나올 것도 없는데 원
칙적으로 고수"하며, "지 앞가림도 못하면서" 이중구조 속에서 의례화된
상호작용, 새롭게 구성된 규칙들을 연행하지 못하는 못난 존재들이다.

> 돈이 없어 자리 못 사는 사람도 있고, 또 다 찼으니까 아무 데나 자리 이렇
> 게 하고 팔긴 해야겠고 오늘 여기 좀 호박이라도 많으니까 좀 나와서 좀
> 팔자고 이렇게 좀 앉았는데 여기 앉지 말라고 소리를 치미. 제 주제에, 제
> 네 집에도 오늘 저녁에 국수 한 키로 없는 주제에 참 용하오. 규찰대에 그
> 런 사람이 대체로 많죠.(J)

인민반장이나 규찰대 외 일상적 석끼로는 주민들 중 숨어서 활동하
는 보위부 밀정도 있다. 이들 또한 "남의 집 일을 캐서 보고하는" 역할을
한다. "남의 집 감시하느라고 출입문 여는 소리 나면 같이 열어보는" 이
들은 보위부에서 "특별히 얻는 것도 없이… 남의 일에 간섭하고 남의 가

정사를 들춰 보고하는" 전형적인 석끼들이다.

이 외에도 "혁명성이 넘쳐나는 동사무장," "옷차림 단속하는 청년동맹" 등이 석끼로 거론되었다. 이렇듯 인터뷰이들에게 석끼는 자신들의 고달픈 삶에 궁극적 책임이 있는 당 정책 입안자나 권력층이 아니라, 사회주의 조직의 말단에서 자신들과 비슷한 생활수준을 영위하는, 일상적으로 자신들을 괴롭히는 사람들이다. 좀 깬 사람들은 이런 역할을 하지 않으려 한다. 현재의 사회구조가 석끼들이 이런 직을 맡도록 하는 것이다. 그리고 대부분의 보위나 보안은 한 인터뷰이의 표현을 빌자면 "겉으로는 석끼인 것처럼 하지만, 속으로는 정말 똑똑한 깬 사람들"인 반면 석끼는 많은 경우 이들의 하수인으로 고지식한 당정책 적용으로 주민들의 반발과 갈등을 낳는다.

IV. 석끼담론을 통해서 본 북한 주민의 마음

인터뷰에 응한 북한 출신 주민들이 가장 많이 한 이야기는 북한이 이미 김일성 시대와는 다른 시대, 각자 알아서 먹고 살아야 하는 시대라는 것이다. 그리고 이들은 그 변화가 불가역적이라는 공동의 시대의식을 가지고 있다. 따라서 북한 당국이 생산하는 공식담론에 대해 매우 비판적이다. 한마디로 "현실성이 없다"는 것이다. 그런데 이들은 공식담론의 허구성은 인지하지만, 그럼에도 불구하고, 이를 완전히 무시할 수 없다고 하였다. 생사여탈권을 쥔 권력의 목소리이기 때문이다. 즉 인터뷰이들은, 그리고 이들을 통해서 본 북한 주민 다수는, 북한 사회가 정치적, 경제적으로 이중구조로 이루어진 사회라는 점, 중첩된 시간성을 가진 사회라는 점을 경험적으로 알고 있다. 따라서 상황에 따라 적절히, 공유된 규칙에 의거한 의례, 퍼포먼스를 잘 하는 것이 필수적이다. 이는 끊임없는 협상의 과정이며, 위태로운 줄타기이기도 하다. 시장활동과 사회주의적 규율체계와의 협상, 둘 중 하나라도 실패하면 생존의 위기가 온다는 것이 이들의 경험적 깨달음이며, 이는 이들에게 불안한 마음과 생존을 위한 욕망, 살아남기 위한 일상적 협상과 전략이 결합된 생존주의적 마음을 구축해왔다. 이러한 마음에 균열을 가하고 그 불안을 증폭시키는 것이 변화에 적응하지 못하고 구시대를 살고 있는 석끼들의 근원적 문제이다. 상당히 "깨어있는" 자신들을 언제든 파괴할 수 있는 것이 "모자라는" 석끼들이다.

　　연구를 통해 본 북한주민들은 이렇듯 자신들의 삶을 위태롭게 하는 북한사회의 이중구조에 대해 감각하고 있지만, 이러한 위태로움이 어떠한 정치경제적 역동 속에서 생산되었는지에 대해서 완전히 간파하지는 못한다. 따라서 이들의 공적은 권력의 자리에 있는 사람들이 아니다. 일부 선행 연구들은 북한 주민들이 수령과 당을 비판하기보다는 이들의 명령을 제대로 수행하지 않는 간부들을 비난하며 따라서 체제에 대한 근본적 비판에 이르지 못한다고 주장한다. 그러나 석끼 담론을 중심으로 살펴보면, 간부들조차 주민들의 주요한 비판 대상에서 벗어나 있는 경향성이 있다. 예를 들어 보위나 보안원 등 간부들은, "알 만큼 알고," "똑똑할 만큼 똑똑한," 게임의 룰을 알고 수행할 수 있는 사람들로 평가된다. 이들은 "진짜 깬 사람들," "넓을 만큼 넓게 사고를 하는데 드러내지 않는 사람들"이며, 공식적 영역에서는 매우 모범적으로 충실한 사회주의자로서 퍼포먼스를 잘 하는데 실질적으로는 사회변화에 가장 앞서 나가있는 사람들, 상황에 맞게끔 상호작용을 조율하는 탁월한 능력을 가진 사람들로 묘사된다. 권력자들은 인터뷰이 E가 주장하는 시대적 문법과 행동양식, 즉 "사회생활하는 데 석끼가 되어야 해요. 하지만 실지 석끼가 되는 게 아니고 행동을 그렇게 해야 해요." "실지로 사고는 그런데 행동은 이렇게 살 수 있도록 해야 해요"에 매우 능통한 사람들이다. 북한의 일반 주민들은 "무서워서" 이들을 대놓고 조롱하거나 비판하지 못하며, 대신 제대군인, 인민반장, 규찰대 등 사회주의 조직생활의 말단들을 일상적 조롱, 미움, 비난, 경계 그리고 짜증의 대상으로 삼는다.

여전히 조직생활이 중요한 일상의 한 부분을 차지하는 북한사회에서, 사회주의 조직의 말단을 차지하는 석끼들은 주민들이 일상적으로 대면하는 국가의 흔적이다. 그리고 이 국가는 김일성 시대처럼 자신들을 먹여 살리고, 평등하게 대우했던 그러한 국가가 아니다. 그러나 인터뷰이들의 마음은 이러한 국가의 문제점에 다다르지 않는다. 보위나 보안이 일상을 괴롭히는 석끼가 아닌 것은 평범한 사람들이 접촉할 기회가 많지 않기 때문이기도 하다. 주민들의 일상생활에 밀착되어 있는 정치사회 조직 말단의 책임자들은 주민들과 동등하고 가까운 위치에서 지도자와 당의 지시사항을 전달하고, 또 주민들의 일상을 감시, 감독하고 때에 따라 보고, 고발하는 역할을 하기 때문에 석끼로 간주된다. 맥락없이 간섭, 밀고를 일삼는 석끼들의 편재성에 대한 인식은 주민들을 위축시키고 불안하게 하며, 사회적 비판의식 형성을 오히려 차단한다. 따라서 석끼들은 성가신 존재인 동시에 위험한 존재인 것이다.

결과적으로, 시도 때도 없이 충실성과 혁명성을 들이대는 융통성 없는 석끼들에 의한 갑갑함과 짜증, 불안함은 오히려 지도자나 체제에 대한 비판을 가로막는 기제들이다. 즉 당과 최고지도자의 무오류성이라는 이데올로기적 지배와 주민들의 원자화를 막을 수 있는 요소가 아니다. 이는 석끼가 설치지 않았던 김일성 시대에 대한 향수어린 이야기에서 자주 드러난다. 석끼가 석끼스러운 것은, 그들이 살아가는 현실이 더 이상 "참 좋았지. 그 때는 딱딱 직장도 가고, 배급도 나오고" 라고 묘사되는 김일성 시대가 아님에도 불구하고 그 시대처럼 살기 때문이다. 다시 말하면 석끼들은 인터뷰이들과는 다른 시간대에 머물며 사고와 행위를 하기 때문에 비난의 대상이 되는 것이지 혁명성이나 충실성 자체에 대한 비판이 아니다.

V. 나가며

이상에서 살펴본 것과 같이 북한의 경제난과 더불어 일상적 유행어가 된 석끼 관련 담론은, 이중구조 속에서 살아가는 주민들의 힘겨운 마음을 잘 드러낸다. 생존을 위해 일상적 협상을 하며 일종의 상호작용의 규칙을 만들어 낸 공모의 마음 이면에는 이것이 언제든 깨어질 수 있다는 불안함과 위기감이 상존한다. 인터뷰이의 이야기에서 등장하는 다양한 석끼들은 오히려 석끼의 편재성을 깨닫게 함으로써, 공모의 잠정성과 위태로움을 드러낸다.

석끼는 국가권력의 편재성을 상징하는 외부적 내부이며, 현존하는 역사적 힘이다. 석끼는 일상을 협상하며 살아가는 주민들에게 업신여김의 대상이지만 동시에 두려움의 대상이기도 하다. 이질적이자 너무나 친숙한, 우리 안의 타자이다. 예측하기 어려운 위험이 우리 안에, 그것도 가장 우스꽝스러운 형태로 있다는 것이, 북한 주민들의 두려운 마음의 근원 중 하나이다. 큰 경제적 이득이 없음에도 불구하고 인민반장이나 규찰대, 보위부 밀정을 자청하는 사람들, 제대군인을 모두 석끼라고 한다면, 사실 일상에서 맞닥뜨리는 석끼는 얼마나 많겠는가?

한편, 다양한 석끼 담론은 우리가 북한사회를 보다 풍부하게 이해하기 위해서는 "석끼의 마음"에 대한 분석이 필요함을 제안한다. 석끼 아닌

이들이 바라보는 석끼들이 "제 주제가 개 주제인 주제에" "아무 얻는 것
도 없이" 지배 이데올로기를 실천하고자 하는 "구시대적" 존재들이라면,
이들은 과연 누구이며 어떤 정치경제적, 역사적 맥락에서 석끼스러움을
실천하는 마음을 가지고 있는 것일까? 석끼에 대해 비난의 목소리를 높
이던 중 지나가듯 "저도 남이 저 없는 데서 석끼란 말 많이 했겠죠," "저
도 동생들에게 석끼란 말 들었어요. 충실한 편이었으니까"라고 언급하던
인터뷰이 K와 O의 이야기에서 연구자는 어쩌면 인터뷰이들과 석끼가
별개의 존재가 아닐 수도 있다는 징후를 발견할 수 있었다.

특정 상황, 다른 공간에서 누구나가 서로에게 석끼가 될 수 있는 상
황, 이러한 상황이야말로 북한사회의 내구력의 주요한 요소가 될 수 있
을 것이다. 이렇듯 편재하는 석끼들에 대한 담론과, 이들을 재현하는 사
람들의 마음, 그리고 그렇게 재현되는 사람들의 마음에 대한 복합적 분
석이야말로 끊임없이 재구성되는 북한의 마음(들)을 이해하기 위한 유
의미한 전략일 수 있을 것이다. 서동진이 김홍중의 "마음의 사회학"을 비
판하며 언급한 것처럼 북한 사회 또한 "적대와 대립이 없는 고요한 세계"
가 아니며, 북한 사람들도 "동질적 마음의 레짐에 의해 호명되는 균등한
주체" 혹은 단일하고 지속적인 마음을 가진 일관된 주체가 아니기 때문
이다.[33]

---

33   서동진, "환멸의 사회학: 김홍중의 『마음의 사회학』에의 마음, 사회, 그리고 비판의 자리
      들," 『문화와 사회』, 제9권 (2010), pp. 206~207.

제4장

인민의 몸과 마음을 규율하는 지배 권력의 성(性)담론: 『조선녀성』 분석을 중심으로

권금상(북한대학원대학교 SSK남북한마음통합연구단)

I. 서론

1. 문제제기

이 연구는 북한의 지배 권력이 국가 건설기부터 현재에 이르기까지 인민의 몸과 마음을 규율해 온 성담론에 대한 파악을 목적으로 한다. 성담론으로 인민들의 정체성을 규정하고 체계화해 온 내용과 방식을 파악함으로써 그 안에 담겨있는 지배 권력의 통치 전략을 추적한다. 성은 인간의 실존 문제이지만 현실에서는 공공연하게 드러내기에 부적당한 대상으로 인식되고 사변적인 대상으로 취급되고 있다. 그러나 성은 사적영역에 머물지 않고 사회적 통념과 제도라는 거시적 영역이 연결되므로 도덕과 합의에 이르는 사회적 성격을 띤다. 북한의 경우 성은 개인영역 너머 사회주의 체제를 지속하게 하는 집단주의 도덕 차원으로 강조되어 왔으므로 권위주의적 통치 속에서 규율되고 신체 권력의 대상이 되어왔다. 국가 건설기에 지배 권력은 새로운 제도를 만들고 공식 담론 차원의 규범을 통해 사회적 실천을 이끌어내고자 했다. 인민을 통치함에 있어 남녀 평등 담론을 표방하면서 가부장 질서의 상반된 개념을 공존하도록 하는 이중적 전략을 구사했다. 지배 권력은 새로운 사회주의 국가 이념을 부여하는 방식으로 집단적인 자아와 신체를 내면화 하는 도덕 차원의 성담론을 구축했다. "공공 도덕의 규칙은 각 시대 사회도덕의 의견과 요구로 이루어져 있고, 문자로 표시되지 않지만 상당히 확실하고 강제적인 것"[1] 처럼 성은 특정한 도덕관념이나 질서와 연결된다. 푹스(Fuchs)는 대다수의 사회에서 남성이 지배계급으로 자리하게 만든 불평등한 결혼이나 여성에게만 요구되는 혼전 순결과 같은 풍속을 공공연한 모순이 구축된 "사물의 자연스러운 질서"[2]로 보았다.

북한 사회주의에서 인민을 통치해 온 개념은 전체주의와 가부장 문화로 들 수 있는데, 이 두 가지는 북한의 내구력을 담보하는 문화체계로 작동해오고 있다. 북한은 사회주의 건설에서 일제 투쟁 경험을 집합적 기억으로 자리매김하도록 강조하였다. 지배 권력은 대중으로부터 지지를 얻어내기 위해 집단 이데올로기의 생산과 확산을 대중 통치의 중요 요소로 삼았다. "전체주의 정권은 대중을 통솔하고 그들의 지지에 의존"[3]하듯이 대중으로부터의 지지 확보는 핵심적 통치 요소였다. 통치의 기제이면서 도덕으로 내면화된 성 규범은 봉건사회로부터 지속된 가부장 문화였다. "남성이 여성을 지배하고 억압하고 착취하는 사회구조와 관습의 체계"[4]인 가부장 질서 속에서는 위계적인 여성상이 요구된다.

---

1   에두아르드 푹스 저, 이기웅·박정만 역, 『풍속의 역사 1: 풍속과 사회』 (까치글방, 1977), p. 26.
2   앞의 책, p. 14.
3   한나 아렌트 저, 이진우·박미애 역, 『전체주의의 기원 1』 (한길사, 2006), p. 25.
4   셀비아 월비 저, 유희정 역, 『가부장제 이론』 (이화여자대학교 출판부, 1998), p. 41.

북한은 집단주의 도덕을 강조하며 성이라는 단어를 남녀관계로 직접 언급하는 사례들이 잘 드러나지 않지만, 지배 권력의 통치 의도가 관철되도록 일정한 방식으로 성을 통제해 온 담론이 지속적으로 재생산되어 왔다. 사회주의 건설기부터 국가가 요구하는 신인간상을 주조하고 모범적 이성애와 결혼을 국가와 연결된 '동지애'의 결합으로 규정한 바가 그러하다. 북한의 지배 권력이 강조한 집단주의적 규범 속에서 사적 욕망은 억압되었고 그 결과 문학이나 예술의 창작 영역에서조차 개인의 성적 욕망이 표출된 사례[5]는 매우 드물다. 북한은 국가 건설기, 한국전쟁 그리고 고난의 행군 등과 같은 중요한 변동 시점이나 시련의 국면을 만날 때마다 대중들에게 전체주의의 관점에서 도덕을 강조하며 결속 차원의 통치 전략을 구사했다. 권위주의적인 통치 권력자에 의해 (재)생산된 성담론은 북한사람들의 가치관과 일상의 행위를 규정하는 데 큰 영향을 끼쳤을 것이다.

이 연구의 주요 개념인 성, 즉 섹슈얼리티(sexuality)는 비이성적/이성적인 영역을 포괄하는 다의적이고 중층적인 개념이다. 인간의 성을 무의식 차원에서 밝힌 프로이트(Freud)에 의하면 섹슈얼리티는 "생물학적으로 반응하는 성에 대한 충동 및 욕구"[6]로 생물학적인 영역에 대응하는 인간의 심리적인 성 정체성과 관련이 있다. 그러나 페미니즘 관점에서 바라보는 섹슈얼리티는 성적 욕망의 장치, 태도와 행위를 만들어내고 사적/공적 담론을 구성하게 하는 다양한 사회적 요소와 역학을 의미한다. 푸코(Foucault)는 성이란 그 사회를 통제하고자 하는 권력이 만드

---

5   북한 소설가 홍석중의 『황진이』에는 에로틱한 성묘사가 실려 있어 북한사회에서 보기 드문 매우 파격적인 작품으로 손꼽힌다. 전영선 『북한의 대중문화: 이해와 만남, 소통을 위한 모색』 (글누림, 2007), pp. 132-133.

6   이성숙, 『여성, 섹슈얼리티, 국가』 (책세상, 2009), p. 18.

는 문화적 장치의 하나임을 주장한다. 성은 담론 생성과 함께 통제를 하려는 "권력의 다형적인 기법"[7]이 작동하므로, 공공의 규범으로 합의되고 제도적으로 통제되는 신체 권력의 주요 대상이라는 것이다. "자기 검열과 같이 일상을 파고드는 일망의 감시 시설 파놉티콘(panopticon)"[8]으로 규율의 개념을 산출한 푸코는 근대 권력의 사회적 제도와 장치가 사람들의 몸과 마음을 만들어낸다고 보았다. 그가 '감시와 처벌'을 통해 살피고자 했던 것은 규율되는 신체와 더불어 순응하고 체득화되는 인식론적 마음이었다. 성을 권위주의적인 사회 통치에서 해방적 관점으로 바라본 라이히(Reich)에 의하면 비합리적인 상황과 권력의 사회구조에 의해 억눌린 성적 억압 때문에 대중 스스로 성적 주체가 될 수 없다고 한다. 진정한 민주주의의 주체가 되기 위해서는 "성 해방의 주체화"[9]가 핵심이라는 성의 사회적 성격을 강조하였다. 성은 행위자의 실천을 이루게 하는 욕망, 취향, 습관, 가치관, 관계 등 인간의 마음을 근본으로 하므로 일상생활에서 아비투스(habitus)로 나타난다. 아비투스는 "일정한 방식의 행동과 인지(認知), 감지(感知)와 판단을 하는 성향들의 체계로 개인들에 의해 내면화되고 체화되는 동시에 일상적 행위와 판단을 구조화하는 메커니즘(mechanism)"[10]이다. 아비투스가 구조에 의해 내면화되는 개인의 태도라고 한다면, 사회적 이데올로기(ideology)는 한 사회 집단이 신념화하는 과정이자 결과라고 할 수 있다. 알튀세르(Althusser)는 이데올로기를 "개념, 관념, 신화 혹은 이미지로 구성되는 재현 체제로서 인간은

---

7   미셸 푸코 저 , 이규현 역, 『성의 역사 1: 앎의 의지』 (나남출판, 1976), p. 35.

8   벤담(Bentham)이 설계한 근대적 감옥 시설은 일망으로 노출되어 자동적으로 감시 작용이 내면화되도록 설계되었다. Michel Foucault, *Discipline & Punish: The Birth of the Prison*, (N.Y.: Vintage books, 1979), pp. 195-201.

9   빌헬름 라이히 저, 오세철 역, 『파시즘과 대중심리』 (현상과 인식, 1987), pp. 12-14.

10   피에르 부르디외 저, 최종열 역, 『구별짓기: 문화와 취향의 사회학』 (새물결, 2006), p. 13.

현실의 존재조건과 상상적 관계를 맺는다"[11]로 정의한다. 성이란 실천과 의미를 구축하는 다양한 사회적 행위의 원천이며 규율이 작동하는 이데올로기의 대상이기도 하다. 이러한 견지에서 북한의 지배 세력이 생산하고 강조하는 성담론은 인민들의 몸과 마음을 규율하고 사회 규범이나 제도와 결합하게 하는 사회적 관계 형성의 토대가 되는 것이다.

2. 연구방법

이 연구는 북한문헌과 공식 기관지 『조선녀성』 창간호부터 현재까지 게재된 생리, 임신, 출산 등의 성지식과 성관련 내용을 다룬 자료를 분석대상으로 한다.[12] 북한의 지배 권력이 생산한 성담론의 체계와 전략을 파악하기 위해서 여성기관지인 『조선녀성』의 1946년부터 1953년까지 필름으로 보관된 노획자료와 그 이후부터 2015년까지 인쇄 간행물에서 텍스트를 추출하는 작업으로 연구를 수행했다. 주요 분석 대상은 김일성의 여성을 주제로 한 언설, 여성 정책과 제도, 잡지 표지의 이미지와 각권의 성 관련한 기사이다. 수집한 자료를 토대로 표지와 이미지는 기호학적인 해석을 했으며 기사 내용은 프레임 분석과 내용 분석을 통해 지배 권력이 생산한 성담론의 체계와 통치 전략을 집중적으로 조명하였다. 추출한 성담론 내용은 심층 분석을 통해 지배 권력의 통치전략 관점에서 해석하였다.

---

11   스튜어트 홀 저, 임영호 편역, 『문화, 이데올로기, 정체성』 (컬쳐룩, 2015), p. 104.
12   이 연구는 2015년 박사학위 논문인 「북한여성의 섹슈얼리티 연구: 국가 성 통치와 개인 주체 간의 동학을 중심으로」의 일부를 발췌 및 재구성하였다.

II. 북한 성담론의 변천 과정

1. 사회주의적 관점의 성담론

북한 사회주의 건설의 사상적 출발선은 전체주의를 근간으로 하는 집단주의 이념 속에서 구축되었다. "하나는 전체를 위하여 전체는 하나를 위하여"[13]라는 집단주의 테제는 인민의 정체성을 규정하는 이념으로 제시되었다. 지배 권력자로 등극한 김일성은 인민을 전체주의 구성원으로 규정함과 동시에 사회주의 상에 부합하는 새로운 정체성을 요구했다. 지배 권력은 사회주의를 지지하는 자발적 참여 세력을 생성시키고 인민 대중을 조직적으로 동원하기 위한 이데올로기를 확산했다. 그러한 전략의 일환으로 정치 경제적 기반인 지주 계층, 민족 반역자, 친일파와 정치적 반대파 등을 숙청하여 인민대중의 지지를 이끌어냈다. 특히 여성을 적극적인 지지 세력으로 만들기 위한 정책과 제도를 실행했다. 김일성은 국가 형성기에 혁명적인 정책 수립과 여성담론을 통해 여성들을 사회주의 국가에 적극적으로 참여시키는 기틀을 마련했다. 부녀자 차원에 머물렀던 여성들을 사회주의 '여성'[14]으로 호명하며 정치의 장으로 이끌어내기 위해 소비에트 볼셰비키 정권의 여성정책과 같은 남녀평등정책을 시행하였다. 가장 먼저 여성들을 정치적 세력으로 조직한 기구는 1945년 11월 8일에 결성된 북조선민주여성동맹(여맹)이다. 여맹원의 수는 "1946년 4

13 북한 사회주의헌법 제4조 제63조. "조선민주주의인민공화국에서 공민의 권리와 의무는 《하나는 전체를 위하여, 전체는 하나를 위하여》라는 집단주의원칙에 기초한다"로 명시되어 있다.

14 봉건사회에서 차등적 지위에서 살아온 여성에게 '부녀자,' '부인'이라는 호칭 대신에 진취적 의미인 '여성'으로 호명한 사회적 의미는 매우 크다. 찰스 암스트롱 저, 김연철·이정우 역,『북조선 탄생』(서해문집, 2006), pp. 154-155.

월 35,000명에서 7월에는 60,000명"[15]으로 나타나 새로운 국가 형성에 여성들의 정치참여가 급증하고 있음을 보여준다.

새로운 국가를 건설하기 위해 '북조선임시인민위원회'가 실시한 법령은 새로운 신분과 분배를 규정하는 급진적인 내용으로 구성되었다. 1946년에 제정 공포한 3대 법령은 「북조선 토지개혁에 대한 법령」(1946년 3월 5일), 「북조선 로동자 및 사무원에 대한 로동법령」(1946년 6월 24일), 「북조선 남녀평등권에 대한 법령」(1946년 7월 30일, 임시위원회 결정 제54호)이다. 가장 먼저 발표한 토지개혁법령은 20여 일 안에 시행 완료되었는데 토지 분배가 여성에게 적용된 조항은 제3장 제15조 남녀 평등한 국가적 기획을 제시한 혁신적인 제도였다.[16] 노동법령에서는 남녀를 불문하고 동일 노동·동일 기술에 대한 동일 임금 지불, 산전 산후 유급 휴가제, 임신 중·해산 후 특별보호를 규정하여 여성들의 노동문제와 사적영역에서의 돌봄 노동을 사회화하는 제도를 마련하였다. 남녀평등법령은 "일본식민지 정책의 잔재를 숙청하고 낡은 봉건적 남녀 간의 관계를 개혁하고 여성으로 하여금 문화 사회 정치 생활에 전면적으로 참여시킬 목적"[17]으로 한다. 이 법령에서 제시된 주요한 내용은 남녀평등권, 선거권·피선거권, 노동권 및 보수권, 사회보험 및 피교육권, 자유결혼 및 이혼권, 조혼(여자 만 17세, 남자 만 18세 혼인 연령)·일부다처제·인신매매·공창·사창·기생제도 금지, 재산 및 토지 상속권, 이혼 시 재산 분배

15   김복용, 「해방직후 북한인민위원회의 조직과 활동」, 『해방전후사의 인식 5』 (공동체, 1995), p. 226.

16   분배의 계산방식은 남 18세-60세, 여 18-50세 각 1점, 청년 15-17세 0.7점, 동 9세 이하 0.1점, 남 61세 이상, 여 51세 이상 각 0.3점으로 계산하였다. 그러나 후에 전면적으로 실시한 협동농장화를 통해 개인소유의 토지는 점차 그 취지를 잃었다. 연세대대학원 북한현대사연구회, 『북한 현대사 1: 연구와 자료』 (공동체, 1989), p. 360.

17   김일성, 『김일성선집 1권』 (평양: 조선로동당출판사, 1954), p. 113.

권 보장 등이다. 기존의 불평등하고 억압적인 구조로부터 여성을 해방하기 위한 규정들로 여성 평등권의 기초를 제시하였다. 세 개의 법령에서 나타나는 특징은 여성의 사회적 위상과 역할 변화를 규정하는 혁명적인 법안이었다. 사회적으로 천대받던 낮은 지위의 여성들이 사회적인 구성원으로 호명되었고, 물적인 토대를 분배받는 새로운 사회를 경험하면서 여성들의 자발적인 사회 참여는 확산되었다.

　　지배 권력은 사회주의적 인간상으로 개조함에 있어 여성의 사회교육을 중요시하여 여성 대상의 문맹퇴치운동을 전개하였다. 여성의 근대성과 정치적 주체성을 부여하기 위한 근본적인 여성 정책을 문맹타파에서 시작하였다. 김일성은 〈여성동맹의 금후과업에 대하여〉(1946년 5월 9일)[18] 연설을 통해 여맹의 주요 과업을 문맹퇴치와 여성교육으로 제시하였다. 지배 권력은 여성들의 정치사회화를 이끌어내고자 일련의 혁신적인 제도와 정책을 통해 여성들의 정체성을 재구성했다. 일제 강점기를 막 벗어난 시대에서 지배 권력이 제시한 남녀평등 법령과 제도 그리고 근대적 여성담론은 남성지배에 놓여있던 여성들에게 자발적 참여자가 되게 하는 강력한 흡인 요인으로 작동했을 것이다.

2. 시기별 성담론의 변천 과정

북한에서 여성을 재생산의 대상으로 규정하는 인식은 국가 건설기의 혁신적인 여성정책과 다른 차원에서 존재해왔다. 여성을 평등 주체/위계의 대상으로 인식한 이중적인 여성담론은 새로운 인민이라는 정체성 부여와 함께 권력에 순응하는 전통적인 가부장문화를 사회적 규범으로 구축

18　김일성, 『김일성저작집 1권』 (평양: 조선로동당출판사, 1979), p. 213.

해왔기 때문이다. 대표적으로 나타난 북한 여성평등 담론의 굴절은 한국 전쟁이라는 사건을 통해 두드러졌다. 한국 전쟁으로 인해 북한의 인구는 급격한 감소[19]를 보였고 인구정책 담론에서 성은 국가 통치의 주요 대상이 되었다. 전쟁으로 인해 가족관계가 혼란해지자 국가는 남녀평등법령을 통해 보장한 여성 자율성의 핵심인 자유 이혼을 금지했다. 「협의이혼 절차를 폐지하고 재판이혼에만 의하게 하는 규정」(1956년 3월 8일 내각 결정 제24호)을 통해 여성들의 성적 자율성은 제한되었다.

북한의 인구정책은 시대에 따라 변화했다. 한국전쟁 전후에는 인구증가 정책이 실시되었고, 1970년대 이후 인구감소 정책을 펴왔으나 1990년대 중반 이후 고난의 행군 이후 인구 손실과 정체로 인해 다산 정책을 실시했다. 지배 권력은 인구정책을 실시함에 있어 모성이데올로기를 덧대는 방식으로 시행했다. 김일성은 「자녀들의 교양에서 어머니들의 임무」를 통해 "모든 어머니들과 녀성들이여! 우리의 자녀들을 조국의 래일을 담당할 일꾼으로, 훌륭한 공산주의건설자로 양육하기 위해 모든 지혜와 열성을 바치자!"[20]라는 연설로 공산주의를 육성하는 역할을 강조했다. 북한은 1961년 제1차 전국어머니대회, 1998년 제2차 전국어머니대회, 2005년 제3차 전국어머니대회에 이어 2012년 어머니날을 제정하였다. 전국 어머니 대회를 통해 여성을 어머니로 호명하면서 여성의 신체를 인구증식의 장소로 규정해왔고, 1990년 공포한 가족법을 통해서 남녀평등 담론은 가부장질서 속에서 재편되었다. 1990년 실시한 「조선민주주의 인민공화국가족법」(10월 24일)을 통해 자유이혼을 폐지함으로써

19　1949년 북한 인구는 962만 2천명이었다가 1953년에는 849만 1천명으로 급감하였다. 1952년 출생률은 21.5%로 1949년 41.2%에 비해 절반가량 급감했다. 정진상·김수민·윤황, 「북한의 인구 구조에 관한 분석」, 『북한연구학회보』 7권 1호(2003), p. 7.

20　조선녀성사, 『전국어머니대회 문헌집』 (평양: 조선녀성사, 1962), p. 45.

국가 주도의 성통치 정책을 지속했다. 지배 권력은 여성들로 하여금 인구증식의 주체이며 혁명적 어머니가 될 것을 강조하였고, 여성을 재생산의 주체로 강조하는 담론을 (재)생산하였다. 북한의 인구정책은 여성의 몸을 공권력 개입과 통제의 대상으로 규정하고, 성은 억압의 규범으로 구축되었다. 북한이 성을 공적인 통치대상으로 다루는 권위주의적인 방식은 여타 사회주의 국가의 통치 유형과 유사하게 나타난다. 예컨대 독일의 나치 정권이 성을 통치 기반으로 삼았던 것과 루마니아 대통령 차우셰스쿠(Ceausescu)가 인구증가 정책의 일환으로 성 교육을 금지했던 사례에서도 그 전형을 찾을 수 있다. 그는 2000년대까지 2천 3백 만의 루마니아 인구를 3천 만 명으로 증가시키려했다. 인구증가 정책의 일환으로 임신중절을 5년 이하의 징역으로 처단하고 성교육 금지와 성지식을 국가적 기밀과 동급으로 취급했으며 피임기구는 금지 품목이었다. 결혼 후 자녀가 없는 여성에게 "월급의 10%를 '불임세'로 징수했으며 직장에서는 여성을 대상으로 1~3개월에 한번씩 '월경경찰'이 월경검사를 실시하여 중절을 할 수 없도록"[21] 했다. 인구문제는 근대사회에서 중요한 요소였지만 특히 북한의 가족정책은 여성의 몸을 인구정책의 주요 대상으로 하는 방식을 취했다.

북한에서 남성을 피임의 대상으로 하지 않는 불평등한 가족인구정책은 단지 의료 발달 수준 차원의 기술적 문제가 아니라, 가부장적 문화와 상당히 뿌리 깊다고 보인다. 그 이유는 피임의 과학화가 이루어지지 않은 건설초기의 사회적 여건으로부터 의료시설이 발전한 현대에 이르러서도 피임 및 출산 문제는 전적으로 여성의 몫으로 인식하는 가부장적문화가 공고하게 나타나기 때문이다. 북한에서는 1980년 피임 시술방

---

21 세키가와 나쓰오저, 홍원봉 외 역, 『마지막 신의 나라 북조선』(서울: 연합통신, 1993), p. 253.

법인 '고리'라 불리는 자궁 내 장치(IUD: Intra Uterine Device)를 보급
했으나 남성을 대상으로 하는 피임기구와 피임 문화는 확산되지 않았다.
가부장적인 질서 속에서 실시된 북한의 인구정책은 여성의 몸을 주요 관
리대상으로 규정했다. 중국, 인도, 한국의 경우 "경제 이성주의는 3국이
주요 피임방식을 택하게 된 공통의 논리"[22]이며 가족계획 정책을 통해
국가가 정책적으로 개입해왔다. 그러나 가부장적인 문화는 피임방식 중
가장 안전하고 효과적인 정관수술 즉, 남성피임이 확산되는 데 큰 걸림
돌이었다. 인도의 경우 현금으로 지급하는 장려금 정책과 정관수술센터
를 통한 적극적인 시도가 있었지만 가부장적 남성성과 충돌이 일어나며
후퇴하였다. 중국은 1957년 〈중화인민공화국 보건부의 인공유산 및 절
육수술에 관한 통지〉에서 "여성과 어린이를 보호하고 차세대를 잘 교육
하여 민족의 건강과 번영을 추진하기 위해 절육을 하여야 한다"[23]로 명
시하지만 홍보나 시행도 그 대상은 주로 여성이었으며 남성의 정관수술
은 미미하게 수행했다. 결국 중국의 가족계획운동에서 나타난 결과, 피
임은 여성의 몫이며 남성성에 적합하지 않다는 인식을 확산했다. 북한에
서 피임과 출산 조절은 전적으로 여성의 몫으로 간주되어 여성들은 사회
적 증산과 인구 재생산을 담당하는 대상으로 규정되어 이중의 억압을 겪
는다. 이는 불평등한 가부장적 통치를 기반으로 하는 지배 권력의 성통
치 전략이 작동하고 있기 때문이다.

---

22 왕샹셴, 「국가의 가족계획운동과 남성성-중국, 한국, 인도의 정관수술 비교 연구, 인구·
    몸·장소-저출산 시대 한중일의 인구정책과 젠더」, 제3차 한중젠더국제학술회의 (성공회
    대, 2015년 8월), p. 4.
23 위의 글, p. 8.

III. 『조선녀성』의 성담론

1. 사회주의 여성상

북한에서 여성을 대표하는 잡지는 1946년 9월 6일에 해방 일주년을 기념하며 창간한 『조선녀성』이다. 이 월간지는 여성의 사회 정치화를 위해 만들어진 '조선민주여성동맹 중앙위원회'(이하 여맹, 1945년 11월 18일 창립)에서 발간한 북한의 최초이자 유일한 여성 잡지이다.[24] 여맹의 초대 위원장은 박정애(1945-1963)였다. 여맹은 여성의 사회적 생산 활동과 정치적 활동을 조직하여 당과 대중을 연결하는 혁명적 사회개조와 동원을 담당했다. 특히 국가 건설기와 전쟁 이후 여성들이 국가적 생산과 혁명에 참여하도록 일상의 정치화를 조성하는 역할을 했다. 김일성은 직맹, 농근맹, 사로청, 녀맹 조직이 동맹원들의 사상교양 역할에 중심임을 강조했으며 출판보도물은 인간개조를 이루는 사회적 역할을 담당하기 때문이라고 보았다. 따라서 『조선녀성』은 여성들의 사회적 참여를 이끌어내고 여성 정책 및 담론을 확산하는 프로파간다(propaganda)를 수행해왔다. 이 잡지는 여성과 관련한 내용과 이미지를 통해 여성들로 하여금 자발적인 참여자가 되도록 선동하는 일정한 틀로 구성되어 있었다.

고프만(Goffman)에 의하면 프레임(틀, frame)이란 "사건(적어도 사회적인 사건) 및 사건에 대한 주관적인 관여를 지배하는 조작화의 원

---

24 『조선녀성』은 1981년에 2월 3월호 합본, 1981년 4월 5월호 합본으로 나온 사례와 82년 6월호 이후 격월간지로 발행한 사례를 제외하고 현재에 이르기까지 월간지 형태로 출간되고 있다. 김석향, 「『조선녀성』에 나타나는 남녀평등과 성 차별 및 여성의 권리 의식 연구」, 『여성과 역사』 제3집 (2005), p. 173.

칙"[25]이다. 프레임 구성방식에 따라 "인식 할 수 없었던 사건이나 무정형
의 발언이 식별될 수 있는 사건이나 발언으로 바뀌는 것"[26]이다. 『조선녀
성』은 국가가 확산하고자 하는 정치적 선전 선동의 목표에 충실한 주제
로 프레임이 구성되었다. 소련과 관계가 밀접했던 국가 건설기의 기사는
국제사회에 대한 여성들의 정치적 인식을 확산시키는 주제로 중점을 두
었다. 친소 정치 외교의 거시담론과 북한 여성들의 생활을 연결 지어 정
치 의식화를 일상 생활세계에 반영하도록 했다. 『조선녀성』은 여성들에
게 스스로 노동계급에 대한 인식을 강화시켜 사회적 단결을 구축하도록
했으며 여성들의 혁명화에서는 평등담론과 성별화된 역할을 강조하는
이중적 전략을 보였다. 예컨대, 통천군에서 활동한 여맹의 사례를 통해
서 여성들을 생산의 조력자이면서 남성 노동자들의 사기를 진작시키는
보조적인 집단으로 재현하고 있다.

> 통천군 150평의 녀맹원들이 7회에 걸쳐서 부근 통천탄광의 석탄 180돈을
> 운반함으로써 로동자들의 로력에 적극 방조하였다. 그뿐 아니라 녀맹음악
> 써-클을 통하여 탄광로동자들을 위안 격려하였는데(…) 로동자들은 이에
> 감격하여 1948년 인민경제계획을 기필코 넘쳐 완수할 것을 맹서호응하였
> 다(『조선녀성』, 1948년 1월호, 37쪽).

국가 건설기부터 지금까지 여성에게 근대성을 각인시키고 정치 사
회화를 이끌어내는 데 있어 쉽게 접근할 수 있는 방식은 사회적 교양이
었으며, 그 내용은 여성들의 일상과 밀접한 담론으로 구성되었다. 지배

---

25   게이 터크만 저, 박홍수 역. 『메이킹 뉴스 현대사회와 현실의 재구성』(나남출판, 1995), p.
      261.
26   위의 책, p. 262.

권력은 공식적인 국가 여성담론에 부합하는 여성의 옷차림, 머리 모양 등으로 근대적 상을 생산하였다. 전통사회에서 지속되어 온 의상과 머리 모양 등은 위생의 영역으로 규정되었고 근대화 담론을 통해서 복식 생활의 변화를 촉구하였다. 북한은 여성 의상에 상징성과 의미를 부여하면서 사회주의적 미학의 기준을 제시하였다. 전통적인 한복이 임신부에게 좋지 않다는 지식을 부여함과 동시에 여성들이 선호하는 비실용적인 의상과 물건들을 허영과 사치로 규정하며 노동과 착취 계급의 문화적 취향 차이로 인식시키고자 했다. 국가는 계급적 관점을 재생산하는 방식으로 부르주아와 사회주의 여성의 옷차림을 구분하여 계급의식을 강조했다. 즉, 의상을 통해 여성들에게 국가적 생산을 담당하는 노동자라는 자기 정체성을 심어주고 착취계급의 표상에 대한 감수성을 주지시키고자 했다. 북한은 아름다운 인간의 형상이 "정치사상 의식을 기본으로 하는 사상 정신적 풍모"[27]에서 나타난다고 보았다. 주체미학은 "물질과 의식, 존재와 사유의 호상관계의 문제를 과학적으로 해명한 맑스주의 유물변증법에 기초한 미학"[28]이며, "아름다움을 가르는 유일한 기준은 인민대중의 지향과 요구"[29]로 미의 기준을 규정하고 있다. 북한의 주체 미학 자체가 국가적 정체성을 담지하는 성격을 띠어 사회주의 여성으로 변화한 정체성을 미학의 요소로 강조하며 노동자 여성과 부르주아 여성들의 의상의 차이로 대비시켰다. "19세기 초반에 들어 국가, 국기, 국가기념물이 만들어졌고 민족적 남성상과 여성상도 만들어졌다"[30]는 설명과 같이 권력은 북한 사회주의를 대표하는 여성관련 상징들을 만들어내고자 노력했다. 『조

---

27 김정일, 『김정일 미술론』 (평양: 조선로동당출판사, 1992), p. 11.
28 김정본·강운빈, 『미학개론』 (평양: 사회과학출판사, 1991), p. 15.
29 위의 책, p. 28.
30 조지 모스 저, 서강여성문학연구회 역, 『내셔널리즘과 섹슈얼리티』 (소명출판, 2004), p. 33.

선녀성』에 제시된 여성 이미지는 현실에 존재하는 여성상을 모델로 하되 사회주의 국가 체제를 따르는 마음과 몸을 내면화한 표상으로 재현했다. 잡지의 표지는 단순히 여성들을 표지 인물로 재현하는 데 그치지 않았다. 『조선녀성』은 근로여성의 계급의식을 강조하는 이데올로기의 생산 방식을 취했고 여성의 이미지는 일정한 사회적 요구를 반영하였다. 따라서 잡지에 등장하는 여성들의 표상 역시 사회주의의 계급적 성격을 투사하고 재생산하는 방식으로 지속되었다. 이는 알튀세르가 강조한 "이데올로기적 국가 장치"[31]인 미디어를 통해 이데올로기를 생산하는 것이다.

그림 1은 국가 건설기에 발간된 『조선녀성』 표지의 여성 이미지이다. 그림 1-1은 여맹 결성 1주년을 맞이하는 북한여성들의 새로운 사회 계급 의식을 재현했다. 이미지는 1946년에 실시된 3대 개혁법령을 통해 여성들의 적극적 사회참여가 요구되므로 남녀를 동등한 노동의 주체로 규정한 현실을 반영했다. 표지는 깃발과 근대적 의상을 입은 여성들에게 집단적인 정치성을 부여하며 북한 여성의 변화한 정체성을 강조하고 있다. 그림 1-2의 표지는 모성담론의 중요성을 강조한다. 한국전쟁 이후 인구 증식과 자녀를 돌보는 여성의 재생산 역할이 매우 중요시되었다. 특히 여성은 사회주의 어머니로서의 역할로 규정되었다. 그림 1-3은 숨은 영웅 찾기의 상징적 인물인 전쟁영웅 간호사 조순옥이다. 국가는 조순옥을 당의 참된 딸로 호명하였고, 이에 따라 그녀는 여성대중들에게 따라가기의 모델이 되었다. 그림 1-4는 다양한 분야에서 활동하는 전문가 여성들의 이미지를 통해 북한의 남녀평등과 인간의 주체성이 구현되고 있음

---

31 노동은 가족이나 교회 제도와 같은 상부구조영역에서 생산된다. 도덕적 문화적 측면을 노동 측에 "계발"하는 기능을 하는 미디어, 학교, 노조, 정당 같은 문화기관이 대표적인 이데올로기적 국가 기구이다. 스튜어트 홀 저, 임영호 역, 『문화, 이데올로기, 정체성』 (컬쳐룩, 2015), pp. 95-96.

이미지	배경 및 의미
	**【그림 1-1】40년대** 『조선녀성』1947년 8월호 표지는 「여맹」 창설 1주년을 기념하면서 북한여성들이 소련여성노동자와 같은 작업복 바지(점프수트, jump suit)를 입은 모습의 그림으로 장식했다. 바지를 착용한 여성 집단의 이미지는 역사상 최초의 시도였으며 정치화된 여성들을 표상한다. (우측으로부터 태극기, 여맹기). * 출처:『조선녀성』, 1947년 8월호 표지; 권금상(2015), p. 75.
	**【그림 1-2】60년대** 『조선녀성』1966년 4월호 표지는 전통적인 조선여성상에 근대적인 어머니상을 연결하고 있다. 한국전쟁 이후 인구 증식의 중요성이 강조되었고, 육아는 사회주의 구성원을 재생산한다는 관점에서 매우 중시되었다. 어머니의 중요성은 사회주의 여성의 역할로 규정되어 여성의 임무가 강조되었다. * 출처:『조선녀성』, 1966년 4월호 표지.
	**【그림 1-3】80년대** 『조선녀성』1985년 3월호 표지는 간호사 조순옥의 사진을 소개하였다. 그녀는 당의 참된 딸이며 전쟁영웅으로 칭송되는 인물이다. 강반석, 김정숙 따라하기에 이어 일반사람들 중에 영웅모델을 통해 인민들의 충성 경쟁을 고구하고 있다. * 출처:『조선녀성』, 1985년 3월호 표지.
	**【그림 1-4】2000년대** 『조선녀성』2003년 3월호 표지는 사회 각 분야에서 리더로 활약하는 여성상을 표지로 삼았다. 특징은 이전까지 개인인물 중심으로 각 권 호마다 다른 여성이미지를 사용했으나 이 권을 시작으로 2015년까지 같은 이미지로 장식하고 있다. * 출처:『조선녀성』, 2003년 3월호 표지.

그림 1.『조선녀성』의 표지

을 강조한다. 『조선녀성』에서 표지로 활용하는 여성 이미지는 단순한 재현이 아니라 지배 권력이 인민에게 요구하는 상이다. 권력은 여성 이미지를 통해 일상을 파고드는 통치 이데올로기를 구축하는 방식으로 활용했다.

2. 규범화된 결혼관

북한은 국가건설 초기에 가족에 대해 사회주의의 전형인 가족해체 이론의 관점으로 바라보지 않고 사회체제 안정을 위해 핵가족을 사회의 가장 작은 단위인 세포로 규정하였다. 가족은 국가의 발전을 위한 혁명적 역할을 하는 사회적 구성원이었다. 부부의 관계 역시 남녀의 애정관계에 중심을 둔 것이 아니라 국가의 생산성을 높이는 임무를 가진 이들의 사회적 결합으로 규정했다. 지배 권력은 이성애와 가족관도 혁명적으로 변화시키고자 사회주의 규범으로 부부 담론을 제시하였다. 북한은 마르크스의 가족에 대한 관점과 같이 "양성평등이 될 때까지 가족은 새롭게 개선될 수 있다"[32]는 자본주의 가족에 대해 혁명적 견지를 가졌다. 그러나 북한은 엥겔스가 주장한 사회주의 가족 형태의 해체 이론 대신, 사회체제 안정을 위해 핵가족 중심의 가정을 사회의 가장 작은 단위인 세포로 규정하였다. 이러한 관점에서 제시된 북한 사회의 결혼은 혁명을 실현하는 구성원 간의 결합이었고 규범적인 결혼관은 사회적 노동과 착취계급에 대한 투쟁을 위한 동지적 단결이었다. 따라서 결혼이란 혁명성을 실현하는 사회적 결합체로, 국가를 위한 희생과 생산성의 극대화를 도모하는 결합으로 규범화하였다. 지배 권력은 사회주의 건설을 위해 남녀평등권 법령을 제정하였고, 혁명적 여성상을 내면화하도록 사회적으로 강조

---

32 앙드레 미셸 저, 변화순·김현주 역, 『가족과 결혼의 사회학』(한울아카데미, 2007), pp. 33-34.

했어도 실제로 현실에서는 온전히 정착되지 않았다. 지배 권력은 부부의 의미를 국가적 생산성을 높이는 임무를 가진 사회적 결합으로 강조하고 규범적인 결혼은 국가를 위한 희생심과 생산성의 극대화를 도모하려는 의식 주체들의 결합으로 규정했다.

> 프롤레타리아트 가운데서는 리해타산에 근거한 것이 아니라 사랑에 근거한 결혼─남자와 여자의 로동생활과 또 착취자와의 공동투쟁에 있어서의 그들의 동지적 단결의 전반적 리해관계로써 강화된 결혼─을 어데서보다 자주 보게된다(『조선녀성』, 1949년 12월호, p. 25).

지배 권력의 여성 통치는 여성정책 관련한 지도자의 언설뿐 아니라 여성을 교양하는 다양한 사회교육 차원에서 수행되었다. 여성 대상의 사회교육은 여맹의 활동을 통해서 활발히 진행되었고 한국전쟁 후 여성들에게 국가 재건을 위한 희생적 정신과 인구증식의 모성담론을 강조했다. 『조선녀성』은 국가의 국가가 제시한 여성 통치 담론이 작동하도록 결혼생활에서 나타나는 부부의 욕망을 사적 일탈 문제로 규정하였다. 그림 2는 국가가 요구하는 규범적 결혼에서 위반하는 사례로 드러난다. 남편이 군에서 복무하는 동안 아내는 국가 생산증대에 적극적으로 참여했지만 군에 갔던 남편이 제대한 후에 이들의 사랑은 이성애의 사적 욕망을 앞세우는 일탈행위로 비판되고 있다. 결혼을 혁명적 동지애의 결합으로 규범화하는 국가 담론과 현실 간의 불일치로 나타나는 간극이 표현되고 있다. 부부 간의 애정보다 국가적인 생산성에 중요성을 요구하고 있으나 일상에서의 저항이 우회적으로 나타난다. 국가는 사회주의 국가를 위한 혁명적인 결합의 결혼이 될 것을 요구했음에도 불구하고 현실에서 인민 모두는 생산 증진의 적극적인 참여자가 되지 않고 있음을 상징하는 것이다.

그림 2. 부부의 사랑과 능률의 문제
* 출처: 『조선녀성』, 1957년 2월호, p. 26.

국가권력이 『조선녀성』을 통해 여성을 교육시키고자 한 주요 내용은 로동계급화된 혁명적 가정을 이루기 위한 여성들의 의식강화였다. 이를 위해 강반석 및 김정숙과 같은 혁명여성상의 전형을 사회주의 여성의 중요한 덕목으로 강조하였다. 한편으로 '녀성은 꽃'으로 호명하여 여성들이 지녀야 할 품성을 '여성다움'으로 규정하였다. 가부장적인 관점의 결혼관은 모든 가정의 혁명을 강조한 선군정치의 총대가정에서 나타난다. 북한은 선군을 "사회주의 조국에 대한 사랑의 정치"[33]로 규정하였고, 2000년대 초부터 선군가정 담론이 나타나기 시작했다.

> 국가적 기념일을 맞을 때마다 집에서 길러낸 돼지를 비롯한 집짐승과 학습장, 만년필 세면도구, 목달개 등 갖가지 생활필수품을 정성껏 마련하여 인민군대를 원호했다(『조선녀성』, 2002년 7월, p. 37).

『조선녀성』은 군인을 원호하는 여성의 사례를 통해 전 가정을 후방수비대로 적극 참여시키기 위한 선군가정 담론을 확산했다. 국가 권력

---

33 류승일·신광혁, 『선군: 사랑의 정치』 (평양: 평양출판사, 2010), p. 101.

은 선군정치를 통해 여성에게 지난 시기보다 더 무거운 혁명정신을 요구했다. 국가는 고난의 행군의 시기 장기간의 식량난에 봉착하여 배급제를 중단하였다. 더 나아가 국가차원에서 인민들에게 닥친 어려움을 해결하기보다는 각 가정 단위로 자력갱생을 요구하며 군대를 원호하는 후방의 역할을 강조했다. 국가는 지속적으로 여성들에게 이중적인 성담론을 요구했다. 예컨대 전쟁과 복구 시기에는 여성들에게 혁명 정신을, 일상의 사회와 가정에서는 지속적으로 순종하는 꽃과 같은 존재가 될 것을 강조했다. 90년대 중반 고난의 행군을 겪으며 국가가 여성들에게 "보은과 섬김의 섹슈얼리티"[34]를 요구했듯이, 국가는 어려움에 처할 때마다 여성들의 희생을 강요하는 가부장적 담론들을 재생산했다.

3. 성에 대한 지식의 (재)생산

『조선녀성』은 국가정책이나 여성 정책 등의 공적담론뿐 아니라 여성을 둘러싼 생활 정보를 기사로 다룬다. 그러나 성과 관련한 기사의 주제와 내용은 그 대상을 결혼한 여성만의 영역으로 규정한다. 일반적으로 성지식은 과학 영역뿐 아니라 사회 문화적인 정보를 통해 성을 둘러싼 관계 형성에 객관적인 방향을 담보한다. 따라서 성지식은 고대에서부터 내려온 '양생술'[35]에서 시작하여, 생명과학의 정보를 바탕으로 남녀 간의 성교나 욕망 등 심리학적인 주제도 포함된다. 그러나 북한사회가 공식적으로 생산하는 성지식은 개인이 성적 주체가 아닌 인구와 위생학의 대상임

---

34 박영자, 「선군시대 북한여성의 섹슈얼리티 연구: 군사주의 지배 권력의 성 정체성 구성을 중심으로」, 『통일정책연구』, 제15권 2호 (2005), pp. 129-161.

35 양생술이란 치료가 아니라 육체를 돌보는 방식으로 쾌락을 활용하는 것, 건강을 위해 중요하다고 생각하는 활동을 목표로 하는 관리법이다. 푸코, 『성의 역사2-쾌락의 활용』 (나남, 1990), pp. 97-98.

을 규정한다. 성지식과 관련한 기사는 과학적 현상에 근거하지만 전반적인 성을 다루지 않았다. 공식담론으로서의 성지식은 결혼한 부인의 임신과 출산 문제에 국한되어 성지식을 공유할 수 있는 대상은 합법적인 부부이며, 내용의 범주도 재생산의 영역으로 제한했다. 성지식의 주요 내용은 임신시에 주의점과 여성으로서 지켜야 하는 몸가짐 등의 도덕적 주제로 다루었다. 그간 성행된 여성의 조혼을 봉건사회의 폐해로 강조하며 조혼금지를 성불평등의 해결책으로 제시하였다. 『조선녀성』 1947년 9월호 기사에 의하면 식민지 시대 여성들의 초경 평균 나이가 15-17세로 당시 여성들의 평균 결혼 연령과 시기가 같았다. 북한은 남녀평등법령을 통해 남성 18세, 여성 17세로 혼인연령을 규정하며 봉건사회에서 이루어지던 조혼을 금지하였다. 1947년 한국여성의 평균 초혼연령은 17세였으나 계층별로 결혼연령은 차이를 보인다. 부농, 중농, 빈농은 각각 18-19세, 17세, 16-14세로 가난한 계층일수록 초혼 연령이 낮게 나타났다. 이에 반해 남성은 부농일수록 초혼 연령이 낮아 부농 19세, 중농 23세, 빈농 25세 순으로 결혼 연령이 경제능력을 반영하는 것으로 나타났다. 실제로 여성들을 사회로 인입시키면서 여성들의 평균 결혼 연령은 초경 시기에 비해 늦어졌지만 여전히 여성의 성을 임부의 문제로만 바라본 가부장적 시야에서 벗어나지 않았다.

> 해방된 우리 조선여성들은 생리적(生理的)특성인 월경, 결혼, 출산, 포유 보육 급 유아의 제 문제가 얼마나 중요한가를 알아야 하겠고 또 이 문제는 광의의 인구문제, 특히 그의 동태와 밀접한 관련이 있다는 것을 알아두어야 될 문제인 것이다(『조선녀성』, 1947년 9월호, p. 38.).

1947년 실시한 임신율 통계에 의하면 유산과 영아사망률의 문제가 빈농과 부농의 차이로 나타나고 있어 불평등한 사회구조에 의한 것임을 밝혔다. 『조선녀성』에 의하면 여성과 영아의 사망률 역시 계층과 관련된 문제였다. 가난한 농촌 가정에서 태어난 여성들은 결혼을 일찍 하지만 이들은 늦게 결혼한 여성들보다 임신 횟수가 적었고, 임산부의 유산율은 부농 10.62%, 중농 9.35%, 빈농 40.6%로 현격한 차이를 보인다.[36] 빈농 집안의 딸들은 일찍 시집가므로 성생활의 기간이 길지만 오히려 신체가 미성숙한 상태에서의 임신은 신체에 악영향을 미친다는 것이다. 조혼 풍습이 만연했던 빈농의 여성들은 만혼기에 결혼한 부농의 여성보다 상대적으로 성생활을 오래함에도 불구하고 임신 횟수가 적으며 유산, 조산 및 사망 등의 수치가 높았다. 이를 통해 권력은 계급을 기반으로 하는 봉건사회구조가 여성들의 성생활, 임신, 출산 및 죽음에 이르기까지 불평등하게 작용하고 있다고 보았으며 구조적 여성 불평등 문제에서 근본적인 해결책이 토지개혁이라고 주장했다.

> 토지개혁 남녀평등권법령 등의 실시로 말미암아 십년 전 일제 강점기와는 정반대로 농촌의 남녀청년들은 진정한 결혼 생활을 가질 시초를 닦아 놓았다(『조선녀성』, 1947년 9월호, pp. 38-39).

북한은 1960년대 인구증가 정책을 펴면서 여성을 위생과 인구증식의 대상으로 규정하는 경향을 강하게 나타냈다. 여전히 여성의 생리는 부정한 개념이거나 불결한 대상으로 인식되었다. 『조선녀성』은 성을 여성들의 임신 문제로만 다루면서 월경이라는 여성의 생리적 현상을 불결하고 비위생적인 대상으로 규정했고 더 나아가 여성들의 신체를 규율하

---

36 『조선녀성』, 평양: 근로단체출판사, 1947년 9월호, p. 39.

는 것을 사회주의 규범의 요소로 인식시키고자 했다. 지배 권력은 여성들의 신체를 바탕으로 사회주의의 이념이 스며들도록 했다. 국가는 여성들의 생리, 출산 그리고 모유수유와 같은 여성신체와 관련한 생리적 경험을 사회주의 구성원으로서의 역할과 규범으로 인식하도록 교양하였다.

> 월경에 대해 하찮게 여기지 말고 위생을 철저히 지키도록 똑똑히 알려줘야 합니다. 그렇게 함으로써만 건강하고 명랑한 마음으로 사회주의 건설에 더 잘 이바지 할 수 있고 건강한 안해도, 어머니도 될 수 있습니다(『조선녀성』, 1966년 1월호, p. 101).

북한은 여성의 생리를 위생이라 호명했는데 한국의 위생 담론의 등장은 19세기 서양의학이 들어오면서부터였다. 위생 개념은 근대성과 연관되어 1895년 실시된 남성들의 상투를 금지하는 '단발령'에서부터 근대적인 위생담론이 실시되었다. 또한 일제강점기를 통해 일본이 실시한 위생규율은 학교생활뿐 아니라 일상에서도 실천되도록 훈육되었다. 20세기에 이르러 근대화의 영향으로 나타난 위생과 국가의 문제는 "의료전문가들이 시민들의 몸에 행사할 수 있는 통제력의 증가"[37]를 들 수 있다. 위생담론은 학교와 가정에 위생의 중요한 가치를 확산하여 그 결과 "근대적 감수성"[38]을 배양시키는 공간으로 변화했고, 그 공간 속에서 신체는 위생이라는 근대성이 실현되는 주요 대상이었다.

표 2는 1946년 창간호에서부터 2015년까지 『조선녀성』에 게재된 성지식 기사 주제이다. 여성의 생식문제를 위생으로 지칭하며 성지식의

---

37 크리스 쉴링 저, 임인숙 역, 『몸의 사회학』 (나남출판, 1993), pp. 20-21.
38 오창섭, 「위생개념의 출현과 디자인」, 『한국 디자인문화학회』, 제17권 4호 (2011), pp. 258-267.

표 1. 『조선녀성』의 성 관련 기사

호	루계	시기(년월)	제목(쪽수)	글쓴이
1		1946.9	유유아(乳幼兒) 사망률에 대하여(62)	리소조
2		1947.2	임산부의 섭생(27)	허춘화
3		1947.9	부인·유유아의 제문제(38-41)	
4		1949.12	애기 난 부인들의 주의할 몇가지(61)	전경덕
5		1950.4	부인위생-어상임신(36)	리시채
6		1956.1	부인위생-자궁 탈출 증(40)	리시채
7		1956.3	사춘기 자녀에 대한 교양(36)	리채단
8		1956.4	부인위생- 처음 임신한 부인들은 이런 점에서 류의합시다(38)	리시채
9		1956.8	로동과 부인 위생(36)	리영수
10		1956.9	월경 불순에 대하여(36)	박경세
11		1957.2	임신중에 위생(34)	최경제
12		1958.1	부인위생 - 녀성들의 랭은 왜 생기는가?(38) - 녀성들의 산전산후 휴가기 측정법(39)	조진해
13		1958.2	부인위생(39)	
14		1958.10	부인위생-임신부의 로동과 휴식(38)	
15		1958.11	부인위생-임신시의 출혈과 그의 예방대책(38)	
16		1959.2	부인위생-임신부들이 주의해야 할 일(36)	
17		1960.7	임신 시 위생(39)	리영주
18	206[39]	1964.12	위생교실-임신 시기의 로동과 영양(101)	리시채
19	211	1965.5	산모가 지켜야 할 위생(122)	리시채
20	213	1965.7	위생교실-산후 휴가 중에 위생(120)	리시채
21	216	1965.10	자궁암에 대하여(126)	리시채
22	218	1966.1	상담실-첫 월경하는 딸에게(100-101)	
23	520	2001.9	녀성과 건강-어머니 젖의 영양과 젖 먹이는 방법(39)	김창일
24	539	2003.7	녀성과 건강 - 임신부들에게 적합한 영양섭취(50) - 녀성들이 달거리기간에 노래 부르면(51)	
25	645	2012.2	여성들의 치료영양음식(50)	
26	646	2012.3	임신 해산기에 삼가야 할 음식 몇가지(31)	
27	659	2013.4	녀성과 건강-임신부가 한증할 때 주의해야 할 점(54)	

* 출처: 『조선녀성』, 1946년-2015년.

39 『조선녀성』의 '루계'(통권 수)는 1964년 1월에 발간한 195호를 기점으로 표시되었다.

주제를 임산부와 관련하여 다루고 있다. 성지식 기사의 목록을 시기별로 보면 40년대에는 인구관리의 중요성을 강조하며 여성의 몸을 영유아 보육 관점에서 다루었다. 50년대에 들어서는 성 관련한 정보의 내용을 임산부의 위생으로 규정하면서 자녀의 사춘기 문제도 다루었다. 1956년 3월호 기사는 사춘기의 단편적인 현상으로 다루며 사회주의 도덕의 관점에서 성을 규정하고 있다. 60년대에도 성을 임산부를 대상으로 하고 있어 50년대의 연장선으로 나타난다. 『조선녀성』에서 다루는 성 관련 기사는 1946년에서 2015년에 이르기까지 총 27건으로 매우 적은 수를 나타낸다. 이 중 4건은 1940년대 말에, 1950년대에는 12건, 1960년대에는 6건, 1970년대에서 2000년 이전까지의 성지식 관련 기사는 한 건도 게재하지 않다가 2000년 이후에 들어서 현재까지 총 3건의 기사를 실었다. 『조선녀성』은 사회주의 여성의 정책이나 윤리 의식을 비중 있게 다룬 반면, 성 관련 주제는 주변적으로 접근하고 있다. 성지식 기사는 반쪽 혹은 한쪽 이하의 면수로 다루며 생활 정보나 신변잡기 등의 형식으로 축소시키는 경향을 띠며 게재 빈도수 역시 매우 적다. 성과 관련한 기사는 1946년에서 2015년에 이르기까지 총 27건으로 매우 적은 수를 나타낸다. 이중 4건은 1940년대 말에, 1950년대에는 12건, 1960년대에는 6건, 1970년대에서 2000년 이전까지의 성지식 관련 기사는 한 건도 없었고 2000년 이후에 들어서 현재까지 총 3건의 기사만 실었다.

북한은 1990년대 중반 이후 "고난의 행군"이라는 급변사태를 거쳐 현시점에 이르기까지 여성을 어머니로 규정할 뿐 이성 간의 사랑과 욕망에 대해서는 여전히 침묵해 왔다. 국가 건설기부터 성지식을 부인위생으로 제한하여 다루어지던 제한적인 성담론마저 1970년대에서 2000년까지 한편도 다루어지지 않았다. 『조선녀성』은 사회주의 여성의 정책이나 윤리 의식을 비중 있게 다룬 반면, 성 관련 주제는 주변적으로 접근하

고 있다. 성지식 기사는 반쪽 혹은 한쪽 이하의 면수로 다루며 생활 정보
나 신변잡기 등의 형식으로 축소시키는 경향을 띤다. 또한 게재된 성 관
련 기사의 빈도수 역시 매우 적게 나타나고 있다. 성담론을 구축함에 있
어 성에 대한 근본적인 접근이나 심리·정서적 차원 혹은 생명에 관한 논
의보다는 성을 인구증식의 대상으로 규정하는 틀로 재생산되고 있었다.
이를 통해 북한은 이성 간의 사랑과 개인의 욕망을 억압하는 권위주의적
방식의 성담론을 펼치고 있음을 확인 할 수 있다.

IV. 결론: 북한 성담론의 의미

북한 건설기에 지배 권력은 사회주의 이념을 세우면서 인민들을 통치할
규율과 규범을 제시하였다. 해방을 맞은 시대적 경험을 바탕으로 항일투
쟁 운동에서 요구된 집단주의적인 사회상과 혁명하는 인간상을 제시하
였다. 지배 권력이 인민들에게 인식시키고자 한 규범적인 표상은 국가산
업을 부흥시킬 노동자이자 전체 집단을 위해 희생하는 혁명적 인간이었
다. 북한 지배 권력은 인민들을 사회주의 국가의 구성원이라는 인식을
내면화시켜 통치 이념이 미시권력으로 작동하도록 하는 이데올로기 전
략을 구사해왔다. 여기에는 인민들로 하여금 노동하는 인간과 희생하는
인간을 규범적 표상으로 내면화하도록 하면서 스스로 국가 건설 동원의
주체로 인식하도록 하는 고도의 통치전략이 수반되었다. 이러한 사회적
풍경을 바탕으로 지배 권력이 포획하고자 하는 이데올로기의 주요 대상
은 바로 여성이었다. 여성은 남존여비의 봉건사회에서 억압받던 낮은 지
위의 집단이면서 항일투쟁에 참여했고 인구문제와 노동 그리고 돌봄 문
제 등의 당사자이자 변화되어야 할 사회적 존재이기 때문이다.

북한의 지배 권력은 사회주의 건설에 있어 차별받던 여성들에게 평등담론을 제시하여 차별받던 여성들로 하여금 적극적으로 사회적 참여를 이끌어내고자 했다. 1946년에 성립된 혁명적인 3대 법령 중에서 북조선남녀평등법령은 조혼금지, 자유결혼 및 자유이혼을 보장하는 내용으로 여성들에게 획기적인 남녀평등사회를 제시했다. 지배 권력이 제시한 혁신적인 남녀평등 담론은 여성들에게 근대적 정체성을 부여했다. 김일성의 연설은 규범으로 재생산되었으며 여성정책과 인구정책과 다양한 이데올로기적 국가장치를 활용했는데 여성 이데올로기의 확산은 여맹에서 발간하는 『조선녀성』이 그 역할을 담당했다. 이 월간지가 구성하고 있는 내용의 특징은 사회주의 여성으로서 사회적 규범의 전형을 보이는 다양한 사례로 구성되어 있어 거시담론과 사적 영역을 규율하는 체계로 작동했다. 기사의 주요 내용은 국가의 정책을 알리며 여성들의 충성 경쟁을 독려했다.

지배 권력은 성을 국가 통치의 효율적인 대상으로 삼아 통제하는 방식으로 담론을 생산했다. 인민들에게 집단주의적인 정신을 함양시키는데 있어 선제되어야 하는 것은 개인담론을 배제하는 전략이었고, 지배 권력은 여성들의 성을 그 도구로 활용했다. 성은 개인의 정체성 뿐 아니라 전체사회를 규정하는 데 있어 매우 상징적이며 효율적인 통치대상이기 때문이다. 지배 권력의 성담론은 여성과 관련된 임신, 출산, 양육 등의 모성담론과 성 규범으로 강제하는 일정한 방식으로 재생산되었다. 이러한 공식 담론의 흐름 속에서 여성의 신체는 국가에 의해 관리되고 인구 문제와 직결되는 규율의 대상이 되었다. 성지식의 내용을 규정함에 있어 본연의 성 문제를 다루는 것이 아니라 임산부와 모자건강으로 통제하였다. 지배 권력은 성담론을 통해 인민의 몸과 마음에 대한 규율과 더불어 국가를 위한 신체로 인식하게 강제하는 규범적인 성 통치 체계를 구축하였다. 지배 권력은 성을 위생의 관점으로 고정하여 개인 육체에 국가 권력의 적극적인 개입과 통제를 정당화하고 국가가 신체를 규율하는 근거를 마련하였고 사적욕망 논의에 대한 배제효과를 거두었다. 이를 통해 여성의 성과 신체는 위생의 영역으로 제한되며 재생산의 담지자로 규정되었다. 지배 권력이 제시한 성담론의 틀은 본연의 성의 특성을 배제시키며 여성을 어머니로 환원시키는 전략을 통해 개인을 억압하고 집단주의 담론을 재생산하는 항구성을 갖는다. 지배 권력이 생산한 성담론에 나타난 전략은 위로부터의 통제가 인민들의 일상적인 현실에 파고들어 자기규율로 작동하게 하는 미시 권력의 이데올로기를 내포한다. 지배 권력이 생산한 성담론은 도덕차원의 통치 역할을 함으로써 인민을 통치하는 기제이자 사회적 내구성을 담보하는 문화체계로 구축되어 있었다.

『조선녀성』을 통해 제시된 성담론은 근대적 여성으로 인식시킴과 동시에 사회주의 인구 증식을 책임지는 재생산의 주체로 내면화하도록 했으므로 인민들의 성적 실천을 요구하는 제도이자 규범이었다. 성담론의 구성 방식은 위생관점과 사회적 재생산과 관련한 인구 문제로 접근함으로써 개인의 욕망은 억제하고 집단을 위한 신체로 규정하였다. 따라서 개인들의 성은 사적 욕망을 실현하거나 이성 간의 친밀성의 개념으로부터 거리를 두게 되었다. 지배 권력이 생산하는 성지식 담론은 여성을 재생산의 역할로 고정시키는 결과를 만들어 가부장적 이데올로기를 온존시키거나 강화하는 통치의 근거를 구축했다. 지배 권력이 제시한 북한의 성담론은 가부장 질서를 기반으로 하는 규범으로 진행되어 그 어느 통치 기제보다 사회와 일상을 규율하는 데 효율적으로 작동했다고 보인다.

북한사회는 고난의 행군 이후로 밀수와 장마당 활동과 같이 사적 소유를 확대하는 여성 상인들과 개인의 이익을 추구하는 개인들이 등장하고 있어 여성들의 삶이 변화하고 있다. 시장화로 인해 북한사회가 변하고 있다고 하지만, 북한사람들의 집단정체성이 급변하고 여성들의 개인적 욕망이 공공연하게 드러나는 사회로 변화할 가능성을 예견하기는 조심스럽다. 여전히 공적 담론에서는 여성을 꽃으로 호명하는 가부장적 질서와 어머니로 규정하는 집단주의적인 틀에서 벗어나지 않고 있으며, 여성을 인구 증식의 요소로만 바라보는 관점에서도 변화하지 않고 있으므로 성은 두터운 문화규범의 영역이다. 성담론은 위로부터의 강제와 함께 사회를 안정적으로 구축하는 문화체계로 기능해왔기 때문이다.

북한의 성담론은 현재 한국사회와 미래 통합사회의 지향점을 제시한다. 한국사회가 북한과는 매우 다른 수준으로 발전해왔으나 가부장적인 문화는 견고하게 자리잡아왔고 여성의 위계화는 여전히 존재하고 있다. 이는 분단 70년 동안 사회 환경의 변화 속에서 남북의 가치관이 달라졌다 해도 매우 비슷한 가부장 문화 체계로 전승되어 왔고, 일부 영역에서는 불평등한 사회구조가 재생산되고 있다는 말이다. 성담론에서는 남북한이 유사한 모습을 보이기도 한다. 유교문화를 근간으로 하는 남북한에서 생산되는 성은 도덕적인 논의 차원에 머물고, 여성을 인구증식의 장소로 인식하는 권위주의적이며 가부장적 성담론이 재생산되고 있기 때문이다.

연구자는 남북의 여성이 온전한 성적 주체이자 자아의 가치로 다루어질 수 있는 성에 관한 논의로 확산될 미래를 기대하며 북한의 성 문제를 파악하였다. 추후 연구에서는 남북여성의 성을 둘러싼 현실 비교 연구를 통해 통일사회의 지평을 함께 열고 이해의 폭을 넓히는 작업으로 확장되기를 희망한다.

제5장

북한 시장화 이후 계급체계 노동계급의 이데올로기적 정체성 변화

윤철기(서울교육대학교)

I. 문제제기

북한사회의 변화는 경제위기에서 시작되었다. '고난의 행군' 기간 동안만이 아니라 그 이후에도 계획경제 시스템은 정상적으로 작동하지 못했다. 공장은 가동을 멈추었으며, 배급은 중단되었다. 북한주민들은 오랫동안 국가에 의존하여 삶을 영위해왔다. 그러나 두 손 놓고 더 이상 정부만을 바라볼 수는 없게 되었다. 주민들은 살아남기 위해서 새로운 방법을 모색해야 했다. 그것이 바로 북한에서 '장마당'이라 불리는 시장이었다. 북한의 시장화는 '아래로부터의 요구'에 의해 시작되었다.

경제위기 이후 북한정부의 경제정책은 일관되지 않았다. 필요에 따라 시장화의 확산을 묵인하다가도, 상황이 변하면 시장을 단속했다. 정부의 지그재그 패턴의 불규칙한 노선변화에도 불구하고, 시장화는 지속적으로 확산되었다. 시장은 양적으로 성장했고, 소비재 유통시장에서 시작하여 전기(前期)적 자본의 형태가 형성되고 있는 것으로 보인다. 생산의 대부분은 공식적으로 계획경제 시스템 아래에서 정부의 통제 하에 있었지만, 소비는 그렇지 않았다. 시장에서 유통되는 대부분의 상품은 중국산이다. 그런데 유통부문에서 자율성 확대는 생산부문으로 확산되고 있다. 그러면서 부지불식간에 계획경제의 생산부문의 변화가 나타나고 있다. 부를 축적한 신흥 상인계층들은 관료와 정부당국에 일정한 액수를 지불하고, 일부 공장과 기업소들을 직접 운영하는 일이 발생하고 있다. 또 노동자들 가운데 공장에 출근하지 않는 사람들이 증가하고 있다. 이 사람들 가운데 일부는 장마당에서 장사를 하며 생계를 유지한다. 또 일부는 사적으로 고용된다.

마르크스(Marx)의 고전적 사회주의 개념에서 사회주의는 가치법칙이 작동하지 않고 계급이 작동하지 않는 사회이다. 마르크스의 고전적 사회주의 개념에서 개인적 소비재를 제외하고는 사적 소유가 허용되지 않는다. 대신 개인은 전체 사회적 노동시간 가운데 자신의 제공한 노동 시간만큼 보상을 받게 된다. 물론 결과적으로 이는 평등하지 못하다. 하지만 적어도 생산자로서 노동에 따라 권리를 획득하게 된다는 점에서 노동자들은 모두 평등하다.[1] 사회주의에서 생산수단에 대한 사적 소유가 폐지되고 사회화가 실현된다. 마르크스는 『공산당 선언(*Manifest der Kommunistischen Partei*)』에서 프롤레타리아가 권력을 장악함으로써 모든 잉여생산물의 수취가 사라지고, 대신에 개인의 발전과 모두의 발전이 대립되지 않는 연합체가 형성될 것임을 예고하고 있다.[2]

마르크스와 엥겔스는 공산주의 혹은 사회주의에서 프롤레타리아가

---

1   Karl Marx, "Kritik des Gothaer Programms," *Marx Engels Gesamtausgabe 25* (Berlin: Dietz Verlag, [1875]1985), pp. 13-14.

2   Karl Marx, Friedliche Engels, "Manifest der Kommunitischen Partei," *Marx Engels Werke 4* (Berlin : Dietz Verlag, 1977), p. 472.

국가권력을 획득함으로써 정치적 지배가 가능했기 때문에 계급관계가 소멸된다고 설명한다. 마르크스와 엥겔스는『공산당 선언』에서 "노동자 혁명의 첫 단계는 프롤레타리아를 지배계급으로 상승시키고 민주주의를 쟁취하는 것이다. 프롤레타리아는 정치적 지배를 이용하여 부르주아로 부터 모든 자본을 빼앗고 모든 생산수단을 국가의 수중에, 즉 지배계급 으로서 조직된 프롤레타리아에 집중시키면서, 가능한 급속하게 생산력 의 규모를 증대시킨다"[3]로 적고 있다. 또한 엥겔스는『반뒤링론』에서 "프 롤레타리아는 국가권력을 장악하고, 우선 생산수단을 국유화한다. 하지 만 프롤레타리아는 프롤레타리아로서 스스로를 폐지시키고, 따라서 계 급적 차별과 계급적 차이를 폐지시킨다. 그리고 국가로서의 국가도 폐지 시킨다"[4]고 말한다. 계급의 소멸은 곧 국가의 소멸로 이어진다.

북한체제는 스스로를 사회주의로 규정하고 '계급 없는 사회'로 규정 해왔다. 『주체의 계급리론』은 북한사회에서 계급을 노동자, 농민, 인텔리 등 세 계급으로만 분류한다.[5] 북한사회에 지배계급이 존재하지 않는다는 주장이다. 사실 현존 사회주의에서 지배계급의 존재를 둘러싼 논쟁이 실 재한다. 현존 사회주의에서 지배계급의 존재여부는 현존 사회주의의 사 회성격 논쟁에서 매우 중요한 의미를 가진다. 생산수단의 소유관계를 토 대로 이익의 사유화와 세습 등의 문제에 기초하여 계급을 정의하는 논의 들은 현존 사회주의에서 지배계급이 존재하지 않는다고 주장한다. 현존 사회주의의 관료들이 사회경제 영역을 지배하지 못했다는 주장이다.[6] 반

---

3   ibid., p. 481.

4   Friedrich Engels, "Anti-Dühring," *Marx Engels Werke 20*, p. 361.

5   김천식, 『주체의 계급리론』 (평양: 과학백과사전종합출판사, 2001).

6   Alec Nove, "The class nature of the Soviet Union Revisited," *Socialism, Economics and Development*, (London: Allen and Unwin, 1986), p. 225; David Lane, *Soviet Labour and the Ethic of Communism*, (Colorado: Westview Press, 1987), pp. 159-

면에 현존 사회주의에서 계급관계는 '당의 지배'라는 형태로 표출된다는 주장이 존재한다.[7] 이러한 입장에서 당과 국가의 관료는 단지 권력만을 가지고 있는 것이 아니라 계획경제 시스템을 이용하여 사회경제 영역을 구조적으로 지배한다. 이 연구는 북한사회에는 마르크스가 예견했던 사회주의와는 달리 위계적인 권력구조를 근간으로 하는 '정치적 계급체계'가 실재한다고 판단한다. 정치권력과 중하위 관료는 계획경제 체제를 이용하여 잉여를 수취하고 배분하며 노동을 동원할 수 있는 근간을 가지기 때문이다.

북한의 시장화는 이러한 정치적 계급체계에도 변화를 가져왔다. 물론 계급경제 체제가 유지되고 있기 때문에 계급체계는 큰 변화 없이 유지되고 있는 것처럼 보인다. 하지만 시장화가 확산되는 과정에서 '돈주'라는 새로운 세력이 등장하게 되면서, 기존의 계급체계에는 변화가 발생하게 된다. 돈주는 시장화를 주도하면서 부를 축적한 신흥 부유층이다. 이들은 처음에는 '와크(수출입 허가권)'를 사서 무역과 해외 수입품을 국내시장에 공급함으로써 부를 축적했다. 그러나 최근에는 기업소와 공장을 위탁경영하여 부를 축적하거나 돈이 필요한 주민들에게 대부해주고 받은 이자수입을 얻고 있다. 그리고 이 과정에서 돈주가 위탁경영하는 회사에 고용되거나 돈주가 운영하는 상점이나 그들이 사는 집에 사적으로 고용되는 노동자들이 나타나기 시작했다. 즉 노동계급의 사회경제적

160; Werner Hofmann, *Stalinismus und Antikommunismus: Zur Soziologie des Ost-West-Konflikts*, (Frankfurt: Suhrkamp, 1969), pp. 13-20.

7   Gerhard Lenski, Power and Privilege, (New York: McGraw-Hill Book Company, 1966); Rudolf Bahro, *The Alternative in Eastern Europe*, (Manchester : New Left Review Press, 1978); Peter Schultze, "Übergangsgesellschaft und Außenpolitik." *Probleme des Sozialismus und der Übergangsgesellschaft*, (Frankfurt am Main: Surhrkamp, 1973); Milnovan Dijlas, *The New Class*. (San Diego: A Harvest/Hbj Book, 1985).

위상에 변화가 나타나기 시작한 것이다. 그리고 이는 노동계급의 이데올로기적 정체성에도 변화가 있음을 말해주는 것이다. 본 연구는 1990년대 북한의 시장화 이후 북한의 계급체계 변화를 살펴보고 그 가운데 노동계급의 이데올로기적 정체성 변화를 살펴보고자 한다.

II. 북한의 계급체계와 노동계급의 정체성 변화

1. 정치적 계급체계의 변화

북한체제와 같은 현존 사회주의에서는 마르크스의 고전적 사회주의 개념과는 달리 계급이 실재한다. 현존 사회주의에서 계급은 당과 대중 간의 권력관계로 표출된다.[8] 현존 사회주의의 계급관계는 당을 중심으로 편재된 위계적인 권력구조에서 개별 지위에 따라 각각의 권한과 역할이 결정되는 '정치적 계급체계'이다.[9] 정치적 계급체계는 계획경제의 작동 메카니즘을 통해서 구체화된다(그림 1 참조). 정치관료는 잉여생산물과 노동에 대한 권한을 바탕으로 생산, 유통, 분배를 통제하고 관리할 뿐만 아니라 발전전략과 경제적 조정양식(계획과 시장)까지 통제하고 관리한다.[10] 정치관료는 계획의 수립과 집행 과정에서 잉여의 수취와 배분의 권한을 가진다. 관료의 위계구조는 스스로를 '지식의 위계(Hierarchie des

---

8   Gerhard Lenski, *Power and Privilege*, p. 44.; Peter Schultze, "Übergangsgesellschaft und Außenpolitik." *Probleme des Sozialismus und der Übergangsgesellschaft*, pp. 161-162; Rudolf Bahro, *Die Alternative*. (Köln: Europäische Verlagsanstalt, 1977). pp. 198-199.

9   Gerhard Lenski, *Power and Privilege*, pp. 327-337.

10 윤철기, "북한지배체제의 성격과 해석," (성균관대학교 박사학위 논문, 2009), p. 42.

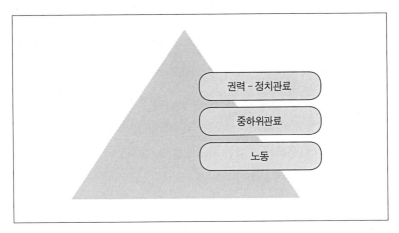

그림 1. 정치적 계급체계

자료: 윤철기, "북한지배체제의 성격과 해석,"(성균관대학교 정치외교학과 박사학위 논문, 2009), p. 43.

Wissens)'로 파악하고, '위'는 보편적인 통찰력을 가지며 '아래'가 위를 따르는 것으로 이해한다.[11] 그러나 실제로 지식의 위계에서 상층에 위치한 계획자에 의해서 계산된 사회적 필요는 사회적 수요를 정확히 반영하지 않고 경제잉여를 권력의 공고화를 위해서 사용한다.[12] 다음 중하위 관료는 계획을 집행하는 역할을 담당하게 되며 잉여생산물의 배분과 사용의 권한을 가진다.[13] 이는 관료의 렌트추구(rent-seeking)와 연성예산제약(soft budget constraints) 등을 통해서 확인할 수 있다.[14] 마지막으로

---

11 Rudolf Bahro, *Die Alternative*, pp. 180-181.

12 Phillip Bryson, The Reluctant Retreat, p. 222.

13 윤철기, "북한지배체제의 성격과 해석,"42쪽.

14 연성예산제약에 대한 개념은 다음 논문을 참조할 것. János Kornai, "The Soft Budget Constraint," *Kyklos*. vol. 39. Fasc. 1(1986); 다만 연성예산제약은 다소 모호한 측면을 가지고 있으며, 아직 학계의 동의가 이루어진 개념이 아니다. 연성(softness)은 경성(hardness)의 반대되는 개념이지만 연성과 경성을 구분할 수 있는 기준이 다소 모호하다. 예산제약에서 구체적으로 어느 정도의 수준이 연성이며, 또 그 근거는 무엇인지 명확하지 못하다. 따라서 이 연구에서는 연성예산제약 개념을 현존 사회주의 경제에서 계획의 편성과 실행과정에서 협상 가능성이 존재하며, 가격이 수요와 공급의 원리가 아니라 정치

노동계급은 경제잉여를 생산하지만, 잉여의 배분과 사용에 대한 결정에서 배제된다.[15]

현존 사회주의에서 노동계급의 정치사회적 자율성은 극히 제약되었다. 당이 노동계급의 '초자아(super-ego)'가 되어 노동계급의 의사를 관철시키는 것도 아니었다.[16] 권력은 '왜곡된 마르크스주의(distorted Marxism)'를 이용해서 사실을 왜곡했고, 노동계급의 의식이 성장하지 못하도록 만들었다.[17] 노동계급은 정치와 혁명의 주체가 아니라 노동력을 공급하는 피동적인 존재가 되었을 뿐이다. 계획의 편성과 실행에서 노동계급의 이해와 요구는 쉽게 반영되지 못했다. 북한체제의 경우에는 1953년 전후 복구과정이 시작된 이래로 '대안의 사업체계'와 '계획의 일원화와 세부화'를 통해서 계획경제 시스템의 중앙집권적 성격이 강화되었다. 그 결과 당과 권력의 이해관계가 사회주의라는 이름으로 하향식(top-down)으로 관철될 수 있는 제도적인 기반이 마련되었다. 노동계급은 동원의 대상이 되었고 경제잉여의 수취와 배분에서 철저히 배제되었다.[18]

그러나 북한의 계획경제 시스템은 1990년대 식량난과 경제난으로 인해서 정상적으로 작동하기 어렵게 되었다. 또한 이 시기 이후 배급제는 현재까지도 정상적으로 작동하고 있지 않다. 이는 곧 잉여의 생산과

적으로 결정된다는 점에 초점을 맞추어 적용하고자 한다. 연성예산제약 개념에 대한 해석에 대해서는 다음 논문을 참조할 것. Kornai, Maskin, and Roland, "Understanding the Soft Budget Constraint," *Journal of Economic Literature* vol. 41. no. 4(2003), pp. 1095-1136.

15 윤철기, "북한지배체제의 성격과 해석," p. 42.

16 Daniel Kubat, "Soviet theory of classes," *Social Forces*, vol. 40, no.1, p. 6.

17 Bahro, *Die Alternative*, p. 197.

18 북한 계획경제의 중앙집권적 체계가 완성되는 과정에서 노동의 동원과 배제가 이루어지는 과정에 대한 연구는 다음 논문을 참조할 것. 윤철기, "북한의 노동계급 이론과 실제," 『통일문제연구』, 제27권 2호(2015), pp. 90-110.

배분이 어려워졌다는 점을 의미한다. 그 결과 권력은 계획과 명령을 통해 국내 자원을 동원하고 배분하기 어렵게 되었다. 다만 여전히 권력은 노동을 동원할 수 있는 권한을 가지고 있다. 또한 국내자원 동원이 어려워지면서 원조나 자원수출과 경제협력 등을 통해서 벌어들인 외화 등 외연적 렌트(external rents)가 권력자원이 되었다.[19] 외부로부터 유입된 권력자원은 다소 이완한 형태이지만 정치적 계급체계가 지속될 수 있도록 해주었다. 이는 경제위기가 지속되고 배급제가 중단된 상황 속에서도 노동동원이 이루어지는 모습을 통해서 확인할 수 있었다. 1950년대 이후에는 천리마 운동, 김정일 집권시기에는 150일 전투와 100일 전투가 있었고, 최근에는 4차 핵실험 이후의 70일 전투가 바로 그것이다.

그런데 정치적 계급체계의 기본적인 골격이 유지되는 가운데, 시장화의 확산과 계급경제 시스템의 유명무실화로 인해서 새로운 변화의 경향이 발생하게 된다. 변화의 경향은 주로 위계구조의 '아래'에서 발생한다. 첫째, 시장화의 확산을 주도하면서 부를 축적한 신흥 상인계층인 '돈주'이다. 하지만 돈주가 완벽하게 정치적 위계구조에서 벗어나 있다고 볼 수는 없다. 왜냐하면 돈주는 관료들의 후견을 받아서 성장했기 때문이다. 돈주는 권력기관이나 정치세력을 비호하는 대가로 소득(렌트)의

19 외연적 렌트는 그 발생기원이 국민경제 외부에 있다는 점을 강조하는 개념이다. 렌트의 외생성(externality)은 렌트수취경제(rentier-economy)를 설명하는 데 있어서 가장 핵심적인 개념이다. 렌트수취경제는 국내시장이 취약하지만 석유와 같은 천연자원에 의존하는 저발전 경제를 설명하기 위한 개념이다. 천연자원은 희소하기 때문에 공급이 제한될 수밖에 없으며, 국제시장에서 높은 가격을 형성하게 된다. 따라서 국제시장에서 초과소득이 발생하기 때문에 '외연적 렌트'로 규정된다. 하지만 이후 자연자원 외에 원조나 무역으로 발생하게 되는 국제적인 소득이전(transfer), 즉 초과소득을 포괄하는 개념이 되면서 '국제 렌트(international rent)'로 명명되기도 한다. Hazem Beblawi, "The Rentier State in the Arab World," *The Rentier State*, (New York: Croom Helm, 1987), p. 51; Claudia Schmid, *Das Konzept des Rentiers-Staates*. (Hamburg: Lit Verlag, 1991), p.17; 이국영, 『자본주의의 역설: 계급균형과 대중시장』, (서울: 양림, 2005), pp. 290-297.

일부를 상납하게 된다. 이 소득은 권력기관의 운영자금으로 사용되거나 관료의 사적 이익의 형태로 수취된다. 즉, 돈주의 존재와 그들이 공여하는 렌트는 계획경제 시스템이 사실상 붕괴된 상황에서도 정치적 계급체계가 유지되는 원동력이 된다. 둘째, 노동계급과 농민들 가운데 계급경제 시스템에서 벗어나 장마당에서 생계를 영위하는 세력들이 등장하기 시작했다. 장마당에서 장사를 하거나 국경을 넘나들며 공식·비공식 무역을 한다. 또 돈주들이 운영하는 회사에서 일을 하거나 부를 축적한 가정에 사적으로 고용되는 경우도 있다. 그런데 계획경제 시스템에서는 벗어났지만 기존의 계급체계에서는 크게 벗어나지 못했다. 관료와 노동자들은 과거와 비교할 때 계획이라는 일상적인 통제장치에서 벗어나 상대적 자율성을 가질 수 있는 것은 분명하다. 그러나 관료들이 돈주들을 정치적으로 비호하고 있는 상황이라는 점을 감안하면 사적으로 돈주들에게 고용된 노동자들 역시 정치적 계급체계에서 벗어났다고 말하기 어렵다. 오히려 정치적 계급체계가 이완된 상태에서 관료-돈주 간의 후견-피후견 관계의 형성은 새롭게 잉여노동을 통제하고 관리하는 방식이 형성된 것과 같다. 계획을 매개로 하는 제도화된 계급체계가 불안정해지자 인적 관계를 통해서 이를 보완하고 있는 것이다.

2. 노동계급의 이데올로기적 정체성 변화

계급관계는 권력과 자원의 불평등을 근간으로 한다. 전(前)자본주의 사회와 현존 사회주의 사회에서 계급의 근간은 권력의 불평등을 기반으로 생성되었다. 권력은 혁명이나 전쟁 등을 통해서 강제력(force)을 바탕으로 지배를 성취하지만, 이후 힘에 의한 지배는 법과 제도를 통한 지배로 전환된다. 권력은 제도화된 권력, 즉 권위(authority)를 가지게 된다.

권위는 타인에게 명령할 수 있는 권한(right)이다. 그 권한은 지위(posi-tion)로부터 나온다.[20] 반면 자본주의에서 계급은 자원의 불평등으로부터 시작된다. 재산(property)을 가진 자는 노동계급을 고용하고 명령할 권한을 가진다. 일반적으로 자본가는 노동계급이 생산한 잉여를 전유하고 분배·사용할 수 있는 권한을 가진다.

그러나 계급관계는 언제나 정당성의 위기에 노출될 수 있는 위험을 가지고 있다. 위기는 권력과 자원을 가지지 못한 채 명령을 수행해야만 하는 비특권계급의 '의식'으로부터 시작된다. 계급의식은 처음에는 감정적인 것이다. 특권계급의 착취와 명령에 대한 비특권계급의 불만으로 시작되는 것이 일반적이다. 계급적 불만은 이성적이고 합리적인 사고를 통해서 정당화된다. 비특권계급은 노동을 통해서 얻게 되는 자신의 이익과 특권계급의 이익을 비교한다. 비특권계급은 자신의 이익이 언제나 특권계급의 이익보다 작다는 점을 깨닫게 된다. 비특권계급의 이러한 계산은 특권계급에 대한 적대성을 강화시키는 계기가 되기도 한다. 그리고 계급적 적대성은 모순이 심화될수록 특권계급에 대한 갈등과 대립 혹은 분노와 저항으로 표출된다. 계급적 적대성은 이성적인 것이면서 동시에 감정적인 것이다.

물론 적대적 계급관계가 언제나 표출되는 것은 아니다. 무엇보다 현대 민주주의는 계급관계의 적대성을 약화시키거나 무마시킬 뿐만 아니라 계급적 협력을 도출하기 위해서 다양한 기제를 발전시켜왔다. 서구의 정당정치는 계급균열을 근간으로 한 것이며[21], 정당들은 서로 다른 계

---

20   Gerhard Lenski, *Power and Privilege*, (New York: McGraw-Hill Book Company, 1966).

21   Martin Lipset and Stein Rokkan, *Party Systems and Voter Alignments*. (New York: Free Press, 1967).

급적 이해관계를 공식적인 공론장(Öffentlichkeit)인 의회라는 공간에서 대화와 타협을 통해서 해결하려 했다.[22] 하지만 특권계급은 정당성이 없는 렌트추구(rent-seeking) 행위—시장의 독과점이나 로비, 뇌물공여와 같은 부패—마저도 다양한 수단을 이용하여 정당화하려 한다. 이러한 특권계급의 행위에 대해서 비특권계급은 정당성에 문제를 제기하기 보다는 스스로의 취약성을 인정하고 자신의 한계라고 생각하게 되는 경우가 적지 않다. 계급적 적대성을 가지기 보다는 오히려 체념하고 포기하는 경우가 더욱 많다. 그리고 계급적 적대성이 나타나지 않는다고 해서 그것이 언제나 이성적인 것은 아니다.

계급관계는 이성이나 감정, 어느 한 가지로 설명하기 어려운 매우 복잡한 '마음체계'를 가진다. 마음체계는 이성과 감정의 변증법적인 통일체이다. 본 연구가 체계라는 표현을 쓰는 이유는 계급관계에 따른 마음의 변화에 어떠한 규칙성이 존재한다는 믿음 때문이다. 또 마음체계가 변증법적인 특성을 가지는 이유는 계급관계에 따른 마음의 변화가 결코 단선적이지 않기 때문이다. 계급적 적대성이 강화된다는 이유로 마음체계 내에서 감정을 지배적인 것으로 치부하는 통념적인 인식은 정확성을 가지기 어렵다. 오히려 비특권계급의 분노와 저항은 특권계급과의 관계에서 우위를 차지할 수 있다는 계산을 근간으로 한 것일 가능성을 배제할 수 없다. 그래서 노동계급의 마음체계 안에 존재하는 이성과 감정 간

22　정치적으로 기능하는 공론장은 18세기 초 영국에서 처음 등장했다. 이 시기 영국에서 공론장의 형성은 신분제 의회가 근대적 의회로 변화되는 과정으로서 한 세기 전체에 걸쳐 진행된다. 영국에서 공중의 참여로 정치적 공론장이 형성될 수 있게 된 것은 한편으로 상업자본과 금융자본의 제한적 이익과 다른 한편으로 매뉴팩처 자본과 산업자본의 팽창하는 이익 간의 대립이 중첩되게 되면서 이익의 실현을 위해서 약한 당파가 정치적 대결을 공론장으로 끌어들이려 했기 때문이다. Jürgen Habermas 저, 한승완 역, 『공론장의 구조변동: 부르주아 사회의 한 범주에 관한 연구』, (파주: 나남, 2009), pp. 135-136. 이처럼 근대 의회가 정치적 공론장의 역할을 하게 된 것은 계급적 분파의 이익실현과 무관하지 않다.

의 관계는 변증법적이다.

　자본주의적 계급관계는 자본주의 사회의 특성을 대변한다. 자본가는 전통적인 특권계급과 달리 신분질서가 아니라 생산적 투자를 통해서 특권을 가지게 되었다. 전자본주의 사회에서 특권계급은 최소한 겉으로는 금욕적이었지만, 자본주의 사회에서 특권계급인 자본가의 이윤추구(profit-seeking)는 정당한 것으로 취급된다. 인류역사에서 처음으로, 시장경제라는 울타리 안에서는 어떠한 물질적 욕망을 표출하는 것도 정당화되는 특권계급이 형성된 것이다. 노동계급은 산업사회에서 새롭게 등장한 계급으로 농업을 중심으로 했던 전자본주의 사회에서는 존재하지 않았던 계급이다. 자본과 노동은 혁명 과정에 참여해서 전자본주의적 생산양식을 종식시켰다. 혁명 과정에서 자본과 노동은 연대했다. 혁명 이후 자본과 노동 간의 관계는 부침을 거듭한다. 때로는 대립하게 되고 때로는 타협하게 된다. 마르크스(Marx)는 자본과 노동의 관계의 기본적인 속성은 대립적이라고 인식했다. 이는 자본주의 사회에서 자본과 노동의 이익관계를 제로섬 게임처럼 인식하고 있기 때문이다. 마르크스(Marx)는 『임금노동과 자본(*Wage Labor and Capital*)』이란 팜플렛 8장 첫 문장에 "자본의 이익과 노동의 이익은 정반대로 서로 대립한다"고 적고 있다.[23] 마르크스주의(Marxism)는 자본과 노동의 관계에서 타협과 연대를 일종의 허위의식(false consciousness)으로 취급했다. 그렇지만 자본주의 사회에서 자본과 노동의 관계가 언제나 대립적이지는 않다. 이는 노동계급의 허위의식 때문이 아니다. 자본주의 사회가 존속되는 한 두 계급은 서로 의존할 수밖에 없기 때문이다. 실제로 자본과 노동의 이익이

23　Karl Marx, Wage Labour and Capital. in *Marx/Engels Internet Archive*([1847]1999). (https://www.marxists.org/archive/marx/works/download/Marx_Wage_Labour_and_Capital.pdf)

언제나 배치되지 않는다. 특히 케인즈주의의 등장 이후 완전고용과 평등한 소득분배는 결국 자본의 이익이 되는 것으로 이해되기 시작했다. 실제로 자본주의의 황금기로 불리는 1945년부터 1970년대 복지국가에서 자본과 노동의 이익은 결코 배치되지 않았다.

마르크스는 자본주의에서 (낮은 단계와 높은 단계) 공산주의로의 이행을 위해서는 노동계급이 '대자적 계급(class for itself; Klasse für sich)'이 되어야 한다는 점을 강조한다. 마르크스(Marx, 1955)는 『철학의 빈곤(*The Poverty of Philosophy*)』에서 대자적 계급이 되기 위해서는 정치투쟁이 필요함을 강조한다.

> 경제적 조건은 처음에 국가의 대다수를 노동자로 전환시킨다. 자본의 결합은 이러한 대중에 대하여 공통의 상황, 공통의 이익을 만들었다. 따라서 이러한 대중은 이미 자본에 반대하는 계급이지만, 아직 대자적(for itself)이지 않다. 우리가 단지 몇몇 국면에서 주목했던 투쟁에서, 이러한 대중은 통합되고 스스로를 대자적인 계급으로 구성한다. 계급이 방어하려는 이익이 계급이익이 된다. 그러나 계급에 대항하는 계급투쟁은 정치투쟁이다.[24]

정치적 계급투쟁은 경제투쟁이 심화되었을 때 노동계급이 계급적 존립근거의 취약성을 자각하면서 시작된다. 이 정치투쟁은 결코 이성적인 것만은 아니다. 노동계급이 자본가 계급에게 가지게 되는 '적대성'에는 노동계급을 상대로 이루어진 착취에 대한 불만과 분노를 포함한다. 그리고 대자적인 계급이 된 노동계급은 자본주의의 한계를 인식하고 자

24　Karl Marx, *The Poverty of Philosophy*. (Moskow: Progress Publishers. 1999). Marx/Engels Internet Archive html ed. 2009/01/10검색
　　(http://www.marxists.org/archive/marx/works/1847/poverty-philosophy/ch02e.htm

본주의 이후의 사회를 꿈꾸게 된다. 즉 마르크스에게 있어서 정치투쟁에
임하는 노동자의 마음은 혁명적이다.

레닌(Lenin) 역시 정치투쟁을 강조한다. 레닌(Lenin)은『무엇을 할
것인가(What is to be done)?』란 팜플렛에서 경제주의를 비판하면서 정
치의식을 강조한다.[25] 그런데 그는 계급의 정치의식은 경제투쟁의 외부
에서만 노동자들에게 가져다 줄 수 있다고 보았다. 그는 정치지식을 노
동자들에게 가져다주기 위해서 사회민주주의자는 모든 계급 속으로 들
어가야 한다고 주장했다. 레닌의 이와 같은 사고는 이른바 '혁명적 전위
(vanguard)'의 역할을 강조하고 있는 것이다. 노동계급은 전위가 없으
면 스스로의 힘으로 대자적인 계급이 될 수 없는 것으로 규정되었다.

레닌의 이러한 인식은 전위가 주도한 러시아 혁명 이후 현존 사회주
의의 지배이데올로기에 투영되었다. 현존 사회주의에서 노동계급은 혁
명의 주체도 정치의 주체도 아니었다. 단지 노동계급의 지배권력이 된
전위의 명령에 따르는 피동적인 존재가 되었다. 현존 사회주의에서 지배
권력은 노동계급에게 더 이상 적대성을 가질 필요도, 그렇다고 정치투쟁
을 통해서 대자적인 계급이 될 필요도 없음을 강조했다. 현실 사회주의
에서 노동자의 마음은 단지 당과 국가의 명령을 담는 그릇에 불과했다.
현존 사회주의의 지배이데올로기가 강요했던 노동계급의 마음체계는 온
전히 노동계급의 것이 아니었다. 즉, 현존 사회주의적 노동계급에게 요
구되었던 이데올로기적 정체성은 자본주의적 생산관계에서 요구되었던
적대적 계급의식과 계급투쟁에 대한 의지를 당과 국가에 대한 충성과 성
실한 명령의 수행으로 전환하는 것이었다.

그러나 현존 사회주의는 체제전환 과정에서 변화를 경험하게 된다.

---

25   V. I. Lenin 저, 김민호 역, 『무엇을 할 것인가?』, (서울: 백두, 1988), pp. 89-90.

1980년대 페레스트로이카와 글라스노스트로 대변되는 개혁과 개방과 함께 사회주의 이데올로기의 정체성 위기가 시작된다. 특히 노동계급이 당과 국가의 명령에 대해서 적극적으로 저항하는 경우가 나타나기 시작했다. 폴란드의 연대노조 운동은 대표적인 예이다. 권력의 명령에 대해서 맹목적이고 절대적인 충성을 강요받았던 노동계급의 계급의식에 변화가 나타나게 된 것이다. 시민사회가 형성되고 발달한 동유럽 국가에서 당과 국가에 대한 노동계급의 적대성은 상대적으로 강하게 나타났다. 노동계급의 이데올로기적 정체성 위기와 적대적 계급의식의 형성은 동유럽 체제전환의 결정적인 국면이 발생하는 원동력이 된다. 그리고 체제전환 이후 노동계급은 비로소 다시 이중의 자유를 가진 '자유로운 노동자'가 된다.

북한 노동계급은 1990년대 경제위기와 시장화 과정에서 '사회주의'라는 이데올로기적 정체성이 흔들리기 시작했다. 북한 노동계급의 정체성 위기는 계획경제에서 벗어나 생계를 유지하는 다양한 집단의 형태를 보면서 확인할 수 있다. 그들은 당과 국가의 계획과 명령에 맹목적으로 충성하지 않는다. 그렇지만 당과 국가에 대한 적대적인 계급의식이 형성되지는 못한 것으로 보인다. 또한 계획경제 시스템에서 벗어난 주민들을 노동자 국가를 표방하는 북한사회에 대한 문제의식을 가지고 있는 세력으로까지 규정할 근거는 아직 미비하다. 북한사회에 존재하는 비출근집단이나 주민들의 탈북 역시 당과 국가에 대한 소극적인 저항일 뿐이다. 오히려 탈북자들의 인터뷰를 종합해보면, 당과 국가들에 대한 적대적 계급의식이 형성되기보다는 오히려 불평등을 당연시하면서 시장이라는 공간에서 자신도 돈주들처럼 부를 축적해야겠다는 의지가 더욱 강했다. 즉, 현재 북한의 노동계급의 마음체계는 이데올로기적 정체성은 약화되었지만 대신 적어도 현재까지의 계급의식 수준은 당과 국가에 대한 적대성의 정도가 미약한 것으로 판단된다.

III. 시장화 이후 정치적 계급체계와 이데올로기적 정체성의 변화

북한경제의 시장화(Marketization)는 1990년대 심각한 경제위기 이후 확산되고 있다. 북한정부의 시장개혁 정책이 일관성을 가지고 있지 못한 상황임에도 불구하고, 시장화는 지속적으로 확대되었다. 현재 북한 전 지역에는 약 400개 정도의 장마당이 있는 것으로 알려져 있다.[26] 이러한 수치는 2010년과 비교하면 두 배 가까이 증가한 수치인 것으로 평가되고 있다. 또한 시장화는 처음에는 소비재 시장에서 시작되었지만, 지금은 생산재 시장은 물론 자본·금융시장으로까지 확산되고 있다(양문수 2010). 북한정부는 2002년 '7.1 경제관리조치'를 통해서 시장개혁 정책을 본격적으로 추진하는 듯이 보였지만, 2005년 말 다시 보수노선으로 회귀했다. 2009년 11월에는 다섯 번째 화폐개혁을 전격적으로 단행했다. 그러나 중앙집권적 계획경제는 복원되기 어려웠다. 시장에서 인플레이션 상승과 달러화(dollarization) 현상만 확산시켰을 뿐이다. 시장이 없는 북한경제는 더 이상 생각하기 어렵게 되었다. 물론 계획과 명령이 의미가 없는 것은 아니다. 여전히 국가는 단속과 처벌의 권한을 가지고 있다. 즉, 북한경제는 한편으로는 계획과 명령은 있지만 실행되지 않고 있으며, 다른 한편으로 단속하고 처벌함에도 불구하고 시장화가 확산되고 있다.

계획과 명령의 실제 영향력이 약화되면서 '비출근집단'이 증가하고 있다. 비출근집단의 증가는 북한의 정치적 계급체계가 흔들리고 있음을 의미한다. 정치적 계급체계의 기본적인 특징은 권력 상층부의 명령이 아

---

26   자유아시아 방송(RFA)은 2015년 5월 20일 인터넷을 통해서 "북한 전역에 장마당 396"라는 제목의 기사를 타전한 바 있다. 2015년 5월 24일 검색
(http://www.rfa.org/korean/weekly_program/c704c131c0acc9c4-d558b298c5d-0c11c-bcf8-bd81d55c/satellite-05202015154923.html)

래로 관철되면서 가장 아래에 위치한 노동계급에 대한 동원과 착취가 이루어진다는 점이다. 그런데 비출근집단의 발생은 명령을 근간으로 하는 노동동원과 착취의 메커니즘이 원활하게 작동하지 않고 있다는 점을 의미한다. 권력은 이를 대신할 방법을 모색하게 된다. 돈주와의 결탁을 통해서 '장마당'이라는 공간을 이용하여 노동의 잉여를 착취하는 방식이다. 돈주는 시장을 독점하고 있으며 시장지배력(market power)을 이용하여 저임금의 노동력이 생산한 잉여(rent)를 수취한다. 그리고 권력은 돈주가 수취한 렌트를 와크의 전매나 뇌물을 공여받는 방식으로 최종적으로 전유한다. 권력은 돈주라는 새로운 상인계층을 이용하여 명령 대신에 시장과 가격을 이용해서 정치적 계급체계를 유지한다.

비출근집단의 유형은 크게 네 가지로 구분할 수 있다. 첫째, 노동자들 가운데 일정한 금액을 공장에 납부하고 실제로 장마당에서 활동하는 이른바 '8.3 노동자'들이다. 8.3 노동자의 어원은 '8.3 인민소비품 운동'이다. '8.3 인민소비품 운동'은 지방공업 등에서 원자재가 부족한 상황을 해결하기 위해서 생산하고 남은 '자투리' 원자재로 생산물을 소비재로 만들어 쓰자는 운동이다. 그런데 이 말이 변질되어 8.3 노동자는 자신이 배치받은 공장, 기업소, 농장 등에 일정한 액수를 지불하고, 장마당에서 시장활동을 통해 생계를 유지하는 노동자들을 일컫는 의미로 사용되고 있다. 8.3 노동자는 '분조'나 '작업반' 단위로 활동하는 경우도 있고, 개별적으로 시장활동을 하는 경우도 있다.[27] 8.3 노동자는 공장의 공식적인 허락을 받은 것이기 때문에 합법적인 일이다. 둘째, 무직자이다. 북한사회에서는 '부양'으로 분류되는 주부, 어린이, 청소년, 노약자 등을 제외하고 모든 사람들이 공식적으로 직업을 가지고 있어야 한다. 그런데

---

27   탈북자 C씨(신의주, 32세)는 5~6명 단위의 '8.3 분조'로 일을 하다가 탈북했다고 한다. 공
      장에는 월 300달러를 납입하고, 자신들은 장사를 했다고 한다.

공장과 기업소의 허락 없이 출근을 하지 않고 장마당에서 생계를 유지하는 사람들이 늘고 있다. 북한에서 무직자는 불법이며 처벌의 대상이다. 무직자는 단속에 적발되면 대부분 '노동 단련대'에 보내지는 것으로 알려져 있다. 셋째, 유민들이다. 북한주민들 중에서는 자신이 속한 공장에 출근하지 않을 뿐만 아니라 자신의 현재 주거지를 벗어나 불특정한 장소를 떠돌아다니거나, 다른 지역의 빈집 등에서 살아가며 주변의 장마당에서 생계를 유지하는 사람들이 생겨나고 있다. 북한에는 '거주 이전의 자유'가 없기 때문에 이 역시 단속과 처벌의 대상이 된다. 넷째, 사적 분야에 고용된 사람들이다. 사적 노동의 첫 번째 구체적 유형은 개인집에 고용되어 다양한 집안일을 하는 경우이다. 예컨대 가사노동이나 물배달을 하거나 미장 및 집수리를 하면서 생계를 유지하는 경우가 있다.[28] 탈북자 B씨(함경북도 28세)는 집에서는 '머슴'으로 두 명 정도를 고용했었다고 한다. 이러한 사람들을 일컬어 '삯바리'라 한다고 했다. 그리고 집에 공사를 할 일이 있을 때도 사람을 사서 일을 시킨다고 했다. 또한 이 유형에는 모내기나 추수철 등 노동동원 시기에, 일부 주민들이 '사람을 사서' 자기 대신 동원에 내보내는 경우도 있다.[29] 두 번째 구체적 유형은 신흥 부유계층인 소위 '돈주'들이 국가로부터 와크(수출입 허가권)를 사들여 만든 '회사'에 고용되는 경우이다. 사적 분야에 고용된 노동은 부분적으로 합법적이고, 부분적으로는 비공식적이고 불법적인 일이다. 마지막 유형은 한시적으로 '서비스'를 제공하고 일정한 대가를 지불받는 경우이다. 대표적으로 장사하는 사람들이 짐을 나르기 위해서 '짐꾼'을 쓰게 된

---

28 박영자, "2003년 '종합시장제' 이후 북한의 '주변노동'과 '노동시장'." 『한국정치학회보』. 제43집 3호(2009), pp. 149-171.

29 탈북자 B씨는 자신이 살던 지역에서는 동원을 대신 나갈 사람을 구하기 위해서는 5,000원 (북한 원화) 정도가 필요하다고 증언했다.

다. 이때 장사하는 이들은 가까운 거리는 '리어카'를, 먼 거리는 '써비차'를 이용하고 대가를 지불하게 된다. 이들은 거리, 무게, 시간 등을 고려해서 돈을 지불받는다. 이들 가운데 짐꾼들은 고용되었다고 할 수 있지만, '리어카'와 '써비차'는 모두 서비스를 제공하기 위해서 필요한 것들이고, 그것을 소유하고 있다는 점을 감안하면 일종의 자영업자라고 할 수 있다.

북한의 지배권력은 경제위기 이후 이러한 사회의 변화를 완벽하게 통제하지는 못하더라도 국가에 의한 노동관리만큼은 유지하려 하고 있다. 북한의 계획경제 시스템 아래에서는 일반적으로 학교를 졸업하면 직장에 배치 받는다. 직장에 배치 받은 노동자들은 공장과 기업소가 속한 지방정부에 있는 '로동과'에 신고를 하고 어느 공장에 배치 받았다는 증명서, 즉 '배치장'을 받는다. 노동자는 이 배치장을 공장의 노동과에 제출하면, 공장의 노동과는 노동자에게 '확인서'를 준다. 그러면 노동자는 공장에서 받은 확인서를 지방정부의 노동과에 제출한다. 이렇게 하면 고용절차는 끝이 난다. 이렇게 수속을 해야 하는 이유는 그래야만 식량배급을 받을 수 있기 때문이다. 이러한 수속절차에서 가장 중요한 것은 '식량정지 증명서'이다. 식량정지 증명서에는 그동안 그 노동자가 어디를 거쳐 이 공장에까지 배치받게 되었는지 그 과정을 다 알 수 있다. 식량정지 증명서는 태어나면서부터 발급받게 되는 것이기 때문에 그 자체가 이력서의 기능을 한다는 것이다(탈북자 B: 함경북도(28세)). 그런데 '돈주'들이 와크를 구매해서 설립한 회사에 고용된 사람들의 경우에도 기본적으로 이와 같은 절차를 모두 거쳐야 한다(탈북자 B: 함경북도(28세)). 돈주들이 세운 회사에서 나온 이익은 권력기관에 일정한 액수를 지불하거나 관료들에게 뇌물로 제공하고, 남은 이윤은 기본적으로 모두 돈주의 몫이다. 그렇지만 고용절차만큼은 국가의 허락을 받아야 한다. 물론 계획경제 시스템 아래에 운영되는 공장이나 돈주들이 운영하는 회사 사이에는 중요한 차이가 있다. "누구를 채용할 것인가?"에 대한 부분에 돈주의 자율성이 더 높다는 점이다. 이는 대부분 돈주의 인맥에 의해서 결정된다. 그렇지만 돈주의 개인적 인맥이 중요하다고 하더라도, 고용절차는 계획경제 시스템과 동일하게 '로동과'에 신고를 하고 배치서를 받아서, 회사의 고용과에 제출하고 확인서를 받아 노동과에 신고해야 한다. 물론 이때 마찬가지로 '식량정지 증명서'도 회사에 제출해야 한다. 즉 채용의 결정은 일정정도 자율성이 인정되지만, 기본적인 노동관리는 국가의 간섭을 받고 있는 것이다.

물론 시장화 이후 국가의 노동관리는 전과 같지 못하다. 사적으로 고용된 노동자들이 엄연히 존재한다. 탈북자에 따르면, 사적 분야에 고용되기를 원하는 주민들이 많이 있다는 것이다. 공장과 기업소에 출근해도 생활비와 배급이 지불되지 않는 경우가 많기 때문에 당연한 일일지도 모른다. 개인집에서 다양한 가사노동을 전담하는 일이라도 맡으려고 하지만, 이 역시 하려는 사람에 비해 일자리가 부족하다고 한다.[30] '머슴'이라 불리는 이들은 단속되면 역시 처벌받을 수 있지만, 이들을 고용하는 사람들이 '뇌물'을 공여하면 눈을 감아주는 것이 일반적이라고 한다(탈북자 A: 함북 회령/2014년 탈북/장사(25세)). 그러나 이는 상황이 바뀌면 단속과 처벌의 대상이 될 수 있다. 시장화는 확산되고 있지만 북한 노동계급에게 노동력을 판매할 자유는 없다.

현존 사회주의의 법률, 규범, 가치체계, 전통 등에서 계급의식의 변화가 지체되고 왜곡되어, 과거의 정체성이 유지되고 있다고 보기 힘들다. 상당수의 북한주민들은 장마당을 경험했다. 그리고 그들은 '돈'이라

---

30 탈북자 A씨는 자신이 거주하던 회령지역의 경우에는 '머슴'이라도 살려고 하는 사람들이 많지만, 사람을 살 만큼 여유가 있는 집이 많지 않다고 했다.

고 하는 것이 북한사회에서 대단히 중요한 가치라고 생각한다. 그리고 필요에 따라 사람을 고용할 수도 있고, 자신이 고용될 수도 있다고 생각한다. 비록 그것이 불법적이고 비공식적인 것이라도 필요하다면 할 수 있고, 단속에 걸리면 '뇌물을 고이면' 된다고 생각한다. 경제위기가 장기간 지속되고 계획과 시장이 공존하면서 과거와 같은 복종, 충성, 동원으로 대표되는 위로부터 노동계급에게 강요된 정체성은 약화되고 있다. 그렇지만 북한의 노동계급의 이데올로기적 정체성이 자본주의적 노동계급의 정체성을 가지고 있다고 말하기는 어렵다. 돈주가 운영하는 회사에서도 이윤은 돈주의 몫이지만, 노동만큼은 국가가 관리하고 있다. "북한은 사회주의이기 때문이다." 사적 분야에 고용된 노동자들마저도 비공식적이고 비합법적으로 고용된 것이기에 공통된 이해관계와 의식을 바탕으로 새로운 정체성을 공유하지 못하고 있는 것이다. 국가의 단속과 처벌은 노동계급이 변화된 시대에 어울리는 정체성을 가지기 어렵게 만들고 있다. 즉 국가의 강력한 통제는 노동계급이 새로운 이데올로기적 정체성이 형성되는 것을 가로막고 있는 것이다.

공식적으로 북한정부는 여전히 현존 사회주의 체제를 유지하고 있다고 공언하고 있다. 당과 국가는 실제로 노동계급에게 사회주의 노동계급으로서의 강요된 정체성을 여전히 가르치고 있다. 그러나 이것은 정치권력의 의지일 뿐 현실이 아니다. 물론 노동계급의 정체성이 자본주의적 성격을 띠고 있다고 말하기는 어렵다. 자본주의적 임금노동으로 살아가기에는 아직 정치경제적 조건이 미약하다. 또한 노동계급의 의식 역시 당과 국가의 문화적·이데올로기적 왜곡에 의해서 그리고 강력한 법률과 처벌로 인하여 집단적으로 공통된 의식을 가지고 있지 못하다. 노동자들이 개별적이고 파편적으로 자신의 생계를 위해서 자신의 노동력을 팔려고 시도하거나 혹은 팔기를 희망하고 있을 뿐이다. 즉 현재 북한 노동계

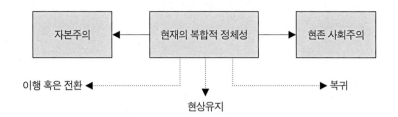

그림 2. 북한노동계급의 정체성

급의 정체성은 현존 사회주의의 특성을 가지고 있지도 그렇다고 자본주의적 특성을 가지고 있다고도 말할 수 없다. 북한 노동계급의 정체성은 '복합적(hybrid)'인 성격을 띠고 있다(**그림 2** 참조).

IV. 결론

주체사상에서 노동계급은 북한체제를 대표하는 가장 핵심적인 계급이다. 노동계급은 북한체제가 '사회주의'라는 점을 말해줄 수 있는 가장 중요한 계급이기 때문이다. 그래서 노동계급은 혁명과 정치의 주체이면서 동시에 경제관리의 주체로 규정된다. 그러나 이론과 현실은 다르다. 현실에서 노동계급은 수령과 당의 명령에 무조건적으로 수행하는 피동적인 존재에 불과하다. 노동계급이 이른바 '당성(Parteikeit)'을 보여줄 수 있는 유일한 방법은 당이 제시한 생산목표를 성취하는 것뿐이다. 지배권력은 충성심이 높은 노동자가 생산력도 높다고 현혹하지만 이러한 인과관계는 검증될 수 없다. 원인과 결과가 불분명한 이 명제는 노동계급의 동원과 착취를 정당화하는 것일 뿐이다. 북한체제에서 노동의 형태는 사용가치의 생산을 목적으로 하는 구체적 노동이며, 사회화의 형태는 계획을 매개로 하는 구체적(직접적) 사회화이다. 구체적 노동과 구체적 사회화는 그 자체로 '사회주의'를 상징하는 것처럼 보인다. 하지만 이는 마르크스가 예견했던 그것과는 근본적으로 다른 것이다. 오히려 이는 노동계급이 현존 사회주의에서 정치경제적으로 피동적인 존재임을 말해주는 것일 뿐이다.

북한사회에서 노동계급의 형성과정에서 표출된 현존 사회주의적 정체성을 통해서 다시 한 번 북한체제가 '노동자 국가'가 아니라는 점을 확인할 수 있다. 이는 북한체제의 정당성에 한계가 존재한다는 점을 의미한다. 북한체제는 사회주의를 표방하고 있다. 사회주의 이데올로기에서 가장 핵심적인 특성 가운데 하나는 '프롤레타리아 독재'이다. 그런데 노동계급이 수령과 당의 명령에 무조건적으로 복종해야만 하는 피동적인 존재라는 사실은 그 자체로서 북한체제의 모순과 한계를 말해주는 것이다. 물론 북한의 지배권력은 이러한 체제정당성의 한계를 이데올로기를 통해서 은폐하고 스탈린주의적 언술체계를 통해서 합리화한다. 계획경제 체제는 일상적으로 노동을 동원하고 통제·관리하는 가장 안정적이면서 효과적인 제도가 된다. 배급제는 노동계급에 대한 국가(정치)의존도를 높였으며, 사회주의적 경쟁은 노동생산성 향상을 채근하면서 동시에 수령과 당에 대한 충성을 유도했다. 물론 이러한 모든 수단들은 강력한 물리적 수단을 근간으로 하고 있는 것이다. 체제의 정당성이 약한 상황에서 강력한 물리력은 사회를 통합하는 중요한 수단이다. 이러한 물리력은 노동계급 내부의 연대를 어렵게 만들었으며, 결과적으로 노동계급은 원자화되었다. 당연히 계급적 연대를 할 수 있는 노동계급의 정치적 영향력은 기대하기 힘들다.

북한체제에서 노동계급의 현존 사회주의적 정체성은 1990년대 경제위기 이후 체제의 많은 변화에도 불구하고 체제를 정당화하는 방식으로 이용되고 있다. 공식적으로 북한정부는 여전히 현존 사회주의 체제를 유지하고 있다고 공언하고 있다. 당과 국가는 실제로 노동계급에게 현존 사회주의적 정체성을 여전히 강요하고 있다. 노동계급은 동원과 착취의 대상이며 수령과 당에 대한 절대적인 충성을 강요받고 있다. 현재도 노동계급은 정치경제적으로 배제되고 있다. 물론 노동계급은 과거와 같은 정체성을 그대로 유지하고 있지 않다. '고난의 행군' 이후 계획경제 시스템은 마비되었고, 배급제는 중단되었다. 북한체제가 노동계급의 생활세계를 식민화했던 다양한 수단들 가운데 일부를 심각한 경제난으로 더 이상 사용할 수 없게 되었다. 대신 시장화(marketization)가 확산되면서 북한체제는 새로운 방식으로 노동계급을 체제 내부로 통합시키고 있다. 그렇지만 과거에도 현재에도 유효한 체제 정당화와 통합의 수단들이 있다. 하나는 이데올로기이며 다른 하나는 억압적인 기제들이다.

현재 북한체제에서도 '사회주의' 란 이데올로기는 노동계급의 의식에서 하나의 중요한 사회적 규범으로 자리 잡고 있다. 이는 시장화 과정에서 노동자들의 삶의 양식이 변화될 수밖에 없는데, 노동계급은 이러한 변화가 이 체제에 적절한 것인지 스스로 검열하게 된다. 노동계급에게 강요되고 있는 현존 사회주의적 정체성이 여전히 유효하다는 사실은 일상생활에서 쉽게 확인할 수 있다. 예컨대 여전히 많은 노동자들이 생활비(임금)와 배급을 제대로 지불받지 못하고 있음에도 불구하고 많은 노동자들이 공장에서 일해야 한다고 생각하고 있고, 실제로 제대로 가동되지 않는 공장에 출근하고 있다. 북한의 노동자들은 공장에 출근하지 않는 경우 처벌을 받게 되는데, 이러한 비합리적인 사회적 규범에 대해서 적극적으로 저항하고 있지 않다. 일부가 개별적으로 단속을 피할 방법을 찾고 있을 뿐이다. 이렇게 현실의 변화에도 불구하고 이데올로기가 노동계급의 자기검열과 사회의 중요한 규범이 될 수 있는 것은 여전히 북한의 지배권력이 억압적이고 폭력적인 기제를 이용하여 사회를 통제하고 관리하고 있기 때문이다. 또한 북한의 지배권력이 인민들의 삶의 곤궁함을 이용하여 인민들을 정치사회적으로 독립성을 가진 주체로 설 수 없게끔 만들기 때문이다.

노동계급의 정체성 변화는 북한체제의 변화를 가늠하는 가장 중요한 척도 가운데 하나이다. 만약 노동계급의 현존 사회주의적 정체성이 유지될 수 없다면 북한체제의 정당화 방식과 체제 통합 방식은 한계에 직면했다는 것을 의미한다. 이는 불가피하게 체제의 큰 변화를 가져오게 될 것이다. 그렇지만 현재와 같이 부분적으로라도 그것이 일정정도 유지될 수 있다면 북한의 지배권력은 공식적으로 '사회주의'를 표방하면서 노동계급의 생활세계에 대한 체제통합 방식을 유지하려 할 것이다. 얼마 전 개최된 7차 당대회에서도 새로운 최고지도자 김정은이 사회주의를 고수하고 다시 경제개발 5개년 계획을 발표한 것도 바로 이러한 이유 때문이다. 시장화의 확산으로 북한체제가 변화되고 있는 과정에서 노동계급에게 여전히 강요되고 있는 이데올로기적 정체성을 지금의 북한 노동계급은 어떻게 생각하고 판단하고 있는가 여부가 북한체제 변화의 방향을 결정하는 중요한 변수가 될 것이다. 북한의 노동계급은 경제위기 이후 시장화 과정에서 과거와 같은 현존 사회주의의 정체성이 흔들리고 있다. 비록 북한체제에서 노동계급은 여전히 사회경제적으로 소외되고 정치적으로 배제되고 있지만, 아이러니하게도 노동계급의 정체성 변화가 향후 어떻게 되느냐에 따라 북한체제의 변화방향이 결정되게 될 것이다. 즉, 북한체제의 명운을 결정하는 것은 노동계급이다. 독재체제에서도 정당성은 중요한 문제이기 때문이다. 어떠한 체제에서도 정당성은 '아래'로부터 나온다.

제2부 정량적 관점에 포착된 마음

제6장

남북한 주민 마음의 비교:
물질주의와 개인주의에 대한 정량적 분석

양문수(북한대학원대학교)

I. 머리말

최근 한국사회에서는 남북한 주민의 '마음의 통합'이 통일 및 사회통합의 핵심요소이며, 궁극적 형태라는 인식이 확산되고 있다. 마음의 통합을 수반하지 않는 제도적 통합은 사상누각에 불과함을 우리는 독일과 예멘 등의 사례에서 확인하였다. 통일 이후 동·서독의 내적 통합 실패와 예멘의 통일, 재분단, 무력 통일 과정은 통일이 한순간의 정치적 이벤트가 아닌 장기적 사회통합 과정이어야 한다는 사실, 특히 마음의 통합이 체제 통합의 지속성을 담보하는 필수적 조건임을 잘 보여준다.

마음의 통합을 준비하는 사전 단계로서 분단 이후 남북한이 독립적으로 형성해 온 마음에 대한 심층적 이해를 도모하는 것이 중요하다. 다만 남북한 주민의 마음 전부를 다루는 것은 매우 방대한 작업이기 때문에 이 글에서는 남북한 주민의 마음 중에서도 가치관, 그 중에서도 물질주의와 개인주의에 주목하고자 한다.

사실 주지하다시피 북한의 경제난 이후 북한주민들의 가치관이 많이 변화하고 있는데 그 중의 대표적인 것의 하나가 물질주의와 개인주의의 확산으로 지적되고 있다. 북한의 경제난 이후 사회경제 변화를 끌고 가는 핵심동력이 시장화인 만큼 이는 매우 자연스러운 현상이라고 할 수 있다.

그동안 정량적 분석에 기초해 남북한 주민의 마음을 비교한 연구는 어느 정도 이루어졌지만 이는 남한주민과 북한이탈주민을 대상으로 한 연구가 대부분이다. 즉 현재 북한에 거주하고 있는 주민들의 마음이 아니라 북한에서 나온 주민들의 마음, 즉 북한에서 나와 현재 남한에 살고 있는 시점에서의 마음에 초점을 맞춘 것이 대부분이다. 따라서 실증연구로서의 한계는 명백한 것이다.

이 글에서는 북한이탈주민이 아니라 북한주민에 대한 설문조사 작업을 통해 남북한 주민의 마음을 비교하고자 한다. 앞에서도 밝혔듯이 물질주의·개인주의에 초점을 맞추어 남북한 주민의 가치관에 대한 정량적 비교분석을 시도한다. 이를 통해 남북한 주민의 마음에 대한 우리 사회 논의의 내용을 보다 풍부하게 하고 객관성·실증성을 제고하는 것이 이 연구의 목적이다.

II. 연구의 설계

1. 설문조사 개요 및 조사대상자 특성

이 연구에서는 북한주민의 물질주의·개인주의 성향을 파악하기 위해 해외에 일시 체류중인 북한주민 100명을 대상으로 2015년 3월부터 6월까지 설문조사를 실시했다. 다만 현행법상 필자가 직접 북한주민을 접촉할 수 없기 때문에 제3국 관계자에게 설문조사를 의뢰했다. 아울러 남한에서는 전문조사기관에 의뢰해 서울, 경기, 인천 등 수도권에 거주하는 남한주민 440명을 대상으로 2015년 4월에 설문조사를 실시했다.[1]

조사대상자의 인구사회학적 특성은 다음의 표 1과 같다. 북한주민의 경우, 성별로는 여성(91%)이 남성(9%)보다 압도적으로 많고, 연령별로는 20대가 전체의 72%를 차지하고 있으며, 북한내 거주지역으로는 평양시가 67%를 점하고 있다는 사실이 눈에 띈다. 조사대상 북한주민이 다소 편중된 구성을 보이고 있다는 점, 따라서 샘플의 대표성에 다소 한계성이 있다는 것은 사전에 충분히 인식될 필요가 있다.

표 1. 조사대상자의 인구사회학적 특성   (단위: 명, %)

변인	내용	남한주민 빈도 및 비율	북한주민 빈도
성별	남자	224(50.9)	9
	여자	216(49.1)	91
	합계	440(100.0)	100
연령	20대	93(21.1)	72
	30대	115(26.1)	14
	40대	122(27.7)	14
	50대	110(25.0)	-
	합계	440(100.0)	100
학력	중학교 졸업 이하	12(2.7)	-
	고등학교 졸업	199(45.2)	59
	전문대 및 대학교 졸업 이상	228(51.2)	41
	기타	1(0.2)	-
	합계	440(100.0)	100

---

1   남한주민과 북한주민에 대한 설문조사는 필자가 소속되어 있는 북한대학원대학교 SSK 남북한 마음의 통합 연구단 차원에서 이루어졌다.

경제적 계층	상층	15(3.4)	4
	중간층	341(77.5)	57
	하층	84(19.1)	39
	합계	440(100.0)	100
거주지역 (남한주민)	서울시	183(41.6)	
	경기도	205(46.6)	
	인천시	52(11.8)	
	합계	440(100.0)	
거주지역 (북한주민)	평양시		67
	남포시		1
	양강도		1
	평안도		13
	함경도		4
	강원도		9
	무응답		5
	합계		100
제3국 체류기간 (북한주민)	1년 미만		21
	1년 이상 2년 미만		54
	2년 이상		20
	무응답		5
	합계		100
직업 (남한주민)	자영업/개인사업	168(38.2)	
	생산직 근로자	9(2.0)	
	판매/서비스직 근로자	54(12.3)	
	사무직 근로자	58(13.2)	
	관리직, 전문직	35(7.9)	
	가정주부	68(15.5)	
	대학생, 대학원생	35(8.0)	
	무직, 퇴직, 기타	13(2.9)	

직업 (북한주민)	유급 당·정 간부	4	
	노동자	42	
	사무원	6	
	해외파견 노동자	45	
	해외파견 간부	3	
	합계	100	
부업 경험 유무 (북한주민)	부업 경험 있음	15	
	부업 경험 없음	84	
	무응답	1	
	합계	100	
결혼 여부	결혼	305(69.3)	25
	미혼	130(29.5)	75
	기타	5(1.1)	–
	합계	440(100.0)	100
종교 (남한주민)	없음	251(57.0)	
	개신교	93(21.1)	
	천주교	47(10.7)	
	불교	44(10.0)	
	기타	5(1.1)	
정치적 입장 (남한주민)	진보적	119(27.0)	
	중도	240(54.5)	
	보수적	81(18.4)	
당원 여부 (북한주민)	당원	13	
	비당원	85	
	무응답	2	
	합계	100	

주: 통상적으로 빈도와 함께 비율(%)을 표기하지만, 북한주민의 경우 조사대상자가 100명으로서 빈도와
비율(%)이 일치하기 때문에 비율을 생략했음.

2. 척도 및 하위범주 구성, 조사 방법

이 글에서는 물질주의의 측정을 위한 설문지를 설계함에 있어서 두 개의 선행연구를 활용했다. 물질주의에 관한 정량적 연구에서 많이 사용되는 Richins & Dawson(1992)의 방법론은 거의 그대로 가져왔고, 물질주의의 측정에 대해 매우 포괄적으로 접근한 전귀연(1998)의 방법론은 필자가 약간 수정·보완했다.

이 글에서는 Richins & Dawson(1992)의 방법을 원용한 물질주의를 물질주의 1이라고 부르는데 이는 다음의 3가지 하위범주로 이루어진다. 첫째, 성공(success). 이는 축적된 소유물의 양과 질을 통해 자신과 타인의 성공을 판단하려는 성향을 가리킨다. 둘째, 중심성(centrality). 이는 물질의 소유와 획득을 생활의 중심에 두는 성향을 말한다. 셋째, 행복(happiness). 이는 물질이 행복을 위한 필수적인 요소라고 간주하는 성향을 가리킨다.

또한 이 글에서는 전귀연(1998)의 방법을 원용한 물질주의를 물질주의 2라고 부르는데 이는 다음의 4가지 하위범주로 구성된다. 첫째, 만족. 이는 물질의 소유를 만족의 원천으로 생각하고 많이 소유할수록 만족을 느끼는 성향을 가리킨다. 둘째, 질투. 이는 다른 사람의 성공, 행복, 소유에 대해 느끼는 비유쾌함의 감정을 나타낸다. 셋째, 소유. 이는 자신의 소유물에 대한 통제나 소유권을 유지하려는 의향이나 경향을 가리킨다. 넷째, 인색. 이는 자신의 소유물을 타인에게 주거나 공유하는 것을 꺼리는 성향을 나타낸다.

이 연구에서는 물질주의 1의 경우, 성공, 중심성, 행복 등 3가지 범주에 대해 각각 5문항씩 모두 15개 문항을 만들었다. 물질주의 2의 경우, 만족에 대해 9개, 질투에 대해 5개, 소유에 대해 4개, 인색에 대해 5개

등 모두 23개의 문항을 구성했다. 또한 모든 문항에 대해 전혀 그렇지 않다(1)에서 매우 그렇다(5)까지 리커트(Likert)식 5점 척도로 응답하도록 했다.

또한 이 글에서는 개인주의의 측정을 위해 Triandis(1995)에 의해 개발되고 국내에서는 독고순(1999), 이정우(2006)를 비롯한 많은 연구자들에 의해 자주 활용되고 있는 하위범주 및 설문문항을 사용했다.

트리안디스(Triandis)는 집단주의-개인주의에 수평-수직 차원을 추가해 4가지의 상이한 특성의 조합을 만들었다. 수평적 집단주의 성향의 사람들은 공동체적 목표를 강조하고, 대인관계를 중시하지만 위계성, 사회적 권위에는 별로 관심을 기울이지 않는다. 수직적 집단주의 성향의 사람들은 집단의 일체감을 강조하고, 집단을 위한 개인의 희생을 당연시하며, 상호 위계질서가 확고하며 이를 존중하는 경향이 강하다. 수평적 개인주의 성향의 사람들은 자신을 집단의 성원으로보다는 자율적인 개인으로 생각하는 경향이 강하며, 다른 사람들과 대등한 관계에서 자율적인 활동을 좋아한다. 하지만 이들은 자신을 남보다 탁월한 존재로 여기거나 높은 지위를 지향하는 것은 아니다. 수직적 개인주의 성향의 사람들은 개인을 강조한다는 점에서 수평적 개인주의 성향의 사람들과 유사하지만 자신의 독특성과 개성을 강조하는 동시에 남들에 비해 자신이 우월하다는 것을 인정받기 원한다. 따라서 다른 사람과의 관계를 본질적으로 경쟁적인 것으로 여기며, 경쟁을 통한 사회적인 지위의 획득에 큰 관심을 가지고 있다.

이 글에서는 집단-개인주의의 4가지 범주에 대해 각각 8문항씩 모두 32개 문항으로 구성했다. 아울러 모든 문항에 대해 '전혀 그렇지 않다(1)~매우 그렇다(5)'의 리커트식 5점 척도로 응답하도록 했다.

3. 척도의 신뢰도 분석

본격적인 통계분석을 실시하기에 앞서 각 척도의 신뢰도 분석을 실시했다. 물질주의 1의 경우, 남한주민의 성공, 중심성, 행복의 신뢰도 계수(Cronbach의 알파)가 각각 0.78, 0.44, 0.79로, 북한주민의 그것들이 각각 0.60, 0.12, 0.63으로 나타났다. 또한 물질주의 2의 경우, 남한주민의 만족, 질투, 소유, 인색의 신뢰도 계수가 각각 0.83, 0.82, 0.60, 0.68로, 북한주민의 그것들이 각각 0.81, 0.76, 0.15, 0.47로 나타났다. 대부분의 연구에서 수용할 수 있는 신뢰도 수준이 0.6 이상임을 고려하고, 남북한 주민을 비교하기 위해서는 남북한 주민의 분석차원을 동일하게 맞추어 주어야 하기 때문에 남북한 주민 모두 물질주의 1에서는 중심성을, 물질주의 2에서는 소유, 인색을 분석대상에서 제외했다. 이에 따라 이 글에서는 통계분석대상을 물질주의 1의 성공, 행복, 물질주의 2의 만족, 질투로 새롭게 설정했다. 이러한 조정과정을 거쳐 산출한 각 척도의 신뢰도 계수는 표 2에 제시되어 있다.

집단 – 개인주의에 대해서도 각 척도의 신뢰도 분석을 위해 신뢰도 계수(Cronbach의 알파)를 산출했다. 개인주의의 경우, 수평적 개인주의와 수직적 개인주의 모두, 당초의 8개 문항을 가지고 구한 신뢰도 계수

표 2. 물질주의 척도의 신뢰도 계수(Cronbach의 알파)

구분	척도	문항수	남한주민		북한주민	
물질주의 1	성공	5	0.78	0.85	0.60	0.71
	행복	5	0.79		0.63	
물질주의 2	만족	9	0.83	0.89	0.81	0.82
	질투	5	0.82		0.76	

표 3. 집단-개인주의 척도의 신뢰도 계수(Cronbach의 알파)

구분		문항수	남한주민		북한주민	
집단주의	수평적 집단주의	4	0.63	0.75	0.60	0.69
	수직적 집단주의	5	0.60		0.62	
개인주의	수평적 개인주의	8	0.61	0.77	0.65	0.77
	수직적 개인주의	8	0.73		0.69	

가 남한주민 대상 설문조사에서도, 북한주민 대상 설문조사에서도 모두 0.61 이상이었다. 하지만 집단주의의 경우, 수평적 집단주의와 수직적 집단주의 모두, 당초 8개 문항을 가지고 구한 신뢰도 계수가 남한주민 대상 설문조사에서는 0.64 이상이었지만 북한주민 대상 설문조사에서는 0.60 이하로 나타났다. 따라서 신뢰도 계수를 0.60 이상으로 높이고, 또한 남한주민 설문조사와 북한주민 설문조사를 동일한 항목들로 맞추어 주기 위해 남북한 주민 모두 수평적 집단주의에서는 4개 항목을, 수직적 집단주의에서는 3개 항목을 제거했다. 이러한 조정과정을 거쳐 산출한 척도별 신뢰도 계수는 표 3에 제시되어 있다.

III. 연구의 결과 1: 물질주의

1. 남북한 주민의 범주별 물질주의 성향 비교

남북한 주민들은 각각 물질주의의 개별 하위 범주에 대해 어떤 성향을 나타내고 있는지 간단히 살펴보자. 우선 남한주민들의 각 하위범주별 평균점수를 살펴보면, 물질주의 1의 경우, 물질주의 행복의 평균점수

표 4. 남북한 주민의 범주별 물질주의 성향

구 분		남한주민 평균점수	북한주민 평균점수
물질주의 1	성공	2.89	2.87
	행복	3.26	3.54
	성공행복	3.08	3.21
물질주의 2	만족	3.16	3.41
	질투	3.08	3.03
	만족질투	3.13	3.28

(3.26)가 물질주의 성공의 평균점수(2.89)보다 상당히 높았다. 또한 물질주의 2의 경우, 물질주의 만족의 평균점수(3.16)가 물질주의 질투의 평균점수(3.08)보다 약간 높았다. 북한주민의 경우, 물질주의 행복의 평균점수(3.54)가 물질주의 성공의 평균점수(2.87)보다 훨씬 높았다. 또한 물질주의 2의 경우, 물질주의 만족의 평균점수(3.41)가 물질주의 질투의 평균점수(3.16)보다 상당히 높았다.

남북한 주민은 물질주의 행복 성향이 물질주의 성공 성향보다 강하고, 또한 물질주의 만족 성향이 물질주의 질투 성향보다 강하다는 점에서 공통점을 보였다. 다만 남한주민은 물질주의 행복 성향과 성공 성향의 정도 차이, 그리고 물질주의 만족 성향과 질투 성향의 정도 차이가 상대적으로 크지 않았지만 북한주민은 각각의 정도 차이가 상대적으로 컸다는 점도 관찰되었다.

2. 남북한 주민의 항목별 물질주의 성향 비교

이제는 남북한 주민의 물질주의 성향을 개별 설문항목별로 비교해 보기

표 5. 남북한 주민의 항목별 물질주의 성향 비교: 상위그룹과 하위그룹

남한주민		구분	북한주민	
평균 점수	항목		항목	평균 점수
3.50	부자인 친구를 보면 나도 그랬으면 좋겠다고 생각한다	상위 그룹	공부를 열심히 하는 이유는 결과적으로 부자가 되는 것과 관계 있다	3.84
3.48	돈이 많으면 갖고 싶은 것을 마음대로 얻게 된다		내게 용돈을 많이 주는 사람이 제일 좋다	3.70
3.46	공부를 열심히 하는 이유는 결과적으로 부자가 되는 것과 관계 있다		내 인생에 있어서 현재 내가 소유하고 있지 않은 물건을 소유한다면 더욱 좋을 것이다	3.68
3.45	자기가 원하는 물건을 무엇이든지 사는 사람을 보면 부럽다		나는 지금보다 더 좋은 것을 소유했다면 더욱 행복했을 것이다	3.68
3.43	내 인생에 있어서 현재 내가 소유하고 있지 않은 물건을 소유한다면 더욱 좋을 것이다		나는 고급 승용차를 탄 사람을 보면 능력 있는 사람으로 보인다	3.61
2.80	나는 다른 사람들이 소유한 물질들에 많은 관심을 기울인다	하위 그룹	내가 갖고 싶은 것을 가지고 있는 친구 앞에서는 기가 죽는다	2.79
2.73	나는 다른 사람에게 강렬한 인상을 남기는 물건을 소유하기를 좋아한다		나는 다른 사람들이 소유한 물질들에 많은 관심을 기울인다	2.72
2.73	돈은 이 세상을 살아가는 데 필요한 것이기 때문에 어떤 수단을 사용해서라도 가져야 한다		인간의 행복은 물질적인 만족에서 온다고 본다	2.61
2.68	옆집에 부잣집 사람이 이사와서 돈을 아주 잘 쓰는 것을 보면 왠지 나 자신이 불행하게 느껴진다		옆집에 부잣집 사람이 이사 와서 돈을 아주 잘 쓰는 것을 보면 왠지 나 자신이 불행하게 느껴진다	2.60
2.65	내가 갖고 싶은 것을 가지고 있는 친구 앞에서는 기가 죽는다		인생에서 가장 중요한 성취는 물질적인 소유물을 획득하는 것이다	2.45

로 하자. 다만 모든 항목들을 다 비교할 수 없기 때문에 물질주의 1, 2의 24개 항목 중 상위그룹 5개 항목과 하위그룹 5개 항목을 골라 비교해 보기로 한다. 표 5에도 나타나 있듯이 남북한 주민 공통으로 상위그룹 5개 항목에 들어간 것은 "공부를 열심히 하는 이유는 결과적으로 부자가 되

는 것과 관계있다"와 "내 인생에 있어서 현재 내가 소유하고 있지 않은 물건을 소유한다면 더욱 좋을 것이다"였다. 반면 남한주민에게만 상위그룹에 들어간 항목은 "부자인 친구를 보면 나도 그랬으면 좋겠다고 생각한다", "돈이 많으면 갖고 싶은 것을 마음대로 얻게 된다" 등이었고, 북한주민에게만 상위그룹에 들어간 항목은 "내게 용돈을 많이 주는 사람이 제일 좋다", "나는 지금보다 더 좋은 것을 소유했다면 더욱 행복했을 것이다" 등이었다.

하위그룹의 경우, 남북한 주민 공통으로 포함된 항목은 "옆집에 부잣집 사람이 이사와서 돈을 아주 잘 쓰는 것을 보면 왠지 나 자신이 불행하게 느껴진다"와 "내가 갖고 싶은 것을 가지고 있는 친구 앞에서는 기가 죽는다"였다. 반면 남한주민에게만 하위그룹에 들어간 항목은 "나는 다른 사람들이 소유한 물질들에 많은 관심을 기울인다", "옆집에 부잣집 사람이 이사 와서 돈을 아주 잘 쓰는 것을 보면 왠지 나 자신이 불행하게 느껴진다" 등이었고, 북한주민에게만 하위그룹에 들어간 항목은 "인생에서 가장 중요한 성취는 물질적인 소유물을 획득하는 것이다", "인간의 행복은 물질적인 만족에서 온다고 본다" 등이어서 눈길을 끌었다.

3. 남북한 주민 물질주의 성향의 변인별 차이 비교

남북한 주민의 물질주의 성향이 인구사회학적 변인별[2]로 차이가 발생하

2 이 글의 앞에 있는 **표 1**에 나타나 있듯이 남한주민에 대해서는 9개의 인구사회학적 변인을, 북한주민에 대해서는 10개의 인구사회학적 변인을 분석대상으로 한다. 한편 필자는 종전의 연구("북한주민의 마음에 대한 정량적 연구: 물질주의와 개인주의를 중심으로," 『통일문제연구』, 제27권 2호, 2015)에서는 북한주민에 대해 9개의 인구사회학적 변인을 분석대상으로 했으나 이 글에서는 제3국 체류기간을 추가하여 모두 10개의 인구사회학적 변인을 대상으로 분석을 실시한다.

는지 여부에 대한 통계적 분석을 실시했다. 남북한 주민 각각에 대해 물
질주의 성공, 물질주의 행복, 물질주의 성공행복, 물질주의 만족, 물질주의
의 질투, 물질주의 만족질투[3] 등 6가지 범주에 대해 각 집단별로 차이가
있는지 여부를 알아보기 위해 T검정 및 일원배치분산분석(ANOVA)을
실시하고, 남북한 주민에 대한 분석결과를 비교한 것이 아래의 **표 6**에
요약되어 있다.

가장 먼저 눈에 띄는 것은, 남북한 주민간에 물질주의의 각 범주별
로 차이를 발생시키는 공통적인 인구사회학적 변인이 단 하나도 없다는
점이다. 즉 물질주의의 범주별로 차이가 나타나는 변인이 남북한 주민간
에 판이하게 다르다는 것이다.

물질주의 성공의 경우, 남한주민은 성별에 따른 차이(남자 〉여자)가
통계적으로 유의미한 것으로 나타난 반면, 북한주민은 연령대에 따른 차
이(30대 〉20대 〉40대)가 통계적으로 유의미한 것으로 조사되었다.[4] 물
질주의 행복의 경우, 남한주민은 경제적 계층과 학력에 따라 통계적으로
유의미한 차이가 발견되었으나, 북한주민은 어떤 변인에서도 통계적으
로 유의미한 차이가 나타나지 않았다.

물질주의 만족의 경우, 남한주민은 어떠한 변인에서도 통계적으로
유의미한 차이가 나타나지 않았으나, 북한주민은 경제적 계층과 학력에

3　물질주의 성공행복(10개 항목)은 물질주의 성공 5개 항목과 물질주의 행복 5개 항목을 합
친 것이다. 또한 물질주의 만족질투(14개 항목)는 물질주의 만족 9개 항목과 물질주의 질
투 5개 항목을 합친 것이다.

4　물론 통계분석결과는 연령대에 따라 통계적으로 유의미한 차이가 있다고 나타났지만 조사
대상 북한주민의 72%가 20대라는 점, 즉 조사대상자의 연령적 편중성 때문에 해석에 어려
움이 있는 것은, 따라서 연령대에 따라 통계적으로 유의미한 차이가 있다고 해석하기가 쉽
지 않은 것 또한 부인하기 어렵다. 거주지역(평양이 67%), 성별(여성이 91%)에 따른 유의
미한 차이도 마찬가지이다. 이는 변인별 차이를 다루는 **표 6**, **표 7**, **표 12**, **표 13** 모두에
해당된다.

표 6. 남북한 주민 물질주의의 변인별 차이: T검정 및 ANOVA 결과

범주	남한주민		북한주민	
	변인(집단)	변인별 차이 내역	변인(집단)	변인별 차이 내역
물질주의 성공	성별	남자〉여자	연령대	30대〉20대〉40대
물질주의 행복	경제적 계층	하층〉중간층〉상층		
	학력	고졸〉대졸이상〉중졸이하		-
물질주의 만족		-	경제적 계층	하층〉중간층〉상층
			학력	대졸〉고졸
물질주의 질투			직업	당정간부〉해외파견노동자〉노동자〉해외파견간부〉사무원
		-	부업경험 유무	부업경험있음〉부업경험없음
			학력	대졸〉고졸
물질주의 만족질투	학력	고졸〉대졸이상〉중졸이하	경제적 계층	하층〉중간층〉상층
			연령대	30대〉20대〉40대

따라 통계적으로 유의미한 차이가 발견되었다. 다만 남한주민은 앞에서 언급했던 물질주의 행복에서 경제적 계층과 학력에 따른 차이가 나타났다. 전체적으로 보아 경제적 계층에서는 남북한 주민 모두 하층〉중간층〉상층이었고, 학력에서는 남한주민은 고졸〉대졸이상이었지만 북한주민은 거꾸로 대졸〉고졸이었다. 물질주의 질투의 경우, 남한주민은 통계적으로 유의미한 차이를 발생시키는 어떤 변인도 나타나지 않았으나, 북한주민은 직업과 부업경험유무, 학력에서 차이가 발견되었다. 직업에서는 당정간부〉해외파견노동자〉노동자〉해외파견간부〉사무원이었고, 부업경험유무에서는 부업경험 있는 사람들이 경험 없는 사람보다,

학력에서는 대졸자가 고졸자보다 물질주의 질투 성향이 강했다.

물질주의 성공행복에서는 남북한 주민 모두 어떠한 변인에서도 통계적으로 유의미한 차이가 나타나지 않았다. 물질주의 질투의 경우, 남한주민은 학력에 따른 차이가, 북한주민은 경제적 계층과 연령대에 따른 차이가 발견되었다.

4. 남북한 주민의 물질주의에 영향을 미치는 요인 비교: 회귀분석결과

남북한 주민의 물질주의 성향에 영향을 미치는 요인이 무엇인지 알아보기 위해 물질주의의 각 하위범주들을 종속변수로 하고, 남한주민에 대해서는 9개, 북한주민에 대해서는 10개의 인구사회학적 변인들을 독립변수로 해서 단계적 다중회귀분석을 실시해 남북한을 비교한 결과가 표 7에 제시되어 있다. 우선 다중공선성 문제를 검토하기 위해, 독립변수들 간의 상관계수, 공차한계, 상승분산(VIF)을 구한 결과, 남한주민의 경우, 9개의 변수 모두 다중공선성 문제는 없었지만 북한주민의 경우, 연령대와 결혼 여부, 성별과 당원여부의 다중공선성이 우려되어 결혼 여부와 당원 여부를 독립변수에서 제외했다. 나머지 8개 변수는 공차한계가 모두 0.5 이상이고, VIF는 1.0~1.9 수준으로 다중공선성 문제가 없는 것으로 나타났다.

남한주민의 경우, 9개 변수 중에서 성별, 결혼여부, 학력, 직업, 거주지역, 종교유무, 정치적입장은 더미변수로 처리했다. 북한주민의 경우, 10개 변수 중에서 성별, 부업경험 유무, 거주지역, 학력, 직업은 더미변수로 처리했다.

표 7에 나타난 바와 같이, 남한주민은 물질주의 하위범주 모두(6개)

표 7. 남북한 주민의 물질주의에 영향을 미치는 요인 비교: 회귀분석결과

변인		물질주의 성공(β)		물질주의 행복(β)		물질주의 만족(β)		물질주의 질투(β)		물질주의 성공행복(β)		물질주의 만족질투(β)	
		남한	북한	남한	북한	남한	북한	남한	북한	남한	북한	남한	북한
성별(남자=1)		0.11*											
학력(고졸이하=1)				0.10*		0.10*	-0.38**	0.11*		0.10*		0.11*	
경제적 계층							0.29**				0.21*		0.32**
정치적입장 (남한, 중도=0)	진보							0.11*					
	보수												
직업 (북한, 노동자=0)	당정 간부												
	사무원						-0.20*		-0.28**				
부업경험유무(북한)									0.26*				
adjusted R²		0.01		0.03		0.01	0.23	0.02	0.10	0.01	0.03	0.01	0.09
F		4.99*		6.57**		4.19*	9.77***	4.81*	6.07**	4.41*	4.10*	5.05*	9.68**

* $p < 0.05$, ** $p < 0.01$, *** $p < 0.001$

에서, 북한주민은 물질주의 성공행복, 물질주의 만족, 물질주의 질투, 물질주의 만족질투 등 4개 범주에서 통계적으로 유의미한 회귀식을 도출할 수 있었다.

눈에 띄는 것은 남한주민의 경우, 가장 많은 물질주의 하위범주에 영향을 미치는 요인은 학력인 것으로 드러났다는 점이다. 즉 물질주의 성공을 제외한 5개의 하위범주에서 학력이 물질주의 성향에 영향을 미치는 요인으로 추출되었다. 그리고 물질주의 성공에서는 성별이 영향 요인으로, 물질주의 질투에서는 정치적 성향 중 진보성 여부가 영향 요인으로 도출되었다.

북한주민의 경우, 가장 많은 물질주의 하위범주에 영향을 미치는 요

인은 경제적 계층인 것으로 드러났다. 즉 물질주의 만족 등 3개 범주에서 경제적 계층이 물질주의 성향에 영향을 미치는 요인으로 조사되었다. 이 경우 경제적 계층이 하층일수록 물질주의 성향이 강해지는 것으로 나타났다. 또한 물질주의 만족에서는 학력과 직업 중 사무원 여부도 영향을 미치는 것으로 나타났으며, 물질주의 질투에는 직업 중 사무원 여부와 부업경험 유무가 영향을 미치는 것으로 나타났다.

　　학력의 경우, 남한에서는 5개의 하위범주에, 북한에서는 1개의 하위범주에 영향을 미치는 것으로 조사되었는데, 남한에서는 학력이 낮을수록 물질주의 성향이 강했지만, 북한에서는 반대로 학력이 높을수록 물질주의 성향이 강했다는 점이 눈길을 끌었다.

5. 남북한 주민 간 물질주의의 차이 여부

남한주민과 북한주민 사이에 물질주의 성향에서 차이가 있는지 알아보기 위해, 구체적으로는 두 집단 간의 평균에 통계적으로 유의미한 차이가 있는지 살펴보기 위해 T검정을 실시했다. 표 8에도 나타나 있듯이 물질주의 행복, 물질주의 만족, 물질주의 성공행복, 물질주의 만족질투 등 4개의 범주에서 두 집단 간에 통계적으로 유의미한 차이가 발견되었다. 그리고 이들 4개 범주 모두에서 일반의 예상과는 달리 북한주민의 평균이 남한주민의 평균보다 높았다는 점에 주목할 필요가 있다. 한편 물질주의 성공과 질투에서는 통계적으로 유의미한 차이를 발견할 수 없었다.

　　그런데 상기의 4개 범주에서 발견된 남북한 주민 간 차이는 과연 유의미한 것인지, 혹시 다른 변인들의 영향은 없었는지 검토할 필요가 있다. 따라서 남북한 주민에 대해 성별, 결혼여부, 학력, 연령대, 경제적 계

표 8. 남북한 주민간 물질주의의 차이 여부

구분	집단	평균	표준편차	t	p
물질주의 성공	남한주민	2.89	0.68	0.293	0.769
	북한주민	2.87	0.62		
물질주의 행복	남한주민	3.26	0.66	-3.871	0.000***
	북한주민	3.54	0.63		
물질주의 만족	남한주민	3.16	0.62	-3.520	0.000***
	북한주민	3.41	0.75		
물질주의 질투	남한주민	3.08	0.73	0.637	0.524
	북한주민	3.03	0.88		
물질주의 성공행복	남한주민	3.08	0.59	-2.005	0.045*
	북한주민	3.21	0.53		
물질주의 만족질투	남한주민	3.13	0.61	-2.081	0.038*
	북한주민	3.28	0.66		

* $p < 0.05$, ** $p < 0.01$, *** $p < 0.001$

층 등 5개 배경변인[5] 모두를 통제한 후에 남한주민과 북한주민을 비교하는 공분산분석(ANCOVA)을 실시했다.

여기서는 4개 범주 모두 통계적으로 유의미한 결과를 얻을 수 있었다. 하지만 남북여부는 어디에도 영향을 미치지 않은 것으로 나타났다. 물질주의 행복과 성공행복에 대해서는 남북여부는 영향을 미치지 않고, 오히려 경제적 계층만 영향을 미치는 것으로 나타났다. 물질주의 만족과 만족질투의 경우, 남북여부는 영향을 미치지 않고, 오히려 경제적 계층과 결혼 여부만 영향을 미치는 것으로 나타났다. 결국 배경변인을 통제

---

5 남북한 주민간 직접 비교를 위해서는 남북한 주민들에 공통적으로 적용되는 변인만 사용해야 했다. 앞의 표 1 참조.

한 이후에는 남북한 주민간에 물질주의에 있어서 통계적으로 유의미한 차이는 나타나지 않는다고 판단할 수 있다.

IV. 연구의 결과 2: 집단-개인주의

1. 남북한 주민의 범주별 집단-개인주의 성향 비교

남북한 주민의 집단-개인주의 성향을 비교하기 위해 집단-개인주의의 각 하위범주별로 남북한 주민의 평균점수를 살펴보기로 한다.

우선 남한주민의 경우, 수직적 집단주의(3.83)가 가장 높았고, 그 다음이 수평적 집단주의(3.52)였고, 그 뒤가 수직적 개인주의(3.44)였으며, 마지막으로 수평적 개인주의(3.23)가 가장 낮았다. 전체적으로 보면 집단주의가 개인주의보다 약간 강한 경향을 보이고 있으며, 수평적 성향이 수직적 성향보다 다소 강하게 나타났다.

북한주민의 경우, 의외로 남한주민과 유사한 경향을 보이고 있다. 즉 북한주민도 남한주민과 마찬가지로 수직적 집단주의(4.19)가 가장 높았고, 그 다음이 수평적 집단주의(4.12)였다. 다만 북한주민의 경우 남한주민과 달리 세 번째로 높은 것이 수평적 개인주의(3.94)였으며, 가장 낮은 것은 수직적 개인주의(3.75)였다. 또한 북한주민은 남한주민과 마찬가지로 집단주의가 개인주의보다 약간 강한 경향을 보이고 있다. 하지만 북한주민은 남한주민과는 달리 수직적 성향이 수평적 성향보다 약간 강하게 나타났다.

한편 각 범주별로 남북한 주민의 평균 점수를 비교하면 흥미로운 사실을 발견할 수 있다. 표 9를 보면 알 수 있듯이 수직적 집단주의, 수평

표 9. 남북한 주민의 범주별 집단-개인주의 성향 비교

구 분		남한주민 평균점수	북한주민 평균점수	비고
집단주의	수평적 집단주의	3.83	4.19	남 〈 북 (0.36)
	수직적 집단주의	3.52	4.12	남 〈 북 (0.60)
개인주의	수평적 개인주의	3.44	3.75	남 〈 북 (0.31)
	수직적 개인주의	3.23	3.94	남 〈 북 (0.71)

적 집단주의, 수직적 개인주의, 수평적 개인주의 등 모든 범주에 있어서 북한주민의 평균점수가 남한주민의 평균점수보다 높은 것으로 조사되었다. 즉 북한주민이 남한주민보다 수직적 집단주의 성향, 수평적 집단주의 성향, 수직적 개인주의 성향, 수평적 개인주의 성향이 모두 다 강한 것으로 나타났다. 다만 수직적 집단주의와 수직적 개인주의에서 남북한 주민의 성향 차이가 상대적으로 큰 반면 수평적 집단주의와 수평적 개인주의에서 남북한 주민의 성향 차이가 상대적으로 작은 것으로 나타났다. 달리 말하면 북한주민이 남한주민보다 수직적 집단주의와 수직적 개인주의가 상대적으로 더 강하고, 수평적 집단주의와 수평적 개인주의가 상대적으로 덜 강한 것으로 조사되었다.

2. 남북한 주민의 항목별 집단－개인주의 성향 비교 1

남북한 주민의 집단－개인주의 성향을 개별 설문항목별로 비교해 보기로 한다. 다만 모든 항목들을 다 비교할 수 없기 때문에 집단－개인주의 25개 항목 중 상위그룹 5개 항목과 하위그룹 5개 항목을 골라 비교해 보기로 한다.

　표 10에도 나타나 있듯이 상위그룹 5개 항목이 남한주민의 경우, 수

표 10. 남북한 주민의 항목별 집단-개인주의 성향 비교 1: 상위그룹과 하위그룹

		남한주민	구분	북한주민		
분류	평균 점수	항목		항목	평균 점수	분류
HC	4.18	친구나 동료와 사이좋게 지내는 것은 중요하다	상위 그룹	가족들은 어떠한 희생이 요구되더라도 서로 단결해야 한다	4.37	VC
HI	3.94	다른 사람보다 나 자신을 믿는다		친구나 동료와 사이좋게 지내는 것은 중요하다	4.34	HC
HC	3.90	내 주변에 있는 사람들이 행복해야 나도 행복하다		다른 사람보다 나 자신을 믿는다	4.30	HI
HC	3.86	나는 사람들과 함께 있는 것이 즐겁다		다른 사람에게 의존하기보다는 나 자신에 의존한다	4.30	HI
HI	3.84	나이나 능력에 상관없이 나도 남들과 똑같이 존중받아야 하는 하나의 인간이라는 사실이 중요하다.		내 주변에 있는 사람들이 행복해야 나도 행복하다	4.28	HC
HI	3.08	나는 독특한 개성을 가지고 있는 것을 자랑스럽게 생각한다	하위 그룹	나는 경쟁에 참여하는 것을 좋아한다	3.55	VI
VI	3.07	경쟁은 나의 삶에서 매우 중요한 원칙이다		나는 독특한 개성을 가지고 있는 것을 자랑스럽게 생각한다	3.55	HI
VI	2.97	나는 경쟁에 참여하는 것을 좋아한다		다른 사람이 어떻게 살든 상관없이 나는 내 방식대로 산다	3.46	HI
VI	2.89	나는 이기고 지는 것을 중요하게 생각하는 사람이다		나는 다른 사람과 구별되는 독특한 사람이다	3.32	HI
HI	2.75	나는 다른 사람과 구별되는 독특한 사람이다		나만의 개성을 추구하는 것은 나에게 중요하다	3.28	HI

* HC: 수평적 집단주의, VC: 수직적 집단주의, HI: 수평적 개인주의, VI: 수직적 개인주의

평적 집단주의 3개 항목, 수평적 개인주의 2개 항목으로 이루어져 있고, 북한주민의 경우, 수평적 집단주의 2개 항목, 수직적 집단주의 1개 항목, 수평적 개인주의 2개 항목으로 구성되어 있다. 이처럼 상위그룹은 남한주민이든 북한주민이든 집단주의와 개인주의가 골고루 포함되어 있으며

수평적 성향이 압도적으로 많다.

하위그룹 5개 항목은 남한주민의 경우, 수평적 개인주의 2개 항목, 수직적 개인주의 3개 항목으로 이루어져 있고, 북한주민의 경우, 수평적 개인주의 4개 항목, 수직적 개인주의 1개 항목으로 구성되어 있다. 즉 남북한 주민 모두 하위그룹은 모두 개인주의였다는 점이 눈에 띈다. 또한 하위그룹에서 남한주민은 수직적 성향이 상대적으로 많았고, 북한주민은 수평적 성향이 훨씬 더 많았다는 점 또한 특기할 만하다.

개별 항목별로 보면, 남북한 주민 공통적으로 상위그룹 5개 항목에 "친구나 동료와 사이좋게 지내는 것은 중요하다", "다른 사람보다 나 자신을 믿는다", "내 주변에 있는 사람들이 행복해야 나도 행복하다" 등 3개 항목이 포함되어 있다. 반면 남한주민에게만 상위그룹에 들어간 항목은 "나는 사람들과 함께 있는 것이 즐겁다", "나이나 능력에 상관없이 나도 남들과 똑같이 존중받아야 하는 하나의 인간이라는 사실이 중요하다"였고, 북한주민에게만 상위그룹에 들어간 항목은 "가족들은 어떠한 희생이 요구되더라도 서로 단결해야 한다", "다른 사람에게 의존하기보다는 나 자신에 의존한다"였다.

하위그룹 5개 항목의 경우, 남북한 주민 공통적으로는 "나는 다른 사람과 구별되는 독특한 사람이다", "나는 독특한 개성을 가지고 있는 것을 자랑스럽게 생각한다", "나는 경쟁에 참여하는 것을 좋아한다" 등 3개 항목이 포함되어 있다. 반면 남한주민에게만 하위그룹에 들어간 항목은 "나는 이기고 지는 것을 중요하게 생각하는 사람이다", "경쟁은 나의 삶에서 매우 중요한 원칙이다" 등이었고, 북한주민에게만 하위그룹에 들어간 항목은 "나만의 개성을 추구하는 것은 나에게 중요하다", "나는 경쟁에 참여하는 것을 좋아한다" 등이었다. 결국 남북한 주민은 모두 경쟁과 개성을 수용하는 정도가 약하지만 남한주민의 경우 상대적으로 경쟁을,

북한주민의 경우 상대적으로 개성을 수용하는 정도가 약한 것으로 나타났다.

3. 남북한 주민의 항목별 집단 – 개인주의 성향 비교 2

이번에는 남북한 주민의 집단 – 개인주의 성향을 다른 각도에서 비교해보기로 한다. 앞의 **표 11**에서 나타났듯이 수직적 집단주의, 수평적 집단주의, 수직적 개인주의, 수평적 개인주의 등 모든 범주에 있어서 북한주민의 평균점수가 남한주민의 평균점수보다 높았다. 그러면 25개 항목 가운데 남북한 주민의 평균점수 차이가 0.50 이상으로 상대적으로 큰 항목들을 골라 비교하면 어떤 결과가 나올까. 아래의 **표 11**을 보면 알 수 있듯이 남북한 주민의 평균점수 차이가 0.50 이상인 항목은 모두 다 북한주민의 평균점수가 높은 항목들이다.

우선 개인주의의 경우, 북한주민들은 타인보다는 자기 자신에게 의존하는 성향이, 아울러 경쟁을 중시하고 경쟁을 받아들이는 경향이 남한주민보다 강한 것으로 나타났다. 동시에 집단주의의 경우, 가족을 중시하며, 자신이 속한 집단을 위해 양보하려는 성향 또한 남한주민보다 강한 것으로 나타났다.

4. 남북한 주민 집단 – 개인주의 성향의 변인별 차이 비교

남북한 주민의 집단 – 개인주의가 인구사회학적 변인별[6]로 차이가 발생하는지 여부에 대한 통계적 분석을 실시했다. 남북한 주민 각각에 대해

---

6   앞에서의 물질주의와 마찬가지로 남한주민에 대해서는 9개의 인구사회학적 변인을, 북한주민에 대해서는 10개의 인구사회학적 변인을 분석대상으로 한다.

표 11. 남북한 주민의 항목별 집단 – 개인주의 성향 비교 2: 평균점수 0.50 이상 차이 항목

구분	항목	남한주민 평균점수 (A)	북한주민 평균점수 (B)	B-A
HC	친구나 친척이 경제적으로 어려우면, 나는 능력껏 도와준다	3.36	3.89	0.53
	부모와 자식은 가능한 한 함께 살아야 한다	3.33	4.13	0.80
VC	가족들은 어떠한 희생이 요구되더라도 서로 단결해야 한다	3.66	4.37	0.71
	내가 속한 집단을 위하여 나의 이익을 양보할 수 있다	3.13	3.95	0.82
HI	다른 사람에게 의존하기보다는 나 자신에 의존한다	3.69	4.30	0.61
	다른 사람들이 나보다 더 좋은 성과(결과)를 얻으면, 나는 종전보다 더 열심히 하게 된다	3.71	4.21	0.50
	어느 경쟁에서나 이기는 것이 중요하다	3.18	4.16	0.98
VI	다른 사람보다 어떤 일을 못하면 기분이 나쁘다	3.14	3.97	0.83
	경쟁은 나의 삶에서 매우 중요한 원칙이다	3.07	3.82	0.75
	나는 경쟁에 참여하는 것을 좋아한다	2.97	3.55	0.58
	나는 이기고 지는 것을 중요하게 생각하는 사람이다	2.89	3.68	0.79

수직적 집단주의, 수평적 집단주의, 수직적 개인주의, 수평적 개인주의, 집단주의, 개인주의 등 6가지 범주에 대해 각 집단별로 차이가 있는지 여부를 알아보기 위해 T검정 및 일원배치분산분석(ANOVA)을 실시하고, 남북한 주민에 대한 분석결과를 비교한 것이 아래의 **표 12**에 요약되어 있다.

앞에서 보았던 물질주의와는 달리, 집단 – 개인주의에서는 남북한 주민간에 각 범주별로 차이가 발생하는 공통적인 인구사회학적 변인이 몇 개 눈에 띈다. 수평적 개인주의의 경우 연령대, 개인주의의 경우 연령대, 결혼여부가 여기에 해당된다. 더욱이 남북한 주민 간에 변인별 차이 내역도 연령대는 30대 〉20대 〉40대로, 결혼여부도 미혼 〉결혼으로서

표 12. 남북한 주민간 집단 – 개인주의 성향의 변인별 차이 비교: T검정 및 ANOVA 결과

범주	남한주민		북한주민	
	변인(집단)	변인별 차이 내역	변인(집단)	변인별 차이 내역
수평적 집단주의	-		연령대	40대 〉 20대 〉 30대
			부업경험 유무	부업경험있음 〉 부업경험없음
			거주지역	평양시 〉 평안도 〉 함경도,양강도 〉 강원도 〉 남포시
수직적 집단주의	성별	남자 〉 여자	-	
	경제적 계층	하층 〉 중간층 〉 상층		
수평적 개인주의	연령대	30대 〉 20대 〉 40대 〉 50대	연령대	30대 〉 20대 〉 40대
	결혼여부	미혼 〉 결혼	직업	당정간부 〉 해외파견간부 〉 노동자 〉 해외파견노동자 〉 사무원
	거주지역	서울 〉 경기 〉 인천	경제적 계층	하층 〉 중간층 〉 상층
수직적 개인주의	성별	남자 〉 여자	연령대	20대 〉 40대 〉 30대
	직업	생산직근로자 〉 대학생,대학원생 〉 관리직,전문직 〉 무직,퇴직 〉 자영업,개인사업 〉 사무직근로자 〉 판매/서비스직근로자 〉 가정주부	결혼여부	미혼 〉 결혼
	종교	불교 〉 없음 〉 개신교 〉 천주교		
집단주의	경제적 계층	상층 〉 중간층 〉 하층	부업경험 유무	부업경험있음 〉 부업경험없음
개인주의	성별	남자〉여자		
	연령대	20대 〉 30대 〉 40대 〉 50대	연령대	20대 〉 30대 〉 40대
	결혼여부	미혼 〉 결혼	결혼여부	미혼 〉 결혼
	직업	생산직근로자 〉 무직,퇴직 〉 관리직,전문직 〉 대학생,대학원생 〉 자영업,개인사업 〉 판매/서비스직근로자 〉 주부		
	거주지역	경기 〉 서울 〉 인천		

동일하다는 점이 흥미롭다.

하지만 전체적으로 보아서는 집단 – 개인주의의 각 범주별로 차이가 발생하는 변인이 남북한 주민간에 크게 다르게 나타났다. 우선 수평적 집단주의의 경우, 남한주민은 어떠한 변인에서도 통계적으로 유의미한 차이가 나타나지 않았지만 북한주민은 연령대(40대 〉 20대 〉 30대), 부업경험유무(경험있음 〉 없음), 거주지역별(평양시 〉 평안도 〉 함경도,양강도 등)에서 유의미한 차이가 발견되었다. 거꾸로 수직적 집단주의의 경우, 북한주민은 어떠한 변인에서도 통계적으로 유의미한 차이가 나타나지 않았지만 남한주민은 성별(남자 〉 여자), 경제적 계층(하층 〉 중간층 〉 상층)에서 유의미한 차이가 발견되었다.

수평적 개인주의의 경우, 남북한 주민 모두 연령대에 따른 차이가 나타났지만 남한주민은 이밖에도 결혼여부(미혼 〉 결혼), 거주지역(서울 〉 경기 〉 인천)에 따른 차이가, 북한주민은 직업(당정간부 〉 해외파견간부 〉 노동자 등), 경제적 계층(하층 〉 중간층 〉 상층)에 따른 차이가 발견되었다. 수직적 개인주의의 경우, 남한주민은 성별(남자 〉 여자), 직업(생산직 근로자 〉 대학생, 대학원생 등), 종교(불교 〉 없음 〉 개신교 〉 천주교)에 따라 유의미한 차이가 나타났고, 북한주민은 연령대(20대 〉 40대 〉 30대), 결혼여부(미혼 〉 결혼)에 따라 차이가 발생했다.

한편 집단주의의 경우, 남한주민은 경제적 계층(상층 〉 중간층 〉 하층)에 따른 차이만이, 북한주민은 부업경험유무(경험있음 〉 없음)에 따른 차이만이 나타났다. 개인주의의 경우, 남북한 주민 모두 연령대, 결혼여부에 따라 차이가 발생했지만 남한주민은 이밖에도 성별(남자 〉 여자), 직업(생산직 근로자 〉 무직, 퇴직 〉 관리직, 전문직 등), 거주지역(경기 〉 서울 〉 인천)에 따른 차이도 존재했다.

5. 남북한 주민의 집단-개인주의에 영향을 미치는 요인 비교: 회귀분석결과

남북한 주민 집단-개인주의에 영향을 미치는 요인이 무엇인지 알아보기 위해 집단-개인주의의 6개 하위범주들을 종속변수로 하고, 남한주민에 대해서는 9개, 북한주민에 대해서는 10개의 인구사회학적 변인들을 독립변수로 해서 단계적 다중회귀분석을 실시해서 남북한을 비교한 결과가 표 13에 제시되어 있다. 앞에서 물질주의를 분석할 때와 마찬가지로, 북한주민에 대해서는 다중공선성 문제 때문에 결혼 여부와 당원 여부를 독립변수에서 제외하고 8개의 독립변수를 대상으로 분석을 실시했다. 남한주민의 경우, 다중공선성 문제가 없어서 9개의 변수를 그대로 사용했다. 그리고 더미변수는 앞에서 물질주의를 분석할 때와 마찬가지로 처리했다.

표 13에 나타난 바와 같이, 남북한 주민 모두 집단-개인주의의 모든 하위범주(6개)에서 통계적으로 유의미한 회귀식을 도출할 수 있었다.

우선 남한주민의 경우, 가장 많은 집단-개인주의 하위범주(각각 3개)에 영향을 미치는 요인은 성별, 연령대, 경제적 계층인 것으로 조사되었다. 성별은 수직적 집단주의, 수직적 개인주의, 개인주의에 영향을 미쳤는데 여자보다 남자가 각각의 성향이 강한 것으로 나타났다. 연령대는 수평적 개인주의, 수직적 개인주의, 개인주의 등 개인주의 성향에만 영향을 미쳤는데 연령대가 높아질수록 개인주의 성향이 약해지는 것으로 나타났다. 경제적 계층은 수직적 집단주의, 수평적 개인주의, 집단주의에 영향을 미쳤는데 계층이 낮아질수록 이들 성향이 약해지는 것으로 나타났다.

북한주민의 경우, 가장 많은 집단-개인주의 하위범주(각각 3개)에

표 13. 남북한 주민의 집단-개인주의에 영향을 미치는 요인: 회귀분석결과

변인	수평적 집단주의(β)		수직적 집단주의(β)		수평적 개인주의(β)		수직적 개인주의(β)		집단주의(β)		개인주의(β)	
	남한	북한	남한	북한	남한	북한	남한	북한	남한	북한	남한	북한
성별(남자=1)			0.15**				0.19***				0.14**	
연령대					-0.13**		-0.13**	0.30**			-0.16**	-0.37**
경제적 계층			-0.12*		-0.10*	0.30**			-0.11*			
직업 (남한, 학생=0) 자영업/개인사업												
직업 (남한, 학생=0) 근로자												
직업 (남한, 학생=0) 관리/전문직					0.09*							
직업 (남한, 학생=0) 주부			0.11*									
직업 (북한, 노동자=0) 당정간부												
직업 (북한, 노동자=0) 사무원						-0.29**						
종교의 유무 (남한, 있음=1)	0.11*								0.11*			
부업경험유무 (북한, 있음=0)		-0.26*		-0.21*						-0.30**		
거주지역(북한, 평양=1)		0.27**										
제3국 체류기간(북한)						0.27**		0.30**				0.30**
adjusted R²	0.01	0.14	0.03	0.03	0.03	0.20	0.05	0.14	0.02	0.08	0.05	0.18
F	5.02*	8.18**	5.05**	4.13*	5.43**	8.28***	12.19***	8.08**	5.57**	8.41**	8.55***	10.93**

* $p<0.05$, ** $p<0.01$, *** $p<0.001$

영향을 미치는 요인은 부업경험 유무와 제3국 체류기간인 것으로 조사되었다. 부업경험 유무는 수평적 집단주의, 수직적 집단주의, 집단주의 등 집단주의 성향에만 영향을 미쳤는데 부업경험이 없는 사람이 집단주의 성향이 약한 것으로 나타났다. 제3국 체류기간은 수평적 개인주의,

수직적 개인주의, 개인주의 등 개인주의 성향에만 영향을 미쳤는데 제3
국 체류기간이 길수록 개인주의 성향이 강해지는 것으로 나타났다.

　　한편 남한주민의 경우, 물질주의의 각 하위범주에 가장 많은 영향(5
개의 하위범주)을 미친 것은 학력이었지만 집단−개인주의에서는 학력이
전혀 영향을 미치지 않는 것으로 나타나 눈길을 끌었다. 북한주민의 경
우, 가장 많은 물질주의 하위범주(3개)에 영향을 미치는 요인은 경제적
계층이었지만 집단−개인주의에서는 경제적 계층이 하위범주 1개에만
영향을 미치는 것으로 나타났다. 요컨대 남북한 주민 모두, 물질주의에
영향을 미치는 변수와 집단−개인주의에 영향을 미치는 변수가 다소 상
이하다는 것을 알 수 있다.

6. 남북한 주민 간 집단−개인주의의 차이 여부

남한주민과 북한주민의 집단−개인주의에 차이가 있는지 알아보기 위해
T검정을 실시했다. 표 14에도 나타나 있듯이 6개 범주 모두에 대해 통계
적으로 유의미한 차이가 발견되었다. 그리고 6개 범주 모두에 대해 북한
주민이 남한주민보다 평균치가 높은 것으로 나타났다는 점이 매우 흥미
롭다.

　　그런데 상기의 6개 범주에서 발견된 남북한 주민 간 차이는 과연 유
의한 것인지, 혹시 다른 변인들의 영향은 없었는지 검토할 필요가 있다.
따라서 남북한 주민에 대해 성별, 결혼여부, 학력, 연령대, 경제적 계층
등 5개 배경변인[7] 모두를 통제한 후에 남한주민과 북한주민을 비교하는
공분산분석(ANCOVA)을 실시했다.

7　　남북한 주민간 직접 비교를 위해서는 남북한 주민들에 공통적으로 적용되는 변인만 사용
　　해야 했다. 앞의 표 1 참조.

196

표 14. 남북한 주민간 집단-개인주의의 차이 여부

구분	집단	평균	표준편차	t	p
수평적 집단주의	남한주민	3.83	0.48	-6.856	0.000***
	북한주민	4.19	0.45		
수직적 집단주의	남한주민	3.52	0.48	-10.993	0.000***
	북한주민	4.12	0.55		
수평적 개인주의	남한주민	3.44	0.40	-6.300	0.000***
	북한주민	3.75	0.56		
수직적 개인주의	남한주민	3.23	0.48	-13.344	0.000***
	북한주민	3.94	0.49		
집단주의	남한주민	3.66	0.43	-10.393	0.000***
	북한주민	4.15	0.42		
개인주의	남한주민	3.34	0.38	-11.659	0.000***
	북한주민	3.84	0.45		

*** $p < 0.001$

　여기서는 수평적 집단주의를 제외한 5개 범주에 대해 통계적으로 유의미한 결과를 얻을 수 있었다. 그리고 5개 범주 모두 남북여부가 각 범주에 대해 영향을 미치는 것으로 나타났다. 수직적 집단주의의 경우, 경제적 계층과 남북여부가 영향을 미쳤으며, 수평적 개인주의는 연령대와 남북여부가, 수직적 개인주의와 개인주의는 성별, 연령대, 남북여부가, 집단주의는 성별, 경제적 계층, 남북여부가 각각 영향을 미친 것으로 조사되었다. 결국 배경변인을 모두 통제한 이후에도 남북한 주민 간에는 수직적 집단주의, 수평적 개인주의, 수직적 개인주의, 집단주의, 개인주의 등 5개 범주에서 유의미한 차이가 있으며, 특히 5개 범주 모두 북한주민의 성향이 남한주민보다 강한 것으로 나타났다.

V. 맺음말

1. 선행연구와의 비교

이번 조사와 거의 동일한 집단 – 개인주의 설문항목(32개)을 가지고 남북한 주민의 집단 – 개인주의 성향을 비교한 선행연구로는 독고순 (1999), 이정우(2006)가 대표적이다.[8] 다만 이들은 북한주민을 직접 조사할 수 없어서 북한이탈주민을 대상으로 조사를 실시했다. 이와는 달리 이 글에서는 북한주민을 대상으로 직접 조사를 실시했다.

독고순(1999)의 경우, 1999년에 탈북성인 108명, 남한주민 111명을 대상으로 설문조사를 실시했다. 설문조사결과를 단순 취합해 남북한 주민의 각 범주별 평균점수를 비교했더니 수평적 개인주의를 제외하고, 수평적 집단주의, 수직적 집단주의, 수직적 개인주의에서 탈북주민이 남한주민보다 평균치가 높은 것으로, 즉 각 범주별 성향이 강한 것으로 나타났다. 그리고 공분산분석(ANCOVA) 결과, 집단주의에서는 남북한 간에 통계적으로 유의미한 차이가 발견되지 않았다. 하지만 개인주의에서는 남북한 간 차이가 통계적으로 유의미한 것으로 나타났다. 다만 수평적 개인주의는 남한주민이 북한주민보다 강한 것으로, 그리고 수직적 개인주의는 거꾸로 북한주민이 남한주민보다 강한 것으로 나타났다. 통계적 분석으로는 설문조사결과의 단순취합과는 다소 상이한 결과가 도출된 셈이다.

이정우(2006)의 경우, 2005년에 탈북 청소년 93명, 남한청소년 119명을 대상으로 설문조사를 실시했다. 설문조사결과를 단순취합해 남북

---

8 남북한 주민의 물질주의 성향을, 설문조사를 통해 정량적으로 비교한 선행연구는 존재하지 않는다.

한 청소년의 각 범주별 평균점수를 비교했더니 북한 청소년이 남한 청소년보다 집단-개인주의 4개 범주 모두에서 평균치가 높은 것으로, 즉 성향이 강한 것으로 나타났다. 다만 T 검정 결과, 수평적 개인주의 성향의 차이는 통계적으로 유의미하지 않고, 나머지 범주의 차이는 유의미한 것으로 나타났다. 즉 수평적 개인주의를 제외하고, 수평적 집단주의, 수직적 집단주의, 수직적 개인주의에서 탈북 주민이 남한주민보다 각 성향이 강한 것으로 나타났다. 공분산분석(ANCOVA) 결과도 T 검정 결과와 동일하다.

통계적 분석을 실시하기 이전 단계, 즉 설문조사결과의 단순취합 단계에서 보면 이번 조사결과는 남북한비교의 측면에서 이정우(2006)의 조사결과와 일치한다. 즉 수평적 집단주의, 수직적 집단주의, 수평적 개인주의, 수직적 개인주의 등 집단-개인주의 4개 범주 모두에서 북한주민이 남한주민보다 성향이 강한 것이다. 또한 수평적 개인주의를 제외하고, 수평적 집단주의 등 3개 범주에서 북한주민이 남한주민보다 평균치가 높은 것으로 나타난 독고순(1999)의 조사결과와는 약간 상이하다.

나아가 T검정, 공분산분석(ANCOVA) 등 통계적 분석을 실시한 후의 결과는 선행연구들과 약간 차이가 발생한다. 이번 조사는 T검정 실시 이후에도 상기의 4개 범주 모두에서 북한주민이 남한주민보다 성향이 강한 것으로 나타났지만 이정우(2006)에서는 수평적 개인주의를 제외하고, 수평적 집단주의, 수직적 집단주의, 수직적 개인주의 등 3개 범주에서 탈북 주민이 남한주민보다 각 성향이 강한 것으로 나타났다[9]. 또한 공분산분석(ANCOVA) 이후 이번 조사에서는 수평적 집단주의를 제외한 나머지 3개 범주에서 북한 주민이 남한주민보다 각 성향이 강한 것으로

9   독고순(1999)은 남북한 주민 비교를 위한 T검정은 실시하지 않았다.

나타났지만 이정우(2006)에서는 공분산분석 이후 수평적 개인주의를 제외한 나머지 3개 범주에서 북한 주민이 남한주민보다 각 성향이 강한 것으로 나타났다. 또한 공분산분석(ANCOVA) 후의 이번 조사결과는 수평적 개인주의는 남한주민이 북한주민보다 강한 것으로, 그리고 수직적 개인주의는 거꾸로 북한주민이 남한주민보다 강한 것으로 나타난 독고순(1999)의 공분산분석 후 조사결과와는 상당한 거리가 있다.

한편 이번의 조사결과는 종합적으로 보아 독고순(1999)의 조사결과와 상당한 거리가 있지만 이정우(2006)의 조사결과와 다소 유사한 측면이 있다. 이는 이번 조사결과가 측정상의 오차가 그다지 크지는 않을 것임을 시사한다. 물론 이정우(2006)의 조사결과와도 약간의 차이는 존재하는데 이는 조사대상의 차이, 즉 북한이탈주민인지 북한현지주민인지에 따른 차이인지, 조사시점의 차이, 즉 2005년 조사와 2014년 조사에 따른 차이인지는 명확하지 않다.

2. 요약과 결론

남한주민과 북한주민은 물질주의 행복 성향이 물질주의 성공 성향보다 강하고, 또한 물질주의 만족 성향이 물질주의 질투 성향보다 강하다는 점에서 공통점을 보였다. 다만 남한주민은 물질주의 행복 성향과 성공 성향의 정도 차이, 그리고 만족 성향과 질투 성향의 정도 차이가 상대적으로 크지 않았지만 북한주민은 각각의 정도 차이가 상대적으로 컸다는 점도 눈에 띈다.

남북한 주민을 각 범주들의 평균점수만 가지고 비교하면 물질주의 성공과 질투는 거의 차이가 없었고, 물질주의 행복과 만족에서는 북한주민이 남한주민보다 높은 것으로 나타났다. 하지만 배경변인을 통제한 이후의 통계분석(ANCOVA) 결과, 남북한 주민간에는 물질주의의 4개 범주 모두 통계적으로 유의미한 차이를 발견할 수 없었다.

집단 - 개인주의에서는 남한주민의 경우, 수직적 집단주의 〉수평적 집단주의 〉수평적 개인주의 〉수직적 개인주의의 순으로 나타났고, 북한 주민에서도 남한주민과 유사하게 수직적 집단주의 〉수평적 집단주의 〉수직적 개인주의 〉수평적 개인주의의 순으로 조사되었다. 전체적으로 보면 남북한 주민 모두 집단주의가 개인주의보다 약간 강한 경향을 보이고 있다. 이는 일반의 예상과는 다소 거리가 있는 것이다. 반면 남한주민은 수평적 성향이 수직적 성향보다 다소 강하고, 북한주민은 거꾸로 수직적 성향이 수평적 성향보다 약간 강한 것으로 나타났다. 즉 상대적이기는 하지만 남한주민은 대인관계에서 평등성을 강조하고, 북한주민은 대인관계에서 위계질서를 강조한다고 해석할 수 있다.

남북한 주민의 성향을 개별 범주별로 비교하면, 배경변인을 통제한 통계분석(ANCOVA) 결과, 수평적 집단주의를 제외한 나머지 3개 범주, 즉 수직적 집단주의, 수직적 개인주의, 수평적 개인주의에서 북한 주민이 남한주민보다 각각의 성향이 강한 것으로 나타났다. 이 또한 일반의 예상을 뛰어넘는 것이다.

이 부분에 대해서는 약간의 토론이 필요하다. 즉 북한주민이 남한주민보다 집단주의와 개인주의 모두 다 강한 것으로 나타난 이번의 조사결과를 어떻게 받아들여야 할 것인가.

우선 지적해야 할 것은 집단주의와 개인주의가 독립적일 수 있다는 점이다. 사실 집단 - 개인주의 이론이 등장한 초기에는 이 두 가지를 단일선상의 양극적(bipolar) 현상으로 보는 경향이 강했다. 집단주의와 개인주의가 부(-)의 관계에 있다는 것이다. 그러나 시간이 지남에 따라 이 두 가지를 독립적인 개념/범주로 보는 것이 적절하다는 인식이 확산되었다. 즉 상대적으로 집단주의적 성향이 높으면 개인주의적 성향이 낮고, 개인주의적 성향이 높으면 집단주의적 성향이 낮을 수도 있지만 둘 다 높거나 둘 다 낮을 수도 있다는 것이다(한성열·이홍표, 1994; 한규석, 1997; 황호영·최영균, 2003; 남희은 외, 2014).

따라서 북한주민이 남한주민보다 집단주의와 개인주의 모두 다 강하다는 것이 현실적으로 불가능하지는 않다는 시사점을 얻는다. 그 원인을 찾아보기 위해서는 시야를 넓힐 필요가 있다.

많은 선행연구들이 지적하듯이 1990년대 초부터의 경제난 이후 시장화의 급속한 진전으로 북한에서 물질주의와 개인주의가 크게 확산되고 있음을 이번 조사를 통해 확인할 수 있었다. 북한주민에게 있어서 물질주의의 경우, 남한과 통계적으로 유의미한 차이를 발견하기 어려울 정도로 발달되고 있음[10]을, 나아가 개인주의는 오히려 남한주민보다 강할 수도 있음을 이번 조사는 시사하고 있다.

그런데 이무철(2006), 김창희(2009) 등 상당수의 선행연구들은 북한에서 개인주의의 확산은 집단주의의 약화와 동전의 양면 관계에 있는 것으로, 따라서 북한에서는 시장화의 진전으로 집단주의가 약화되고 개인주의가 확산되고 있다고 보고 있다. 하지만 집단주의의 약화 여부 및 그 수준에 대해서는 보다 많은 연구와 토론이 필요함을 이번 조사결과는

---

10 이와 관련, 남한의 탈물질주의 가치 추세에 주목할 필요가 있다. 잉글하트(Inglehart)의 물질주의/탈물질주의 가치변화이론의 한국사회 적용 여부 문제에 관한 많은 선행연구들은 한국은 1960년대 중반 이후 본격적인 산업화를 추진하면서 고도성장을 이루어냈고 또한 1990년대 이후 사회정치적으로도 안정됨에 따라 탈물질주의 가치가 어느 정도 형성되고 있다고 보고 있다. 물론 1997년 외환위기 이후 탈물질주의 가치의 확산 추세가 다소 후퇴하고 있으며, 아직 서구의 선진국가들보다는 탈물질주의 가치의 확산 정도가 낮은 편이지만 긴 호흡에서 보았을 때 탈물질주의 가치가 점차 형성되고 있다고 보아야 하며, 이러한 탈물질주의 추세는 청년층이 주도하고 있다는데 학계에서는 일정 수준의 공감대가 형성되어 있다. 이에 대해서는 예를 들면 박재홍·강수택(2012), pp.72-75, 91-93을 참조.

시사하고 있다.

앞에서 살펴보았던, 남북한 주민의 집단-개인주의 성향에 대한 설문항목별 비교결과를 상기할 필요가 있다. 개인주의의 경우, 북한주민들은 타인보다는 자기 자신에게 의존하는 성향이, 아울러 경쟁을 중시하고 경쟁을 받아들이는 경향이 남한주민보다 강한 것으로 나타났다. 동시에 집단주의의 경우, 가족을 중시하며, 자신이 속한 집단을 위해 양보하려는 성향 또한 남한주민보다 강한 것으로 나타났다.

북한에서 개인주의 성향의 발달은 일반 주민을 대상으로 한 국가 배급·공급 체계가 사실상 붕괴함에 따라 주민들은 국가에 의존하지 않고 오로지 자신의 힘으로 돈을 벌어야만 생존이 가능하게 되고, 특히 시장화의 확산으로 경쟁이 격화되는 상황에 직면하게 된 데 따른 것으로 풀이할 수 있다.

그런데 북한에서 경제난 이후 집단주의 성향은 약화되고는 있지만 남한주민에 비해서는 아직도 강한 편이다. 물론 이는 북한주민의 집단주의 성향이 여전히 높은 수준이기 때문인지, 아니면 남한주민의 집단주의 성향이 낮기 때문인지, 아니면 전자의 원인과 후자의 원인 모두 다 작용했기 때문인지 명확하지는 않다.

이와 관련, 북한의 집단주의가 '약화'되고 있지만 '와해'되는 수준까지는 달하지 않고 있다는 해석도 가능하다. 아울러 북한주민을 둘러싸고 있는 여러 가지 층위의 집단주의들이 약화의 정도가 상이하다는 해석도 있을 수 있다. 예컨대 사회 전체에 대한 집단주의는 상대적으로 크게 약화된다고 해도, 가족에 대한 집단주의는 상대적으로 작게 약화되었을 수 있다. 어찌 되었든 집단주의란 매우 광범위하고 포괄적인 개념/범주이기 때문에 집단주의의 변화를 논하기 위해서는 집단주의를 구성하고 있는 보다 하위의 범주들의 변화에 대한, 보다 구체적인 움직임에 관한 관찰이 필요하다는 것을 시사받는다.

한편 남북한 주민의 물질주의 및 집단-개인주의에 영향을 미치는 변인들에 대한 회귀분석 결과를 간단히 요약하면 다음과 같다.

남한주민의 경우, 물질주의의 각 하위범주에 가장 많은 영향을 미친 것은 학력이었지만 집단-개인주의에서는 학력이 전혀 영향을 미치지 않는 것으로 나타났다. 북한주민의 경우, 가장 많은 물질주의 하위범주에 영향을 미친 요인은 경제적 계층이었지만 집단-개인주의에서는 경제적 계층이 하위범주 1개에만 영향을 미친 것으로 나타났다.

또한 남한주민의 경우, 가장 많은 집단-개인주의 하위범주에 영향을 미치는 요인은 성별, 연령대, 경제적 계층인 것으로 조사되었다. 북한주민의 경우, 가장 많은 집단-개인주의 하위범주에 영향을 미치는 요인은 부업경험 유무와 제3국 체류기간인 것으로 나타났다. 요컨대 남북한 주민 모두, 물질주의에 영향을 미치는 변수와 집단-개인주의에 영향을 미치는 변수가 상이하며, 남북한 주민 간에도 물질주의 및 집단-개인주의에 영향을 미치는 변수도 상이하다는 것을 알 수 있다.

앞에서도 밝혔듯이 이번의 조사결과에 대한 해석은 매우 잠정적, 제한적인 것이다. 무엇보다도 이번의 북한주민에 대한 조사는 신뢰성의 문제, 특히 대표성의 면에서 적지 않은 취약성을 내포하고 있다.

한편 남북한 주민의 물질주의·개인주의에 대해 보다 객관적·체계적으로 비교 분석하기 위해서는 제3국 주민과의 비교도 필요하다. 이는 추후의 과제로 남긴다.

제7장

북한이탈주민이 다문화집단에 대해 느끼는 현실갈등인식이 삶의 만족에 미치는 영향: 지각된 차별감의 매개효과를 중심으로

양계민(한국청소년정책연구원)·이우영(북한대학원대학교)

I. 서론

최근 들어 한국사회는 많은 측면에서 변화를 겪고 있다. 그 중 눈에 띄는 변화 중 하나는 사회 구성원의 변화이다. 오랜 기간 단일민족국가로서 비교적 동질적인 사회를 유지해 왔던 한국사회가 세계화 글로벌화라는 전 지구적인 변화로 인하여 다양한 문화적 인종적 배경을 지닌 사람들을 맞이하게 되었고 '다문화' 사회를 경험하게 되었다. 기존의 한국 원주민이 아닌 이주배경을 지닌 집단으로 결혼이주여성, 이주노동자, 다문화 청소년, 유학생 등 다양한 집단이 한국사회에 거주하게 되었고 북한이탈주민 역시 남한사회의 하나의 소수집단으로 살아가고 있다. 2015년 5월 말 기준 남한에 거주하는 북한이탈주민은 총 28,054명으로, 2009년 이후 연도별 입국자 수가 조금씩 줄어드는 추세이긴 하나 여전히 연간 천여 명 이상씩 남한으로 꾸준히 입국하고 있고(통일부, 2015), 북한이탈주민과 더불어 한국사회 구성원의 다양화라는 변화를 가져온 외국인주민[1]도 2015년 7월 기준 174만 1,919명으로 우리나라 전체 주민등록 인구의 3.4%에 해당되며 매년 증가하는 추세이다(행정자치부, 2015).

'단일민족'의 관점에서 보자면 북한이탈주민과 외국계 이주배경을 지닌 다문화집단은 서로 다른 특성을 지닌 집단이지만, '이주'와 '적응'의 시각에서 보자면 같은 '이주민집단'으로 범주화하기도 하여, 국내 이주배경의 소수집단에 대한 지원 현장에서는 북한이탈주민을 다문화집단과 같은 범주로 다루는 경우가 다수 존재한다. 최근 남한으로 들어오는 북한이탈주민들의 경우 정치적인 이유보다는 경제적인 이유에서 들어오는 경우가 많고, 다른 이주배경 집단과 마찬가지로 여전히 남한사회에 새로이 적응해야 하는 집단이라는 점에서 이주자들과 비슷한 위치로 볼 수 있기 때문이다(권수현, 2011).

그러나 북한이탈주민을 다문화집단의 범주로 구분하는 것에 대해 북한이탈주민 당사자들과 북한이탈주민관련 업무관련자, 통일운동가들은 반대의견을 표명하고 있다(윤인진, 채정민, 2010). 대표적인 예로, '북한이탈주민이 다문화인가'라는 질문에 대해 통일부는 '북한이탈주민은 엄연한 같은 민족이고 통일이 되면 새로운 통일한국을 건설하는 선도자적인 역할을 할 수 있는 집단이라고 보기 때문에 다문화집단이라고 볼 수 없다'고 공식적인 의견을 표명하고 있다(통일부, 2012). 이러한 생각은 '단일민족'이라는 의식에 기반한 것으로, 여타의 다른 이주자들과 달리 북한이탈주민은 같은 민족이기 때문에 특별한 대우를 하는 것이 마땅하다고 여기는 생각의 근거로도 작용한다. 따라서 북한이탈주민은 다른 이주집단과 달리 남한에 입국하는 동시에 자동적으로 한국국민이라는 신분을 획득하게 되고, 「북한이탈주민 보호 및 정착지원에 관한 법률」에

---

1   행정자치부 기준 외국인주민의 범주에는 외국인근로자, 귀화자, 외국인주민자녀, 외국국적 동포, 유학생, 결혼이민자, 기타 외국인 등이 포함된다.

근거하여 다양한 정착지원을 제공받고 있다. 지원의 내용을 보면 사회
적응훈련, 직업훈련 및 지도, 고용촉진지원, 주거지원, 공동생활지원(무
연고청소년의 경우), 거주지 생활안내 및 신변보호, 각종 교육 등 교육 및
훈련 프로그램 뿐 아니라 정착지원금도 주어진다.

그 결과 한국사회에서 소수집단 간 위계가 형성되는 결과를 낳았는
데, 정책 및 지원의 측면에서 볼 때 북한이탈주민이 가장 우위에 있고,
다음이 결혼이주여성과 다문화가정자녀, 그리고 해외동포, 외국인노동
자 등의 순이라는 것이다(이종두, 백미현, 2014). 이는 북한이탈주민은 단
일민족의 개념에서 볼 때 남한주민과 가장 가까운 집단이고 통일을 준비
하는 데 있어서 중요한 역할을 할 것이라는 생각 때문인데, 북한이탈주
민 스스로도 북한이탈주민에 대한 정부의 지원을 당연하게 생각하는 경
향이 있는 것으로 보고되고 있다. 즉, 본인들이 미래 통일과정에서 중요
한 역할을 담당할 것이기 때문에 단순히 생활비를 제공하는 수준에서 벗
어나 적극적인 맞춤형 교육 및 지원이 제공되어야 한다는 것이다(Zie-
mek, 2009).

그러나 북한이탈주민에 대한 남한사회의 태도는 다소 이중적이다.
정부차원에서는 다른 어떤 소수집단보다 많은 지원을 제공함으로써 특
별한 대우를 하고 있고, 단일민족임을 확인시키고 있는 반면, 일반국민
차원에서는 다른 소수집단과 유사한 범주로 인식하고, 오히려 더 심한
편견과 차별의 대상이 되기도 하기 때문이다. 초기 남북한 갈등과 체제
경쟁이 극심했던 1980년대까지 북한이탈주민은 남한 입국 시 귀순용사
로 불리며 국가영웅의 대우를 받았고 많은 물질적 보상이 따르는 등 사
회적 인식은 부정적이지 않았다. 그러나 국제적인 냉전구조가 해체되고
체제경쟁이 의미 없어진 지금, 많은 북한이탈주민들은 정치적 이유보다
는 경제적 생활고로 인하여 탈북을 감행하고 있고, 탈북자는 더 이상 영

웅이 아니라 난민 또는 소외계층으로 인식되고 있는 형편이다(고경빈, 2009). 북한이탈주민에 대한 남한사회의 인식을 조사한 윤인진과 송영호의 연구(2012)는 남한사회가 북한이탈주민에 대해 어떻게 느끼고 있는지 잘 나타내주고 있는데, 조사결과 북한이탈주민이 북한사회를 이해하는 데 도움이 되고 통일 이후 남북한 사회통합에 기여하거나 노동력 제공으로 경제발전에 기여할 것이라는 인식의 수준은 5점 척도 상의 중간 값 이하로 낮은 것으로 나타난 반면, 북한이탈주민이 세금부담을 증가시킨다거나 실업, 일탈 등 사회문제를 증가시킬 것이라는 우려, 거주지의 청결도를 떨어뜨린다거나 범죄율을 높인다고 생각하는 피해의식은 중간 값보다 높은 것으로 나타났다. 또한 2007년부터 2010년까지 남한주민들이 북한이탈주민에 대해 느끼는 수용도를 조사한 '한국의 사회동향' 조사(통계개발원, 2012)에서도, 북한이탈주민에 대한 '무조건 수용'의 의견이 매년 감소하고 있고, '선택적 수용'은 조금씩 증가추세에 있는 것으로 나타났으며, 북한이탈주민과 남한주민간의 통합수준이 절대적인 수치의 측면에서는 높은 편이지만 해마다 낮아지고 있는 것으로 보고되고 있다(김병로, 2010).

　뿐만 아니라 남한주민들을 대상으로 남한 내 소수자 집단에 대한 사회적 거리감을 비교한 여러 연구들을 보면, 우리 사회의 여러 소수집단 중에서 북한이탈주민이 차지하는 위치는 일관되게 낮은 것으로 나타난다. 윤인진과 채정민의 연구(2010)에서는 북한이탈주민이 동성애자에 이어 두 번째로 사회적 거리감이 먼 집단으로 나타나 장애인, 선진국출신외국인, 개발도상국출신외국인, 국제결혼이주여성보다도 거부감이 큰 것으로 나타났고, 김혜숙 등의 연구(2011)에서도 국내 소수집단(이주노동자, 결혼이주여성, 다문화가정자녀, 새터민, 조선족)과 한국인에 대한 감정온도, 사회적 거리감, 고정관념을 비교한 결과, 거의 대부분의 태도 영역에서 북한이탈주민에 대한 태도가 가장 부정적인 것으로 나타났다. 특히 감정온도는 이주노동자집단과 함께 가장 낮았고, 사회적 거리감은 전체 집단에서 가장 낮았으며, 집단고정관념 중 따뜻함 차원에서 조선족과 함께 가장 낮고, 유능함 차원에서도 다문화가정자녀와 한국인에 비해 낮은 집단으로 인식되고 있었다. 이러한 경향성은 청소년집단에서도 일관되게 나타나는 현상으로, 양계민(2009)의 연구에서 국내 초, 중, 고등학생을 대상으로 소수집단에 대한 태도를 조사한 결과, 북한이탈주민에 대한 태도가 결혼이주여성이나 다문화가정 자녀, 외국인노동자보다 더 부정적인 것으로 나타났다.

이러한 사회적 분위기는 북한이탈주민의 심리적 적응에 영향을 미칠 수 있다. 스스로 생각하기로는 같은 민족이고 외국계 이주민과는 차별적인 집단이며, 따라서 정부의 지원은 당연하고 더 많은 지원과 우대가 주어지는 것이 당연한데, 현실적으로는 외국계 이주민과 같은 범주로 묶어서 그들의 정체성을 약화시키는 한편 사회적 편견과 차별의 정도는 다른 외국계 이주민보다 오히려 더 부정적이기 때문이다. 특히 남한사회가 북한이탈주민에 대한 지원을 줄인다고 인식하거나 제한된 자원을 놓고 다른 소수집단과 나누어야 할 것이라는 생각을 하게 되는 경우 더더욱 민감해 질 수 있는 문제로 북한이탈주민이 경험하는 심리적 박탈감은 심화되고 나아가 삶에 대한 만족감은 감소하게 될 수 있다.

향후 다문화사회가 가속화되고 북한이탈주민의 남한입국도 증가하게 된다고 가정하면, 이주배경을 지닌 소수집단 중 민족차원에서 우위를 지니고 있는 북한이탈주민과 일반 외국계 이주민 집단 간의 갈등은 발생 가능한 문제가 될 수 있다. 과거 통일독일의 경우 통일 후 동독인들이 느끼는 상대적 박탈감과 절망감이 외국인에 대한 무시와 적대감, 더 심하게는 테러로 이어진 사례들을 살펴 볼 때(이기식, 2008), 미래 통일된 한국 사회에서 북한출신자들이 통일독일의 동독출신자들과 같은 심리적 박탈감과 절망감을 경험하게 된다면 우리 사회에서도 유사한 현상이 발생할 수 있고, 비록 이러한 현상이 향후 몇 년 내에 닥칠 것이 아니라 할지라도 통일 후 남북한 주민의 사회통합과정에서 있을 수 있는 문제이기 때문이다.

그러나 지금까지 북한이탈주민에 대한 심리학적 연구는 주로 이들의 적응 및 정신건강문제에 대한 것이 대부분이고 북한이탈주민들과 다문화집단 간의 관계에 초점을 둔 실증연구는 거의 없다. 따라서 본 연구에서는 현재 남한사회에서 북한이탈주민이 다문화집단에 대해 느끼는 현실갈등인식, 지각된 차별감, 삶의 만족도 등의 관계를 분석함으로써 향후 한국사회에서 발생할 수 있는 소수집단 간 갈등 해결의 기초자료를 제공하고자 하였다.

II. 이론적 배경

1. 현실갈등인식의 영향

현실갈등이론(Realistic Conflict Theory)은 집단 간 적대감을 설명하는 가장 강력한 이론 중 하나이다(Michener, DeLamater, & Schwartz, 1986). 현실갈등이론에 따르면 집단 간 갈등이 유발되는 이유는 제한된 자원에 대한 경쟁 때문이다. 즉, 사람들이 제한된 자원을 놓고 경쟁을 하게 됨에 따라 상대방에 대한 적개심이 생기고 상대방에 대한 부정적인 평가가 동반되면서 나타나는 현상이라는 것이다(Sherif, 1966). 사실상 현실갈등이론을 적용한 대부분의 연구(Aronson & Gonzalez, 1988;

Olzak & Nagel, 1986; Cornders, Lunners & Scheepers, 2003; Wimmer, 1977)들은 현실갈등이론을 사회의 주류집단과 소수집단 간의 관계에 적용하였다. 즉, 사회적인 변화로 주류집단이 새로이 등장한 소수집단과 경쟁관계가 발생하게 됨에 따라 주류집단이 기존에 점유하고 있던 자원을 새로운 집단이 가져갈 수 있다는 인식이 소수집단에 대한 편견과 차별을 가져올 수 있다는 것이다. 이러한 개념은 사실상 상대적 박탈감의 경험까지 확장될 수 있는데(Schmitt & Maes, 2002), 실제적으로 자기가 속한 집단이 동일한 지위에 있고 이득상 변화가 없는 경우에도 외집단에 대한 현실갈등을 인식하게 되면 외집단에 대한 편견을 형성하게 되고, 소외된 집단의 상대적 위치를 그대로 유지하고자 하는 경향이 있다고 알려져 있다(Ellemers & Bos, 2006). 따라서 사람들은 외집단의 이익이나 상대적 지위를 높이는 정책에 반대하게 된다(Esses, Jackson, & Armstrong, 1998; Jackson, 1993). 특히 개인적으로 경제적인 측면에서 위협이 된다고 지각할 경우 합리적 인식으로부터 멀어지게 되고 공포, 분노, 화, 욕구좌절 등 강한 부정적 정서를 유발하는 것으로 나타나고 있다(Conover & Feldman, 1986). 그렇다면 그것은 현실갈등을 지각하고 있는 집단 구성원의 삶에 부정적인 영향을 미칠 수밖에 없다.

우리 사회에서 외국계 주민이나 북한이탈주민에 대한 현실갈등인식은 아직 심각한 수준은 아니나 어느 정도 형성된 것으로 보인다. 2012년 통계개발원에서 발간한 한국의 사회동향(2012)에 따르면 한국인들은 이 주민이 한국인이 기피하는 일자리를 채워줌으로써 한국경제에 기여하고 있다는 점을 인정하지만, 향후 이민자들의 복지를 위해 세금부담이 늘어날 수 있고, 이로 인하여 가난한 사람들이 경제적으로 피해를 볼 수 있으며, 이민자들이 증가함에 따라 사회갈등도 심화될 것이라고 우려하고 있는 것으로 나타났다(김석호, 2012). 이러한 현실갈등인식은 이주배경의

다문화집단뿐 아니라 북한이탈주민에 대해서도 나타나고 있는데, 2007
년부터 2010년까지의 서울대학교 통일평화연구소의 통일의식조사 결
과를 보면 '탈북자들 때문에 취업이 어려워진다'는 문항에 대한 동의는
24.5%로 그리 크지 않았으나 '남한에 거주하는 북한이탈주민들도 똑같
이 경쟁해야 한다'는 데에서는 약 67.8%가 일관되게 긍정적으로 응답을
하였다. 이는 북한이탈주민이 현재 상태에서는 경쟁상대가 되지 않는다
고 생각하나 만일 취업상황에서 남한주민과 경쟁하게 되면 그들에 대한
우대나 특별한 차별시정조치에 대해서는 반대할 수 있음을 보여주는 결
과라고 볼 수 있다(김병로, 2010).

　　좀 더 나아가 국내 다문화집단에 대한 태도에 영향을 미치는 요인들
을 밝히고자 하는 몇몇 연구들이 수행된 바 있는데, 여러 연구에서 현실
갈등인식은 다문화집단에 대한 태도에 중요한 영향을 미치는 요인인 것
으로 나타난 바 있다. 우선 양계민(2009)의 연구에서는 청소년을 대상으
로 외국인노동자, 북한이탈주민, 국제결혼가정자녀, 조선족 등 혈연상 위
계의 수준에 따른 집단에 대한 태도를 비교하였다. 이들에 대한 태도에
영향을 미치는 요인으로 한민족정체성, 권위주의적 공격성, 현실갈등 인
식 중 어떤 요인이 영향을 미치는지 분석한 결과 현실적 갈등인식이 가장
큰 영향을 미치는 요인인 것으로 나타났다. 다음으로 양계민(2010)은 외
국인노동자에 대한 태도에 현실갈등인식이 영향을 미치는지 살펴보고 그
과정에서 자신의 주관적 안녕감이 어떤 역할을 하는지 분석하였는데, 그
연구에서 외국인노동자에 대한 태도에 현실갈등인식이 의미 있는 영향을
미치는 것으로 나타났고, 그 과정에서 주관적 안녕감이 상호작용을 하는
것으로 나타났다. 즉, 한국 성인들의 경우 외국인노동자에 대하여 현실갈
등이 높다고 지각하는 경우에는 주관적 안녕감이 낮을수록 긍정적 정서
가 낮아졌지만 현실적 갈등인식이 낮을 때는 주관적 안녕감의 효과가 나

타나지 않았다. 한국사회에서 다문화집단에 대한 인식에 현실갈등인식이 영향을 미치는 중요한 요인이라는 결과는 김혜숙 등의 연구(2011)에서도 일관되게 나타났는데, 그 연구에서는 한국인이 지니는 동화주의적 신념이 높아질수록 현실적 이득의 위협을 강하게 느끼게 되고, 그 결과 다문화집단에 대한 사회적 거리감이 커지는 것으로 나타났다.

이러한 연구들은 주류집단이 소수집단에 대해 현실갈등을 느끼는 것이 어떤 결과에 영향을 미치는지를 중심으로 연구된 것들이 대부분이다. 그러나 현실갈등은 반드시 주류집단이 새로이 등장한 소수집단에 대해서만 느끼는 심리현상이 아니라 같은 소수집단 간에도 경험할 수 있는 것으로 보인다. 예를 들면, 이주노동자들이 내국인의 자원을 빼앗아가는 데 대하여 불안감을 더 많이 느끼는 사람들은 경제적 수준이 낮은 계층일 가능성이 높다는 연구(Coenders et al., 2003), 현실적 갈등인식에 의해 편견이 나타나는 경우는 외집단이 자신과 유사한 직무관련성격 특성과 능력을 지녔다고 여길 때였고, 외집단의 유사성을 직무와 관련되지 않은 영역에서 평가한 후에는 편견의 강도가 약해졌다는 연구(Zatate, Garcia, Garza & Hitlan, 2004), 그리고 사회적 지위가 낮을수록 상대적 박탈감이 높은 것으로 나타난 연구(박군석, 한덕웅, 2002) 등은 결국 그 사회의 모든 사람이 현실갈등을 느끼는 것이 아니라 편견의 대상이 되는 집단과 유사한 경제적 사회적 위치에 있는 집단과의 관계에서 갈등이 일어날 가능성이 높다는 것을 예측할 수 있게 해 준다. 그렇다면 같은 이주배경을 지닌 소수집단 간 갈등도 일어날 수 있는 문제이다. 실제 소수집단 간 갈등의 문제는 최근 들어 미국에서 라틴계 인구의 증가로 흑인이 느끼는 현실갈등인식과 그로 인한 갈등관계 등에서 드러나고 있고(Baker & Binham, 1991), 향후 흑인, 히스패닉, 아시아계 소수집단 간 갈등의 가능성을 우려하는 목소리도 나타나고 있는 바(Anderson, 1992), 우리 사회에서도 유사한 지위 및 계층에 속한 소수집단 간에 갈등이 나타날 가능성이 존재하고 이에 대비한 연구들이 이루어질 필요가 있다.

2. 지각된 차별감(Perceived discrimination)의 영향

지각된 차별감이란 '인종, 민족, 연령, 성별, 사회경제적 위치, 비만, 성적지향 등 개인이 지닌 속성으로 인하여 다른 사람들로부터 불공평하게 취급된다는 개인의 지각'으로 정의될 수 있다(Kessler, Mickelson, & Williams, 1999). 특히 특정한 집단이 인종 또는 민족특성에 근거하여 사회에서 불공평한 지위를 지니는 경우 인종차별이라고 하는데(Sampson, Morenoff, & Raudenbush, 2005), 현대 사회에서는 인종차별이 공식적인 제도상 나타나지는 않지만 개인적인 수준의 일상생활에서 존재하고 있고, 다양한 정신건강 요인에 영향을 미치는 것으로 알려져 있다(Bennett et al., 2005; Chae & Walters, 2009; Corning, 2002; Gee & Paradies, 2006; Gee, & Walsemann, 2009; Seaton & Yip, 2009; Szalacha et al., 2003; Williams, 2005). 물론 북한이탈주민의 경우 남한주민과 '인종'적으로 다른 집단은 아니다. 그러나 지각된 차별감이 정신건강에 미치는 부정적 영향이 특히 인종적 소수집단(Karlsen & Nazroo, 2002), 이민자(Vedder, van de Vijver, & Leibkind, 2006), 난민(Noh, Beiser, Kaspar, Hou, & Rummens, 1999) 등의 집단에서 나타난다는 기존의 연구 결과를 토대로 생각해 볼 때 북한이탈주민들에 대한 편견과 차별의 속성은 다민족 국가에서 인종적으로 다르거나 다른 지역에서 이주한 집단에 대한 그것과 유사할 수 있다.

차별감은 정신건강에 많은 부정적인 영향을 미칠 수 있는데, 차별감을 지각하는 경우 자아존중감이나 사회적 안녕감을 저해하고(Crocker &

Major, 1989; Croker, Cornwell & Major, 1993; Major, 1994; Ruggiero & Taylor, 1995, 1997), 자아정체성에 영향을 미치고(Barry & Grilo, 2003; Fischer & Shaw, 1999), 전반적인 안녕감을 감소시키며(Gee & Walsemann, 2009), 대인관계(Kaiser & Miller, 2001)에도 영향을 미치고, 자존심이 저하되고, 자신의 집단에 대한 정체감을 약화시키는 요인으로 작용할 수 있다(Jost & Banaji, 1994). 또한 지각된 차별감 수준이 증가할수록 부정적인 정서적 스트레스 및 우울증의 수준이 높아지는 것으로 나타나고 있는데(Paradies, 2006), 부정적인 스트레스 반응은 정서적 측면뿐 아니라 신체적 건강에도 부정적인 영향을 미치는 것으로 알려져 있다(Pascoe & Richman, 2009). 이는 아마도 지각된 차별감으로 인한 스트레스가 스트레스 대처기제(Mellor, 2004; Verkuyten & Brug, 2003) 및 생리적 반응에 부정적 영향을 미치고(Brondolo, Rieppi, Kelly, & Gerin, 2003), 그 결과 심장병, 비만, 약물남용 등 신체적 증상 및 행동적 결과로 이어지기 때문일 것이다(Brondolo et al., 2008; Cardarelli et al., 2010). 성인뿐 아니라 청소년기에 차별을 지각하는 경우도 역시 유사한 결과를 초래할 수 있는데, 예를 들면 지각된 인종차별은 청소년들의 학업성취에 영향을 미치고(Bodkin-Andrews, Seaton, Nelson, Craven & Yeung, 2010; Wong, Eccles, & Sameroff, 2003), 약물사용 및 심리적 스트레스, 마리화나 사용 등과 관련이 있었고 우울증과도 관련이 있는 것으로 나타났다(Sanders-Phillips, et al., 2014). 이러한 결과들은 현실 갈등인식과 마찬가지로 사회적 차별감을 지각할수록 인간의 삶의 만족도에 부정적인 영향을 미치고 있음을 보여주는 결과라고 할 수 있다.

그런데 이러한 차별은 제도적 차별 보다는 대인관계 장면에서의 차별이 신체적 건강 및 우울에 더 결정적인 영향을 미치는 요인이 되고(Juan, 2013), 인생의 중요한 어느 시점의 일회적인 차별보다는 일상생활에서 겪는 차별이 정신건강에 더 많은 영향을 미치는 것으로 알려져 있다(Ayalona & Gum, 2011). 국내에서 북한이탈주민이 경험하는 차별감에 대한 연구로 조영아(2011)의 연구가 있는데, 이 연구에서도 서구의 기존 연구와 유사하게 북한이탈주민들이 차별감을 많이 지각할수록 불안이나 우울 같은 심리적 스트레스를 많이 경험하는 것으로 나타났고, 특히 차별감의 내용 중에서도 '모욕을 한다'거나 '존중하지 않는다'와 같이 일상생활에서 나타날 수 있는 차별경험을 많이 느낄수록 심리적 스트레스를 더 많이 느끼는 것으로 나타났다. 또한 북한이탈주민이 편견과 차별을 경험하는 장면이 구직활동 장면이고(윤인진 외, 2006), 편견과 차별을 강하게 느끼는 영역이 직장에서의 차별이라는 연구결과(장명선, 이애란, 2009)들을 고려해 보면, 제도적 차별보다는 일상생활 속에서 원주민들과의 상호작용 과정에서 경험하는 차별지각이 북한이탈주민의 더 큰 심리적 스트레스요인으로 작용할 가능성이 높다고 생각할 수 있다.

사회적 차별을 지속적으로 느끼게 될 경우 사회의 부당함에 대해 비판과 불만이 커지게 되고, 자신의 집단에 대한 동일시가 오히려 높아지며 그에 따라 사회의 갈등이 증폭될 수 있다(Crocker & Major, 1989; Turner & Brown, 1978)는 점에서 사회적인 차별의 문제는 다문화사회의 중요한 문제라고 볼 수 있으며, 향후 통일 한국사회에서 더더욱 중요한 문제가 될 수 있다. 실제 통일 독일의 경우 학력이 낮거나 직업훈련을 받지 못한, 즉 서독으로 이주하여 더 좋은 직장을 지니지 못하고 동독에 남아있을 수밖에 없는 사람들이 실업 등 자신이 처한 현실의 탓을 외부로 돌려 외국인에 대한 적대감과 차별적 행동을 하게 된 현상이 발생한 사례(이기식, 2008)를 생각해 볼 때, 같은 민족인 북한이탈주민들이 남한 주민들로부터 차별감을 느낄 경우 삶에 대한 만족감과 심리적 안녕감이 감소하고 심리·사회적응에 어려움을 겪게 되는 동시에, 외국계 이주집단에 대해 그 적대감을 표출할 수 있을 것이다.

남북하나재단에서 실시한 '2014 북한이탈주민 실태조사'에 따르면 남한에 거주하는 북한이탈주민의 다수(67.6%)는 남한생활에 대해 만족하고 있는 것으로 나타나고 있지만, 나머지 남한생활에 불만족한다고 응답한 사람들이 남한생활에 불만족하는 이유로 꼽은 내용으로는 '경제적으로 어려워서'라는 이유가 54.7%로 가장 높고, 그 다음으로 높은 응답은 '북한이탈주민에 대한 각종 편견 및 차별 때문에(41.9%)'라는 응답이었다(남북하나재단, 2014). 이는 북한이탈주민들이 북한에서 절대적 빈곤에 시달리며 끼니를 걱정해야 했던 상황보다는 편안한 상황이지만 남한 사람들로부터 느끼는 편견과 차별이 삶에 대한 만족도에 부정적인 영향을 미치고 있음을 보여주는 결과로 생각된다. 따라서 본 연구에서도 지각된 차별감이 이주민의 현실갈등인식과 삶의 만족도 사이에서 어떤 역할을 하는지 살펴보고자 하였다.

3. 다문화집단에 대한 현실갈등인식과 지각된 차별감

지금까지 현실갈등인식과 지각된 차별감의 결과 어떤 현상이 나타나는지에 대해 설명하였다. 그렇다면 북한이탈주민이 다문화집단에 대해 느끼는 현실갈등인식과 지각된 차별감은 어떤 관계를 가질 것인가? 사실상 이 두 변인의 관계에 대한 실증적 연구는 거의 없다. 따라서 북한이탈주민이 다문화집단에 대해 느끼는 현실갈등인식이 지각된 차별감에 어떻게 영향을 미치는지에 대한 이론적 근거를 직접적으로 제시할 수는 없는 형편이다. 그러나 북한이탈주민이 다문화집단에 대해 가지는 심리적 역동을 부분적으로 집단지위이론을 적용해서 설명할 수 있을 것으로 생각된다. 집단지위이론(group position model)은 사회구조적인 요인이 차별에 대한 지각에 영향을 미친다는 것인데, 한 사회에서 개인이 지니는 자격(entitlement)에 대한 신념이 성과에 대한 사회적 분배에 대해 사람들이 보이는 감정적, 평가적, 행동적 반응에 중요한 심리적 매개변인이 된다고 보는 이론이다(Major, 1994; 안미영, 김혜숙, 2003 재인용). 즉, 사회 내에서 특정 집단의 자격(entitlement), 지각된 경쟁, 위협 등과 같은 집단의 이익이 집단 간 갈등의 결정적인 요인이라고 본다. 이 때 어떤 집단에 속하는지와 그 집단에 사회적으로 부여된 특권(privilege)은 그 집단의 객관적인 지위가 되고, 자신이 속한 집단의 사회적 지위가 그럴만한가에 대한 주관적 기대가 집단 간 갈등을 유발한다는 것이다(Minescu & Poppe, 2011). 따라서 자신이 어떤 자원이나 성과에 대해 그것을 가질만한 정당한 자격이 있다고 느끼고 있는데 그것을 가지지 못하게 되는 경우 부당하다고 느끼게 되지만, 자신과 비교되는 사람의 성과가 정당하다고 평가하게 되면 자신이 성과가 동일하지 않더라도 부정적 감정을 느끼지 않는다(안미영, 김혜숙, 2003). 그런데 이러한 지위정당성 요인이 차별에 영향을 미친다는 연구결과가 있다. 안미영, 김혜숙, 안상수(2004)의 연구에서는 성차별에 대한 인식을 중심으로 회귀분석한 결과, 지위가 낮을수록, 지위에 대한 정당성이 높을수록, 그리고 그 사회에서 지위의 개인적 이동이 가능하다고 믿는 정도인 지위안정성이 높을수록 높은 차별을 지각하는 것으로 나타났다. 즉, 개인의 지위와 관련된 신념이 차별인식에 영향을 미쳤다는 것이다.

이를 북한이탈주민의 경우에 대입해 보면, 북한이탈주민의 경우 앞에서 언급한 바와 같이 한국사회의 소수집단 중에서 겉으로 보기에 가장 우위를 차지하고 있고, 여전히 민족정체성이 중시되는 한국사회에서 '한민족'이라는, 다른 소수집단과는 차별되는 지위를 지닌다고 인식할 수 있다. 그러나 실제로 한국사회에서 북한이탈주민이 남한주민들로부터 그러한 지위를 인정받고 있다고 보기 어렵고, 오히려 다문화집단보다 덜 수용되고 있다고 느끼며, 다문화집단이 등장함에 따라 사회적 관심과 지원이 줄었다고 심리적으로 인식하는 경우, 이는 현실적 갈등을 느끼는 동시에 다문화집단과 비교하여 자신의 지위에 대한 정당성을 확보하고자 하는 동기를 가질 수 있을 것으로 예측할 수 있다. 따라서 북한이탈주민들이 다문화집단에 대하여 그들보다 더 많은 지원을 받아야 하고 더 높은 지위를 지녀야 한다고 생각하는데, 사회적으로 그렇지 못하고 다문화집단과 갈등적 관계라고 인식하는 것은 북한이탈주민이 지각하는 차별감에 영향을 미칠 수 있을 것으로 생각된다.

III. 연구과제

지금까지 우리 사회의 다문화적 변화 속에서 북한이탈주민이 외국계 이주집단과의 관계 속에서 현실갈등을 느낄 수 있다는 점과 이 과정에서 남한주민으로부터 느끼는 차별의식이 그들의 삶에 영향을 미칠 수 있음을 논의하였다. 향후 우리 사회의 다문화현상이 가속화되고 점점 더 다양한 소수집단들이 생겨날 수 있음을 생각해 볼 때 소수집단 간 인식과 관계에 영향을 미치는 요인들을 파악할 필요가 있으나 아직 국내에서는 이 분야에 대한 연구가 거의 없는 실정이다. 따라서 본 연구는 그 기초단계로, 북한이탈주민이 국내 다문화집단에 대해 느끼는 현실갈등인식이 그들의 삶에 어떤 영향을 미치는지, 그 과정에서 지각된 차별감이 어떤 작용을 하는지 살펴보고자 하였다. 사회적으로는 같은 민족이라는 인식에 기반하여 남한사회에서 특별한 우대를 받는 지위에 있는 것이 당연하다고 생각하는 반면, 현실적으로 다문화집단과 제한된 사회적 자원을 놓고 경쟁하는 관계라고 생각하고 동시에 사회적으로는 부정적인 편견과 차별의 대상이 될 경우, 자신이 사회적으로 받는 대우가 다문화집단과 비교하여 정당하지 않을 수 있다고 생각하여 현실갈등을 느낄 수 있고, 그 결과 차별에 대한 인식수준이 높아지고, 이는 그들의 삶의 만족도를 떨어뜨리는 요인으로 작용할 수 있기 때문이다. 이러한 배경을 근거로, 본 연구에서는 북한이탈주민이 다문화집단에 대해 현실갈등을 인식하는 것이 삶의 만족에 부정적인 영향을 미칠 것인데, 이 때 현실갈등인식이 삶의 만족에 직접 영향을 미치는 것이 아니라 현실갈등인식이 지각된 차별감에 영향을 미치고, 이러한 지각된 차별감이 삶의 만족에 영향을 미칠 것이라고 가정하였다.

본 연구의 가정을 확인하기 위하여 사전적으로 주요 변인들이 북한이탈주민의 성별, 연령별, 남한거주기간별로 차이가 있는지를 파악하고자 하였다. 북한이탈주민들은 성별, 연령 및 남한거주 기간에 따라 남한에서 접촉한 주요 대상 및 생활환경 등 경험의 질과 수준이 다를 가능성이 있기 때문에 서로 다른 경험에 따라 현실갈등인식, 지각된 차별감, 삶의 만족도에 차이가 있는지를 먼저 검증한 후 세 변인 간의 관계를 검증하는 것이 필요하기 때문이었다. 특히 남한거주 기간이라는 변인은 남한사회에 대한 적응의 수준과 밀접히 관련될 수 있는 변인이고, 거주기간에 따라 다문화현상 및 다문화집단에 대한 이해가 다를 수 있기에 거주기간에 따른 차이를 살펴보고자 하였다. 본 연구의 연구과제를 구체적으로 제시하면 다음과 같다.

연구과제 1 북한이탈주민의 성별, 연령 등과 같은 사회인구학적인 특성에 따른 다문화집단에 대한 현실갈등인식, 지각된 차별감, 삶의 만족도를 살펴본다.

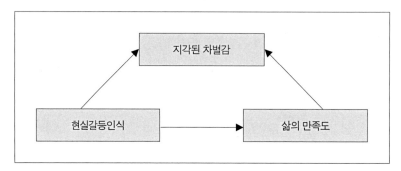

그림 1. 연구모형

표 1. 조사참여자의 배경적 특성

	변인	빈도(%)		변인	빈도(%)
성별	남자	122(44.7)	연령집단	20대	76(27.9)
	여자	151(55.3)		30대	63(23.2)
남한 거주기간	3년 이하	92(33.8)		40대	78(28.7)
	3년 1개월-5년	107(39.3)		50대 이상	55(20.2)
	5년 1개월-7년	35(12.9)	탈북 전 교육수준	소학교 졸업 이하	35(12.9)
				고등중학교 졸업	159(58.3)
	7년 1개월-9년	24(8.8)		2년제 대학 졸업	43(15.9)
	9년 1개월 이상	14(5.1)		4년제 대학졸업 이상	35(12.9)

연구과제 2　북한이탈주민의 남한거주기간에 따른 다문화집단에 대한 현실갈등인식, 지각된 차별감, 삶의 만족도에 대해 살펴본다.

연구과제 3　북한이탈주민이 다문화집단에 대해 느끼는 현실갈등인식, 지각된 차별감, 삶의 만족도 간의 상관관계를 살펴본다.

연구과제 4　북한이탈주민이 다문화집단에 대해 느끼는 현실갈등인식과 삶의 만족의 관계에서 지각된 차별감이 매개효과를 살펴본다. 연구모형을 그림으로 제시하면 **그림 1**과 같다.

IV. 방법

1. 조사대상

본 연구를 위하여 수도권의 탈북자 밀집 거주지역을 중심으로 만 19세 이상의 북한이탈주민들 중 남한 거주 기간이 최소 1년 이상 되는 사례를 성별, 연령별, 탈북 및 입국연도별로 임의표집하였다. 조사대상자는 서울, 경기, 인천지역에 거주하는 북한이탈주민으로 만 19세부터 69세까지의 273명이었다. 조사기간은 2015년 3월~4월까지 두 달간 진행되었고, 일대일 면접조사를 실시하였다. 조사대상자 중 남자는 122명(44.7%), 여자는 151명(55.3%)으로 여자가 약간 많은 편이었고, 연령대별로는 20대가 76명(27.9%), 30대가 63명(23.2%), 40대가 78명(28.7%), 50대 이상이 55명(20.2%)으로 전 연령층이 비교적 유사한 비율로 표집되었다. 탈북 전 교육수준은 고등중학교 졸업인 경우가 159명(58.3%)으로 가장 많았고, 2년제 대학 졸업이 43명(15.9%), 소학교졸업 이하와 4년제 대학졸업 이상이 각각 35명(12.9%)인 것으로 나타났다. 또한 월평균 수입의 경우는 한 달 평균 수입이 어느 정도 되는지 직접 기입하도록 하였는데, 평균이 130.07만원이었고, 표준편차는 94.11만원이었다. 이들의 남한거주 기간은 8개월부터 19년까지 매우 다양하였는데, 3년 이하 거주경험자가 92명으로 전체의 33.8%였고, 3년 1개월부터 5년 이하 거주자가 107명(39.3명), 5년 1개월부터 7개월 이하 거주자가 35명(12.9%), 7년 1개월 이상 9년 이하가 24명(8.8%), 9년 1개월 이상자가 14명(5.1%)인 것으로 나타났다.

2. 절차

본 연구를 위하여 표집된 조사 대상자들이 다문화집단에 속한 각 집단의 의미를 정확히 이해할 수 있도록 하기 위하여 본 연구에서 다문화집단이란 외국인노동자, 결혼이주여성, 다문화가정자녀 등을 의미한다는 것과, 다문화집단에 포함된 각 집단의 의미를 기술한 후 조사원이 설문지를 실시하기 전에 미리 간략히 설명을 하도록 하였다. 또한 설문내용 중 이해되지 않는 문항에 대해 조사원에게 자유롭게 질문을 하도록 하여 최대한 설문의 내용을 정확히 파악한 후 작성하도록 하였다. 이 때 조사원은 북한관련학과 석사과정 및 졸업생들로 구성되었고, 사전에 설문의 내용과 진행과정에 대한 교육을 받은 후 조사를 실시하였다.

3. 측정도구

현실갈등인식

북한이탈주민이 다문화집단에 대해 느끼는 현실갈등은 지금까지 국내에서 연구된 바가 거의 없다. 따라서 본 연구를 위하여 연구자들이 문항을 구성하였다. 문항구성을 위하여 다문화 및 북한이탈주민 연구분야의 전문가인 심리학, 인류학, 교육학 박사 각 1명씩 총 3명이 북한이탈주민과 다문화집단이 제한된 자원을 놓고 경쟁을 하는 내용을 포함하는 문항들을 구성하고 최종 합의된 문항을 선정하였다. 이 때, 조사대상이 북한이탈주민임을 감안하여 설문에서 측정하고자 하는 내용은 최대한 포함하되 문항수는 최대한 줄이는 원칙하에 문항을 구성하고자 하였다. 북한이탈주민들의 경우 남한의 언어에 익숙하지 않아 설문이해에 더 많은 시간이 소요되고 쉽게 피로도를 느낄 수 있기 때문이다(양계민, 2015). 문항은 총 다섯 문항이었는데, 황정미 등(2007)이 사용한 종족적 배제주의 척도 중 이주로 인한 위협에 대한 문항인 '외국인 근로자들이 한국인의 일자리를 빼앗아 간다'는 문항을 '이주노동자들과 다문화배경 이주민은 북한이탈주민과 일자리를 놓고 경쟁할 수 있다'로 수정하였고, 그 외에 는 '다문화배경 이주민에 대한 사회적 관심이 많아질수록 북한이탈주민 에 대한 관심은 줄어든다', '다문화배경 이주민에 대한 사회적 지원이 증 가할수록 북한이탈주민에 대한 지원을 줄어든다', '다문화배경 이주민에 대한 지원보다는 북한이탈주민에 대한 지원이 더 많아야 한다', '다문화 배경 이주민들 때문에 북한이탈주민에 대한 지원이 줄어들었다고 느낀 다' 등은 연구자들이 측정개념을 반영하는 내용으로 구성하였다. 각 문 항에 대하여 '전혀 그렇지 않다(1)'부터 '매우 그렇다(5)'까지의 5점 척도 상에 표시하도록 하였다. 문항들을 요인분석한 결과 하나의 요인이 산출 되었고, 각 문항별 요인부하량은 .85 부터 .40까지였으며, 척도의 신뢰 도는 $\alpha = .78$이었다.

지각된 차별감

지각된 차별감은 문화적응스트레스를 측정하는 Sandhu(1994)의 Ac-culturative Stress Scale for International Student의 36문항을 이승종 (1996)이 번안한 척도를 이소래(1997)가 북한이탈주민의 문화적응 스트 레스를 측정하기 위하여 수정한 것을 양계민 등(2011)의 연구에서 지각된 차별감 측정을 위해 선정한 5개 문항을 사용하였다. 문항의 내용은 '나는 사회에서 한국사람들과 다르게 취급된다', '남한 사람들은 내가 북한에서 왔다는 편견을 가지고 있다', '나는 북한출신자들을 무시하는 것에 화가 난 다', '나는 내가 북한에서 왔다는 이유 때문에 위축된다', '나는 내가 북한에 서 왔기 때문에 사회적 지위가 낮다고 느낀다' 등 총 5개 문항으로 구성되

어 있었다. 각 문항에 '전혀 그렇지 않다(1)'부터 '매우 그렇다(5)'까지의 5
점 척도 상에 표시하도록 되어 있었다. 척도의 신뢰도는 $\alpha=.76$이었다.

삶의 만족도

삶의 만족도는 한국청소년개발원(2005)의 삶의 만족도 문항 중 김신영
등(2006)이 수정 보완한 세 문항을 사용하였다. 문항의 내용으로는 '나
는 사는 게 즐겁다', '나는 걱정거리가 별로 없다', '나는 내 삶이 행복하
다고 생각한다'는 것이었고, 문항에 '전혀 그렇지 않다(1)'부터 '매우 그
렇다(5)'까지의 5점 척도 상에 표시하도록 되어 있었다. 척도의 신뢰도
는 $\alpha=.74$였다.

V. 결과

1. 북한이탈주민의 성별, 연령별, 거주기간별 현실갈등인식, 지각된 차별감 및 삶의 만족도

연구과제1과 관련하여, 북한이탈주민이 지각하는 현실갈등인식과 지각

표 2. 북한이탈주민의 성별, 연령별 현실갈등인식, 지각된 차별감 및 삶의 만족도

	성별			연령				
	남	여	t	20대	30대	40대	50대 이상	F
현실갈등인식	2.95(.72)	2.83(.70)	1.14	2.91(.71)	3.02(.75)	2.88(.64)	2.71(.74)	1.91
지각된 차별감	3.08(.85)	3.11(.79)	-.26	3.20(.84)	3.03(.79)	3.11(.68)	3.04(.96)	.59
삶의 만족도	3.32(.85)	3.25(.79)	.64	3.32(.79)	3.17(.85)	3.25(.85)	3.40(.76)	.84

표 3. 북한이탈주민의 남한거주 기간별 현실갈등인식, 지각된 차별감 및 삶의 만족도

	3년 미만	3-5년 미만	5-7년 미만	7-9년 미만	9년 이상	F
현실갈등인식	2.78(.65)	2.89(.77)	3.00(.68)	2.88(.76)	3.23(.54)	.18
지각된 차별감	3.13(.87)	3.09(.82)	3.28(.80)	2.82(.65)	2.96(.68)	1.24
삶의 만족도	3.30(.89)	3.31(.73)	3.08(.91)	3.38(.69)	3.33(.90)	.60

된 차별감 및 삶의 만족도의 관계를 분석하기에 앞서 이 세 변인에 대하여 성별, 연령별, 남한거주기간별 평균을 비교하였다. 세 변인의 성별, 연령별 차이를 먼저 살펴본 결과 아래에 나타난 바와 같이 현실갈등인식, 지각된 차별감 및 삶의 만족도 수준에서 성별, 연령별 집단 간 유의미한 차이는 나타나지 않았다. 그런데, 평균을 살펴보았을 때 현실갈등인식의 전체 평균 수준은 척도의 중간값보다 낮았고, 지각된 차별감과 삶의 만족도는 척도의 중간값보다 높은 것으로 나타났다.

다음으로 연구과제 2와 관련하여 남한거주 기간별로 현실갈등인식, 지각된 차별감 및 삶의 만족도에 차이가 있는지 비교하였는데, 전체 집단을 1년 단위로 분석한 결과 집단 간 차이가 나타나지 않았다. 따라서 기존의 북한이탈주민에 대한 조사 및 연구(예, 남북하나재단, 2014a; 남북하나재단, 2014b; 북한이탈주민지원재단, 2013a; 북한이탈주민지원재단, 2013b; 신미녀, 2010 등)의 관례에 따라 아래와 같이 3년을 기준으로 나누어서 제시하였다. 3년을 기준으로 분석한 결과 역시 거주기간에 따른 평균차이는 나타나지 않았다.

표 4. 북한이탈주민의 지각된 차별감, 현실갈등인식, 삶의 만족도 및 월평균 수입의 상관관계

	현실갈등인식	지각된 차별감	삶의만족도	월평균수입
현실갈등인식	1.00			
지각된 차별감	.39***	1.00		
삶의 만족도	-.14*	-.30***	1.00	
월평균수입	.03	.00	.15*	1.00

* $p<.05$, *** $p<.001$

2. 북한이탈주민의 현실갈등인식, 지각된 차별감 및 삶의 만족도의 상관관계

연구과제 3을 위하여 북한이탈주민이 다문화집단에 대해 지각하는 현실 갈등인식과 지각된 차별감 및 삶의 만족도 세 변인의 상관관계를 분석 하였다. 아래의 표에 나타난 바와 같이 현실갈등인식의 수준이 높을수록 지각된 차별감의 수준은 높아지고 삶의 만족도는 낮아지는 것으로 나타 났다. 또한 지각된 차별감이 높을수록 삶의 만족도가 낮은 것으로 나타 났다. 이 때, 월평균 수입이 세 변인에 영향을 미칠 수 있는 가능성을 고 려하여 월평균 수입과의 상관관계를 함께 분석하였는데, 월평균 수입은 삶의 만족도와의 관계에서만 유의미한 관계를 나타내었고 현실갈등인식 과 지각된 차별감과는 유의미한 관계가 없는 것으로 나타났다.

3. 현실갈등인식이 삶의 만족에 미치는 관계에서 지각된 차별감의 매개효과 검증

마지막으로 본 연구의 핵심주제인 연구과제 4와 관련하여 현실갈등인

표 5. 현실갈등인식과 삶의 만족관계에서 지각된 차별감의 매개효과 검증을 위한 회귀분석

	종속변인		독립변인	B	β	t	R^2
1단계	삶의 만족	←	현실갈등인식	-.17	-.14	-2.41*	.043**
2단계	지각된 차별감	←	현실갈등인식	.42	.37	6.46***	.139***
3단계	삶의 만족	←	현실갈등인식	-.06	-.05	-.85	.109***
		←	지각된 차별감	-.28	-.27	-4.28***	

* $p < .05$, ** $p < .01$, *** $p < .001$

삶의 만족에 미치는 영향을 분석하고 그 관계에서 지각된 차별감이 매개효과를 지니는지 검증하고자 회귀분석을 실시하였다. 지각된 차별감이 매개효과가 있는지 알아보기 위해서는 Baron과 Kenny(1986)의 절차를 적용하였다. Baron과 Kenny(1986)에 따르면 다음과 같은 조건이 충족되어야 한다.

첫째로 현실갈등인식이 삶의 만족에 미치는 영향이 유의미하고, 두 번째로 현실갈등인식이 지각된 차별감이 미치는 영향이 유의미하며, 세 번째 현실갈등인식과 지각된 차별감을 동시에 독립변인으로 투입했을 때 삶의 만족에 미치는 영향 중 지각된 차별감이 유의해야 한다. 이때 현실갈등이 유의하지 않으면 이 모형은 완전매개모형이 되고, 현실갈등이 유의하지만 효과크기가 감소했다면 부분매개모형이 된다. 따라서 Baron과 Kenny의 절차는 완전매개모형과 부분매개모형 중 어떤 모형이 자료와 잘 일치하는지 검증가능하다. 이때 월평균 수입이 영향을 미칠 가능성을 고려하여 월평균수입을 독립변인으로 넣어서 통제하였다. 이와 같은 방식으로 단계적으로 분석한 결과 **표 5**에 나타난 바와 같이 첫 번째 단계에서 현실갈등인식이 삶의 만족에 미치는 영향이 유의미한 것으로 나타났고(B =-.17, $p<.05$), 두 번째 단계에서 현실갈등인식이 지각된 차

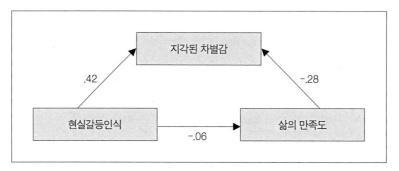

그림 2. 현실갈등인식과 삶의 만족도 관계에서 지각된 차별감의 매개효과

별감에 미치는 영향 역시 유의미한 것으로 나타났으며(B = .42, p⟨.001), 세 번째 단계에서 현실갈등인식과 지각된 차별감이 삶의 만족에 미치는 영향을 분석한 결과 현실갈등이 삶의 만족에 미치는 영향은 유의미하지 않고(B = -.06, p⟩.05), 지각된 차별감이 삶의 만족에 미치는 영향만이 통계적으로 유의미한 것으로 나타났다(B = -.28, p⟨.001). 따라서 북한이탈주민이 느끼는 지각된 차별감은 경제적 수준을 통제한 이후에도 현실갈등인식과 삶의 만족의 사이를 매개하는 매개변인으로 작용하며, 매개의 형태는 완전매개인 것으로 나타났다.

그런데, Baron과 Kenny(1986)의 절차는 각 경로의 회귀계수를 산출하여, 매개효과를 간접적으로 평가해준다. 따라서 지각된 차별감의 매개효과를 직접 검증할 필요에 따라 본 연구에서는 부트스트랩 방법을 이용하여 매개효과를 직접 검증하였다. PROCESS v2.13(Hayes, 2013)을 이용하였으며, 부트스트랩 표본추출횟수는 1000번이었다. 부트스트랩 방법을 이용한 결과, 차별감의 매개효과는 −0.12(0.42×(−0.28))이며, 95% 신뢰구간은 −.20~−.05였다. 95% 신뢰구간은 0을 포함하지 않으므로 차별감의 매개효과는 통계적으로 유의미하였다.

IV. 논의

본 연구는 북한이탈주민이 변화하는 남한의 사회적 상황에서 점차 다양해지는 다문화집단과 현실적으로 갈등관계에 있다고 지각하는 것이 삶의 만족도에 영향을 미치는지, 또 그 관계에서 지각된 차별감은 어떤 역할을 하는지 파악하기 위하여 수행된 기초 연구였다. 이주의 배경을 지녔다는 점에서 유사하다고 볼 수 있는 북한이탈주민과 다문화집단이 각각 통일정책과 다문화정책의 대상으로 구분되어 있다. 북한이탈주민들의 경우 같은 민족이고 향후 통일 한국사회에서 남북한 간 교량역할을 할 것이라는 기대를 근거로 다문화집단에 비해 월등히 많은 지원을 받으며 이러한 우대를 당연하다고 여기는 데 반해, 현실적으로는 다문화집단에 비해 더 부정적인 편견과 차별의 대상이 되고 있는데, 이런 상황에서 사회적·정책적 지원을 다문화집단과 나누어야 한다고 생각한다면, 다문화집단에 대해 현실갈등을 느끼게 되고, 그 결과 사회적으로 소수집단 간 갈등을 유발할 수 있기 때문이었다. 이를 알아보기 위하여 우선, 북한이탈주민이 다문화집단에 대해 느끼는 현실갈등인식, 지각된 차별감 및 삶의 만족도 수준에서 성별, 연령별 차이가 있는지 살펴보았고, 두 번째로 이 세 주요변인에서 남한거주기간에 따른 차이가 있는지 살펴보았으며, 세 번째로 현실갈등인식과 지각된 차별감, 삶의 만족도 간의 상관관계를 분석하였고, 마지막으로 현실갈등인식과 삶의 만족도의 관계에서 지각된 차별감이 어떤 영향을 미치는지 살펴보았다.

　본 연구의 결과를 중심으로 논의를 해보면, 첫째, 다문화집단에 대한 현실갈등인식, 지각된 차별감 및 삶의 만족도 변인의 성별, 연령별 차이가 나타나지 않았고, 남한거주기간에 따른 차이도 나타나지 않았다. 북한이탈주민의 남한입국이 본격적으로 시작된 지 20년 이상 되었고, 그

동안 입국의 이유, 탈북 후 남한입국까지 걸리는 소요시간, 탈북자의 재북시 사회경제적 계층 등이 다양화되었음에도 불구하고 다문화집단에 대한 현실갈등인식, 지각된 차별감 및 삶의 만족도에서 차이가 나타나지 않았다. 이는 아마도 북한이탈주민의 남한사회 경험이 배경적 특성에 따라 서로 다를 수 있으나 남한사회의 일상에서 느끼는 바는 유사하기 때문일 수 있다. 예를 들면, 북한이탈주민의 경우 여자든 남자든, 연령이 낮든 높든, 남한에서 1년을 거주했든 그 이상을 거주했든 한국사회에서 느끼는 차별감은 유사한 영역의 유사한 수준일 수 있고, 삶의 만족도를 느끼는 영역이나 만족도를 떨어뜨리는 영역, 그리고 각 영역에서 삶의 만족도를 느끼는 수준 등이 유사할 수 있으며, 다문화집단에 대한 현실갈등이라는 현상은 비교적 최근에 나타난 현상이고 사실상 크게 높은 수준이 아니기에 배경특성에 따른 차이가 나타나지 않았을 가능성을 생각해 볼 수 있다.

이와 관련하여 전체적인 평균으로 보면, 표 2에 제시된 바와 같이 현실갈등 인식의 평균값이 5점 만점에 3점보다 약간 낮았고, 지각된 차별감과 삶의 만족도는 모두 5점 만점에 3점 이상을 나타내어, 북한이탈주민들이 현실갈등인식의 인식수준은 약간 낮고, 지각된 차별감을 다소 높게 지각하고 있으며, 삶의 만족도 역시 다소 높음을 보여주고 있다. 이는 미국과 같이 다문화 다인종 사회에서 소수집단 간 현실갈등이 실제로 나타나는 현상과 달리 아직 북한이탈주민들은 전반적으로 다문화집단에 대해 현실갈등의 대상으로 인식하는 경향이 높지 않으며, 소수집단 간 갈등을 우려할 상황은 아니나, 이들이 느끼는 차별감은 기존의 연구들(신미녀, 2010; 윤인진, 채정민, 2010; Ziemek, 2009)에서 나타난 바와 같이 여전히 어느 정도 높은 수준임을 확인해 주는 결과이다. 그러나 그럼에도 불구하고 북한이탈주민이 느끼는 삶의 만족도는 비교적 높은 수준

을 유지하고 있어서, 이들이 일상생활에서 차별감을 느끼기는 하지만 전
반적으로는 만족스러운 삶을 살고 있음을 보여준 기존의 연구결과(남북
하나재단, 2014)와 일치하는 결과를 도출하였다.

　둘째, 북한이탈주민이 지각하는 현실갈등인식의 수준 자체가 전반
적으로 높은 것은 아니었지만 북한이탈주민이 현실적 갈등을 많이 지각
할수록, 지각된 차별감의 수준이 높아질수록, 삶의 만족도는 떨어지는
것으로 나타났다. 이는 다소 당연한 결과로 사회 내 다른 소수집단과의
갈등을 지각하게 되면 현실갈등이론에서 말하는 것처럼 외집단에 대한
부정적 편견이 형성되므로 삶의 만족이 떨어질 수 있고, 사회적으로 자
신이 차별받는 집단의 소속원이라는 인식 역시 삶의 만족을 떨어뜨릴 수
있는 문제이기 때문이다. 이는 기존의 현실갈등지각 및 차별지각이 심
리적 부적응을 유발하고 주관적 안녕감에도 부정적인 영향을 미친다고
앞에서 제시한 기존의 연구들(조영아, 2011; Barry & Grilo, 2003; Ben-
nett et al., 2005; Bodkin-Andrews, Seaton, Nelson, Craven & Yeung,
2010; Chae & Walters, 2009; Conover & Feldman, 1986; Corning,
2002; Crocker & Major, 1989; Croker, Cornwell & Major, 1993; Fis-
cher & Shaw, 1999; Gee & Paradies, 2006; Gee & Walsemann, 2009;
Jost & Banaji, 1994; Kaiser & Miller, 2001; Karlsen & Nazroo, 2002;
Major, 1994; Noh, Beiser, Kaspar, Hou, & Rummens, 1999; Paradies,
2006; Pascoe & Richman, 2009; Ruggiero & Taylor, 1995, 1997; Sand-
ers-Phillips, et al., 2014; Seaton & Yip, 2009; Szalacha et al., 2003;
Vedder, van de Vijver, & Leibkind, 2006; Gee & Walsemann, 2009;
Williams, 2005; Wong, Eccles, & Sameroff, 2003)과 일치하는 결과이다.

　그런데 현실갈등인식은 반드시 실제 경쟁상황이 아니어도 나타날
수 있다는 점, 즉 현실에서 경쟁 자체가 배제된 구조임에도 불구하고 제

한된 자원을 놓고 경쟁하는 관계라고 생각하게 되면 상대집단에 대해 부정적 평가를 하게 되고, 이러한 부정적 평가가 집단 내에서 공유되고 부풀려지고 편견으로 발전하여 집단갈등의 원인이 된다는 점(Aronson & Gonzalez, 1988; Sherif, 1966)을 다시 한 번 생각해 보면, 향후 우리 사회의 소수집단인 다문화집단과 북한이탈주민이 심리적으로 상호 경쟁의 관계라고 인식하는 경우 서로 불편한 심리적 상태를 유발하고 결국 삶의 만족도를 저하시키는 요인으로 작용할 수 있으므로 사전에 그러한 인식이 형성되지 않도록 미리 대비할 필요가 있음을 염두에 두어야 할 것으로 생각된다.

셋째, 본 연구에서 검증하고자 했던 주요 문제인 '현실갈등인식이 삶의 만족도에 미치는 영향에서 지각된 차별감이 가지는 효과'를 분석한 결과, 지각된 차별감이 현실갈등인식과 삶의 만족도의 관계에서 완전매개의 효과를 지니고 있는 것으로 나타났다. 즉, 북한이탈주민들이 현실갈등을 많이 인식할수록 삶의 만족도는 떨어지는데, 현실갈등인식의 직접적인 효과라기보다는 지각된 차별감을 통한 매개효과임을 시사하는 결과이다. 이는 현실갈등인식을 한다고 해서 직접적으로 삶의 만족도가 떨어지는 것이 아니라 남한사람들로부터 받는 차별감을 통해서 삶의 만족도가 낮아진다는 것을 보여주는 결과이고, 북한이탈주민이 남한에서 건강하고 만족스러운 삶을 영위하기 위해서 남한사람들의 태도가 얼마나 중요한지를 보여주는 결과라고 할 수 있다. 실제 윤인진과 채정민(2010)의 연구에서도 북한이탈주민 스스로 남한주민의 편견과 차별이 남한사회 적응의 중요한 요인이라고 밝힌 바 있어 본 연구의 결과를 뒷받침해주고 있다. 통일독일의 사례를 보았을 때 우리 사회도 통일이 된다면 북한주민이 남한주민에 비해 사회적 경제적 측면에서 소수집단을 형성할 가능성이 있다. 그런 경우 북한출신자들은 다른 이주배경의 소수집단에 대해 현실갈등인식을 하게 되고, 적대감을 느끼게 되고, 그 결과 자신들의 입지를 다지기 위해 이주배경자들에게 편견과 차별적 행동을 할 가능성을 배제할 수 없을 것으로 생각된다. 그러나 본 연구에서 북한이탈주민이 다문화집단에 대해 느끼는 현실갈등인식이 삶의 만족에 미치는 영향 자체가 그렇게 크지는 않았다. 이는 비록 그 영향이 의미 있는 수준이기는 하지만 그 외의 더 많은 변인들이 북한이탈주민의 삶의 만족을 설명할 수 있음을 보여주는 결과이며 향후 이 변인들을 함께 포함한 추후 연구의 필요성을 제기하는 결과라고 볼 수 있을 것이다.

이러한 결과를 근거로 몇 가지 사회적 함의를 제시하자면 다음과 같다. 우선 첫째로, 북한이탈주민과 다문화집단 간 관계의 문제에 관심을 가지고 미리 대비할 필요가 있다. 그 중 특히 북한이탈주민이 남한사회에서 느끼는 차별감의 문제를 보다 적극적으로 해결하고자 하는 노력이 필요하다고 본다. 다양한 국가 및 다양한 민족적 배경을 지닌 사람들이 한국사회에 증가하게 됨에 따라 유사한 집단끼리 소수집단이 형성되고, 소수집단 간 갈등이 유발될 수 있지만, 사실상 이주배경 집단 간 갈등의 문제보다는 주류집단과 이주민집단, 또는 한국과 같은 민족정체성을 지닌 북한이탈주민과 소수집단 간 갈등의 문제가 더 큰 문제로 떠오를 가능성이 높다. 앞에서도 이미 언급한 바와 같이 독일에서 동독 출신들이 통일 후 기존의 자신들의 지식과 생활방식이 가치 없는 것으로 여겨지게 되고, 서독출신자들에 비해 사회적 경제적 문화적 측면 모두에서 상대적으로 열등감을 느끼게 되며, 그것이 단순히 열등감이 아니라 단기간의 노력으로 극복될 수 없는 현실이라고 느꼈을 때 상당한 수준의 절망과 분노를 느끼게 되었고, 이를 그들이 생각했을 때 자신들보다 열등하다고 생각하는 이주민 집단을 향해 혐오범죄를 저지르는 방식으로 해결한 바 있기 때문이다(이기식, 2008).

둘째로, 이를 위한 구체적인 방법으로 한국의 일반 국민을 대상으로 한 다문화교육이 보다 심층적으로 이루어질 필요가 있다. 본 연구에서 지각된 차별감의 매개효과가 산출된 만큼 한국의 일반 국민을 대상으로 북한이탈주민과 다문화집단 등에 대한 바람직한 태도와 부적절한 태도를 인식시킬 수 있는 교육프로그램을 보급할 필요가 있다. 사실상 현재에도 이미 다문화교육프로그램은 다수 존재하기에, 이는 새로운 프로그램을 개발할 문제라기보다는 기존의 프로그램을 어떻게 전 국민에게 실행할 것인가의 문제로 보이며 북한이탈주민과 다문화집단 각각이 한국사회에서 느끼는 경험들을 일반국민이 이해 및 공감할 수 있는 내용을 포함시키는 등을 제안할 수 있다.

마지막으로 본 연구는 우리 사회가 다문화사회로 가는 변화의 과정 속에서 북한이탈주민이 다문화집단에 대해 느끼는 현실갈등인식과 지각된 차별감이 심리·사회적응 수준의 지표 중 하나인 삶의 만족에 어떤 영향을 미치는지를 살펴봄으로써 미래 통일한국에서 나타날 수 있는 북한출신주민과 다문화집단 간에 발생할 수 있는 문제를 생각해본 기초적인 연구였다. 따라서 현실갈등인식과 지각된 차별감, 삶의 만족 등 몇 개의 단순한 변인을 중심으로 분석이 수행되었다. 따라서 현실갈등인식이 지각된 차별감에 미치는 영향에 대한 직접적 근거를 제시하지 못한 채 집단지위이론을 빌어서 간접적으로 추론을 하였고, 추후 후속연구에서는 변인들 간의 보다 구체적인 관계를 밝힐 수 있는 보다 면밀한 연구가 필요하다. 이러한 연구로써 첫째로는 북한이탈주민들이 지니는 정체감 (identity), 사회적 우월감 지향(social dominance orientation)(Pratto et al.,.1994), 제로섬 신념(Zero-Sum belief)(Bobo & Hutchings, 1996), 다문화집단과의 관계 맥락에서 집단지위에 대한 인식 등 보다 구체적이고 관련성 있는 변인들이 함께 분석된 연구가 수행될 필요가 있다. 둘째로 본 연구의 경우는 한국사회의 소수집단으로 형성된 '다문화집단'을 하나의 개념으로 분석하였으나, 향후 현실갈등을 느끼게 되는 집단을 구분하여 다문화집단 내의 집단별 심리적 현상의 차이를 구체적으로 분석할 필요가 있다. 셋째로, 북한이탈주민이 남한사회에서 지각하는 차별지각에 영향을 미치는 현실갈등인식의 원천을 보다 면밀히 분석할 필요가 있다. 본 연구에서는 북한이탈주민의 삶의 만족에 영향을 미치는 요인으로서 다문화집단에 대한 현실갈등인식에 초점을 맞추는 연구였으나 남한사람들과의 현실갈등인식의 수준을 함께 분석한다면 보다 풍부한 결과를 도출할 수 있을 것으로 생각된다. 넷째로, 본 연구는 소수집단들 사이에서 형성될 수 있는 갈등에 초점을 두었으나, 각 소수집단들은 한 사회의 주류가 아니라는 점에서 상호 동질감을 느끼는 부분도 있을 수 있다. 따라서 후속 연구에서는 어떤 경우에 동질감을 느끼고 어떤 경우에 경쟁의식을 느끼는지 등에 대한 연구를 수행하여 상호 협력의 요인을 산출해 낸다면, 사회통합을 위해 가치 있는 연구가 될 것으로 생각된다. 마지막으로 북한이탈주민이 다문화집단에 대해 어떻게 생각하는지 뿐 아니라 다문화집단이 북한이탈주민을 어떻게 생각하는지에 대한 상호인식 및 상호인식에 영향을 미치는 요인 등에 대해서도 연구를 수행함으로써 북한이탈주민과 다문화집단 간 관계의 역동에 대하여 보다 입체적인 연구가 이루어질 필요가 있을 것으로 생각된다.

제8장

북한이탈주민이 다문화집단에 대하여 지니는 태도에 영향을 미치는 요인

양계민(한국청소년정책연구원)

I. 서론

한국사회에 다양한 인종적 문화적 배경을 지닌 사람들이 증가하고 있다.
안전행정부 자료에 따르면 2014년 1월 현재 한국에 거주하는 외국인주
민의 수는 약 157만 명으로 이는 한국의 주민등록인구 대비 3.1%에 해
당되는 비율이며 2013년 대비 8.6% 증가한 수치로 매년 지속적으로 증
가하고 있다(안전행정부, 2014). 물론 한국사회에 외국출신의 사람들은
늘 존재해 왔다. 그러나 본격적으로 사회에 존재감을 드러낸 것은 1980
년대 초반 이주노동자들이 국내에 등장하기 시작한 시기인 것으로 보인
다. 한국의 노동력 부족현상을 해소하기 위하여 국내에서 실행된 산업연
수생제, 고용허가제 등을 통하여 한국에 입국하는 외국인노동자의 수가
점차 증가하게 되었고, 1990년대 중반부터 국제결혼이 활성화됨에 따라
결혼이주여성들이 급격히 증가하였으며, 그 결과 다문화가정자녀들이
증가하여 오늘날 한국사회의 주요 다문화집단으로 등장하게 되었다(양

계민, 2015).

한편, 또 다른 종류의 이주자인 북한이탈주민의 경우 1980년대 초반부터 남한에 입국하기 시작하여 북한의 식량위기가 심각해진 1990년대 중반부터 입국자수가 급격히 증가하기 시작하였고, 최근까지 꾸준한 입국이 이루어진 결과, 2014년 6월 현재 26,854명의 북한이탈주민이 남한에 거주하고 있는 것으로 집계되고 있다(통일부, 2014; 양계민, 2015 재인용). 북한이탈주민은 '한민족'의 기준에서 보면 다문화집단이라고 구분하기에 자연스럽지 않으나, 북한에서 남한으로 이주를 하였고 남북한이 분단 이후 장기간 서로 다른 근대화의 경험을 겪었으며, 남북 상호간 교류가 전혀 없었고, 남한에 입국한 후 언어, 사상, 생활방식에서 상당한 차이를 경험하면서 문화 적응상의 어려움을 겪고 있다는 점에서 다문화집단과 유사한 특성을 지니고 있는 집단이라고 볼 수 있다. 그러나 또 다른 한편으로 보면 북한이탈주민은 기본적으로 같은 민족이고, 같은 언어를 사용하고 있으며, 전통문화에 대한 공통적 이해와 공통의 역사를 지니고 있다는 점에서 완전히 다문화집단이라고 분류하기에 어려움이 있으며, 다른 문화에서 온 여타의 다문화집단 구성원에 비해서 어느 정도 이점을 지니게 된다. 특히 북한이탈주민의 경우 다른 다문화집단과는 별도로 「북한이탈주민 보호 및 정착에 관한 법률」에 근거하여 국내의 다른 다문화집단과 비교했을 때 월등히 많은 지원을 받는 등 특수한 위치를 누리고 있다(윤인진, 2004). 북한이탈주민에게 그러한 지원을 하는 근거는 북한이탈주민은 같은 민족국가의 구성원이라는 의식과 분단이라는 현실적 상황 때문인데, 한 사회 내에서 다양한 소수집단이 존재하고 그 중 어떤 집단이 다른 집단보다 더 우위에 있게 될 때 소수집단 간 갈등을 초래할 가능성을 내포할 수 있다. 북한이탈주민에 대한 우대는 다른 소수집단들에게 상대적 박탈감을 유발할 수 있고, 반대로 북한이탈주민 입장에서는 스스로의 기대에 미치지 못했을 경우는 '같은 민족'에 대한 적절한 대우가 아니라는 주장이 야기되어 자칫 상대적 박탈감을 유발할 가능성이 있기 때문이다. 최근 북한이탈주민지원재단이 명칭을 남북하나재단으로 변경하는 과정에서 일부 북한이탈주민들이 '명칭을 바꾸고 북한이탈주민에 대한 지원을 축소하려 한다'는 오해를 하여 남북하나재단에서 '사실과 다르다'는 공식 입장을 표명한 바 있는데, 이러한 현상은 북한이탈주민이 남한 내 북한이탈주민에 대한 지원을 어떻게 생각하고 있는지, 남한정부의 지원 축소에 대해 얼마나 민감한지를 보여주는 단적인 예라고 볼 수 있다. 특히 북한이탈주민과 다문화집단이 제한된 자원(사회적·정책적 지원)을 놓고 상호간 경쟁을 하는 관계라고 생각한다면 현실갈등이론(Realistic Conflict Theory)에서 말하는 바와 같이 소수집단 간에도 적개심이 생기고 상대방에 대한 부정적 평가가 자리 잡게 될 가능성도 있다(Sherif, 1966). 물론 국내 소수집단 간 갈등의 문제는 현재로써 심각한 사회문제라고 볼 수 없고, 한국의 경우 미국과 같이 하나의 소수집단이 뚜렷하게 구분되는 대규모의 집단으로 형성되어있는 다민족국가가 아니기에 당장에 나타날 문제라고 보이지는 않는다. 그러나 이미 다문화집단을 지원하는 현장에서 북한이탈주민에 대한 특별한 지위에 대한 불만의 목소리가 등장하고 있고(이종두, 백미현, 2014), 통일독일의 동독출신 주민의 경우 갑작스러운 사회적 변화와 이로 인한 새로운 가치체계에 대한 부적응으로 외국인에 대한 배타의식이 증가했다는 조사결과와(박영정 외, 2011), 동독출신 주민들이 경험하는 어려움과 자신의 무능을 외국인에 대한 적대감으로 돌리고 실질적으로 공격행동을 표출하는 일이 발생하고 있다는 현실(이기식, 2008)을 살펴보면, 미래 한국사회에서도 북한출신자들과 다문화집단간의 갈등 문제는 충분히 발생가능성이 있을 것으로 생각된다.

지금까지 국내에서 수행된 소수집단 관련 태도 연구는 주로 다수집단이 소수집단을 대상으로 어떻게 인식하는지, 즉 소수집단이 인식의 주체가 아니라 대상이 되는 연구가 대부분이다(김혜숙, 2000; 김혜숙 외, 2003; 김혜숙, 2007; 김혜숙 외, 2011; 양계민, 2009; 양계민, 2010; 양계민, 정진경, 2005; 윤인진, 2003; 이수정, 양계민, 2013; 임성택, 2003). 이는 아마도 소수집단이 한국사회에서 적응적으로 살아가기 위해서는 다수집단의 수용적 태도가 중요하며, 역사적으로도 집단갈등의 문제는 주로 다수집단과 소수집단 간에 나타난 문제가 대부분이었기 때문일 것이다. 그러나 해외의 사례를 보면 다문화사회에서 소수집단들이 제한된 자원을 놓고 경쟁하는 관계에 놓일 경우 상호간 갈등이 유발된 사례들이 이미 존재하고 있다. 예를 들면, 미국에서 라틴계 인구가 점차 증가하는 경향이 나타나면서 시내의 주거지와 일자리를 놓고 저소득층의 흑인과 라틴계 이주민들이 서로 갈등관계를 형성하게 되고(Baker & Binham, 1991), 그 결과 미국에서 소수집단이었던 흑인집단이 새로운 소수집단인 라틴계에 대해 부정적인 태도를 형성하는 문제가 이미 제기되고 있다(Zárate, 2009). 이러한 부정적 태도는 공격적 행동으로 발전하게 되는데, 미국의 LA에서는 1992년부터 1993년까지 소수집단 간 갈등으로 인하여 치명적인 무기로 피습당한 초, 중, 고등학생이 383명이나 되는 것으로 보고되고 있다(Multicultural Collaborative, 1996). 이러한 소수집단 간 갈등이 심화되고 외현화된 사건이 1992년 4월 29일 LA에서 일어난 LA폭동으로, 이는 주류집단인 백인과 특정 소수집단간의 갈등이 아니라 한인과 흑인 및 라틴계 등 소수집단들 사이의 누적된 갈등이 폭발한 현상으로, 폭동과정에서 서로 다른 민족집단에 대한 공격이 만연했다는 사실(장태한, 2007)은 소수집단 간 갈등현상이 심화될 경우 심각한 사회적 문제가 야기될 수 있음을 보여주는 사례라고 할 수 있다.

앞에서도 언급한 바와 같이 한국사회 내에서 소수집단 간 갈등의 문제, 특히 북한이탈주민과 다문화집단 간 갈등의 문제는 현실적으로 가시화된 문제는 아니나, 점차 다문화적 배경을 지닌 사람들의 규모가 커지고 다양한 소수집단이 살아가게 될 때 다수집단과 소수집단 간의 갈등 문제 뿐 아니라 소수집단 간 관계에서도 새로운 현상이 발생할 가능성도 배제할 수 없으며, 특히 미래 통일한국 사회에서는 '같은 민족'이라는 기준에서 남한과 더 가까운 북한출신자와 다문화집단 간 갈등의 문제는 발생할 소지가 있는 문제라고 볼 수 있다. 따라서 본 연구는 미래 한국사회에서 발생할 수 있는 소수집단 간 갈등의 문제들, 특히 북한출신자들과 다문화집단 간에 발생할 수 있는 현상들을 미리 가늠해 봄으로써 사회통합을 위한 노력에 기초자료를 제공하고자 수행되었다.

II. 이론적 배경

1. 현실갈등인식과 외집단에 대한 태도

외집단 태도에 영향을 미치는 요인은 다양하다. 본 연구에서는 집단 간 편견과 차별, 또는 집단간 갈등과 관련된다고 알려진 현실갈등이론(Realistic Conflict Theory), 사회정체감이론(Social Identity Theory), 접촉가설(Contact Hypothesis) 등에 대하여 살펴보고, 그 외 외집단에 대한 평가에 영향을 미칠 수 있는 개인의 심리적 적응 및 상태와의 관련성에 대하여 논하고자 하였다.

우선 현실갈등(Realistic Conflict)이론은 집단 간 갈등을 설명하는 데 있어 중요한 이론 중 하나로 돈, 명성, 천연자원, 에너지 등과 같이 사회적으로 가치 있는 자원은 한정되어 있고, 모든 사람들이 원하는 만큼 가질 수 없기에 한 집단이 사회적으로 가치 있는 자원들을 점유하게 되면 다른 집단은 그 자원을 소유하지 못하는 결과를 얻게 되고(Forsyth, 1999), 그 결과 다른 집단으로 인해 자신이 속한 집단이 자원을 소유하지 못한다고 생각할 경우 경쟁심과 적개심이 생기고 상대방에 대한 부정적 평가가 동반되면서 이 부정적인 평가가 집단 내에서 공유되고 부풀려지고 자연스럽게 편견으로 자리 잡게 된다는 이론이다(Sherif, 1966). 지금까지 현실갈등인식이 한국사회에서 소수집단에 대한 태도에 영향을 미친다는 연구결과는 국내에서 일관되게 산출된 바 있는데, 양계민(2009)의 연구에서는 현실갈등에 대한 인식의 수준이 높을수록 국내 소수집단인 외국인노동자, 북한이탈주민, 다문화가정자녀, 조선족 등에 대한 부정적 태도가 높아지고 긍정적 태도는 낮아지는 것으로 나타났고, 양계민(2010)의 또 다른 연구에서는 외국인노동자에 대한 태도에 영향을 미치는 요인으로 역시 현실갈등인식이 중요한 요인인 것으로 나타났으며, 김혜숙 등(2011)의 연구에서도 이주민이 자신들의 현실적 이득을 위협한다고 지각할수록 사회적 거리감 차이가 커지는 경향을 보였다. 즉, 이주민이 우리 사회의 범죄를 증가시킨다고 지각하거나 혹은 한국 사람들의 일자리를 빼앗아간다고 지각하는 현실적 위협이 편견을 높이는 경향이 나타났다.

이러한 연구들은 모두 다수자 집단이 소수집단과의 현실갈등을 인식하게 될 때 소수집단에 대한 태도에 영향을 미친다는 것을 보여준 연구들이다. 그러나 제한된 자원을 놓고 경쟁하는 현상은 다수자와 소수자 간에만 나타나는 현상이 아니다. 제한된 자원을 놓고 경쟁을 하는 대상이 누구인가에 따라 현실갈등인식은 나타날 수 있다. 예를 들면, Coenders, Lunners, 그리고 Scheepers(2003)는 다문화사회에서 다수집단과 소수집단이 갈등을 겪을 경우 주로 다수자 집단 중 비교적 교육수준이 낮은 단순노동자 계층이 소수집단과 갈등을 겪는다고 한 바 있는데, 이는 상류계층의 경우 그들이 지닌 자원을 이주자와 경쟁하는 관계가 아니기 때문에 현실갈등을 경험할 필요가 없고, 교육수준이 낮은 단순노동자들이 계층적으로 취약한 이주자들과 경쟁하는 관계에 놓이기 때문이다. 그렇다면 한국사회에서도 마찬가지로 북한이탈주민들이 남한주민에 비해서 낮은 계층을 이루고 있고, 국가의 지원이나 사회적 지원 등의 제한된 자원을 두고 다문화집단과 경쟁관계에 놓여있다고 인식한다면, 다문화집단 구성원에 대한 태도는 달라질 수 있을 것이다. 따라서 본 연구에서는 사회 내에서 주류집단이 아닌 북한이탈주민이 자신들과 마찬가지로 소수집단인 다문화집단 구성원들에 대해 현실갈등 인식을 할 경우 이것이 다문화집단 구성원에 대한 태도에 어떤 영향을 미치는지 살펴보고자 하였다.

2. 사회정체감과 외집단에 대한 태도

외집단에 대한 태도형성을 설명하는 또 다른 이론은 사회정체감이론(Social Identiy Theory)이다. 사회정체감이론에 따르면 사람들은 기본적으로 자신을 높이고자 하는 동기를 가지고 있는데, 자신의 자아존중감을 높이고자 하는 동기에서 자신이 속한 내집단을 선호하고 외집단을 차별하는 현상이 나타난다고 설명하고 있다(Tajfel, 1978). 따라서 사회정체감 이론에 근거한다면, 사회정체성이 높을수록 내집단 편애는 더욱 높아지게 되고 외집단 차별현상은 더 높아진다(김금미, 한덕웅, 2002a, 2002b; Oakes & Turner, 1980; Tajfel, 1978, 1981). 그러나 사회범주화(Social Categorization Theory) 이론에서는 자아존중감을 높이기 위한 동기 때문이라기보다는 세상의 모든 사물을 범주화하고자 하는 인간의 인지적 속성 때문에 내집단 선호 및 외집단 차별 현상이 나타난다고 본다. 즉, 인간이란 존재는 인지적 속성 때문에 자신과 유사한 부류에 속한 사람들을 내집단(ingroup)으로 범주화하고 자기와 다른 부류에 속한 사람들을 외집단(outgroup)으로 범주화하는 경향이 있으며, 사람들이 두 집단 구성원들 간의 차이를 집단 내 구성원들의 차이보다 더 큰 것으로 지각하고, 이 대상들을 집단범주에 의거하여 지각하게 된다고 가정하는 것이다(Turner, Hogg, Oakes, Reicher & Whetherell, 1987).

이 두 이론에 근거하면 그것이 동기의 문제이든 인지적 특성의 문제이든, 내집단에 대한 정체성을 지닌다는 것은 인간의 인지, 정서, 행동에 영향을 미친다. 이러한 현상은 단순히 내집단 구성원을 외집단 구성원보다 더 선호(Brewer, 1979)하는 데서 끝나는 것이 아니라 내집단 구성원들과 상호의존 및 협동적인 태도를 형성함으로써 소속감을 강화하고, 내집단에서 얻을 수 있는 또 다른 자원들을 획득하여 결국은 개인의 생존 가능성을 높이는 기제로 설명되기도 한다(Brewer, 1981). 이를 위해서는 내집단 구성원들 간의 상호 신뢰가 필수적인데, 상호신뢰를 위해서는 자신을 독특한 개인이라기보다는 집단의 구성원으로 인식하게 되는 탈개인화(depersonalization)의 상태가 되고, 그 결과 내집단 구성원에 대해 긍정적인 매력을 촉진시키고 내집단의 규범에 따르고자 하는 동기가 강화되며 훌륭한 집단 구성원으로 인정받을 수 있는 행동을 하는 경향성을 나타내게 된다는 것이다(Brewer, 2001).

그렇다면 한국인의 사회정체감은 어떻게 정의하고 설명할 수 있을까? 한국인의 경우 역사적으로 식민시대를 경험하였고, 현재까지도 분단의 상태를 살아가고 있기에, 오랜 시간 국내외 한국민족의 뿌리를 지니고 있는 모든 사람들을 대상으로 국가적 차원에서 민족을 응집시키고

민족정신을 강화시킬 필요가 있었고 이를 위한 방법으로 한민족정체성을 강조하여 왔다(이광규, 2005). 특히 분단이라는 정치적 현실에서 볼 때 남북통일이라는 민족적 과업의 근거는 남과 북은 하나의 민족국가라는 전제가 되기 때문에 한국인의 결속을 강화하는 방법으로 한민족의 우수성을 주장하는(윤경로, 2004) 방식으로 한민족정체성을 유지하고자 노력해 왔다. 한민족정체성은 한국인이 가지고 있는 민족정체성이라고 볼 수 있는데, 민족 정체성을 자신이 속한 사회집단에 대한 지식과 그 집단의 구성원임에 대하여 부여하는 가치와 정서적 의미(Tajfel, 1981) 또는 공유된 민족적 특성으로 인해 어느 한 개인이 특정 민족집단에 대해 느끼는 소속감(Phinney, 1990; Shibutan & Kwan, 1966)으로 본다면, 한민족정체성은 '한국인' 또는 '한민족'이라는 집단 구성원임에 대하여 부여하는 가치 또는 소속감이라고 정의할 수 있고, 이러한 일종의 민족정체감(ethnic identity)은 개인적인 수준에서 볼 때, 내집단 구성원에 대해서는 연대감을 가지게 하고, 외집단 구성원에 대해서는 적대감을 가지게 하는 효과를 지니며(Jones, 1997), 집단 수준에서는 사회적으로 더 높은 지위와 권력을 가지기 위한 노력, 내집단의 경쟁력을 강화시키기 위한 노력, 그리고 정치적으로 변화를 일으키고자 하는 움직임까지 이어질 수 있다(Tajfel, 1981; Thoits & Virshup, 1997; Turner, 1987). 즉, 민족정체감이 내집단 내에서는 집단응집성(Turner, 1985)과 관련되고 외집단과의 관계에서는 고정관념과 집단 간 갈등(Jussim, Ashmore, & Wilder, 2001)을 유발할 수 있는 요인이 될 수 있다는 것이다.

북한이탈주민의 경우 남한사회에서 살아가는 데 있어서 남한주민으로 인정받고 '한국사람'의 범주에 속하는 것은 매우 중요한 일일 것이다. 이들이 북한에서 넘어왔지만 '남한주민' 또는 '한국사람'이라고 주장할 수 있는 근거는 바로 '한민족'이라는 단일민족의식이고, 북한이탈주민에 있어서 한민족정체성은 남한주민으로 '포함'되는 동시에 이주배경의 다문화집단 구성원과는 '구별'되는 중요한 가치이기 때문이다. 따라서 단일민족이라는 것을 강조하고 다른 소수집단에 비해 한국사회에서 보다 주류에 가깝다는 인식을 스스로 하는 것이 정신건강 및 심리적응에 도움이 되는 전략이 될 수 있을 것이며, 단일민족에 대한 자부심과 가치를 나타내는 한민족정체성은 사회정체성 이론에서 설명하는 바와 같이 사회 내에서 심리적 우위를 차지할 수 있게 해주는 기제로 작용할 가능성이 높다. 그렇다면 이러한 한민족정체성은 이주배경의 다문화집단 구성원에 대한 태도에 영향을 미칠 수 있을 것이고, 따라서 본 연구에 포함하여 그 효과성을 파악하고자 하였다.

3. 집단 간 접촉과 외집단에 대한 태도

외집단에 대한 태도를 설명하는 요인 중 '접촉가설'은 이론이라고 볼 수는 없으나 외집단 구성원과의 긍정적이고 빈번한 접촉을 통해 외집단에 대한 인식이 개선될 수 있다고 본다는 점(Allport, 1954)에서 외집단 태도에 영향을 미치는 중요한 요인으로 포함시킬 수 있다. 집단 간 빈번한 접촉은 개인이 집단을 범주화하는 과정에서 외집단 구성원을 내집단으로 포함하는 데 긍정적인 영향을 미칠 수 있는데(Eller & Abrams, 2003; Pettigrew, 1998), 상호간 소통의 증가를 통해 상대방에 대한 지식을 증가시킴으로써 상대집단에 대한 고정관념과 편견이 깨지고 타집단의 다양성을 인식하게 되며(Pettigrew & Tropp, 2008), 집단 간 접촉할 기회가 많을수록 서로에 대한 이해의 폭이 넓어지고 그만큼 친밀감이 높아져 집단에 대한 편견이 감소되고 높은 호감을 보이는 등(Eller & Abrams, 2003; Hewstone, Rubin & Willis, 2002) 태도변화에 훨씬 더 긍정적인 영향을 미치기 때문이다(Eller & Abrams, 2003; Pettigrew, 1988). 집단 간 접촉은 인지적 측면만 아니라 정서적인 측면에서도 긍정적인 영향을 가져올 수 있는데, 집단 간 접촉을 통해 외집단 구성원의 감정을 공유하고 외집단에 대한 공감능력을 높이게 되어 정서적인 유대관계를 돈독히 함으로써 상대집단에 대한 긍정적인 태도를 획득할 수도 있다(Pettigrew, 1997; Turner, Hewstone & Voci, 2007). 접촉가설에 대한 기존의 연구들은 접촉의 친밀성을 강조하고 있다고 볼 수 있는데, 인종집단 간 또는 민족집단 간에 존재하는 편견을 감소하기 위해서는 집단성원들 간의 일시적·우연적 접촉이 아닌 비교적 지속적이고 친밀한 접촉이 필요함을 시사하고 있다(Brown & Turner, 1981; Powers & Ellison, 1995; Sigelman & Welch, 1993).

국내에서도 태도에 대한 접촉의 효과를 나타낸 연구결과들이 있다. 우선, 김이선 등(2007)의 연구에서는 친밀한 접촉이 종족적 배제주의를 낮춘다는 결과를 보여 주었고, 김혜숙 등(2011)의 연구에서는 접촉 수(만나는 사람의 수)와 접촉빈도(만나는 횟수)의 효과를 각각 분석하였는데, 이 중 접촉 빈도만이 이주민 외집단에 대한 편견적 태도와 부적으로 연관되는 것으로 나타났으며, 이수정과 양계민(2013)의 연구에서는 접촉빈도와 접촉자의 수 모두 영향을 미치는 것으로 나타나 남한주민이 북한이탈주민과의 접촉빈도가 높고 접촉하는 사람의 수가 많을 때 북한이탈주민에 대한 긍정적 정서가 증가하고, 사회적 거리감이 감소하며, 이해도 수준도 높아지는 것으로 나타난 바 있다.

그러나 외집단에 대한 접촉빈도가 높다고 해서 반드시 외집단에 대한 편견이 줄어드는 것은 아니다. 외집단 구성원과 자주 접촉하는 것이 서로에 대한 관점을 공유할 수는 있으나 실제로 외집단에 대한 편견을 감소하는 데 영향을 미치지 못한다는 연구도 있다(Aberson & Haag,

2007). 양계민과 정진경(2005)의 연구에서는 남한주민이 북한이탈주민과 접촉하는 접촉형태에 따라 북한이탈주민에 대한 태도가 어떻게 달라지는지 분석한 바 있는데, 신변담당보호관, 공무원, 대인학교교사, 같은 교회 교인, 학급 학우 등 다양한 접촉의 방식에 따라 북한이탈주민에 대한 인식, 감정, 신뢰 및 수용도가 다양함을 보여주어 접촉 방식의 중요성을 시사하였고, 미국의 한인과 흑인 간의 상호접촉수준에 따른 편견을 분석한 장상희의 연구(1998)에서도 흑인과 동등한 수준의 접촉을 하는 한인의 경우 흑인에 대한 편견의 수준이 낮아지지만, 비동등한 접촉은 편견감소의 효과가 없는 것으로 나타나 동등한 접촉의 중요성을 다시 한 번 확인한 바 있다.

이와 같이 접촉이 외집단에 대해 지니는 효과는 외집단 접촉의 수, 빈도, 유형 등에 따라 연구마다 다양하다. 또한 내집단 구성원들이 외집단에 대해 부정적 고정관념과 편견적 태도를 이미 가지고 있으면 외집단 구성원과의 접촉을 한다 해도 외집단 구성원인 개인수준에서의 호감도는 높일 수는 있으나 외집단 전체에 대한 편견은 여전히 남아있을 수도 있다는 한계도 있다(Rothbart & John, 1985; Tropp & Pettigrew, 2004). 그럼에도 불구하고 접촉의 효과는 일관되게 산출되고 있으며, 북한이탈주민이 남한 내 같은 소수집단인 다문화집단에 대해 지니는 태도에서도 접촉에 따른 차이를 보는 것은 필요하다. 따라서 본 연구에서도 접촉의 수준을 분석에 포함하여 그 효과성을 살펴보고자 하였다.

4. 북한이탈주민의 남한사회 생활과 외집단에 대한 태도

북한이탈주민은 남한사회에서 다른 소수집단에 비해 우위를 지닌 상태에서 적응적으로 살아가고 있는가? 북한이탈주민들에 대한 정부의 적극적인 지원에도 불구하고 북한이탈주민 중 대다수는 여전히 빈곤한 주변인으로 존재하면서 주류사회로 진입하지 못하고 있으며, 북한이탈주민 스스로가 체감하는 삶의 질은 개선되지 못하고 있는 형편이다(김광웅, 이봉근, 2011). 북한이탈주민의 남한사회 적응에 대한 기존의 연구들을 보면, 다양한 영역의 전반에 걸쳐서 어려움을 경험하고 있는 것으로 보이는데, '외로움'이나 '주변사람들의 편견이나 무시', 언어소통의 어려움, 등의 어려움을 호소하고 있고(이금순 외, 2003), 남한주민들과 친밀한 접촉관계를 형성하는 것에도 어려움을 느끼고 있는 것으로 보고되고 있다(윤인진, 2004).

이중 북한이탈주민들이 가장 문제라고 인식하는 것 중 하나는 경제적인 어려움이다. 최근 남북하나재단에서 발표한 '2014 북한이탈주민 사회조사' 결과의 보도자료를 보면 북한이탈주민의 고용률과 실업률에 있어서 남한주민에 비해 취약한 것으로 나타났고, 북한이탈주민의 일용직 비율이 일반국민보다 3배 이상 많았으며, 자영업의 비율은 일반국민보다 3배 가까이 낮은 것으로 나타났다. 또한 취업자의 직업유형도 단순노무 종사자가 32.6%로 가장 많고, 서비스 종사자(23.1%), 기능원 및 관련 종사자(12.2%), 사무직(8.3%) 등으로 조사되어 많은 북한이탈주민이 현재 직업에서 전문성을 축적하는 데 어려움을 겪고 있는 것으로 나타났다(남북하나재단, 2014). 이러한 결과는 과거 여러 연구에서도 일관되게 나타나는 결과로, 북한이탈주민 중 경제활동 인구의 30~40%가량이 실업상태에 있고(윤덕룡, 강태규, 1997; 윤인진, 2000), 취업을 한 경우도 정규직의 비율이 낮으며(이금순 외, 2003), 생산직과 서비스직에 종사하는 경우는 저임금, 고용불안, 발전가능성 부재 등으로 이직을 빈번히 하게 되고, 이직 후 재취업의 어려움으로 결국 사회의 저소득층으로 떨어지는 경우가 빈번히 발생하고 있다(윤인진, 1999). 특히, 2014년 6월 현재 통일부의 자료에 따르면, 남한 내 북한이탈주민의 재북시 직업 중 '무직' 또는 '노동자'인 경우가 압도적으로 많고, 관리직이나 전문직의 비율은 매우 낮은 현상을 보이고 있는데(통일부, 2014), 이와 같이 북한이탈주민의 대다수가 북한사회에서 사회경제적으로 낮은 계층에 속했던 경우가 많고, 일부 북한에서 전문직종에 종사했던 경우라 할지라도 북한에서 습득한 지식과 기술로는 남한에서 같은 수준의 전문직을 구하는 것이 쉽지 않은 현실이다. 경제적인 어려움은 개인의 삶의 질에 영향을 미치는 중요한 요인인 만큼 북한이탈주민의 남한사회 생활 및 적응에 큰 영향을 미칠 것이라고 예상할 수 있다.

북한이탈주민이 남한사회에서 경험하는 가장 큰 어려움 중 중요한 또 하나의 요인은 북한이탈주민에 대한 남한사람들의 편견이다. 북한이탈주민 후원회가 북한이탈주민을 대상으로 실시한 실태조사 결과를 보면 직장생활에서 어려운 점으로 '남한 사람들의 편견과 차별'(22.4%)의 문제를 가장 어려운 점으로 보고한 바 있다(북한이탈주민후원회, 2001; 조영아, 2011 재인용). 이들의 차별감은 근거가 있는 것으로 보이는데, 북한이탈주민들은 '같은 민족'이라는 민족의식을 근거로 외국출신의 이주배경을 지닌 다문화집단보다는 남한주민들로부터 더 가까운 존재로 인식될 것이라고 기대하는 데 반해, 실제 연구들은 북한이탈주민들이 국내 소수집단 중 가장 덜 선호되는 존재임을 반복적으로 나타내고 있다(김혜숙 등, 2003; 김혜숙, 2007; 양계민, 2009; 윤인진·김상학, 2003; 윤인진·송영호, 2007). 이렇듯 자신이 속한 내집단에 대한 평가와 외집단이 내집단에 대해 내리는 평가의 괴리가 클수록 그 집단 사람들이 체험하는 갈등과 소외감 및 스트레스는 증가하게 되며, 극단적인 경우 신체적 폭력의 동기로까지 발전할 수 있다는 점(전우택, 2000)에서 북한이탈주민이 느끼는 차별감은 사회적으로 중요하게 다루어질 필요가 있다. 실제로 이민자들을 대상으로 차별감의 효과를 연구한 해외 연구들을 보면, 차별감은 이민자의 정신건강 전반(Liebkind & Jasinskaja-Lahti, 2000)과, 학습된 무기력, 자존감의 손상, 우울을 유발하는 것으로 알려져 있고(Alvarez, Sanematsu, Woo, Espinueva, & Kongthong, 2006; Greene, Way, & Pahl, 2006; Lee, 2003, 2005; Liang, Alvarez, Juang, & Liang, 2007; Liang & Fassinger, 2008; Williams, Neighbors & Jackson, 2003), 국내에서 수행된 조영아(2011)의 연구에서도 북한이탈주민들이 일상생활에서 차별감을 많이 지각할수록 불안이나 우울 같은 심리적 스트레스를 많이 경험하는 것으로 나타났다.

이런 결과들은 북한이탈주민이 남한사회에서의 모순적 대우로 인하여 심리적 혼동의 상태에 놓일 수 있고 동시에 경제적 사회적 어려움으로 인하여 욕구좌절의 상태에 놓일 가능성이 있음을 시사한다. 공식적으로는 다른 소수집단에 비해 특별한 대우를 받는 존재이고, 스스로는 같은 민족이라는 사상에 근거하여 다른 소수집단에 비해 더 많은 지원과 보상이 주어는 것이 당연하다고 생각할 수 있으나, 현실적으로는 경제적으로 어려움을 겪고 있고, 동시에 남한 사회의 그 어떤 소수집단에 비해서도 차별적 존재로 인식되는 모순된 양상을 보이기 때문이다. 스스로는 '같은 민족'으로서의 특별대우를 기대하고 있는데 실제로는 더 많은 차별을 받는다고 인식할 경우, 외집단에 대해 부정적인 감정을 가지게 되어 서로 회피하거나 대치하는 행동현상이 일어날 수 있는 가능성이 있다(Mackie, Devos, & Smith, 2000). 이 때 부정적 감정의 대상이 되는 외집단은 자신을 차별하는 다수자 집단이 될 수도 있지만 자신보다 약하다고 생각하는 다른 소수자 집단이 될 수도 있다. 특히 자신과 유사한 특성의 다른 소수자 집단을 제한된 자원을 놓고 경쟁하는 관계로 인식할 경우 다른 소수자 집단에 대해 부정적일 수밖에 없을 것이다.

지금까지 살펴본 바와 같이 북한이탈주민이 남한에서 생활하는 데 있어 경제적 어려움을 겪고 남한주민들로부터 차별적 시선을 경험하게 된다면 그것은 개인의 삶에 대한 만족도에 직접적인 영향을 미칠 수 있고, 개인이 자신의 삶에 대해 지각하는 만족도는 다시 세상을 지각하는 인식의 방식에 영향을 미칠 수 있다. 실제 양계민(2010)의 연구에서 이주노동자에 대한 한국 성인의 태도를 분석하였는데, 개인이 자신의 삶에 대해 지각하는 만족도가 외집단에 대한 평가에 영향을 미치고 있음을 보여주었다. 삶의 만족도는 자신의 삶에 대한 주관적인 평가인 주관적 안녕감(subjective well being)의 인지적 요소로(Diener, 1984; Diener, Suh, Lucas, & Smith, 1999), 주관적 안녕감이 새로운 경험에 대한 개방성을 증가시키고(Kahn & Isen, 1993), 타인에 대한 복합적 이해를 증가시키며(Waugh & Fredrickson, 2006), 낙관주의 경향과 관련이 있다는 기존의 결과들(Compton, 2005; Diener, 1984; Myers & Diener, 1995)을 고려해 볼 때, 자신의 삶에 대해 만족할수록 자신과 세상에 대하여 긍정적으로 평가하게 함으로써(Veenhoven, 1988) 낙관주의와 같은 자원을 형성할 수 있다는 추론이 가능해진다(구재선, 2009). 따라서 북한이탈주민이 처한 상황과 더불어 주관적으로 지각하는 삶에 대한 만족도 역시 외집단에 대한 태도에 영향을 미치는 요인으로 고려할 수 있고, 본 연구에서도 북한이탈주민이 다문화집단에 대한 태도를 형성하는 데 영향을 미치는지 여부를 분석하고자 하였다.

III. 연구문제

지금까지 살펴본 배경을 근거로 생각해 볼 때, 본 연구의 목적은 다음과 같이 기술할 수 있다. 첫째는 북한이탈주민이 남한 내 소수집단인 다문화집단에 대해 어떤 태도를 가지고 있는지 살펴보고자 하였고, 둘째는 북한이탈주민이 다문화집단에 대해 지니는 태도에 영향을 미치는 요인이 무엇인지를 밝히고자 하였다. 마지막으로 연구결과를 통해 소수집단 간 갈등을 유발할 수 있는 요인을 파악하고, 향후 사회통합을 위한 노력에 기초자료를 제공하고자 하였다. 이러한 연구목적을 위하여 본 연구에서 주로 보고자 했던 연구문제를 보다 구체적으로 기술하면 다음과 같다.

연구문제 1 북한이탈주민의 성별, 연령, 주관적 가정경제수준 등 인구학적 배경 특성에 따라 국내 다문화집단에 대한 태도와 현실갈등, 한민족정체성, 지각된 차별감, 삶의 만족도 등이 다른지 살펴보고자 하였다.

연구문제 2 북한이탈주민이 다문화집단에 대해 지닌 태도를 집단별로 비교해 보고자 하였다.

연구문제 3 다문화집단과의 접촉수준에 따라 북한이탈주민의 다문화집단에 대한 태도가 달라지는지 살펴보고자 하였다.

연구문제 4 북한이탈주민의 다문화집단에 대한 태도와 현실갈등, 한민족정체성, 지각된 차별감, 삶의 만족도, 경제적 수준 등의 관계를 분석하고자 하였다.

연구문제 5 북한이탈주민이 다문화집단에 대해 지니는 태도에 영향을 미치는 요인을 분석하고자 하였다. 현실갈등, 한민족정체성, 지각된 차별감, 삶의 만족도를 중심으로 다문화집단에 대한 태도에 미치는 상대적 영향력을 비교하고자 하였다.

IV. 방법

1. 조사대상

조사대상자는 서울, 경기, 인천지역에 거주하는 북한이탈주민으로 만 19세부터 69세까지의 273명이었다. 조사기간은 2015년 3월~4월까지 두 달간 진행되었고, 일대일 면접조사를 실시하였다. 조사대상자 중 남자는 122명(44.7%), 여자는 151명(55.3%)으로 여자가 약간 많은 편이었고, 연령대별로는 20대가 76명(27.9%), 30대가 63명(23.2%), 40대가 78명(28.7%), 50대 이상이 55명(20.2%)으로 전 연령층이 비교적 유사한 비율로 표집되었다. 탈북 전 교육수준은 고등중학교 졸업인 경우가 159명(58.3%)으로 가장 많았고, 2년제 대학 졸업이 43명(15.9%), 소학교 졸업 이하와 4년제 대학졸업 이상이 각각 35명(12.9%)인 것으로 나타났다. 또한 현재 주관적으로 지각하는 가정의 경제적 수준은 '보통이다'라고 응답한 빈도가 115명(42.3%)으로 가장 많았고, '어려운 편'이라는 응답이 104명(38.2%), '아주 어렵다'는 응답이 47명(1.3%), 그리고 '잘사는 편'이라는 응답이 5명(1.8%), '아주 잘산다'는 응답이 1명(.4%)인 것으로 나타나, '아주 어렵다'고 응답한 경우와 '어려운 편'이라고 응답한 경우를 합하면 전체의 55.5%가 경제수준이 어렵다고 느끼고 있는 것으로 나타났다. 이들의 남한거주 기간은 8개월부터 19년까지 매우 다양하였는데, 3년 이하 거주경험자가 92명으로 전체의 33.8%였고, 3년 1개월부터 5년 이하 거주자가 107명(39.3명), 5년 1개월부터 7개월 이하 거주자가 35명(12.9%), 7년 1개월 이상 9년 이하가 24명(8.8%), 9년 1개월 이상자가 14명(5.1%)인 것으로 나타났다.

표 1. 조사참여자의 배경적 특성

변인		빈도(%)	변인		빈도(%)
성별	남자	122(44.7)	주관적 경제수준	아주 어렵다	47(17.3)
	여자	151(55.3)		어려운 편이다	104(38.2)
연령집단	20대	76(27.9)		보통이다	115(42.3)
	30대	63(23.2)		잘사는 편이다	5(1.8)
	40대	78(28.7)		아주 잘산다	1(.4)
	50대 이상	55(20.2)	남한 거주기간	3년 이하	92(33.8)
탈북전 교육수준	소학교 졸업 이하	35(12.9)		3년 1개월-5년	107(39.3)
	고등중학교 졸업	159(58.3)		5년 1개월-7년	35(12.9)
	2년제 대학 졸업	43(15.9)		7년 1개월-9년	24(8.8)
	4년제 대학졸업 이상	35(12.9)		9년 1개월 이상	14(5.1)

2. 측정도구

본 연구의 목적을 위하여 조사대상 북한이탈주민의 성별, 연령, 주관적 경제수준 등 배경변인 외에 다문화집단에 대한 태도, 다문화집단과의 접촉수준, 현실적 갈등, 한민족정체성, 사회적차별감, 삶의 만족도 등에 대하여 설문을 실시하였다. 본 연구는 조사대상이 북한이탈주민임을 감안하여 설문에서 측정하고자 하는 내용은 최대한 포함하되 문항수는 최소한으로 줄이는 방식으로 설문을 구성하였다. 북한이탈주민들의 경우 남한의 언어에 익숙하지 않아 설문이해에 어려움을 지니고 따라서 더 쉽게 피로도를 느낄 수 있기 때문이다. 또한 북한이탈주민들이 다문화집단의 의미를 이해하지 못할 가능성에 대비하여 설문지의 맨 앞에 다문화집단 내 각 소수집단별로 특성을 기술하여 제시하였고, 설문조사시에는 면접원이 일대일로 설문을 실시하여 각 다문화집단에 대한 간략한 설명을 하였으며, 설문과정에서 잘 이해되지 않는 부분에 대해서 수시로 질문하도록 하여 최대한 설문의 내용을 이해할 수 있도록 하였다.

다문화집단에 대한 태도

우선 첫째로 다문화집단에 대한 태도는 남한 내 다문화집단 중 대표적인 집단인 결혼이주여성, 다문화가정자녀, 외국인노동자에 대한 인지, 정서, 행동의 세 측면을 측정하였다. 문항은 양계민(2009)의 연구에서 사용한 인지, 정서, 행동요인의 문항 중 일부를 선별 및 수정하였다. 선별 및 수정은 심리학, 인류학, 교육학 박사 각 1명과 북한학 전공 석사 2명 등 총 5명이 합의하는 방식으로 하였다.

인지 인지요인은 '신뢰할 수 있다', '거부감이 든다', '친절하다', '유능하다', '똑똑하지 못하다', '게으르다'의 총 6문항으로 구성되어 있었는데, 결혼이주여성, 다문화가정자녀, 외국인노동자가 이러한 특성을 얼마나 가지고 있다고 생각하는지 '전혀 그렇지 않다(1)'부터 '매우 그렇다(5)'까지의 5점 척도 상에 표시하도록 되어 있었고, 척도의 신뢰도는 긍정적 태도 3문항과 부정적 태도 3문항으로 각각 나누어서 살펴보았는데, 결혼이주여성, 다문화가정자녀, 외국인노동자 각각에 대한 긍정태도문항의 신뢰도는 $\alpha=.62\sim.75$였고, 부정적인 태도는 $\alpha=.61\sim.74$까지였다.

정서 정서는 '관심이 간다', '정이 간다', '가엾다', '안되보인다', '피하고 싶다', '두렵다' 등 총 6개 문항으로 구성이 되어 있었고 역시 결혼이주여성, 다문화가정자녀, 외국인노동자, 북한이탈주민이 이러한 특성을 얼마나 가지고 있다고 생각하는지 '전혀 그렇지 않다(1)'부터 '매우 그렇다(5)'까지의 5점 척도 상에 표시하도록 되어 있었다. 정서척도의 신뢰도 역시 긍정, 부정, 연민으로 나누어서 결혼이주여성, 다문화가정자녀, 외

국인노동자 각각에 대해 살펴보았다. 그 결과 긍정적 정서태도의 신뢰도
는 $\alpha=.81\sim.86$이었고, 부정적 정서태도는 $\alpha=.72\sim.83$, 연민 정서태도
는 $\alpha=.72\sim.83$이었다.

행동　행동은 각 대상과 얼마나 가까운 관계를 형성할 수 있는지에 대한
사회적 거리를 측정하였는데, 결혼이주여성과 다문화가정자녀에 대해서
는 '이웃주민으로 받아들일 수 있다', '직장동료로 받아들일 수 있다', '친
한 친구로 받아들일 수 있다' 등의 세 가지 문항을 질문하였고, 외국인
노동자에 대한 내용은 추가로 '결혼할 수 있다', '내 자녀와 결혼시킬 수
있다'의 두 개 문항을 질문하였다. 사회적 거리 역시 '전혀 그렇지 않다
(1)'부터 '매우 그렇다(5)'까지의 5점 척도 상에 표시하도록 되어 있었다.
척도의 신뢰도는 결혼이주여성, 다문화가정자녀, 외국인노동자 각각의
경우 $\alpha=.75\sim.88$까지였다.

다문화집단과의 접촉수준

다문화집단과의 접촉수준은 결혼이주여성, 다문화가정자녀, 외국인노동
자들을 대상으로 접촉수준을 조사하였는데, 단순한 접촉빈도보다는 관
계의 질에 초점을 두어서, 결혼이주여성, 외국인노동자를 대상으로 '직
접 본 적이 없다', '그냥 길에서 지나다 우연히 보았다', '우리 동네에 살
고 있는 것을 보았다', '같은 교회에 다니는 것을 보았다', '자녀 학교의
학부모로 온 것을 보았다', '같은 프로그램이나 활동에 참여한 적이 있
다', '직장에서 같이 일한 적이 있다(또는 현재 일을 하고 있다)', '친구로
지내고 있다(또는 친하게 지내고 있다)', '가족 중에 있다', '기타' 등의 총
9개 범주 중 접촉의 수준을 선택하도록 하였고, 다문화가정자녀의 경우
는 대상이 청소년이기 때문에 '직접 본 적이 없다', '그냥 길에서 지나다

우연히 보았다', '같은 교회에 다니는 것을 보았다'는 문항과 그 외에 '자녀와 같은 학교에 있다', '자녀의 친한 친구이다', '가족 중에 있다'는 문항을 포함한 7개 범주에 응답하도록 하였다. 이 때 북한이탈주민들이 대상에 대한 용어에 익숙하지 않을 가능성에 대비하여 각 대상 집단이 어떤 사람들을 말하고 있는지 별도의 설명을 제공하였다. 따라서 접촉의 수준은 결혼이주여성과 외국인노동자는 1점부터 9점까지, 다문화가정자녀는 1점부터 7점까지 가능하고, 점수가 높을수록 깊은 수준의 접촉을 하고 있는 것으로 해석할 수 있다.

현실적 갈등

현실적 갈등은 양계민(2010)의 연구에서 사용한 설문문항을 기초로 다문화집단과 북한이탈주민간에 발생할 수 있는 현실갈등을 표현하는 내용으로 수정하여 사용하였다. 문항수정의 태도에 대한 문항선별과정과 마찬가지로 심리학, 인류학, 교육학 박사 각 1명과 북한학 전공 석사 2명 등 총 5명이 합의하였다. 문항은 '다문화배경 이주민에 대한 사회적 관심이 많아질수록 북한이탈주민에 대한 관심은 줄어든다', '다문화배경 이주민에 대한 사회적 지원이 증가할수록 북한이탈주민에 대한 지원은 줄어든다', '다문화배경 이주민은 북한이탈주민과 일자리를 놓고 경쟁할 수 있다', '다문화배경 이주민에 대한 지원보다는 북한이탈주민에 대한 지원이 더 많아야 한다', '다문화배경 이주민들 때문에 북한이탈주민에 대한 지원이 줄어들었다고 느낀다' 등의 총 다섯 문항이었고, 각 문항에 '전혀 그렇지 않다(1)'부터 '매우 그렇다(5)'까지 5점 척도 상에 표시하도록 되어 있었다. 척도의 신뢰도는 $\alpha = .78$이었다.

한민족정체성

한민족정체성은 양계민의 연구(2008)에서 한민족정체성을 측정하기 위해 사용한 문항 중 단일민족에 대한 자부심과 민족정신의 중요성을 나타내는 내용의 세 문항, 즉, '한국을 유지 발전시켜나가기 위해서는 민족정신을 고취시켜야 한다', '한국이 단일민족이라는 사실은 국가 경쟁력을 높이는 데 도움이 된다', '나는 우리나라가 단일민족인 것이 자랑스럽다'의 총 세 문항을 선정하였다. 각 문항에 대해 '전혀 그렇지 않다(1)'부터 '매우 그렇다(5)'까지 5점 척도 상에 표시하도록 하였는데, 세 문항의 신뢰도는 $\alpha = .82$였다.

지각된 차별감

차별감은 문화적응스트레스를 측정하는 Sandhu(1994)의 Acculturative Stress Scale for International Student의 36문항을 이승종(1995)이 번안한 척도를 이소래(1997)가 북한이탈주민의 문화적응 스트레스를 측정하기 위하여 수정한 것을 양계민 등(2011)의 연구에서 최종 선정한 8개 문항을 사용하였다. 원래 문화적응스트레스에서는 여러 요인이 존재하였으나 양계민 등(2011)의 연구에서 사용한 연구는 남한에서 경험하는 차별감과 그로 인한 정서를 나타내는 문항으로 구성되었기에 차별감을 측정하기 위한 척도로 선정하였다. 문항의 내용은 '나는 사회에서 한국사람들과 다르게 취급된다', '남한 사람들은 내가 북한에서 왔다는 편견을 가지고 있다', '나는 고향에 대한 그리움 때문에 힘들다', '나는 고향을 떠나 낯선 환경에서 생활하는 게 슬프다', '나는 내가 태어난 곳과 사람들이 그립다', '나는 북한출신자들을 무시하는 것에 화가 난다', '나는 내가 북한에서 왔다는 이유 때문에 위축된다', '나는 내가 북한에서 왔기 때문에 사회적 지위가 낮다고 느낀다' 등 총 8개 문항으로 구성되어 있었다. 각 문항에 '전혀 그렇지 않다(1)'부터 '매우 그렇다(5)'까지 의 5점 척도 상에 표시하도록 되어 있었다. 척도의 신뢰도는 α=.78이었다.

삶의 만족도

삶의 만족도는 양계민 등(2011)의 연구에서 사용한 3문항을 선정하였다. 문항의 내용으로는 '나는 사는 게 즐겁다', '나는 걱정거리가 별로 없다', '나는 내 삶이 행복하다고 생각한다'는 것이었고, 문항에 '전혀 그렇지 않다(1)'부터 '매우 그렇다(5)'까지의 5점 척도 상에 표시하도록 되어 있었다. 척도의 신뢰도는 α=.74였다.

IV. 결과

1. 배경특성에 따른 북한이탈주민의 다문화집단에 대한 태도의 차이

우선 북한이탈주민의 성별 및 연령집단별 다문화집단에 대한 태도를 비교하였다. 아래의 표에 나타난 바와 같이 성별에 따른 차이는 결혼이주여성과 외국인노동자에 대한 부정적 정서에서만 차이가 나타났는데, 여성들이 남성보다 더 높은 부정적 정서를 지니는 것으로 나타났다. 그 외 나머지 영역에서는 통계적으로 유의미한 성별 차이가 나타나지 않았다. 연령집단에 따른 차이는 다문화가정자녀에 대한 긍정적 인지 및 정서 그리고 행동 및 결혼이주여성에 대한 행동에서만 연령집단에 따른 차이가 나타났으며 그 외 나머지 집단의 경우 연령에 따른 집단차가 나타나지 않았다. 태도의 양상을 자세히 살펴보면 긍정적인 인지의 경우 20대와 50대 이상의 평균값이 30대와 40대 집단에 비해 높은 것으로 나타났고,

표 2. 북한이탈주민의 사회인구학적 배경에 따른 다문화집단에 대한 태도

태도	대상	성별			연령				
		남	여	t	20대	30대	40대	50대이상	F
인지 긍정	결혼이주여성	3.07(.59)	3.21(.55)	-1.94	3.19(.58)	3.02(.54)	3.12(.52)	3.27(.65)	1.98
	다문화가정자녀	3.16(64)	3.18(.52)	-.37	3.27(.56)	3.04(.59)	3.10(.50)	3.28(.66)	2.77*
	외국인노동자	2.94(.70)	3.06(.59)	-1.51	2.97(.66)	2.88(.58)	3.02(.57)	3.15(.76)	1.70
인지 부정	결혼이주여성	2.53(.68)	2.56(.59)	-.37	2.45(.63)	2.68(.66)	2.60(.56)	2.45(.67)	2.11
	다문화가정자녀	2.43(.63)	2.45(.66)	-.36	2.46(.59)	2.50(.66)	2.50(.64)	2.44(.64)	1.67
	외국인노동자	2.51(.69)	2.53(.63)	-.29	2.51(.71)	2.59(.68)	2.51(.56)	2.47(.68)	.35
정서 긍정	결혼이주여성	3.23(.76)	3.30(.72)	-.82	3.20(.76)	3.17(.64)	3.29(.73)	3.27(.74)	1.51
	다문화가정자녀	3.40(.76)	3.39(.66)	.12	3.34(.66)$_{ab}$	3.25(.71)$_b$	3.40(.66)$_{ab}$	3.63(.80)$_a$	3.07*
	외국인노동자	3.13(.82)	2.97(.77)	1.64	3.01(.70)	2.88(.71)	3.08(.80)	3.25(.97)	2.34
정서 부정	결혼이주여성	2.15(.71)	2.35(.78)	-2.16*	2.26(.70)	2.34(.63)	2.34(.69)	2.21(.96)	2.29
	다문화가정자녀	2.08(.73)	2.15(.77)	-.77	2.10(.76)	2.24(.71)	2.10(.70)	2.06(.86)	.69
	외국인노동자	2.16(.76)	2.40(.84)	-2.48*	2.28(.81)	2.42(.70)	2.26(.80)	2.19(.91)	.89
정서 연민	결혼이주여성	2.88(.86)	2.90(.87)	-.17	2.79(.83)	3.06(.79)	2.78(.80)	3.00(1.05)	1,80
	다문화가정자녀	2.83(.90)	2.87(.88)	-.38	2.66(.83)	2.84(.79)	2.81(.77)	2.96(1.07)	1.31
	외국인노동자	2.83(.90)	2.87(.88)	-.38	2.87(.88)	2.86(.83)	2.77(.87)	2.91(.99)	.30
행동	결혼이주여성	3.60(73)	3.46(.69)	1.61	3.54(.64)$_{ab}$	3.31(.69)$_b$	3.52(.68)$_{ab}$	3.76(.82)$_a$	4.05**
	다문화가정자녀	3.39(.76)	3.41(.70)	-.24	3.35(.64)$_{ab}$	3.30(.72)$_b$	3.35(.78)$_{ab}$	3.65(.78)$_a$	2.88*
	외국인노동자	3.11(.80)	3.16(.73)	-.61	3.12(.70)	3.04(.69)	3.12(.78)	3.32(.89)	1.39

* $p<.05$, ** $p<.01$, Tukey: a>b

긍정적인 정서의 경우는 다문화가정자녀에 대해서는 50대 이상인 경우 다른 집단에 비해 높은 것으로 나타났고, 행동의 경우 역시 50대 이상인 사람들의 평균값이 가장 높은 것으로 나타났다. 그 외의 영역에서는 통

표 3. 북한이탈주민의 성별, 연령별 현실갈등인식, 한민족정체성, 차별감 및 삶의 만족도

	성별			연령				
	남	여	t	20대	30대	40대	50대 이상	F
현실갈등	2.95(.72)	2.83(.70)	1.14	2.91(.71)	3.02(.75)	2.88(.64)	2.71(.74)	1.91
한민족정체성	3.78(.89)	3.63(.80)	1.49*	3.35(.74)$_b$	3.38(.87)$_b$	3.97(.75)$_a$	4.13(.74)$_a$	17.59***
차별감	3.15(.74)	3.20(.67)	-.61	3.23(.68)	3.05(.64)	3.27(.64)	3.14(.84)	1.32
삶의 만족도	3.32(.85)	3.25(.79)	.64	3.32(.79)	3.17(.85)	3.25(.85)	3.40(.76)	.84

$^{*} p \langle .05$, $^{***} p \langle .001$, Tukey: a$\rangle$b

계적으로 유의미한 차이가 나타나지 않았다.

주관적 경제적 수준에 따라 각 집단에 대한 태도가 달라지는지 살펴보기 위하여 주관적 경제수준을 '아주 어렵다', '어려운 편이다', '보통/그 이상'으로 나누어서 태도의 평균값을 비교하였다. 원래 설문문항에는 '잘 산다', '아주 잘 산다'는 응답도 포함되었으나 이 두 개의 범주에 속한 인원이 너무 적어서 보통 및 그 이상으로 합쳐서 분석하였다. 그 결과 주관적인 경제적 수준에 따른 다문화집단에 대한 태도는 인지, 정서, 행동 모든 영역에서 통계적으로 유의미한 차이를 나타내지 않았다.

다음으로 성별, 연령별, 주관적 경제수준에 따른 북한이탈주민의 삶의 만족도, 차별감, 현실갈등인식, 그리고 한민족정체성의 수준을 비교하였다. 그 결과 아래에 나타난 바와 같이 한민족정체성에서 남자가 여자보다 평균값이 높은 것으로 나타났고, 연령별로는 40대와 50대 집단이 20대와 30대에 비해 한민족정체성이 높은 것으로 나타났다. 그 외에는 성별, 연령별 집단차이가 나타나지 않았다.

이에 비해 주관적 가정경제수준에 따라 현실갈등, 차별감, 삶의 만족도의 차이가 있었는데, 주관적인 가정경제수준을 낮게 지각할수록 현

표 4. 북한이탈주민의 주관적가정경제수준별 현실갈등인식, 한민족정체성, 차별감 및 삶의 만족도

	아주 어렵다	어려운 편이다	보통/그 이상	F
현실갈등	3.14(.75)$_a$	2.95(.64)$_{ab}$	2.72(.72)$_b$	7.09***
한민족정체성	3.92(1.01)$_a$	3.62(.87)$_b$	3.67(.74)$_{ab}$	2.11
차별감	3.37(.76)$_a$	3.24(.64)$_{ab}$	3.04(.71)$_b$	4.38*
삶의 만족도	3.12(.85)$_b$	3.13(.79)$_b$	3.48(.78)$_a$	6.66***

* $p<.05$, *** $p<.001$, Tukey: a>b

실갈등, 차별감은 높게 지각하고, 삶의 만족도는 낮아지는 것으로 나타났다. 한민족정체성의 경우 통계적으로 유의미한 차이는 아니었으나 경제적으로 '아주 어렵다'고 응답한 집단의 한민족 정체성이 다른 집단에 비해 높은 것으로 나타났다.

2. 북한이탈주민이 국내 다문화집단 각 대상에 대해 지니는 태도 차이

북한이탈주민들이 국내 다문화집단 각 대상별로 지니는 태도가 어떠한지 비교하기 위하여 결혼이주여성, 다문화가정자녀, 외국인노동자에 대한 인지, 정서 및 행동의 태도를 반복측정 변량분석으로 비교하였다. 그 결과 결혼이주여성과 다문화가정자녀에 대한 긍정적 인지태도가 외국인노동자에 대한 태도보다 높은 것으로 나타났고, 부정적 인지태도는 다문화가정자녀의 평균이 결혼이주여성과 외국인노동자에 비해 낮은 것으로 나타났으며, 긍정적인 정서의 경우는 다문화가정자녀에 대한 평균값이 가장 높으며, 다음이 결혼이주여성, 외국인노동자의 순이었다. 또한 부정적 정서의 경우는 결혼이주여성과 외국인노동자에 비해 다문화가정자녀에 대한 평균값이 낮은 것으로 나타났고, 연민정서는 세 집단 간 유

표 5. 북한이탈주민의 다문화집단에 대한 태도 차이

태도		결혼이주여성	다문화가정자녀	외국인노동자	F
인지	긍정	3.14(.57)[a]	3.17(.58)[a]	3.00(.64)[b]	12.18***
	부정	2.55(.63)[a]	2.45(.64)[b]	2.52(.66)[a]	5.36**
정서	긍정	3.27(.74)[b]	3.40(.71)[a]	3.04(.80)[c]	30.08***
	부정	2.26(.76)[a]	2.12(.75)[b]	2.29(.89)[a]	8.95***
	연민	2.89(.87)	2.81(.86)	2.84(.89)	1.83
행동	사회적거리감	3.54(.71)[a]	3.40(.73)[b]	3.15(.76)[c]	52.45***

** $p < .01$, *** $p < .001$, Bonferroni: a〉b〉c

의미한 차이는 없는 것으로 나타났다. 마지막으로 사회적 거리감의 경우 결혼이주여성에 대한 수용도가 가장 높은 것으로 나타났고, 다음이 다문화가정자녀, 외국인노동자 순이었다. 따라서 전반적으로 다문화가정자녀에 대한 태도가 가장 긍정적이고, 다음이 결혼이주여성이며, 외국인노동자에 대한 태도가 가장 부정적인 경향성이 있음을 나타내었다.

3. 다문화집단의 접촉경험에 따른 태도 차이

다음으로 북한이탈주민이 다문화집단과 접촉한 정도가 어느 정도인지 살펴보고자 접촉수준별 빈도를 살펴보았다. 그 결과 전반적으로 북한이탈주민은 다문화집단을 접촉한 경험이 많지 않은 것으로 나타났는데, 결혼이주여성을 '직접 본 적이 없다'고 응답한 비율이 42.5%였고, 다문화가정자녀와의 접촉경험이 없는 경우가 44.7%, 외국인노동자와의 접촉경험이 전혀 없는 경우가 24.9%로 나타났다. 이에 비해 '길 가다가 우연히 보았다'거나, '동네에서 같이 살고 있는 것으로 보았다'거나 또는 '같

표 6. 조사대상 북한이탈주민의 국내 다문화집단 접촉경험

접촉수준	결혼이주여성	다문화가정자녀	외국인노동자
접촉경험 없음	116(42.5)	122(44.7)	68(24.9)
단순접촉	111(40.7)	127(46.5)	119(43.6)
약한 상호작용	26(9.5)	-	53(19.4)
친밀한 접촉	17(6.2)	10(3.7)	29(10.6)
무응답	3(1.1)	14(5.1)	4(1.5)
합계		273(100)	

은 교회에 다니는 것을 보았다'는 단순접촉의 비율의 경우 결혼이주여성이 40.7%, 다문화가정자녀를 단순 접촉한 비율이 46.5%, 외국인노동자를 단순 접촉한 비율이 43.6%로 나타나 전반적으로 접촉경험이 없거나 단순한 접촉의 수준인 경우가 대부분인 것으로 나타났다.

　이어서 접촉의 수준에 따라 국내 다문화집단에 대한 인식이 달라지는지 살펴보았다. 접촉의 효과는 결혼이주여성과의 접촉경험에 따른 결혼이주여성에 대한 태도, 다문화가정자녀의 접촉경험에 따른 다문화가정자녀에 대한 태도, 외국인노동자의 접촉경험에 따른 외국인노동자에 대한 태도 등으로 각각 집단별로 살펴보았다. 우선 첫째로, 결혼이주여성과 접촉의 수준이 높아질수록 긍정적인 정서가 증가하는 경향이 나타났는데, 특히 친밀한 접촉경험 집단이 다른 집단에 비해 결혼이주여성에 대한 긍정적인 정서가 높은 것으로 나타났다. 그러나 그 외 긍정적 인지, 부정적 인지, 부정적 정서, 연민정서 및 사회적 거리감 전반에서는 접촉 수준별 차이가 나타나지 않았다. 다문화가정자녀의 경우는 친밀한 접촉경험 집단이 접촉이 없거나 단순 접촉한 집단에 비해 긍정적인 인지 및 정서태도가 높은 것으로 나타났다. 그 외 부정적인 태도나 연민정서 및

표 7. 결혼이주여성의 접촉수준에 따른 결혼이주여성에 대한 태도

태도		접촉없음 (N=116)	단순접촉 (N=111)	약한상호작용 (N=26)	친밀한 접촉 (N=17)	F
인지	긍정	3.21(.57)	3.05(.55)	3.25(.54)	3.25(.73)	1.85
	부정	2.48(.65)	2.66(.59)	2.40(.61)	2.55(.71)	2.07
정서	긍정	3.23(.74)$_b$	3.20(.74)$_b$	3.44(.65)$_{ab}$	3.68(.79)$_b$	2.65*
	부정	2.35(.80)	2.24(.72)	2.06(.65)	2.12(.65)	1.42
	연민	2.92(.89)	2.94(.84)	2.48(.77)	3.00(.90)	2.23
행동	사회적거리감	3.49(.72)	3.50(.75)	3.59(.62)	3.80(.53)	1.06

* $p<.05$, Tukey: a>b>c

표 8. 다문화가정자녀의 접촉수준에 따른 다문화가정자녀 대한 태도

태도		접촉없음 (N=122)	단순접촉 (N=127)	친밀한 접촉 (N=10)	F
인지	긍정	3.19(.50)$_b$	3.09(.62)$_b$	3.87(.67)$_a$	8.73***
	부정	2.48(.63)	2.44(.64)	2.03(.81)	2.26
정서	긍정	3.37(.66)$_b$	3.37(.71)$_b$	4.00(.85)$_a$	3.97*
	부정	2.17(.81)	2.10(.71)	1.80(.67)	1.23
	연민	2.80(.83)	2.86(.83)	2.70(1.44)	.24
행동	사회적거리감	3.37(.69)	3.39(.73)	3.96(.87)	2.93

* $p<.05$, *** $p<.001$, Tukey:n: a>b>c

행동의 측면에서는 통계적으로 유의미한 차이가 나타나지 않았다. 외국인노동자에 대한 태도의 경우, 평균값으로 볼 때 친밀한 접촉을 할수록 긍정적인 태도가 높아지는 경향이 보이긴 하였으나 접촉수준에 따른 차이가 인지, 정서, 행동 전반에서 통계적으로 유의미한 차이는 나타나지 않았다.

표 9. 외국인노동자의 접촉수준에 따른 외국인노동자에 대한 태도

	태도	접촉없음 (N=68)	단순접촉 (N=119)	약한상호작용 (N=53)	친밀한 접촉 (N=29)	F
인지	긍정	2.95(.66)	2.98(.65)	3.02(.60)	3.20(.67)	1.08
	부정	2.59(.70)	2.55(.65)	2.41(.52)	2.45(.78)	.92
정서	긍정	2.85(.69)	3.07(.81)	3.13(.82)	3.22(.89)	2.09
	부정	2.43(.80)	2.32(.83)	2.11(.73)	2.19(.81)	1.72
	연민	2.83(.77)	2.87(.90)	2.91(.87)	2.72(1.07)	.29
행동	사회적거리감	3.00(.68)	3.16(.83)	3.19(.70)	3.35(.79)	1.55

4. 각 변인들 간의 상관관계 분석

각 변인들 간의 관계를 파악하기 위하여 우선 현실갈등인식, 한민족정
체성 차별감, 삶의 만족도 및 주관적 경제수준과 국내 다문화집단에 대
한 태도 간의 상관분석을 실시하였다. 전반적으로 보았을 때 현실갈등인
식의 수준이 높을수록 다문화집단에 대한 긍정적 태도 전반이 낮아지고
부정적 인지 및 정서태도가 증가하는 것으로 나타났으며, 사회적 거리감
은 더 멀어지는 것으로 나타났다. 또한 현실갈등인식의 수준이 높아질수
록 다문화가정자녀에 대한 연민의 정서가 증가하는 것으로 나타났다. 이
러한 양상은 차별감에서도 유사한 방식으로 나타나 남한사회에서 북한
이탈주민이 경험하는 차별감이 높을수록 다문화집단에 대한 긍정적 태
도는 낮아지고, 부정적 태도는 높아졌으며 사회적 거리감은 더 멀어지는
것으로 나타났다. 그런데, 현실갈등인식과 마찬가지로 차별감을 경험할
수록 모든 다문화집단에 대한 연민의 태도가 증가하는 것으로 나타났다.
삶의 만족도와의 관계를 살펴보면, 자신의 삶에 대한 만족도가 높아질수

표 10. 북한이탈주민의 현실갈등, 한민족정체성, 지각된 차별감, 삶의만족도와 다문화집단에 대한 인식의 관계

영역		대상	현실갈등인식	한민족정체성	지각된 차별감	삶의 만족도
긍정 태도	인지	결혼이주여성	-.16**	-	-.16**	.26***
		다문화가정자녀	-.16**	-	-.27***	.24***
		외국인노동자	-.17**	-	-.22***	.22***
	정서	결혼이주여성	-.13*	.14*	-	.14*
		다문화가정자녀	-.22***	-	-.16**	.17**
		외국인노동자	-	-	-	-
부정 태도	인지	결혼이주여성	.34***	.16**	.24***	-
		다문화가정자녀	.32***	-	.33***	-
		외국인노동자	.27***	-	.21***	-
	정서	결혼이주여성	.29***	-	.20***	-
		다문화가정자녀	.33***	-	.18**	-
		외국인노동자	.30***	-	.22***	-
연민	정서	결혼이주여성	-	-	.16*	-
		다문화가정자녀	.14*	-	.20***	-
		외국인노동자	-	-	.15*	-
행동	사회적 거리감	결혼이주여성	-.15*	.18**	-.15*	.17**
		다문화가정자녀	-.23***	-	-.24***	.13*
		외국인노동자	-.20***	-	-.29***	.16**

$p < .05$, ** $p < .01$, *** $p < .001$

록 긍정적인 인지 및 정서의 태도가 증가하는 것으로 나타나고 사회적 거리감은 가까워지는 것으로 나타났다. 주관적 경제수준은 상관분석에 포함하였으나 다문화집단에 대한 태도와 직접적인 상관관계가 산출되지

표 11. 북한이탈주민의 현실갈등인식, 한민족정체성, 차별감, 삶의 만족도 및 주관적경제수준의 상관관계

	현실갈등인식	한민족정체성	지각된 차별감	삶의 만족도
한민족정체성	-	1.00		
지각된 차별감	.35***	.17**	1.00	
삶의 만족도	-.14*	-	-.29***	1.00
주관적경제수준	-.21***	-	-.17**	.19***

$p\langle.05,$ ** $p\langle.01,$ *** $p\langle.001$

않아 표에 제시하지는 않았다.

　두 번째로는 현실갈등인식, 한민족정체성, 차별감, 삶의 만족도 및 주관적 경제수준들 간의 상관관계를 살펴보았다. 그 결과 현실갈등인식의 수준이 높을수록 남한사회에서 지각하는 차별감의 수준이 높아지고 삶의 만족도 수준과 주관적 경제수준이 낮은 것으로 나타났고, 한민족정체성이 높아질수록 남한사회에서 지각하는 차별감도 증가하는 것으로 나타났으며, 차별감 지각수준이 높아질수록 삶의 만족도가 낮아지고 주관적 경제수준도 낮아지는 것으로 나타났으며, 주관적 경제수준이 높을수록 삶의 만족도가 높아지는 것으로 나타났다.

5. 북한이탈주민의 다문화집단에 대한 태도에 영향을 미치는 요인

북한이탈주민들이 다문화집단 대상별로 지니고 있는 태도에 영향을 미치는 요인을 파악하기 위하여, 현실갈등인식, 한민족정체성, 차별감, 삶의 만족도를 독립변인으로 투입하고, 각 집단에 대한 인지, 정서, 행동 측면의 태도를 종속변인으로 하여 중다회귀분석을 실시하였다. 위의 상관관계 분석에서 주관적 경제수준은 소수집단에 대한 태도와 유의미한

표 12. 북한이탈주민이 다문화집단 대해 지니는 태도에 영향을 미치는 요인: 긍정적 태도

종속변인		독립변인	β	t	R^2
인지 긍정	결혼이주여성	삶의 만족도	.23	3.65***	.09***
	다문화가정자녀	지각된 차별감	-.22	-3.34***	.13***
		삶의 만족도	.18	3.00***	
		한민족정체성	.16	2.69**	
	외국인노동자	삶의 만족도	.18	2.90**	.11***
		지각된 차별감	-.16	-2.38*	
		한민족정체성	.13	2.13*	
정서 긍정	결혼이주여성	한민족정체성	.16	2.66**	.06**
	다문화가정자녀	현실갈등인식	-.18	-2.76**	.09***
		한민족정체성	.14	2.32*	
		삶의 만족도	.13	2.12*	
	외국인노동자	한민족정체성	.19	3.09**	.05***

* $p<.05$, ** $p<.01$, *** $p<.001$

상관이 나타나지 않아 회귀분석에서 제외하였다. 그 결과 아래에 나타
난 바와 같이 태도의 긍정성 및 부정성 여부에 따라 일정한 경향성이 나
타났기에 표를 아래와 같이 제시하였다. 우선 다문화집단에 대한 긍정적
인지태도에 공통적으로 영향을 미치는 요인은 삶의 만족도였다. 즉, 자
신의 삶에 대해 만족한다고 느낄수록 다문화집단에 대한 긍정적 인지가
증가하는 것으로 나타났다. 그러나 긍정적 정서의 측면에서는 다문화가
정자녀에 대한 태도에만 정적으로 영향을 미치는 것으로 나타났고 결혼
이주여성과 외국인노동자에 대한 긍정적 정서태도에는 유의미한 영향을
미치지 않는 것으로 나타났다. 또한 북한이탈주민이 지닌 한민족 정체성
이 다문화집단에 대한 긍정적 태도에 영향을 미치는 것으로 나타났는데,

표 13. 북한이탈주민이 다문화집단 대해 지니는 태도에 영향을 미치는 요인: 부정적 태도

종속변인		독립변인	β	t	R^2
인지 부정	결혼이주여성	현실갈등인식	.30	4.79***	.14***
		지각된 차별감	.14	2.16*	
	다문화가정자녀	현실갈등인식	.25	4.08***	.16***
		지각된 차별감	.24	3.81***	
	외국인노동자	현실갈등인식	.22	3.44***	.09***
		지각된 차별감	.14	2.10***	
정서 부정	결혼이주여성	현실갈등인식	.26	4.09***	.11***
		지각된 차별감	.14	2.17*	
	다문화가정자녀	현실갈등인식	.31	4.99***	.13***
	외국인노동자	현실갈등인식	.25	3.92***	.11***
		지각된 차별감	.14	2.50*	

* $p\langle.05$, *** $p\langle.001$

한민족정체성이 높을수록 모든 다문화집단에 대한 긍정적 태도가 증가
하는 것으로 나타났다. 또한 북한이탈주민이 주관적으로 지각하는 차별
감이 낮을수록 다문화가정자녀와 외국인노동자에 대한 긍정적 인지태도
가 높아지는 것으로 나타났다.

이에 비해 다문화집단 대상에 대한 부정적 태도에 영향을 미치는 것
은 주로 현실갈등인식과 남한사회에서 경험하는 지각된 차별감으로 나
타났다. 즉, 북한이탈주민이 다문화집단과의 현실적 갈등을 인식할수록,
그리고 남한사회에서 차별을 받는다고 지각할수록 부정적인 인지 및 정
서태도가 증가한다는 것이다. 아래의 표에 나타난 바와 같이 다문화가정
자녀에 대한 부정적 정서의 경우 차별감이 영향을 미치지 않는 것을 제
외하고는 모든 집단에 대하여 부정적 인지 및 정서 영역에서 일관되게

표 14. 북한이탈주민이 다문화집단 대해 지니는 태도에 영향을 미치는 요인: 연민과 사회적 거리감

종속변인		독립변인	β	t	R^2
정서 연민	결혼이주여성	지각된 차별감	.15	2.18*	.03
	다문화가정자녀	지각된 차별감	.20	3.88**	.05**
사회적 거리감	결혼이주여성	한민족정체성	.21	3.53***	.09***
		삶의 만족도	.14	2.20*	
	다문화가정자녀	지각된 차별감	-.17	-2.55**	.09***
		현실갈등인식	-.17	-2.63**	
	외국인노동자	지각된 차별감	-.24	-3.68***	.11***

* $p<.05$, ** $p<.01$, *** $p<.001$

현실갈등인식과 차별감이 영향을 미치는 요인으로 산출되었다.

마지막으로 북한이탈주민이 다문화집단으로 분류된 각 대상에 대해 경험하는 연민정서와 사회적 거리감에 영향을 미치는 요인을 살펴본 결과 아래의 표에 나타난 바와 같이 결혼이주여성과 다문화가정자녀에 대한 연민정서에는 차별감 요인만이 영향을 미치는 것으로 나타났고, 외국인노동자에 대한 연민정서에는 투입된 독립변인 중 영향을 미치는 것으로 산출된 요인이 없었다. 영향의 방향을 살펴보면 본인이 차별감을 많이 지각할수록 두 집단에 대한 연민의 정서가 함께 증가하는 것으로 나타나 부정적인 정서의 증가와는 또 다른 차원의 감정이 개입되고 있음을 시사하였다. 사회적 거리감의 경우는 대상마다 다양한 결과를 보여주었는데, 결혼이주여성의 경우는 한민족정체성과 삶의 만족도가 높을수록 사회적 거리가 가까운 것으로 나타났고, 다문화가정자녀의 경우는 차별감과 현실갈등인식의 수준이 낮을수록 사회적 거리가 멀어지는 것으로 나타났으며, 외국인 노동자의 경우는 차별감을 지각하는 수준이 높을수

록 사회적 거리가 멀어지는 것으로 나타났다.

VI. 논의

본 연구는 다문화적 변화를 경험하고 있는 한국사회의 소수집단인 북한이탈주민이 또 다른 소수집단인 다문화집단에 대해 어떤 태도를 지니고 있는지, 북한이탈주민이 다문화집단에 대해 지니는 태도에 영향을 미치는 요인이 무엇인지를 파악함으로써 향후 한국사회에서 발생할 수 있는 소수집단 간 갈등의 방지 및 사회통합을 위한 노력의 기초자료를 제공하고자 수행되었다. 연구의 결과 나타난 시사점을 제시하면 다음과 같다.

우선 연구문제1과 관련하여, 북한이탈주민의 성별, 연령별, 주관적 가정경제수준 등 인구학적 배경특성에 따른 다문화집단에 대한 태도의 차이를 살펴본 결과, 일부 영역에서 성별, 연령별 차이가 나타났고, 주관적 가정경제수준에서는 유의미한 차이가 나타나지 않았다. 우선 성별차이가 나타난 부분은 결혼이주여성과 외국인노동자에 대한 부정적 정서로, 여성들이 남성들에 비해 결혼이주 여성 및 외국인노동자에 대한 부정적 정서가 높은 것으로 나타났다. 이러한 결과가 나타난 이유에 대해 본 연구에서는 명확한 근거를 제시하기 어려우나, 사회적으로 나타나는 현상들을 근거로 추론해 보자면, 결혼이주여성의 경우 사회적으로 많은 지원을 받는 대상인 것처럼 보이기 쉽다는 점에서 가장 유사한 경쟁집단으로 인식될 수 있고, 외국인노동자의 경우 사회적으로 범죄 등 부정적 특성이 연상되기 쉬운 집단으로 남성보다는 여성이 피해자 인식이 높을 수 있는 가능성을 생각해 볼 수 있다. 그러나 이는 앞에서 언급한 바와 같이 본 연구에서는 밝히기 어려운 부분으로 추후 후속연구를 통해 밝히는 것이 필요하다고 생각된다.

연령별 차이는 다문화가정자녀에 대한 긍정적 인지 및 정서에서 나타났는데, 다문화가정자녀에 대한 긍정적 인지의 경우는 20대와 50대이상이 30대와 40대에 비해 높은 것으로 나타났고, 정서의 경우는 50대이상의 평균이 가장 높고 다음이 40대, 30대, 20대의 순으로 연령이 높은 집단이 다문화가정자녀에 대한 긍정적 정서를 가지는 경향이 많고 30대 집단의 평균값이 가장 낮은 것으로 나타났다. 또한 다문화가정자녀에 대한 행동의 경우도 50대 이상의 태도가 가장 수용적인 것으로 나타나 전반적으로 연령이 높은 경우 다문화가정자녀에 대한 태도가 긍정적인 경향성을 보여주었다. 이는 아마도 연령이 높을수록 한국 거주기간이길고, 다문화에 대한 수용성이 높아지기 때문일 가능성으로 생각되지만, 이러한 연령차가 모든 집단에 대해서 나타난 것이 아니라 다문화가정자녀에게만 나타났기 때문에 전반적인 수용성의 증가라고 보기는 어렵고, 단지 자신들에게 덜 위협적인 존재인 아이들에 대한 수용성만이 제한적으로 높은 것이라고 볼 수 있다. 그러나 이 역시 사후추론으로 추후 연구에서 면밀한 분석을 할 필요가 있는 부분으로 생각된다.

다문화집단에 대한 태도에 이어 현실갈등인식, 한민족정체성, 차별감, 삶의 만족도가 성별, 연령별, 주관적 가정경제수준에 따라 다른지 살펴본 결과 성별, 연령별 차이가 나타난 변인은 한민족 정체성이었다. 한민족정체성은 남성이 여성보다 높았고, 연령이 높을수록 한민족정체성이 높은 것으로 나타났다. 이에 비해 주관적 가정경제수준에 따른 차이는 한민족 정체성을 제외하고 현실갈등인식, 차별감, 삶의 만족도에서 통계적으로 유의미한 차이가 있는 것으로 나타났는데, 경제적으로 어렵다고 생각할수록 현실갈등인식이 높고, 차별감도 많이 경험하며, 삶의 만족도는 낮은 것으로 나타나 북한이탈주민들이 느끼는 경제적 어려움이 여러 가지 다른 심리적 변인에 영향을 미치는 중요한 요인임을 나타내었다. 그러나 뒤의 상관분석에서 다문화집단에 대한 태도와의 관련성까지는 나타나지 않아서 주관적 경제적 수준이 다문화집단에 대한 태도에까지 직접적으로 영향을 미치는 것은 아닐 가능성을 시사하였다.

연구문제2와 관련하여 북한이탈주민이 다문화집단에 대해 지닌 태도에 영향을 미치는 요인을 분석하기에 앞서, 북한이탈주민에 국내 여러 다문화집단에 대해 지니는 태도의 차이가 있는지를 비교하였다. 그 결과 전반적으로 볼 때 북한이탈주민들의 경우 세 종류의 다문화집단 중 외국인노동자에 대한 태도가 가장 부정적인 것으로 나타났다. 외국인노동자에 대한 태도가 가장 부정적인 것은 김혜숙(2011)의 연구와 같은 결과이다. 김혜숙(2011)의 연구에서는 북한이탈주민을 포함하였을 때 북한이탈주민을 제외하고는 가장 부정적인 태도의 대상이 이주노동자였다. 이러한 결과는 북한이탈주민이 현실갈등을 인식하고 사회적 차별감을 강하게 느낄 경우 욕구좌절의 대상이 될 수 있는 집단은 이주노동자 집단이 될 수 있음을 시사하며, 향후 북한이탈주민 대상 다문화교육시 이러한 점을 고려할 필요가 있음을 시사하고 있다.

연구문제3과 관련하여 다문화집단과의 접촉수준에 따라 북한이탈주민이 다문화집단에 대해 가지는 태도가 달라지는지 살펴보았다. 그 결과 접촉의 효과가 결혼이주여성에 대한 긍정적 정서, 다문화가정자녀에 대한 긍정적 인지 및 긍정적 정서의 세 가지 영역에서만 나타나고 외국인노동자의 경우는 모든 영역에서 접촉의 효과가 나타나지 않았다. 기존의 선행연구에서 보면 대부분 접촉이 긍정적 태도를 증가시키는 것으로 보고되고 있는데(Eller & Abrams, 2003; Hewstone, Rubin & Willis, 2002; Pettigrew, 1998) 사실상 긍정적 태도에서 부분적으로는 효과가 나타난 것으로 보인다. 이주노동자의 경우도 통계적으로 유의미한 수준이 아니긴 하지만 평균적으로 볼 때 긍정적 정서의 측면에서 친밀한 접촉을 할수록 긍정적 정서가 증가하는 경향이 나타나고 있다. 따라서 외집단과의 접촉은 긍정적인 태도, 그중 긍정적인 정서의 상승에 영향을 미칠 가능성을 보여주고 있고, 향후 집단 간 이해교육 등의 프로그램을 개발할 때 이러한 접촉의 효과를 활용하는 방안을 제안하는 데는 무리가 없는 것으로 생각된다. 그러나 본 연구에서 접촉의 효과가 모든 대상에 대해 그리고 모든 영역에서 명확하게 나타나지 않은 이유를 생각해 볼 필요가 있다. 아마도 이는 북한이탈주민들이 다문화집단을 접촉한 경험 자체가 많지 않기 때문에, 통계적으로 유의미한 차이를 낼 수 있는 정도의 친밀한 접촉경험자가 부족해서였을 가능성 때문일 것으로 생각된다. 앞에서 제시하였듯이 북한이탈주민들은 다문화집단 구성원을 거의 만나본 적이 없거나 만나보았다 할지라도 거의 지나가다가 보는 정도의 단순 접촉자가 대부분이었기 때문이다. 따라서 접촉의 효과와 함의를 현실적 측면에서 찾아내고자 한다면 심층면접을 통한 상호접촉의 기제와 상호 간 관계의 역동을 분석하는 것이 필요할 것이라고 생각된다.

연구문제4와 관련하여 북한이탈주민이 다문화집단에 대해 지니는 태도와 현실갈등, 한민족정체성, 지각된 차별감, 삶의 만족도, 경제적 수준 등의 관계를 살펴본 결과, 현실갈등인식과 지각된 차별감은 다문화집단에 대한 태도의 대부분 영역에서 유의미한 차이가 있는 것으로 나타났는데, 전반적으로 볼 때 현실갈등인식의 수준이 높을수록 긍정적 태도는 낮아지고 부정적 태도는 높아졌으며 사회적 거리감도 멀어지는 것으로 나타났다. 그러나 삶의 만족도의 경우는 긍정적 태도와 사회적 거리감에서만 유의미한 관계가 산출되었다. 즉, 삶의 만족도가 높을수록 긍정적 태도가 높아지고 사회적 거리감은 가까워지는 것으로 나타났다. 한민족 정체성의 경우는 대부분의 영역에서 유의미한 차이를 나타내지 않았

고, 결혼이주여성에 대한 긍정적 정서, 부정적 인지, 사회적 거리감 부분
에서만 상관관계가 있는 것으로 나타났는데, 한민족 정체성이 높을수록
결혼이주여성에 대한 긍정적 정서와 부정적 인지, 그리고 사회적 거리감
이 증가하는 것으로 나타났다. 이에 비해 주관적인 경제적 수준은 다문
화집단에 대한 태도와 유의미한 상관관계를 보이지 않았다. 북한이탈주
민이 가장 어려움을 호소하는 주요 문제 중 하나가 경제적인 어려움이었
고, 앞에서 언급한 바와 같이 주관적 경제수준이 높아질수록 현실갈등인
식의 수준은 낮아지며, 차별감의 지각 수준도 낮아지고, 삶의 만족도가
높아지는 관계가 산출되었으나 다문화집단에 대한 태도에 직접적인 관
련성은 없는 것으로 나타났다. 이는 아마도 주관적으로 지각하는 경제적
수준이 현실갈등인식이나 차별감, 삶의 만족도 등 자신의 개인적 심리상
태와 적응수준까지는 영향을 미치나 한 단계 더 나아가 외집단에 대한
태도까지는 그 영향이 미치지 않고 있음을 보여주는 결과이다. 또한 외
집단에 대한 태도를 형성하는 데 있어서 경제적인 부분보다는 심리적 적
응의 문제가 더 많이 관련되고 있음을 보여주는 결과라고도 할 수 있다.

　　마지막으로 연구문제5와 관련하여 북한이탈주민이 다문화집단에
대해 지니는 태도에 영향을 미치는 요인을 분석한 결과 다음과 같이 의
미 있는 결과들이 산출되었다. 우선 첫째로 다문화집단에 대한 태도의
긍정적 측면에 영향을 미치는 요인으로 삶에 대한 만족도요인이 산출
되었다. 즉, 자신의 삶이 만족스러울수록 다른 소수집단에 대한 긍정적
인 태도도 증가한다는 것이다. 이는 앞의 선행연구에서 언급한 바와 같
이 자신의 삶이 만족스러울 경우 세상에 대해 긍정적인 평가를 하게 하
고(Veenhoven, 1988), 타인에 대한 복합적 이해를 증가시킨다는 결과
(Waugh & Fredrickson, 2006)를 실질적으로 보여준 결과라고 볼 수 있
다. 양계민(2010)의 연구에서도 다수자 집단 사람들이 지닌 주관적 안녕

감은 소수집단인 이주노동자에 대한 태도형성에 영향을 미치는 것으로 나타난 바 있다. 따라서 타집단에 대한 긍정적 태도를 형성하는 데 있어서 다수자 집단이 소수집단에 대한 평가를 하는 상황이든 소수자끼리 평가를 하는 상황이든 상관없이 자신의 개인적 삶이 얼마나 만족스러운가의 여부에 따라 달라질 수 있음을 보여주는 결과이다. 이런 결과는 남한 사회에서 살고 있는 북한이탈주민들이 스스로 체감하는 삶의 질이 개선되지 못하고 있고 여전히 빈곤한 주변인으로 살아가고 있다는 기존의 연구(김광웅, 이봉근, 2011)에 비추어볼 때, 이러한 현상이 심화될 경우 다문화집단에 대한 긍정적인 태도의 감소라는 바람직하지 못한 결과를 초래할 수 있음을 시사하는 중요한 결과로 생각된다.

둘째, 다문화집단에 대한 긍정적 태도에 영향을 미치는 또 하나의 중요한 요인은 한민족정체성이었다. 양계민(2009)의 연구에서도 한민족정체성이 국내 소수집단에 대한 태도에 미치는 영향을 분석한 바 있는데, 그 연구에서는 한민족정체성의 영향력이 크게 나타나지 않다. 그러나 본 연구에서는 인지와 정서를 모두 포함하는 긍정적 태도에서 일관되게 영향을 미치는 요인으로 한민족정체성이 산출되어 남한주민의 태도와 차이를 드러내었다. 또한 영향력의 방향성을 보았을 때 한민족정체성이 높을수록 오히려 소수집단에 대한 긍정적 태도의 점수가 상승하는 것으로 나타났다. 아마도 한민족정체성의 내용이 한국이 단일민족이라는 것에 대한 자부심과 자랑스러움을 나타내는 문항들로 구성되어 있었다는 것을 상각해 볼 때, 배타적인 한민족정체성은 외집단에 대한 배타성과 관련이 될 수 있으나 한민족이라는 자부심은 오히려 긍정적 태도와 관련될 수 있음을 시사하고 있다.

셋째, 북한이탈주민이 지각하는 현실갈등인식이 모든 다문화집단에 대한 부정적인 태도에 영향을 미치는 요인으로 나타났다. 즉, 북한이탈주민이 다문화집단과 현실갈등의 상태에 있다고 지각할수록 다문화집단에 대한 부정적인 인지 및 정서태도가 증가하는 것으로 나타났다. 이러한 결과는 국내에서 기존에 이루어진 선행 연구들(김혜숙, 2011; 양계민, 2009; 양계민, 2010)과 일치하는 결과이다. 북한이탈주민들의 경우 현실적으로 남한주민들에 비해 소유한 자원이 더 제한적이고, 따라서 정부나 지역사회, 교회 등의 사회적지원은 매우 중요하고 절실하며 이러한 자원들을 다른 소수집단과 나누거나 경쟁하는 상황은 그들의 삶에 매우 위협이 되는 요인이라고 인식할 수 있다.

넷째, 지각된 차별감 역시 현실갈등인식과 함께 다문화집단에 대한 부정적인 태도에 영향을 미치는 요인으로 나타났다. 즉, 남한사람들로부터 차별을 받는다고 생각할수록 다문화집단에 대한 태도도 부정적으로 된다는 결과인데, 위에서 삶의 만족도가 높아질수록 긍정적인 태도가 높아지는 현상과 맥을 같이 하는 결과로 생각된다. 즉, 현재의 삶에 대해 만족하고 행복한 경우 외집단에 대하여 긍정적인 태도를 가지게 되지만 사회적 차별 등으로 심리적 스트레스를 받게 되어 부정적 감정의 상태에 있기 될 경우 외집단에 대한 부정적 평가가 증가할 수 있다는 것이다. 이는 좌절된 욕구를 해소할 만한 대상으로써 다른 소수집단을 사용할 가능성으로 설명할 수도 있고, 반대로 감정적으로 부정적인 상태에서 좀 더 평가가 엄격해 지는 현상으로 설명할 수 있을 것이라고 생각된다.

다섯째, 결혼이주여성과 다문화가정자녀에 대한 연민의 정서에 영향을 미친 요인으로 차별감이 산출되었다. 즉, 차별감을 높게 지각할수록 이 두 집단에 대한 연민의 정서가 높아졌다는 결과인데, 지각된 차별감이 부정적 태도를 증가시키는 것과는 별개의 차원으로 외집단에 대한 연민의 감정도 가질 수 있음을 보여주는 결과이다. 이는 북한이탈주민들이 다수자들과는 달리 어느 정도 같은 소수집단으로서의 공감이 이루어질 수 있기 때문에 나타났을 가능성도 추측해 볼 수 있다.

본 연구는 북한이탈주민이 한국 내 소수집단인 다문화집단에 대해 어떤 생각을 가지고 있는지, 그리고 다문화집단에 대한 태도에 영향을 미치는 요인이 무엇인지를 파악하기 위하여 수행된 연구였다. 연구결과 현실갈등인식, 지각된 차별감 등이 외집단에 대한 부정적 태도에 영향을 미치는 반면 삶의 만족도나 한민족정체성은 외집단에 대한 긍정적 태도에 영향을 미친다는 것을 파악하였다. 그러나 각 요인들끼리의 관계, 그리고 각 요인이 어떤 기제로 다문화집단에 대한 긍정적 또는 부정적 태도에 영향을 미친 것인지 등에 대해서는 분석하지 못하였다. 이러한 종류의 연구가 사회적으로 사회통합을 위한 노력에 대한 함의를 추출하고자 한다면, 단순히 어떤 요인이 영향을 미치는지의 수준에서 끝나기보다는 북한이탈주민이 다문화집단에 대해 가지는 심리적 기제를 보다 면밀하고 정교하게 분석하는 작업이 필요하다고 생각된다. 그런 점에서 본 연구는 한계를 지니며, 추후 추가적인 분석과 북한이탈주민과의 면담 등을 통하여 본 연구에서 밝히지 못했던 한계들을 정교하게 분석하는 일이 필요할 것으로 생각된다.

제3부   방법으로서의 마음

제9장

공감의 윤리, 그 (불)가능성:
필드에서의 연구자의 마음[1]

김성경(북한대학원대학교)

I. 자기민속지학(Autoethnography): 북한이탈주민을 연구하는 사회학자

사회학은 전통사회에서 근대사회로의 이행을 설명하는 것에서 출발하였다. 사회학은 근대사회라는 새로운 사회를 설명함과 동시에 이렇듯 새롭게 부상한 사회가 어떤 사회여야 하는지에 대한 전망의 책무를 지닌다.[2] 하지만 사회학이 제도권에 자리 잡게 되면서 과학적 연구방법을 정교화하는 것으로 첫 번째 과제를 성실하게 수행하였던 반면, 또 다른 책무인 인간과 사회에 대한 윤리적 전망이라는 과업은 방기하게 되었다. 바우만

---

1 이 글은 『북한학연구』 제12권 1호에 실린 「공감의 윤리, 그 (불)가능성: 필드에서의 연구자의 마음」을 재구성한 것이며, 현지 조사에 참가해 준 참여자 A, B, C와 함께 한 공동 작업의 결과물이다.
2 노명우, 2015, 「'지금' '여기'에서, 사회학에서 쓸모를 묻다」, 지그문트 바우만, 『사회학의 쓸모』, (서울: 서해문집, 2015), pp. 242-243.

은 사회학이 과학적 방법에 매달리게 되면서 사회학 자체가 쓸모없는 것이 되었다고 일갈한다.[3] 다시 말해 현상 '설명'에만 천착한 사회학은 올바름이라는 윤리의 질문은 고사하고 이제 사회가 '사람'으로 구성되어 있다는 사실조차 잊게 되었다. 사회학은 '사람'이 무엇인지, 무엇이 사람을 '사람'으로 만드는지, '사회'가 어떤 모습으로 존재해야만 하는지에 대해서 고민하지 않게 된 것이다. 즉 사회학의 위기는 이론과 방법론이라는 현란함에 집중한 나머지 진정한 사회적 삶에 대한 근원적 질문을 포기하게 되면서 촉발되었다. 사회학의 질문은 반드시 그 사회의 '사회적(the social)'인 것에 대한 것이어야 하고, 이는 비판과 전망을 모두 담고 있어야만 한다. 다시 말해 사회학자는 '지금 여기'에서 인간의 삶을 제한하는 원인을 분석하고, 윤리적 인간이 가능할 수 있는 방안에 대한 고민을 연구에 담아내야만 한다.

사회학자로서 내가 북한이탈주민을 주목하는 것은 한국 사회의 현재성에 접근할 수 있는 중요한 자원이라고 믿기 때문이다. 이들은 단순히 한국사회의 새로운 구성원 혹은 잠시 머물러 가는 이주민이 아니다. 이들의 이동, 정착, 정체성 그 면면은 사실상 한국 사회의 역사성, 공간성, 로컬적 특수성을 내포하고 있다. 북한이탈주민이라는 타자는 '지금 여기'가 어떤 모습과 지향을 추구해야만 하는지 질문하게 하고, 다른 한편으로는 '나'라는 주체가 타자와의 만남을 통해 어떤 존재로 거듭나는지에 대한 실존적 질문의 시발점이다. 북한이탈주민은 한국사회가 '분단'이라는 적대적 경험과 기억을 어떻게 극복할 수 있는지 고민하게 하면서, 동시에 이러한 사회성을 내재한 주체가 어떤 윤리적 자세를 복원해야 하는지 질문하게 한다.

3　바우만. 위의 책.

처음 북한이탈주민 관련 연구를 시작한 이유는 이렇듯 한국 사회라
는 맥락의 특수성과 연구자인 나의 사회적 경험과 기억 때문이다. 북한
과 분단, 그리고 분단의 경계를 가로질러 남한에 도착한 이들은 그만큼
사회적인 것을 고민하는 사회학자에게 매력적인 연구 대상임에 분명하
다. 돌이켜보면 나는 아주 오래전부터 소외된 자들에 대한 관심이 높았
고, 동시에 한국 사회에서의 분단 문제에 노출되는 경험도 잦았다. 이런
내가 수년간의 학습과 훈련을 통해 '사회학적 상상력(sociological im-
agination)'을 동원하기 시작하면서 한국 사회에서 가장 소외된 집단 중
에 북한출신자에 관심을 갖게 된 것은 어쩌면 당연한 일이었다.[4]

하지만 그 과정은 그리 녹록한 것이 아니었다. 북한이탈주민에 대해
서 어떤 시선을 가져야 하는지, 윤리적으로 그들의 삶을 연구하려면 어떤
전략을 수행해야 하는지, 연구 과정에서의 해석이 충분히 맥락적인지 등
많은 고민과 질문이 꼬리를 물고 이어졌다. 더욱이 북한출신자를 만나면
만날수록 과연 연구자인 내가 그들을 진정으로 '이해'하는 것이 가능한
것인지, 내가 과연 그들을 충분히 '공감'하면서 받아들이고 있는지 자신
하기 어려웠다. 그러나 북한을 연구하는 '학자' 혹은 '전문가'로서, 나의
이런 불안한 의구심은 표현해서는 안 되는 것이었다. 연구 과정에서 나는
내가 믿는 '올바른' 북한연구자의 모습과 의식을 수행(performing)하는
데 모든 에너지를 쏟고 있었다. 나는 오늘도 옳고 그름이라는 명확한 도
덕적 근거와 잣대로 북한출신자를 향한 남한 사회의 시선과 태도를 문제
삼는다. 마치 내 자신은 온 마음을 다해 그들을 받아들인 것처럼 사람들
앞에서 행동한다. 반복되는 행동은 의식을 구성하고, 나 자신 조차도 내
가 상당히 공정하고, 도덕적인 사람이라고 믿게 된다. 그렇게 나는 스스

4   C. 라이트 밀즈 저, 강희경 · 이해찬 역, 『사회학적 상상력』 (서울, 돌베개: 2004).

로 윤리적 질문을 회피할 수 있는 적절한 자기 논리 또한 구성해 낸다.

그러나 사실 난 혼란스럽다. 여전히 북한이탈주민에 대한 나의 시선이 충분히 윤리적인 것인지, 그리고 과연 내가 그들을 진정으로 받아들이고 있는지 그 모든 질문에 명확한 답이 없기 때문이다. 혹여나 그들을 박제화하여 특정 시각으로 해석하고 있는 것은 아닐까하는 두려움은 시간이 가면 갈수록 커져만 갔고, 내가 과연 공정한 관찰자일 수 있을까 하는 의구심을 떨쳐버릴 수가 없다. 만약 나를 성찰적으로 관찰하고, 분석할 수 있다면 이러한 질문에서 좀 더 자유로울 수 있을까.

자기민속지학(autoethnography)은 다소 논쟁적인 방법론이다.[5] 에쓰노그라피가 연구대상을 타자화하는 것에서 자유로울 수 없다는 문제의식에서 시작된 자기민속지학은 연구자를 연구대상의 일부분으로 포섭하는 것을 가능하게 하였다. 자기민속지학은 특정 연구자의 위치가 '사회적'인 의미와 구조적인 함의를 지니고 있기에, 이를 분석하는 것은 연구대상의 타자화라는 위험성을 최소화하여 사회적인 것에 접근하는 시도라고 주장한다.[6] 사회학 저널에 자신의 원고를 투고한 후 리뷰 과정을

---

5   최근에 자기민속지학적 시도는 활발하게 진행되고 있다. 주형일이 주장한 '나의 사회학'이라는 개념부터 최종렬의 '서사사회학', 이기형의 '자기민속지학적 글쓰기' 등 다양한 시도로 발전하고 있다. 주형일, "왜 나는 스파이더맨을 좋아하는가: 자기민속지학 방법의 모색", 『언론과 사회』, 15(3)(언론학회, 2007); 주형일, "직관의 사회학, 나의 사회학 그리고 현상학적 방법", 『커뮤니케이션 이론』, 4(1)(커뮤니케이션학회, 2008); 최종렬, 최인영, "탈영토화된 공공장소에서 '에스니시티 전시하기': 안산에 대한 관광객의 문화기술지적 단상들", 『한국사회학』, 40(4)(한국사회학회, 2012); 안진, "나는 왜 백인 출연자를 선택하는가?: 어느 TV 제작자의 자기민속지학적 연구", 『미디어, 젠더&문화』, 13(여성커뮤니케이션학회, 2015); 이기형, "소통과 감응을 지향하는 학문적인 글쓰기를 위한 문제의식과 대안의 추구: '자기민속지학'과 대안적인 학술 글쓰기의 사례들을 중심으로", 『커뮤니케이션 이론』, 9(2)(커뮤니케이션학회, 2013).

6   Ellis, C & Bochner, A.P.. 'Autoethnography, Personal Narrative, Reflexivity: Researcher as Subject,' in N.K. Denzin & Y.S. Lincoln (eds), *Handbook of Qualitative Research*, (CA: Sage, 2000); Holt, N.L. (2003) 'Representation, Legitimation, and

자기민속지학으로 접근하여 주류 사회학의 견고한 작동방식을 문제시한 글이나 페미니스트 지식인과 아이돌 그룹의 팬덤 사이에서 혼란스러운 감정을 분석한 글, 스파이더맨에 열광했던 개인적 취향의 사회적 근원을 찾아보려 했던 시도 까지 그 면면은 다채롭다.[7] 하지만 이러한 연구 결과 물은 자신을 연구대상으로 삼는 것이 그렇게 간단치 않음을 반증하기도 한다. 예컨대 주형일의 경우 자기민속지학을 구현하는 것의 어려움을 자신의 글 마지막에 서술하였는데, 방법론적 낯섦, 유연한 글쓰기 방식에 대한 부담감, 그리고 연구자 자신의 마음속에서 주변의 반응에 대한 부담감 때문에 성찰적이고 풍성한 자기민속지학을 구현하지 못했음을 반성하였다.[8] 이는 이 글을 쓰고 있는 나에게도 해당되는 어려움이다. 북한이탈주민 연구를 해온 연구자로서 연구 과정에서의 "나"를 분석하는 것에 대한 심정적·감정적 고통이 상당하다. 지금까지 해온 (보잘 것 없이 부족한) 나의 연구를 비판할 수밖에 없으리라. 학계에서 항상 당하는 그 모진 비판을 굳이 내가 나에게 또 가할 필요가 있나 하는 생각 또한 든다. 하지만 내가 과연 북한이탈주민에 대해서 공정한 시각을 지닌 연구자인지, 내가 경험하고 있는 감정적 동요와 마음의 상처가 의미하는 것은 무엇인지, 그리고 궁극적으로 연구자의 윤리 문제를 넘어서 "나"라는 주체의 실존과 윤리적 삶에 대한 가치 또한 확인해보고 싶다. 뿐만 아니라 내가 "나"를 성찰한다는 것은 연구자로서의 나의 주체성을 형성하는

autoethnography: An autoethnographic writing story', *International Journal of Qualitative Methods*, 2(1), 18-28; Khosravi, K. *'Illegal' Traveller: An Auto-Ethnography of Border*, (London: Palgrave, 2010); Reed-Danahay, D. *Auto/ethnography: Rewriting the Self and the Social*, (London: Berg, 1997).

7   최종렬, "관광객, 이방인, 문화기술지자: 한 에스닉 관광 문화기술지에 대한 자아문화기술지", 『문화와 사회』, 14, (문화사회학회, 2013); 한우리, 허철, "정체성의 구성과 균열: 20대 여성주의자와 아이돌 사이에서", 『문화와 사회』, 12, pp. 105-145; 주형일(2007)

8   주형일(2007), p.30.

과정이며, 동시에 성찰의 과정은 고통스럽겠지만 궁극적으로는 연구자로서의 삶을 계속해 나갈 수 있는 자원의 역할을 할 것이라는 믿음도 있다. 게다가 "나"를 서사화하는 것이 혹여나 나와 비슷한 고민을 하고 있는 수많은 사람들에게 어떤 울림이 될 수 있다면 그것으로 이 글의 목적은 충분히 이룬 것이 아닐까하는 생각도 든다.

II. 연민의 강박과 죄책감

나는 지금도 내가 처음으로 북한출신자를 만난 날을 기억한다. '정착도우미'로 하나원에 갔었는데, 그 당시 내 마음속에는 이상한 '두려움'이 있었다. 학창시절 내내 성실하게 반공교육을 받아왔던 탓에 나는 북한출신자에 대한 고정된 이미지를 갖고 있었다. 체제에 절대적으로 복종하며, 감정이란 존재하지 않을 것 같은 사람들 혹은 먹을 것이 없어 헐벗고 굶주린 자가 곧 내 마음속에서 재현된 북한 사람들이었다. 그들은 '불쌍한' 사람들이었다. 북한 체제의 희생자였으며, 경제난의 피해자, 그리고 이동 과정의 폭력을 고스란히 경험한 자. 나의 세계에서 북한이탈주민은 가장 '불쌍한' 타자이다. 이들에 대한 연민의 감정은 북한연구를 본격적으로 시작하면서 더욱 더 심화되었다. 북한에 대한 나의 가치판단은 안쓰러움과 앞으로 함께 공존해야 할 대상으로 확고한 자리를 잡게 되었다. 그만큼 북한과 북한이탈주민은 내가 지향하는 사회, 가치, 시각에 중요한 부분을 차지하게 되었다.

세상에는 수많은 타인이 존재한다. 수많은 타인의 고통은 나의 감수성을 일깨운다. 하지만 생각해보면 나의 세계에서 가장 아픈 고통은 북한이탈주민의 것이다. 그들은 내가 믿고 있는 가치, 믿음, 세계관에서 가장 소외된 자이기 때문이다. 게다가 북한이탈주민은 내가 직접적인 도움을 줄 수도 있고, 내 삶의 지근거리에 위치한다. 연민(compassion)은 "다른 사람의 불행이나 괴로움에 대해 느끼는 고통스런 감정"으로 정의할 수 있다.[9] 연민은 상대방에게 얼마나 나쁜 일이 일어났는지에 대한 인식, 대상이 된 사람이 그런 일을 당해서는 안 된다는 확신, 그리고 내가 믿는 삶의 목표와 가치에 따라 상대방이 겪고 있는 불행에서 벗어나야만 한다는 믿음을 바탕으로 구성된다.[10] 타자의 불행을 공감하는 것은 중요하지만, 나도 그런 상황에 놓일 수 있다는 이유만으로는 상대방에 대한 연민의 감정을 갖기 어렵다. 인지과학자의 거울뉴런의 논의에 따르면 주체가 타자의 상황을 인지과정을 거쳐 시뮬레이팅하게 되면서 자신도 그런 상황에 처할 수 있다는 것을 인지하게 되면서 공감 혹은 연민의 감정을 갖게 된다고 주장한다. 하지만 누스바움은 이러한 인지 과정은 연민의 감정을 일으키는 보조적 역할을 수행할 수 있지만 그렇다고 필수적인 요건은 아니라고 주장한다. 오히려 나의 삶의 목표와 가치에 따라 연민의 대상이 다르게 선정된다.

한편 연민의 감정의 또 다른 요소는 심리적 혹은 지리적 거리이다. 아무리 삶의 목표와 가치가 연민을 구성하는 요소라고 하더라도, 그 대상이 심리적으로 먼 거리에 위치하면 연민의 강도는 약해질 수 없다. 다시 말해 주체와 타자는 적당히 서로 인지할 수 있는 거리에 존재해야만 하고, 심리적 거리가 가까우면 가까울수록 더 강력한 연민의 감정이 작동되기도 한다. 북한이탈주민에 대한 나의 연민이라는 감정은 '민족'이라는 신화에 기반을 둔 것이다. 민족이라는 이데올로기는 주체와 타자를

9   아리스토텔레스 1385:13; 마사 누스바움 저, 조형준 역, 『감정의 격동 2: 연민』, (서울: 새물결, 2015), p. 561에서 재인용
10   누스바움(2015), p. 587.

290

끈끈하게 이어주는 중요한 요소이다. 예컨대 시리아의 난민 문제는 가슴 아픈 사건임에 분명하지만 북한이탈주민만큼 나에게 큰 동정이나 연민의 대상이 되지 못한다. 그 이유는 이들이 나와 같은 '민족'이기 때문에 그들의 극한 상황에 내가 더 쉽고 강력하게 감정이입하기 때문이다. 게다가 나는 북한이탈주민을 연구하는 연구자가 아닌가.[11] 이런 맥락에서 북한을 연구하는 나에게 북한이탈주민은 어쩌면 가장 마음에 와 닿는 연민의 대상임에 분명하다. 그들이 경험한 정당하지 못한 삶의 경험은 그들의 잘못으로 인한 것이 아니다. 분단체제와 더불어 잔존하는 냉전이데올로기, 거기에 덧붙여 동북아시아의 냉혹한 정치체제까지 이들을 희생자로 만들어낸다. 북한이탈주민이 경험한 북한 사회 또한 문제적이다. 아무리 세세히 뜯어봐도 북한 사회는 인간의 존엄과 자유를 보장하기 어려워 보인다. 게다가 북한이탈주민은 북한 사회에서 체화한 문화적 습성으로 인해 남한 사회에서 적응하는 것 또한 쉽지 않다. 그들이 남한 사회에서 동등한 권리를 지녀야 함에도 불구하고, 이는 점점 더 폭압스러워지는 신자유주의적 체제에서는 요원해보일 뿐만 아니라 사회복지의 대상자인 그들을 경쟁의 대상으로 보는 시선까지도 존재한다.

　북한이탈주민과 적절한 거리를 유지하였다면 나는 아마도 상당히 정의로운 연구자로서 그 역할을 성실히 수행했을 것 같다. 연민의 대상이 된 북한이탈주민은 나의 인식의 수준에서 동질하고 순수한 집단으로 존재할 수 있었다. 그리고 나는 그들을 더 적절하게 '연구대상'으로 '이용'할 수 있었으리라. 이들의 고통스러운 경험은 나의 논문과 강의의 재료가 되어 왔다. 적당한 동정과 연민으로 그들을 삶을 분석하는 것 그래

11　여기서 북한이탈주민을 대상으로 하는 사회복지사, 활동가, 종교인의 위치를 고려해볼 필요가 있다. 이들은 북한이탈주민과 더 많은 접촉을 통해 더 강력한 '연민', '동정'의 기제를 경험하게 된다.

서 이들에 대한 사회적 관심을 이끌어내고, 그들의 삶을 제한하는 수많은 문제점을 지적하는 것만으로도 연구자로서의 나의 임무는 어느 정도 수행될 수 있다.

하지만 문제는 북한이탈주민이 내 삶에 연구 대상자 이상으로 연루되면서 발생하게 된다. 나의 마음이 때로는 그들에게 상처를 주는 일도 일어났고, 나에 대한 그들의 기대가 부담스럽게 느껴지는 곤란한 상황도 종종 벌어진다. 나의 동정어린 시선에 감사할 줄 알았던 그들은 나의 태도에 문제를 제기하기도 했고, 그 과정에서 그들의 말과 행동은 나에게 깊은 생채기를 내기도 하였다. 나와 통하는 이들도 있고, 아무리 노력을 해도 멀어져만 가는 이들도 있다. 착한 사람, 나쁜 사람, 약한 사람, 강한 사람, 친절한 사람, 퉁명스러운 사람 등 너무나 다른 모습으로 다가오는 그들을 받아들이는 나의 마음은 '불쌍한' 북한출신자를 환대해야 한다는 의무감과 연구대상자를 공정하고 윤리적으로 대해야 한다는 연구자의 책무로만 가득하다. 나의 이 단순한 마음에는 다중의 북한출신자를 맞이할 언어가 존재하지 않는다. 되돌아보면 하나원에서 몇몇의 북한출신자를 처음 만난 이후부터 지금까지 그들은 단 한 번도 하나의 모습으로 존재한 적이 없었다. 다만 나의 인식과 마음이 그들을 동질화된 '연민의 대상'으로 박제화했을 뿐이다. 연구자인 내게 그들은 사회학적 연구 가치가 있는 '소수자'로만 존재해왔다.

다층적 모습으로 다가오는 북한이탈주민은 나를 혼란스럽게 한다. 솔직히 나는 내 인식의 세계에서 '불쌍한' 사람들로 고정되어 버린 그들을 다르게 해석하고 싶지 않았다. 그들은 '불쌍한' 사람들이어야 했고, 난 연구자로서 그들의 정의롭지 못한 상황을 조금이라도 널리 알리는 연구를 해야 한다고 믿었다. 북한출신 여성의 이동 경로를 연구할 때는 이들의 '행위주체성'을 확인하면서도 동시에 사회구조적 제약들에 더 많은 강조점을 두는 것으로 여전히 이들을 나의 '연민의 대상'의 자리에 머물게 하였다.[12] 생각해보면 나는 그들을 공감하고 동정해야만 한다고 믿었던 것 같다. 그들에 비하면 난 같은 땅에서 자라서, 충분한 교육을 받았고, 계급적으로도 비교도 되지 않을 만큼 안정적이지 않은가. 만약 내가 북한출신자를 충분히 동정하지 못한다면 그것은 나의 감수성이 부족하거나, 내가 주변을 돌아보지 못하는 이기적인 존재이기 때문이다.

그러나 북한이탈주민이 내 삶에 깊게 들어오게 되면서 이들에게 섭섭한 마음이 들 때가 종종 생긴다. 내 마음만큼 그들의 마음이 느껴지지 않을 때, 혹은 내 마음을 그들이 오해할 때 나는 연구자라는 위치를 망각하고 그냥 '사람'으로서 그들의 '마음' 얻기를 원하는 존재가 되어버린다. 마음의 경제학이라는 거창한 개념을 들먹거리지 않아도 마음도 결국은 서로 교환하는 것이 아니던가. 내 마음을 알아주기 바라고, 그리고 그들도 그 만큼 나에게 마음을 주기를 바라는 것은 어쩌면 인간관계에서 너무나도 당연한 바람이고 의례일 것이다. 하지만 비대칭적인 권력관계에서 내가 감정적 섭섭함을 느낀다는 사실은 결국 큰 죄책감으로 남게 된다. '불쌍한' 그들에게 '가진 자'인 나는 섭섭함과 같은 감정을 느껴서는 안 된다. 게다가 난 그들을 연구하는 '연구자'이다. 그들을 연구 대상으로 삼는 연구자가 감정적인 동요를 경험하는 것은 용납되어서는 안 된다.

2011년 내가 북한이탈주민을 대상으로 하는 정착도우미를 할 때의 일이다. 하나센터의 사회복지사의 도움으로 몇몇 가구를 참여관찰 할 수 있게 되었고, 그때 나를 도와주던 사회복지사와 참 열심히 곳곳을 다녔었다. 하루는 그이가 운전을 하고 내가 그 옆자리에 타고 이동을 하였는데, 가벼운 접촉사고가 났다. 초보운전이었던 그이는 상당히 당황하였고, 나

---

12 김성경, "북한이탈주민의 월경과 북·중 경계지역: '감각'되는 '장소'와 북한이탈여성의 '젠더'화된 장소 감각", 『한국사회학』 47(1), (한국사회학회, 2012).

또한 어쩔 줄 몰라 우왕좌왕할 때, 과실을 범한 상대방 운전자가 북한이 탈주민이라는 기막힌 우연을 맞닥뜨리게 되었다. 사실 나는 상대방 운전 자가 북한이탈주민이라는 것을 바로 알아차리지 못했는데, 운전을 했던 사회복지사는 '직업 때문인지' 금방 알아차렸다. 그때 그이는 갑자기 눈 물을 글썽이면서 "정말 아무리 벗어나려고 해도 벗어날 수 가 없나 봐요. 사고까지 탈북자라니"라고 말했다. 그때 그이의 그 고통과 고뇌가 상당기 간 내 마음속에 남아 있었다. 말도 안 되는 처우에서도 열심히 일하고자 했던 사회복지사는 이탈주민과의 잦은 마찰로 상당히 지쳐있는 상황이 었다. 물론 약자를 돕는 사회복지사는 그 대상자에 대한 객관성을 유지할 필요가 있다. 적절한 거리를 유지하는 것이 가장 중요하겠지만, 대상자와 잦은 만남과 교류는 그 거리를 유지하는 것을 어렵게 하였을 것이다. 게 다가 돕는 자와 도움을 받는 자라는 권력관계에서 돕는 자는 결코 도움 을 받는 자를 비판할 수 가 없다. 약간의 섭섭함도 용납되지 않는 관계에 서 갈등은 쌓여갈 수밖에 없고, 그 감정이 임계치를 넘어서게 되면 그 관 계는 더 이상 회복 불가능한 상태에 이르게 된다. 나 또한 비슷한 상황이 었다. 연구자로서의 객관적 거리를 유지할 수 없는 상황에 놓이게 되면 서, 다중적인 모습으로 다가오는 북한출신자들은 나를 혼란으로 밀어 넣 는다. 돌이켜보면 그들과의 권력관계에서 한 번도 자유로웠던 적이 없었 던 것 같다. 내가 만약 내 글에서 그토록 부르짖은 것처럼 북한출신자를 '같은 사람'으로 생각했다면, 섭섭한 것은 섭섭하다고 표현하고 좋은 것 은 좋다고 표현하면서 조금씩 관계를 발전시켜나갔겠지만, 난 그들을 내 가 보호해야 할 '대상'으로 생각했을 뿐이다. 그들에게 화를 내서는 안 된 다는 강박, 그들에게 절대로 부정적인 마음을 가져서는 안 된다는 다짐은 역설적이게도 그들과 나의 관계를 비인간적으로 만들어버린다.

그들에 대한 다른 마음이 스멀스멀 올라오는 내가 나쁜 사람인 것 같아 죄책감이 든다. 이제 더 나아가 죄책감을 느끼게 하는 북한이탈주민을 만나는 것이 두려워진다. 그들은 나에게 고통스러운 타자가 된다. 그 이유는 그들이 단순히 나와 달라서가 아니다. 내 마음이 그들을 공감할 수 없고, 그들을 똑같은 사람으로 받아들이지 못하고 있다는 숨기고 싶은 사실이 그들과의 만남을 통해 반복적으로 확인되기 때문이다. 자기 방어 기제 때문일까. 가능한 깊은 관계를 피하게 된다. 나의 한계를 드러나게 하는 그들이 두렵기만 하다.

III. "두려움의 지리학": 실존적 경험과 성찰적 자아

순수한 그들을 복원해야 했다. 다시금 그들이 동질하고 순수한 '연민의 대상'임을 확인할 수 있다면 나의 이 복잡한 마음이 명확해질 수 있을 것 같았다. 사실 이번 현지조사를 떠나기 전까지 나의 마음의 격동을 제대로 파악하기 어려웠던 것 같다. 그냥 습관처럼 새로운 연구주제를 찾아 두리번거렸고, 곧 있을 교원평가와 연구재단의 심사를 위해서라도 등재지에 논문을 게재하는 것이 중요했다. 좀 더 '섹시한' 주제와 소재가 필요하다고 생각했다. 북한이탈주민에 관한 상당수의 연구 주제가 이미 포화상태인데다가, 신진학자로서 좀 더 '좋은' 연구를 해야겠다는 욕심도 있었다. 이제 한국 학계에서 깊은 수준의 성찰이나 사회적 파장 혹은 의미 있는 '사회적인 것'에 대한 문제의식 등은 잊혀진 지 오래다. 중요한 것은 인용지수가 높은 논문을 '많이' 생산하는 것이다.[13]

---

13 운이 좋은 것은 외국학계에서 '북한'에 대한 관심이 높다는 사실이다. 한국학이 사실상 내리막길을 걷고 있다면, 북한에 대한 관심은 나날이 높아져가고 있고 북한이탈주민에 대한 연구도 그만큼 관심이 높다.

나의 아이디어는 북한이탈주민의 이동 경로를 이들의 '감정'을 통해서 재구성해보는 것이었다. 지금까지 내가 심층면접을 해온 북한이탈주민의 대부분은 한국까지 오는 이동의 경로를 자세히 설명하지 못했다. 어느 지역을 거쳐서 온 것인지, 누구와 왔는지, 그 길을 택한 이유가 무엇인지 자신들도 명확하지 않았다. 상당수의 북한이탈주민이 탈북브로커를 통해서 이동하기 때문에 자신들이 어디에 있는지조차 잘 알지 못하면서 만여 킬로미터의 기나긴 이동을 감행한 것도 하나의 이유이다. 이들의 내러티브에서 나타나는 이동의 경로와 과정은 온통 '감정'적 언어로 빼곡히 채워지곤 한다. "강을 건너는데 그게 너무나 넓고 깊어서 어찌나 무섭던지", "까만 강바닥이 도저히 감이 잡히지 않아 무서웠"다든지, "중국 공안이 언제든 들이닥치니까 잠을 한숨도 못 자고…" 등 그들이 경험한 이동의 과정은 온통 두려움, 무서움, 막막함, 공포 등의 감정의 격변으로 표상된다. 만약 내가 이번 현지조사를 통해서 이들의 '두려움'이라는 감정으로 구성된 이동의 공간을 포착할 수만 있다면 흥미로운 연구주제가 될 것이라 생각했다. 감정에 주목하고자 하는 이번 현지조사 프로젝트의 이름은 '두려움의 지리학'이다.

내가 북한이탈주민의 두려움이라는 감정에 주목한 이유는 이들의 이동 경험이 북한이탈주민이라는 다소 특수한 집단의 성격에 내재하고 있기 때문이기도 하다. 북한이탈주민이 다른 이주민과 구별되는 것은 이들이 대한민국 헌법이 규정하는 '국민'의 범주에 포함되지만, 동시에 북한 '국민'이기도 하다는 점이다. 서로를 주적으로 정의하는 남북한 사이에서 주민간의 이동의 자유는 존재하지 않는다. 오직 모국을 버리고 상대 국가를 선택할 때 해당국의 법적 지위를 얻게 된다. 문제는 이들이 모국을 떠나 상대국으로 오는 물리적 공간이 길고 험난하다는 데 있다. 물론 남북 사이의 국경이 존재하기는 하지만, 이 국경은 전 세계에서 가장 많은 무기가 집중되어 있는 곳으로 일반인의 이동이 사실상 불가능하다. 삼면이 바다로 둘러싸여있는 남북한의 지형 때문에 바닷길 또한 쉽지 않다. 그렇다면 가능한 길은 중국을 거쳐 이들의 신분을 그나마 '불법이주자' 정도로 인정해주는 동남아시아 국가로 이동하는 것뿐이다. 다시 말해 이들은 북을 떠난 순간부터 남한의 '국민' 지위를 얻을 때까지 무국적자 혹은 불법이주자의 신분으로 여러 국가의 국경을 넘게 된다. 덧붙여 여전히 강력한 독재체제를 구축하고 있는 북한은 모국을 떠난 자국민을 모질게 처벌하고 있고, 이는 북한이탈주민을 그 어떤 불법이주자와도 비견될 수 없는 불안정한 위치에 존재하게 한다. 이러한 맥락에서 북한이탈주민의 이동은 남북한의 적대적 관계상의 결과물이고 동시에 법적 신분이 없는 '존재하지 않는 자'라는 실존적 경험을 하게 되는 공간이다. 북한이탈주민의 힘겨운 이동 경로는 지금껏 이들의 인권 문제를 제기할 때 단골로 등장하였을 뿐만 아니라 이들을 이주자 혹은 코리안 디아스포라와는 또 다른 위치에 존재하게 한다. 뿐만 아니라 이들이 경험한 극한의 두려움과 공포는 정신적/신체적 트라우마로 남아 이들이 남한사회에서 정착하는 것을 어렵게 한다.

이들이 경험한 극한의 고통을 좀 더 오롯이 접근할 수만 있다면 내가 경험하고 있는 혼란스러운 감정이 조금은 단순해질 것 같기도 했다. 이들을 다시금 나의 '연민의 대상'으로 온전히 복원할 수도 있으리라. 이토록 힘겨운 여정을 거쳐 한국 사회로 이주해온 북한이탈주민이 내가 상상하는 것과 다소 다른 모습을 보여주더라도, 그들을 끝까지 순수하게 동정할 수 있을 것 같았다. 현지조사를 통해 내가 좀 더 친밀한 '감정 이입'과 '도덕적 상상력'을 발휘할 수 있다면, 그들의 고통이 나의 도덕의 근원으로 변환될 수 있을 것이다.[14] 물론 현지조사를 통해 그들의 이동

---

14   맹자의 『양혜왕장』; 김경호, "슬픔은 어디서 오는가?: 신체화 된 마음을 중심으로", 『철학탐구』, 31 (철학연구학회, 2012), p. 141-142에서 재인용; 황태연, 『감정과 공감의 해석

경로를 완벽하게 재현하는 것은 불가능하다. 더더욱 연구자인 내가 그들의 두려움을 오롯이 경험하는 것은 애초에 가능하지 않다. 대한민국 정부가 제공하는 여권을 가지고 각 국가의 국경을 '합법적'으로 건널 것이고, 여행자 보험부터 비상금까지 만약에 사태를 대비한 다양한 안전망이 날 보호할 것이기 때문이다. 그럼에도 불구하고 그들의 그 여정을 되짚어 가고 싶었던 이유는 한편으로는 그들의 두려움이라는 심상지리에 접근하고 싶었기 때문이고, 또 다른 한편으로는 북한이탈주민을 연구하면서 그들을 이해해야만 한다고 믿는 연구자 '나'의 감정의 변화 또한 살펴보고 싶었기 때문이다.

"뭘 그렇게까지." 중국을 관통하여 동남아시아를 횡단하겠다는 나의 계획에 대부분의 지인들의 반응은 비슷했다. 그것도 두려움이라는 감정을 느껴보러 간다고 하니 사회학을 하는 동료학자들은 이해하기 어렵다는 반응을 보인다. 감정이 어떻게 자본주의에서 포섭되고 작동되는지를 분석한 연구는 꽤 축적이 되어 있기는 하지만 감정이라는 것은 경험주의적 사회과학의 영역에서는 여전히 부담스럽게 느껴졌기 때문이다.[15] 게다가 북한이탈주민이 경험한 두려움은 상당수의 증언이나 관련 다큐멘터리에서도 소개되었는데, 굳이 그 두려움을 몸으로 감각해보겠다는 내 주장이 의미 없게 느껴진 것은 어쩌면 당연한 일이다. 한동안 나는 북한이탈주민을 일방적으로 피해자로 규정하는 것이 오히려 이들의 다층적이고 복잡한 삶의 맥락을 설명할 수 없다고 비판해 온 터였다. 그런 내가 갑자기 그들을 '불쌍한' 피해자로 다룬 다큐멘터리 영화와 비슷한 방

학』. (서울: 청계, 2014).
15 앨리 러셀 혹실드 저, 이가람 역, 『감정노동: 노동은 우리의 감정을 어떻게 상품으로 만드는가』. (서울: 이매진, 2009); 에바 일루즈 저, 김정아 역, 『감정 자본주의』. (서울: 돌베개, 2010).

식으로 그 길을 가겠다고 하니 그 의도를 이해하기 어려웠을 것이다.

현지조사는 조중접경지대부터 태국의 난민보호소까지의 여정이다. 이들이 주로 이용하는 동남아 루트를 되짚어가면서 이들이 경험하게 되는 공간(사회적 공간, 지리적 공간, 휴먼 네트워크)을 경험하는 것이 주요 목적이다. 연구자인 내가 굳이 그 체험을 하려는 이유는 '경험적 직관'이 소수자를 연구할 때 가장 필요한 연구 방법이라고 생각하기 때문이다.[16] 데카르트적인 직관이 무매개적이고 선험적인 앎의 방식이라면 현상학에서 주목하는 직관은 신체를 매개로 체화되고, 무의식이나 전의식 영역에 잠재되어 있다가 특정한 상황이나 사회적 관계에서 부상하여 주체의 태도, 행동, 판단 등을 결정하는 앎의 총체를 의미한다.[17] 또 다른 용어로 살펴보면 직관은 곧 주체의 마음이다. 마음은 이성, 감정, 의지 등을 결합체로 사회적 행동을 만들어내는 힘이라고 정의할 수 있고, 이는 곧 '언어'로 설명되거나 정의되기 어렵지만 우리가 사회적 삶을 가능하게 하는 의식, 무의식, 전의식의 총체이면서 동시에 신체와 깊숙이 연관되어 있는 것을 가리킨다.[18] 연구자인 내가 그 여정을 몸으로 감각하고 마음으로 느낀다면, 그것은 나의 직관의 중요한 자원이 될 것임에 분명하다. 그들의 감정까지 다 파악할 수는 없겠지만, 적어도 그 어느 일면에는 한 발짝 더 접근할 수 있을 것이다.

이번 현지조사는 다른 결의 '두려움'을 마주하는 여정이었다. 하나는 북한이탈주민이 경험한 이동과정의 '두려움'에 조금이라도 다가가는 것이었고, 또 다른 하나는 그들을 공감할 수 없다는 사실을 인정함과 동

---

16   주형일(2008).

17   주형일(2008), p. 99.

18   김홍중, "마음의 사회학 이론화하기: 기초개념들과 설명논리를 중심으로", 『한국사회학』, 48(4) (한국사회학회, 2014); 메를로 퐁티 저, 류의근 역, 『지각의 현상학』, (서울: 문학과 지성사, 2009).

시에 그것이 나에게 던지는 윤리적 질문을 마주해야만 하는 실존적 '두려움' 앞에 서는 것이다. 그 길에서 그들이 거쳐 온 두려움의 공간은 나를 마주하는 실존적 질문의 공간으로 변환되었다. 이동의 과정에서 만난 다양한 인물이 등장하기도 한다. 북한이탈주민의 이동에 직간접적으로 관련되어 있는 (유사)브로커 혹은 매개자, 정부관계자, 그리고 나와 함께 그 여정에 참여한 팀원들이다. 각자 다른 생각과 다른 시선으로 그 공간을 만들어갔지만, 결국 그 과정은 각자의 위치에서 다른 의미와 경험으로 재해석되었다.

2016년 1월 나는 먼저 조중접경지역을 돌아보기로 했다. 이미 '두려움의 지리학'이라는 나의 엉뚱한 기획은 상당 부분 진척된 상황이었다. 혼자 떠나기 '무서워' 몇몇의 동지를 꾸렸다. 남한출신자 2~3명, 북한출신자 2명 정도가 가장 최적일 것이라는 판단이다. 여비가 생각보다 많이 들어간다. 일단 이동거리가 긴 까닭에 교통비가 상당하고, 오랜 기간을 '길'에서 보내야 하기 때문에 체제비도 만만치가 않다. 나야 그렇다고 하더라도 이번 현지조사에 참가하는 다른 이들은 생업을 포기하고 열흘 넘는 시간을 내야 한다는 부담이 있다. 경비나 시간의 문제는 어떻게든 방법을 찾을 수 있지만 중국 상황이라는 것이 항상 변화무쌍하다.

북한에서 조금이라도 변화가 있으면 바로 영향을 받는 지역이 바로 조중접경지역인데, 혼자서라도 먼저 그쪽 분위기를 확인해 볼 필요가 있을 것 같았다. 아니나 다를까 떠나기 며칠 전에 북한의 4차 핵실험 소식이 전해졌다. 조중접경지역 상황이 어려워질 것이 불 보듯 뻔했다. 열흘을 계획하고 떠나기는 하지만 과연 얼마나 북한 쪽에 갈 수 있을지, 실제로 많은 이들이 넘어온다는 그 강가에 설 수 있을지도 의문이다. 연길로 떠나는 비행기에 방송에서 자주 보던 기자와 피디의 얼굴이 드문

드문 보인다. 대부분이 핵실험 이후 조중접경 상황을 보도하려고 가는 길일 터이다. 기자들이 많아지면 연구자가 움직일 수 있는 반경 또한 좁아진다.

연길 시내는 그리 큰 동요는 없는 듯했다. 북한이탈주민의 이동 경로를 경험하기 위해서는 일단 조중접경지역인 두만강가로 가야 했다. 수소문 끝에 차를 섭외하고, 안내를 해줄 조선족 가이드도 구했다. 오랫동안 중국에서 활동한 활동가의 소개로 만난 조선족 가이드는 '당신네들 뭘 원하는지 알아'라는 표정으로 북쪽 동향을 설명해준다. 식량난이 더 심해졌다는 이야기부터 이제는 사람들이 잘 넘어오지 않는다는 이야기까지 현 상황을 찬찬히 설명해준다. 강가로 가자는 내 말에 그는 당장 곤란한 안색이다. 북한의 핵실험 이후 검문이 심해서 북한쪽으로 접근이 어렵다는 것이 이유였다. 그래도 시도라도 해보자는 나의 말에 두말없이 길을 함께 떠났다. 한족 기사가 운전을 하고, 조선족 가이드가 그 옆에 앉는다. 이렇게 셋이서 몇 시간 동안 눈길을 달려 강가로 향했다.

하지만 여러 번의 시도에도 불구하고 강 근처에 접근하는 것 자체가 어렵다. 검문소에서 만난 군인은 나의 휴대전화까지 뒤적인다. 이미 이 경우를 대비해서 관광객인 것처럼 이곳저곳에서 '관광객 포즈'로 사진을 찍어두었다. 검문소의 군인은 지금은 외국 국적의 사람들은 일체 국경 쪽으로 갈수 없다고 손사래를 친다. 노련한 조선족 가이드가 웃어도 보고, 부탁도 해보고, 그리고 마지막에는 소리도 쳐보지만 소용이 없다. 결국 여러 번의 시도 끝에 다시 연길로 돌아오게 되었다. 중국 공안 3,000명이 접경지역에 잠복하고 있다고 하고, 취재를 나온 한국 기자들이 억류되었다는 흉흉한 소문도 있다. 결국 며칠 동안 연길 시내를 돌아다니면서 궁리만 하다가 두만강 쪽으로 접근이 어렵다는 것만 확인하고 한국으로 돌아오게 되었다. 이것으로 '두려움의 지리학' 프로젝트는 끝나게 되는 걸까. 함께 가기로 했던 활동가, 학생, 그리고 북한이탈주민까지 다 실망하는 눈치다. 만약 두만강 쪽이 어렵다면 굳이 연길에서 '두려움의 지리학'을 시작할 이유도 없다. 오히려 조중접경의 상황을 반영해서 중국 베이징에서 시작해서 태국까지 가는 것으로 한다면 이동 경로가 좀 짧아지고, 상대적으로 시간과 비용을 절약할 수도 있겠다는 생각에 이르게 되었다. 2월에 중순에 출발하여 약 일주일 일정으로 중국 베이징에서 부터 라오스, 캄보디아 그리고 태국 방콕까지의 루트이다.

함께 가기로 한 몇몇이 연락두절이다. 충분히 예상했던 일이기는 하지만 이것을 자꾸 핑계로 삼고 싶은 마음도 든다. 위험할 것 같다는 주변의 조언도 이제 귀에 들어오기 시작한다. 무엇보다는 조중접경지역에 혼자 있었던 열흘이라는 시간 동안 상당한 '두려움'을 경험했던 것도 작용을 한다. 과거 내가 경험했던 이 지역은 상당히 익숙한 공간이었다. 접경지역 특유의 문화로 인해 중국이지만 마치 한국과 같은 익숙한 느낌이 곳곳에 존재했다. 처음 중국에 갔던 2011년에는 택시 기사도 조선족이 많았고, 식당이나 거리 곳곳에서 조선말이 흘러나왔다. 그만큼 익숙한 감각으로 구성된 공간이었다. 하지만 1월에 경험한 조중접경지역은 상당히 다른 모습이었다. 쉽사리 볼 수 있었던 조선족은 찾기 힘들었고, 오후 4시가 넘어가면 어두워지는 것 또한 낯설음으로 작동했다. 게다가 만주의 겨울은 생각보다 정말 스산하고 추웠다. 무엇보다도 잘 알지 못하는 공간에 혼자 있다는 것은 엄청난 부담감과 두려움으로 다가왔다.

두만강 지역에 접근하기 위해서 차를 타고 이동할 때 갑자기 조선족 가이드가 자신은 어디를 가봐야 한다면서 먼저 내리겠다며 쏜살같이 사라졌다. 숙소까지 가려면 한참을 더 가야 하는 곳이었다. 어두운 밤에 중국 변경지역 어딘가에 나와 한족 기사 이렇게 둘만 덩그러니 남겨져 한동안 이동을 해야 하는 경험을 하게 된 것이다. 갑자기 마음속에서 이상한 생각이 자꾸 떠올랐다. 물론 다 내 마음속에서 만들어낸 '두려움'이었다. 이곳이 정확히 어디인지 왜 조선족 가이드가 갑자기 사라진 것인지 그 이유가 이해되지 않는 상황이 '혹시나' 하는 의심과 무서움을 만들어낸 것이다. 하지만 이내 북한이탈주민은 이러한 경험을 수도 없이 하면서 한국에 다다르지 않겠나 하는 생각에 이른다. 어딘지 알 수 없는 길, 누구인지 모르는 사람에게 자신의 모든 것을 의지하고 이동하게 된 그들은 용감한 사람들이면서 동시에 극한의 두려움을 경험한 이들이다. 그 두려움에 접근하고 싶으면서도, 마음 한켠에는 내 안락한 삶에 혹시나 문제가 생기지 않을까 하는 걱정이 깊어간다.

기왕 이렇게 된 거 그냥 떠나지 말까 하는 생각이 든다. 두만강부터 재현하지 못하면 굳이 무슨 의미가 있을까 하는 생각도 들고, 처음의 아이디어를 과연 논문으로 구현할 수 있을까 하는 의구심도 커져간다. 논문으로 '생산'될 수 없는 현지조사는 아무 필요가 없는 시대가 아니던가. 그렇다고 소문이 이미 날 때로 난 상황에서 지금 주저앉기도 뭐하다. 여전히 함께 하자고 한 이들도 있었다. 두 명의 남한주민과 한명의 북한이탈주민, 그리고 연구자인 나까지 이렇게 총 네 명이 함께 떠나게 되었다. 이동할 때도 네 명이 움직이는 것이 편할 것이고, 한명 낀 남성 A는 보디가드, 가이드, 통역자의 역할을 해주겠다고 자청하였다. 북한출신 B는 학문적 호기심이 많고 자의식이 강해서 나에게 큰 영감을 줄 것 같기도 했다. 마지막으로 십 년 넘게 북한이탈주민관련 활동을 해오고 있는 활동가 C 또한 흔쾌히 시간을 내주었다. 그이의 사려 깊은 마음과 행동은 여행 내내 나의 버팀목이 되어줄 것이 분명했다. 우리 넷은 각기 다른 뜻으로 이번 여정을 함께 하게 되었다. 나는 현지조사라는 명목으로, 나머지는 나의 현지조사를 도우면서 한편으로는 각자의 자신의 질문에 답을 얻기 위해서 그 길을 떠나게 되었다. 나의 키워드는 '공감', 특히 나라는 연구자가 타자를 공감할 수 있느냐라는 질문이 있었고, A의 경우에는 접경지역에 대한 관심, B의 경우에는 앞으로 쓸 박사논문의 주제를 찾는 것이었고, C의 경우에는 지금까지 해온 활동을 돌아보면서 또 다른 에너지를 얻고자 하는 마음이 강했던 것 같다.[19]

현지조사의 시작은 중국 베이징이다. 2000년대 초반까지 몇몇의 북한이탈주민은 베이징의 해외공관으로 진입한 적이 있다. 우리의 여정은 해외공관 지역을 살펴본 이후에 중국의 국경지역으로 이동해서 동남아 국가로 건너가게 되는 일정인데, 상당수의 북한이탈주민은 베이징에서 버스 혹은 기차를 타서 남부로 이동하기도 하고, 최근에는 브로커가 준비한 차를 타고 이동하기도 한다. 중국 남부의 거점 도시인 쿤밍에 도착하면 다시금 중국과 동남아시아 국경지대로 이동하여 월경을 하면 된다. 이 지역은 라오스, 미얀마, 캄보디아, 태국까지 4개의 국가가 촘촘히 국경을 마주하고 있다. 대부분 북한이탈주민에게 최종 목적지는 태국이다. 태국은 1951년 국제난민협약이나 1967년 난민의정서에 서명하지 않은 국가이다. 다만 유엔 난민기구가 태국에 있고, 태국 정부는 기본적으로 북한이탈주민을 불법입국자로 인정하고 강제송환금지원칙을 기준으로 하기 때문에 이들의 남한 이주를 가능하게 하였다. 과거에는 베트남, 캄보디아, 미얀마, 라오스 또한 북한이탈주민에 관해서 강제송환금지원칙을 유지하였지만, 이제는 태국이 유일하다.

나와 일행은 태국에 도착하기까지 총 4번 국경을 넘었다. (태국에서

---

19 출발 전 우리는 서로의 기대 혹은 생각을 나눈 글을 공유하였다. 흥미롭게도 A의 경우에는 접경지역 문화에 대한 고민이 가득 담긴 글을 보내왔고, B의 경우에는 중국과 동남아시아의 역사와 이주자에 대한 빼곡한 연구 노트, C의 경우에는 탈북자의 이동에 대한 정보와 탈북자를 만나는 활동가에 대한 성찰적 회고를 담고 있었다. 그 만큼 우리는 각자의 자리에서 각기 다른 생각과 관점으로 그 길을 떠났다. 분명한 것은 세 명 다 '불쌍한' 북한이탈주민이 온 길을 함께 가보자는 나의 의견에 동조했다는 사실이다.

라오스 국경을 '재미로' 한 번 더 넘은 것까지 포함해서 말이다.) 북한이탈주민이 넘어오는 것과 같이 불법적인 월경은 없었다. 가능한 '합법적'으로 그들의 경로를 조각조각 이어간 여정이었다. 그 과정에서 이탈주민의 이동을 가능하게 하는 많은 조력자를 만나기도 했다. 그들은 때로는 '전문적'인 브로커로 활동하기도 하지만 대부분의 경우 '그냥 상황이 그래서' 혹은 그들이 '안쓰러워서' 돕는 매개자였다. 그들이 만들어낸 길로 이탈주민이 이동하였고, 그리고 한국까지 오게 된다. 불(합)법의 경계는 상당히 모호했고, 국경지대에서의 국경은 의외의 교류와 접촉면으로 작동하기도 했다. 국경지대에 사는 주민은 '국경'을 다르게 경험한다. 구분과 통제의 선이 아니라 일상의 교류와 접촉으로 전혀 다른 공간적 경험을 하는 것이다.[20] 예컨대 대부분의 국경지대에서는 국경으로 마주하고 있는 양국의 통화가 동시에 쓰이고 있고, 언어 또한 혼재되어 있다. 국경을 넘어 경제활동을 하는 이들이 많고, 국경을 넘는 일은 상시적인 일이 된다. 우리가 경험한 중국과 동남아시아 지역의 국경 또한 비슷한 양상이었다. 특히 동남아시아로 내려가면 내려갈수록 사람들은 아무렇지 않게 국경을 넘었다. 어느 곳은 국경선이 아예 존재하지 않기도 하고, 어떤 곳은 허울뿐이기는 하지만 '국경'을 관리하는 특정한 양식이 존재하기도 했다. 국경을 지키는 군인이나 경찰이 있기는 하지만 특정 시간에는 국경을 통제하지 않거나, 일정한 통행료만 지불하기만 하면 국경은 활짝 열리곤 했다.

하지만 그 지역의 주민이 아닌 사람들, 특히 불법월경자들이 경험하는 국경은 조금 다를 수 있다. 허술하기는 하지만 통행증이나 여권을 확인하는 사람들 앞에 나설 수 없는 북한이탈주민의 경우는 더더욱 그러하다. 이들은 사람들의 눈을 피해 산을 넘고, 강을 건넌다. 설령 똑같은 길

---

20 김성경(2012).

을 걷는다고 해도 그들의 마음가짐은 통행증이 있는 나와는 전혀 다를 것이 분명하다. 호모 사케르였던 그들은 법적 지위, 즉 합법적 주체가 되기 위해서 그 길에 섰다면, 이미 시민적 주체였던 나는 그들의 삶이 어떨까 하는 상상을 하며 그 길에 들어섰다. 같은 공간이지만 두 주체는 너무나 다른 위치에 존재한다.

북한이탈주민은 이 길에서 '사람'으로 존재하지 않는다. 그들은 없는 존재이고, 이들은 절대로 합법적 공간에서 포착되어서는 안 된다. 사람이 아닌 상태인 그들은 불안감과 두려움을 경험할 수밖에 없다. 어디인지도 모르는 곳으로 차가 이끄는 대로 그렇게 자신들을 내맡기게 된다. 그만큼 '두려움'이라는 감정은 인지할 수 없고 이 때문에 주체가 통제할 수 없을 때 생성되는 감정이다. 깜깜한 어둠이나 낯선 공간에서 '두려움'이라는 감정을 경험하게 되는 이유가 바로 여기에 있다. 반면에 내가 이 이동의 과정에서 경험하는 감정은 익숙하지 않은 공간이 주는 흥분이나 호기심에 더 가까운 것이 사실이었다.

그럼에도 불구하고 최종 목적지인 태국에 도착하고 나니 안도감이 드는 것을 부정하기 어렵다. 탈북자 대부분은 태국에 도착하면 경찰서에 가서 자신들이 불법월경자임을 밝히게 된다. 그러면 이들은 불법월경자로서 구금되고, 거기서 최종 목적지인 한국행을 기다리게 된다. 이런 사실 때문인지 나 또한 태국에 도착하고 난 이후에는 상대적으로 덜 불안했다. 북한이탈주민은 태국에서 '불법월경자'라는 이름이기는 하지만 이제 이들은 공권력이 인정하는 존재가 된다. 법원의 판결도 받게 되고, 이어 공식적으로 (남한으로의) 추방의 조치도 경험하게 된다. '사람으로 존재하지 않고', '사회 안에서 인식되지 않은 존재'였던 북한출신자들이 드디어 그들의 존재를 인정하는 공간에 진입하게 된 것이다. 태국에 도착하니 나 또한 예전의 나의 위치로 곧 돌아갈 수 있다는 생각에 이른다.

내 집, 내 일상으로 안전하게 돌아갈 수 있게 된 것이다.

IV. '공감'의 불가능성, '사랑'의 가능성

여정 내내 나는 이동하는 북한이탈주민을 상상했다. 장시간 타는 버스에서, 메콩강의 배 위에서, 국경 기슭의 산언저리에서 그 자리에 서 있었을 그들을 생각했다. 그들이 경험했을 그 복잡함 심정을 그려보았다. 상상하면 할수록 나는 그들이 아니라는 사실에 안도감이 든다. 그들의 그 두려움의 감정을 충분히 느끼기에는 나의 위치가 너무나 '안전'하다. 오히려 내 마음속에서 계속된 질문은 내가 무엇 때문에 여기에 왔을까 하는 것이었다. 진정으로 이 길을 떠나면 그들을 더 공감할 수 있을 것이라 생각했던 것일까.

베이징에서부터 방콕까지의 이동은 길기만 했고, 하루하루 체력적으로 한계에 부딪히게 되었다. 밤에 잠들기 어려웠고, 이동할 때는 너무 긴장한 나머지 피곤함을 느낄 겨를조차 없었다. 같이 떠난 팀원들의 안전을 책임져야 한다는 중압감까지 더해져 버틴다는 느낌으로 또 다시 다음 장소로 이동한다. 국경을 넘는 여행 내내 나는 어쩌면 또 다른 경계를 아슬아슬하게 넘나들었다는 생각이 든다. 그것은 어쩌면 내가 연구자의 윤리, 즉 연구 대상을 타자화해서는 안 된다는 대원칙을 단 한 번만이라도 심각하게 고민하고 있었는지에 대한 자문에서부터, 결국 공감을 찾아 떠난 나의 모습조차 그들의 경험을 도구적으로 접근한 것은 아닐까 하는 반문의 연속이었다. 왜 굳이 이 길을 북한출신과 함께 오고 싶어 했었는지 또한 모호해진다. 무슨 말로 포장하건 나는 그들을 '대상화'하고 있다는 혐의에서 완전히 자유로울 수 없었다.

여행 내내 나는 함께 온 북한출신 B를 관찰하고 있었다. 나는 그이를 '특별'하게 대하고 있었다. 고프만은 수용소에서 특정 사람이 어떻게 의례적 교환의 장에서 배제되는지를 통찰력 있게 분석한 바 있다. 돌이켜보면 나와 북한출신자는 서로 전혀 다른 언어를 사용했던 것 같다. 여행 내내 매 순간 굳이 설명하지 않아도 알 수 있는 수많은 문화적 코드와 의례의 관행을 북한출신자는 아마도 충분히 이해할 수 없었을 것이다. 이 때문에 그이는 불안해했고, 난 그런 그이를 '배제된 사람'으로 취급했다.[21] 팀을 이끄는 사람의 책임감 때문이었을까. 언제부터인가 나는 그이를 '어린아이' 취급하듯 했다. 언제부터인가 계속 그이가 괜찮은지 확인했고, 아주 작은 것도 하나씩 '큰소리로 설명하고 이해시키려고 했다'. 이는 내가 그이를 여전히 동등한 주체로, 나와 같은 개인으로 받아들이지 못했음을 의미한다. 나는 그렇게 하는 것이 배려라고 생각하고, 소수자인 그이를 공감하는 것이라고 생각했다. 그것이 오히려 내가 그이를 진정한 '주체'로 여기지 않음을 반증한다는 것조차 당시에는 인지하지 못했다.[22]

---

21 김현경, 『사람, 장소, 환대』, (서울: 문학과 지성사, 2015); Goffman, Erving, *Asylums: Essays on the Social Situation of Mental Patients and Other Inmates*, New York: Anchor Books, 1961).

22 오랜 기간 북한이탈주민 관련 활동을 한 C의 경우는 나와는 조금 달랐다. 나중에 돌아와 여러 번 대화를 나눠보니, C는 '일부러' 북한출신 B를 배려하지 않았다고 했다. C는 나의 알량한 '배려'가 오히려 B에게 상처가 되는 상황뿐만 아니라 의도했건 의도하지 않았건 B가 소외되는 것을 여러 번 목격했지만, 이번 현지조사의 목적을 감안했을 때 갈등을 무마하기 위한 시도를 하는 것보다는 오히려 각자가 조금이라도 더 솔직한 모습으로 서로를 마주해야 한다고 믿었다고 말했다. 그래서 C는 북한출신인 B가 혼란스러워 할 때나 혼자 소외되어 있을 때 '굳이' B를 배려해서 설명하거나 챙겨주려는 시도를 하지 않았다고 하였다. C는 B를 공감하겠다는 그런 의도 혹은 목표가 없었다. C는 큰 기대 혹은 목적 없이 천천히 B에게 다가갔다. 또 다른 팀원인 A의 경우에는 가장 '객관적'인 위치를 끝까지 유지한 것으로 보이는데, 그 이유는 각 팀원들과 어느 정도의 거리를 가장 적절하게 유지했기 때문이었다. A의 젠더가 유일하게 남성이었다는 점과 연령적으로도 가장 어렸다는 점도 중요한 원인이었던 것으로 보인다.

태국에 도착하고 난 후 우리 모두는 상당한 안도감을 느꼈던 것 같다. 이제 적어도 물리적인 '위험'에서는 벗어났다는 사실과 큰 문제나 갈등 없이 현지조사의 막바지에 이르렀기 때문이었다. 나는 기분이 좋았다. 연구 성과라는 중압감은 차치하더라도 그 길을 적어도 북한이탈주민의 이동을 생각하면서 걸었다는 사실이 상당한 자부심으로 다가왔다. 게다가 그 길을 함께한 동료들과도 상당히 가까워졌다는 느낌도 들었다. 하지만 이는 나의 오판이었다. 태국에서의 마지막 날 밤, 아주 작은 말다툼으로 시작된 팀원들 간의 언쟁은 결국 전체 현지조사 자체의 목적과 의미가 무엇인지 본질적인 질문을 던지게 하는 계기가 되었다. 내가 경험한 이번 여정은 각 팀원들이 경험한 공간과는 상당한 거리가 있었다. 특히 북한출신인 B의 경우에는 여정 내내 남한 출신자들로부터 소외감을 느꼈다고 토로하였다. 여행 내내 '공감'이라는 키워드를 들먹거리며 떠들어댔던 내가 가장 문제였다. 말로는 '공감', '이해', '공존' 등의 온갖 미사여구를 남발하였지만, B가 느끼기에는 나의 행동이 충분히 '공감적'이지 못했다. 남한 출신끼리 떠들어대는 이야기를 충분히 이해하기 어려웠을 뿐만 아니라, 그들은 보이지 않는 끈끈한 끈으로 단단하게 묶여있는 반면에 자신은 소외되어 있다고 느꼈던 것이다. 많지 않은 팀원 사이에서도 보이지 않는 장벽이 존재했고, 특히 B의 경우 남과 북이라는 커다란 경계를 오롯이 경험한 여정이었다.

솔직히 말하면 B가 나에 대한 문제를 제기할 때의 충격은 지금 이 글을 쓰는 순간에도 여전히 내 마음에 큰 진동을 만들어내고 있다. 내가 충분히 공감적이지 못할 뿐만 아니라 위선적이라는 말을 들었을 때 도대체 내가 무슨 연유에서 이 길을 왔을까 하는 후회의 감정이 먼저 밀려왔다. 섭섭한 마음 또한 부정하기 어려웠다. 게다가 나는 이미 상당히 내 마음을 B에게 주었다고 생각했던 터라 더더욱 어찌할 바를 몰랐다. 나는 여정 내내 만족할 정도는 아니었지만 그래도 최선을 다했다고 생각했던 것이다. 하지만 B의 문제제기로 인해 다시금 나의 행동과 의식을 하나씩 되짚어보게 되고, 그 과정에서 결코 나는 B가 될 수 없음을 받아들이게 된다. '공감'이라는 말을 들먹거린 것, 그리고 마치 내가 공정한 연구자로서 북한이탈주민을 더 깊게 이해할 수 있을 것이라는 가정, 이 모든 것이 나의 오만이었다. 나는 그들이 될 수 없다. 그들 또한 내가 아니다. 이렇게 기본적인 사실을 이제야 인지했다는 것이 수치스럽다. 정의감에 불타는 연구자 역할에 너무나 심취했던 나는 마치 내가 그들을 깊게 이해할 수 있을 것이라고 가정했던 것이다. 다시금 연구자와 연구대상자의 관계를 문제시한 연구들이 머릿속에 떠오른다. 예컨대 인류학자인 레나토 로살도 사랑하는 부인을 사고를 잃고 난 이후에야 비로소 일롱고트인의 머리사냥이라는 풍습을 이해하게 되었다. 그가 현지조사를 한 일롱고트인들은 가까운 이들을 상실했다는 비통함과 분노를 머리사냥이라는 문화관습의 형태로 표출하였는데, 아내를 잃은 후 그 또한 비슷한 감정에 휩싸이게 되었던 것이다.[23] 에쓰노그라피, 해석학적 방법, 두텁게 쓰기 등등 많은 방법론적 시도와 이론적 정교함보다 더 큰 반향을 일으킨 것은 연구자가 연구대상자와 비슷한 상황에 놓이게 되는 경험이었다. '불법' 혹은 '합법'이라는 경계 밖에 존재하는 경험, 자신이 처한 상황이 무엇인지 인지할 수조차 없었던 경험, 남한으로 이주한 이후에는 같은

---

23 레나토는 부인을 잃고 난 이후에 자신의 현지일기에 아래와 같이 적고 있다. "일롱고트식 해결책을 나도 쓸 수 있으면 좋겠다. 기독교인들에 비해 그들의 방식이 훨씬 더 현실감 있게 느껴진다. 그래, 나도 이 분노를 가져갈 곳이 필요하다. 상상 속에서 하는 해결방식이 과연 그들의 방식보다 낫다고 주장할 수 있는가? 우리 자신은 소이탄으로 마을을 공격하면서 과연 일롱고트인들이 잔인하다고 욕할 수 있을까? 우리들의 이유라는 것이 과연 그들의 것보다 더 정당하다는 말인가?", 레나토 로살도 저, 권숙인 역, 『문화와 진리: 사회분석의 새로운 지평을 위하여』, 권숙인 역, (서울: 아카넷, 2000), p. 43.

'민족'이지만 동시에 '주적'의 출신자로서 경험하게 되는 경계인적 상황, 이 모든 것들이 복잡하게 뒤엉킨 북한이탈주민의 경험세계를 내가 공감한다는 것 자체가 어쩌면 불가능한 것이었다.

'공감'이라는 강박을 버리고 나니, 이제 그들이 온전히 눈에 들어온다. 나는 그들과의 접촉을 통해서 변화하고, 이는 그들 또한 마찬가지리라. 서로를 만나는 과정에서 결코 '하나'일 수 없음을 확인하게 하였지만, 또 한편으로는 상대방을 통해 스스로가 변화되고 있음을 느낄 수 있었다. 적어도 이번 현지조사와 B의 문제제기는 나 자신을 돌아보는 소중한 경험이기도 했다. 돌이켜보면 지금까지 내가 경험한 혼란의 근원은 나에게 있었다. 내가 북한출신자를 단 한 번이라도 나와 동등한 '사람'으로 받아들였다면, 내 이 감정의 격변 또한 충분히 소화 가능한 것이었을 것이다. 내가 수행했던 연구에서 그리고 하다못해 나를 성찰적으로 돌아보겠다는 이 글에서조차 북한이탈주민은 '그들'로 존재한다. 자신들의 언어로 스스로 말할 수 없는 자. 북한이탈주민은 나의 언어로 재현되며, 나의 입장에서 특정한 모습으로 대상화된다. 나는 말할 수 있는 존재이고, 내 언어로 북한출신자는 또 다른 존재로 해석된다. 그렇다면 북한이탈주민에 대한 나의 언어는 그 만큼의 윤리적 책임감과 고민을 담아내야만 할 것이다. 바우만의 주장처럼 연구자는 윤리적 고민을 '사회학적 직감'으로 활용해야만 하고, 연구자 스스로 '과학적'이라는 환상에서 벗어나 사회는 모호하다는 사실을 받아들이고, 이로 인해 사회학적 접근이 "망설임과 책임감"을 수반함을 인정해야만 한다.[24] 즉, 내가 잃어버린 객관적 관찰자로서의 위치를 끊임없이 고민하고, 망설이는 '나'로 다시금 채워나가야 할 것이다. 나의 언어로 재현되는 그들의 이야기에 대한

24   바우만(2015), p. 100.

윤리적 책무를 인지하는 것이 그 시작이다. 연구자인 나와 연구대상자인 북한출신자는 서로 더불어 살아가는 세계 내 존재이다. 그들과 나는 명확하게 구분되지 않는다. 오히려 서로 얽히고, 엇갈리며, 융합되어 결국에는 나라는 주체를 형성한다. 이제 지금의 나는 '그들'이 현현하는 존재이다. 나의 존재는 그만큼 그들을 통해 다시금 구성된다.

한병철은 모든 타자를 동일화시키는 현대 사회의 문화가 결국 나르시시즘의 확산과 에로스의 종말을 낳았다고 주장한다.[25] 에로스의 대상이 되는 진정한 타자는 주체의 언어를 흔든다. 그 이유는 진정한 타자는 주체의 언어 속에서 설명이 불가능하기 때문이다. 따라서 타자는 주체 자체를 흔들어 버리는 일종의 부정성이다. 하지만 현대 사회에서 진정한 타자는 동화 가능한 대상으로 재구성되고, 이로 인해 주체는 부정성의 타자를 마주하기보다는 자신과 비슷한 이들의 틈바구니에서 나르시시즘적 주체가 되어 간다고 주장한다. 한병철이 말하는 에로스는 타자에 대한 주체의 실존적이고 근원적인 경험을 의미한다. 이러한 실존적인 경험이 더 이상 가능하지 않은 현대사회는 나르시시즘적 주체만이 넘쳐나는 결국 병든 사회가 된다. 타자의 윤리가 담지하고 있는 가정은 주체와 타자가 '사랑'할 수 있다는 것이다. 타자는 주체가 사회를 경험하게 할 뿐만 아니라, 주체의 제한성과 한계성을 마주하게 한다. 주체는 타자와 동일해질 수 없다. 그렇기 때문에 타자를 '사랑'하게 된다는 것은 결국 주체의 한계와 제한성을 마주하게 하는 실존적 경험이며, 더불어 살아가야 하는 사회 속의 인간(성)의 윤리를 완성하게 한다.

이런 측면에서 북한이탈주민은 나를 주체로 만들어내는 존재이다. 나는 그들과의 만남을 통해 처음으로 나 자신의 내면을 아주 깊숙이 성

---

25   한병철, 『에로스의 종말』, (서울: 문학과 지성사, 2013)

찰할 기회를 가졌다. 공감하고자 하는 나의 욕망, 그것의 실현 불가능성, 그리고 죄책감, 이 모든 감정은 어쩌면 내가 타자를 통해 나의 윤리성을 고민하게 하는 그 시작점을 제공해 주었을지도 모른다. 이제 나는 타자를 '공감'해야 한다는 말의 의미가 그리 간단치 않음을 온몸으로 느끼게 되었다. 타자를 온전히 '공감'하는 것은 신화일 것이다. 하지만 타자를 공감할 수 없기 때문에, 나는 그들과의 사랑을 꿈꿀 수 있다. 사랑이라는 감정은 결코 행복한 것이 아니다. 사실은 타자가 나와 같을 수 없음을 확인하는 고통스러운 과정이다. 즉, 타자에게 '인정'받고 싶지만, 그것은 언제나 주체에게는 충분하지 않다.[26] 하지만 타자의 존재 그리고 타자와의 사랑이라는 가능성은 나의 주체성을 형성하게 할 뿐만 아니라, 사회 속의 나를 고민하게 하는 절대적 순간을 제공하였다.

사랑에 대한 존재적 경험, 주체에 대한 성찰적 반성이라는 측면에서 공감의 불가능성을 경험하는 것은 어쩌면 그 나름의 순기능을 갖고 있을지도 모르겠다. 레비나스가 주장한 것처럼 타자의 존재는 주체를 이성적으로 만든다. 즉, 인간을 '윤리적 존재'로 만드는 것은 자신의 이기적 욕구를 버리고 타자를 중심으로 받아들이는 것을 통해서 가능해진다.[27] 그런 측면에서 북한이탈주민이 나에게 던진 윤리적 딜레마는 나의 윤리성을 고민하게 하는 실존적이고 철학적인 계기이다.

후설은 타자는 '거기'에 있다고 설명하면서 주체와 타자 사이의 영원히 좁힐 수 없는 거리를 강조하면서 주체와 타자는 결코 하나가 될 수 없음을 강조한 바 있다.[28] 그렇기 때문에 타자를 '공감'한다는 것은 그들

26 에바 일루즈 저, 김희상 역, 『사랑은 왜 아픈가: 사랑의 사회학』, 김희상 역, (서울: 돌베개, 2013).

27 엠마누엘 레비나스 저, 강영안 역, 『시간과 타자』, (서울: 문예출판사, 2009).

28 에드문트 후설 저, 이종훈 역, 『순수현상학과 현상학적 철학의 이념들 1』, (서울: 한길사, 2009); 이남인, 『현상학과 해석학』, (서울: 서울대학교출판문화원, 2013); 피에르 테브나즈

의 경험과 고통을 감정이입하여 동일하게 느끼는 것이 아니라, 타자의 경험을 거리를 두고 관찰하는 것뿐이다. 하지만 관찰하는 주체는 그 관찰의 행위를 통해서 타자의 아픔이나 고통을 자신의 감정의 형태로 경험하게 된다. 이는 결코 타자와 동일한 경험을 하는 것을 의미하는 것이 아니고, 타자를 매개로 자신의 감정을 구성하게 됨을 의미한다. 이러한 맥락에서 '공감'은 타자와의 거리를 확인하는 것이며, 동시에 주체 내면의 작동을 의미하는 것이다. 사실 주체에게 타자를 공감해야 할 필요나 의무는 없다. 인간의 본성이 결코 이타적이지 않다는 사실을 굳이 상기하지 않더라도, 주체가 타자를 '공감'해야만 한다는 사실은 생물학적인 작용이나 인간 본성의 문제라기보다는 도덕과 사회의 작동에 의한 것이라고 보는 것이 옳겠다. 예컨대 굳이 타자의 아픔과 고통을 '공감'하(려)는 주체는 사회적 규범이 내면에서 작동하여 타자에 대한 '공감'을 추동하게 된다. 스미스는 이렇게 투사되고 내재화된 사회적 규범을 '불편부당한 관찰자'라고 정의하면서 이를 '가슴 속의 반신반인' 또는 '가슴 속의 인간'으로 정의한다.[29] 즉 스미스는 인간의 타자를 공감하고자 하는 욕구와 다른 사람에게 존중받으려는 욕망이 바로 사회적 연대를 가능하게 하는 힘이라고 설명한다. 김왕배는 스미스의 논의를 차용하여 부채의식과 감사, 죄책감 등과 같은 도덕 감정이 집단을 '인간'들의 '사회'로 만들어내는 중요한 메커니즘이라고 주장하였다.[30] 결국 공감이 가능할 것인가의 질문에는 만족할 만한 답을 찾기는 어려워 보인다. 주체와 타자가 구분되어 있는 현 세계에서는 서로 연루되어 생활세계를 구성하고, 이는

저, 김동규 역, 『현상학이란 무엇인가: 후설에서 메를로 퐁티까지』, (서울: 그린비, 2011).

29   신중섭, "도덕감정과 이기심: 아담스미스를 중심으로", 『철학논총』, 73(새한철학회, 2013); 황태연(2014).

30   김왕배, "도덕감정: 부채의식과 감사, 죄책감의 연대", 『사회와 이론』, 23(사회이론학회, 2013).

결국 주체와 타자가 완전히 하나가 될 수 없음을 증명한다. 하지만 타자와 주체 사이에 존재하는 공감해야 한다는 도덕적 감정 혹은 책무가 존재한다면 이는 결국 이 둘 사이의 또 다른 연대와 공존의 가능성을 모색하게 할 것이다.

무엇이 인간을 동물과 다른 종(種)으로 만드는 것인가라는 질문에 뒤르켐은 인간은 '도덕적'이기 때문에 동물과 구별된다고 주장하였다. 동물적 필요만을 추구하는 것이 아니라 도덕적 가치를 추구하는 것은 오직 인간만이 가능하다는 것이다. 하지만 근대화된 사회에서 '도덕적 인간'은 결코 쉽게 이루어질 수 없는 것임이 드러났다. '인간이 아닌 사람(호모 사케르, 낙인자 등)'이 등장하게 되고, 이들의 존재는 인간이 결코 사회 속에서 '도덕적'이지 않을 수 있음을 드러낸다.[31] 게다가 모든 것이 교환가치로 전락해버린 신자유주의 사회에서 '도덕'과 '윤리'를 논의하는 것 자체에 대한 회의적 시각이 있는 것 또한 사실이다.

그럼에도 불구하고 이번 여정을 통해 나의 마음의 혼동을 확인하는 소중한 경험을 하게 되었다. 타자를 대면하는 것이 얼마나 고통스러운 일인지, 그리고 그 타자 앞에서 한없이 이기적인 나를 마주하는 것이 나의 에고(ego)에 얼마나 큰 상처를 남기는지 말이다. 그 실존적 경험이 또 어떤 시각과 접근을 가능하게 할지는 앞으로 좀 더 지켜봐야할 것 같다. 하지만 만약 한국 사회에서 북한 사람을 외면하는 것이 가능하지 않다면, 더군다나 사회과학을 하는 연구자, 소수자에 관심을 기울이는 사회학자로서 그들에게 더 많은 관심을 기울일 수밖에 없는 존재라면, 연구자로서의 한계를 경험한 이번 여정은 또 다른 문제의식으로 발전될 수 있을 것이다.

---

31   김현경(2015).

V. 에필로그

나는 이 글을 처음부터 끝까지 다시 쓰기를 서너 번 반복했다. 도대체 무엇을 어떻게 써야 할지 감이 잡히지 않았을 뿐만 아니라 내가 하고 싶은 말이 무엇인지도 확실하지 않았다. 최근에 쓴 버전을 다시 살펴보니, 나의 도덕적 알리바이를 그럴듯하게 설명하고 있었다. 나의 선한 마음을 몰라주는 북한출신자들 때문에 힘들다 뭐 그런 투다. 마음에 생채기를 내는 사람들에 대한 원망이 곳곳에 '세련된 표현'으로 설명되어 있다. 나는 내 글을 통해서 일종의 인정투쟁을 하고 있었다. 이기형이 지적했던 것처럼 자기민속지학이라는 방법은 '과잉된 자기 고백적 서사'와 '과도한 자기 관점을 표출'할 수 있는 위험성을 내포하고 있다.[32] 이 글은 연구자가 스스로를 성찰적으로 돌아보는 것을 목적으로 하기는 하지만, 내 자신이 어떻게 재현되는지 끊임없이 인식하고 서술하고 있었다. 도덕적 대타자는 지금 이 글을 쓰는 순간에도 내 안에서 강력하게 작동하고 있다.

다행스러운 것은 여러 번의 다시 쓰기를 반복하면서 조금씩 내 안의 마음에 접근하게 되었다는 것이다. 그리고 그 과정은 나를 반성하게 하였다. 글쓰기 그 과정 자체의 주체생산의 경험을 하게 된 것이다. 사실은 좋은 의도를 지니고 행동했다고 외쳤던 것에 불과했던 초고는 나에게 또 다른 수치심의 기제가 되고, 그리고 그 다음 버전의 글을 쓰게 하는 원동력이 되었다. 그것을 기반으로 다시금 내 생각의 폭을 넓혀간다. 그리고 사실 내가 얼마나 엄청난 권력자였는지를 온 몸으로 인지/감각하게 되었다. 나를 연구대상으로 삼는 것이 생각보다 고통스럽다.[33] 나의 연구대상

---

32 이기형(2013), p.278.
33 이 글을 수정하는 과정은 정신적으로 큰 고통을 수반하였다. 사회학자인 내가 자신을 드러내는 것에 익숙하지 않기 때문이기도 하고, 다른 한편으로는 '자아'의 심층까지 성찰하는

이 되었던 수많은 친구, 제자, 지인들도 비슷한 과정을 겪었으리라. 누군 가에 의해 해석되고, 설명되고, 그리고 의미 지워진다는 것은 결코 윤리 적일 수 없다. 이는 사회적 행위의 의미를 해석하려는 사회학자, 특히 특정 사람들의 행위와 의식을 문제 삼는 사회학자라는 그 존재 자체가 윤리적일 수 없다는 결론에 이르게 된다. 그렇다면 과연 나의 연구는 무엇을 위해 존재하는 것일까. 이 저릿한 질문에 대한 답은 지금 내게는 없다. 다만 앞으로의 나의 연구 여정을 이 질문에 답을 찾아가는 길로 만들어가야만 한다는 사실만은 분명해 보인다.

것이 상당한 정신적 부담이었기 때문이다. 원고를 쓸 때는 글 쓰는 것의 수행성과 치유능력을 경험하였지만, 원고를 다시 읽으면서 수정하는 과정은 언어로 재현된 '나'를 다시금 마주하게 함으로써 큰 심리적, 정서적 고통을 동반하였다. 게다가 이 글의 초고를 몇몇이 함께 읽고 토론을 할 기회가 있었는데, 그 당시 나는 마치 대중 앞에서 발가벗고 있는 것과 같은 느낌을 받았다. 토론 과정에서 학생과 동료의 진심어린 평가가 마치 내 자신, 즉 나의 인격에 대한 평가인 것 같아 고통스러웠던 것이다. 그만큼 나를 드러내는 '성찰적 글쓰기'는 그것이 지닌 의미에도 불구하고, 쉽지 않은 작업임에 분명하다.

제10장

북한 주민의 일상과 방법으로서의 마음[1]

김성경(북한대학원대학교)

I. 들어가며

남북은 지난 수년간 대결과 적대로 내달음 쳤다. 국지적 충돌과 긴장으로 인한 군사 대치로 그나마 간간이 이루어지던 남북 간 인도적 지원이나 경제적 협력은 큰 폭으로 제한되었고, 남북경협의 상징적 공간인 개성공단마저 요동치는 남북관계에 따라 부침(浮沈)을 계속해오고 있다.[2]

---

1   이 글은 『경제와 사회』 109호에 실린 "북한주민의 일상과 방법으로서의 마음: 생활총화와 검열의 상황에서의 공모하는 마음"을 수정한 것이다.

2   천안함 피격사건의 책임을 물어 2010년 5월 24일 이명박 정부는 북한과의 경제 협력이나 북한 주민과의 접촉을 제한하는 것 등의 내용을 담은 5·24 조치를 시행하게 된다. 이후 개성공단은 남북의 긴장 관계로 인해 겨우 명맥을 유지하고 있다가, 2013년 4월 북한 측이 남북 군 통신선을 차단하였고, 이에 대한 대응으로 남한 측이 개성공단에 상주하는 남측 근로자 전원 철수를 결정하면서 갈등이 극에 달하는 모양새였다. 이후 2013년 8월 남북 간의 합의를 통해 다시 가동된 개성공단은 2016년 1월에 실시된 북한의 4차 핵실험과 미사일 발사에 대한 대응으로 남한 정부는 2016년 2월 10일 개성공단 폐쇄를 결정하였고, 북한은 2016년 2월 11일 개성공단에 머물고 있는 모든 남측인사를 추방하고, 개성공단의 자산을 동결하는 것으로 맞대응하였다.

무엇보다도 70여 년 동안 지속된 분단체제와 이로 인해 파생된 적대적 관계는 남과 북이 충분히 접촉하고 소통하지 못하게 하였을 뿐만 아니라, 서로에 대한 왜곡된 시선과 고정관념을 구축하게 하였다. 이런 상황에서 남북한이 동일한 정체성을 유지하기란 사실상 불가능에 가깝다.[3] 즉, 남과 북은 구별적인 의식, 행동, 감정 체계 등을 구축할 수밖에 없고, 이러한 차이에 대한 이해 부족은 작금의 분열과 대립 상태의 근간이 된다. 이 때문에 남한에서는 북한을, 역으로 북한에서는 남한을 깊이 이해하려는 노력을 경주해야 한다. 남과 북이 어떻게 그리고 얼마큼 다르게 생각하고, 행동하고, 표현하는지를 면밀하게 살펴야만 하고, 이는 단순히 통일을 해야만 한다는 공허한 당위론보다 우선될 필요가 있다.

이런 맥락에서 학계에서는 북한사회에 관한 다양한 연구를 진행해 왔다. 특히 기존의 연구는 북한의 체제, 이념, 제도 등에 논의를 풍부하게 하면서, 북한 사회 구조에 대한 심도 있는 이해를 가능하게 하였다.[4] 그러나 북한의 '주민'들이 일상에서 어떻게 다른 의식체계와 행동양식을 구성하고 있는지에 대한 연구 성과는 상대적으로 적다.[5] 이들의 일상을 다룬 대부분의 연구는 이들의 의식, 실천, 행위 등을 분석하는 것에 집중

---

3   이는 독일 통일의 경험에서도 확인할 수 있다. 물론 독일의 사례를 한반도에 기계적으로 적용할 수는 없겠지만, 상대적으로 좋은 조건에서 통일한 독일의 경우에도 동독출신자와 서독출신자 사이의 반목과 갈등이 깊게 존재한다는 연구결과는 우리에게 큰 시사점을 준다. 이에 대한 상세한 논의는 김누리(2006)를 참조하라.

4   이러한 학문적 전통은 사회주의 체제의 특성에서 기인하기도 한다. 국가나 정치가 사회의 영역과 분리될 수 없는 사회주의 체제적 특성상 북한사회에 대한 대부분의 연구가 정치, 제도, 이념 등의 영역에 집중되어 왔다. 북한연구의 이러한 경향성에 관해서는 이우영(2006)의 19-22쪽을 참고하라.

5   북한주민의 일상과 상호작용에 대한 연구는 최근에 활발하게 진행되고 있다. 조정아 외(2013)는 북한 청소년의 세대적 정체성을 일상이라는 상황에 주목하면서 살펴보고 있고, 홍민·박순성(2013)은 북한사회의 일상 그리고 주민의 정체성을 본격적으로 연구하였는데 북한사회에 대한 새로운 문제 제기와 방법론적 전환을 시도했다는 측면에서 큰 의미를 지닌다.

되어 있지만, 실제로 북한주민이 공유하는 총체적인 감정구조, 마음체계에 대한 연구는 미진했던 것이 사실이다(홍민·박순성. 2013; 조정아 외. 2013). 다시 말해 북한주민의 인식이나 행동을 단선적으로 분석하는 것에서 한걸음 더 나아가 이들의 의식체계와 행동양식이 결합된 총체로서의 북한주민의 마음의 면면을 문제시할 필요가 있다.

이성을 포함한 감정(emotion), 정서(sentiment), 의지(will), 감각(sense) 등의 총체로써 북한주민의 성향과 행위의 근원이 되는 것이 바로 '마음(mind)'이고, 북한주민의 마음은 지금의 북한사회의 결과물이면서 동시에 미래의 방향을 결정짓는 자원이다.[6] 북한주민의 마음을 사회학적으로 살펴본다는 것은 이들의 마음이 결코 개인 심리의 영역이 아닌, '사회적 구성물'이라는 가정에 기반을 둔다. 물론 마음은 포괄적인 개념으로 개인의 심리의 영역이나 뇌, 호르몬, 신경과 같은 생물학적 기관의 작동까지도 아우른다(신현정 외, 2010).[7] 하지만 사회학에서 주목하

6   김홍중은 마음의 사회학이라는 개념을 여러 편의 논문을 통해 발전시키면서, 마음을 마인드(mind)가 아닌 하트(heart)에 가까운 것으로 개념화 한다. 그에 따르면 마인드로 번역되는 마음은 주로 인지주의에 기초한 것으로, 마치 마음을 "컴퓨터의 연산장치"와 같은 것으로 개념화되는 것을 일컫는 것이다(장종욱. 2010: 79; 김홍중. 2014: 180에서 재인용). 반면에 하트(heart)로 번역되는 마음은 "모든 앎의 방식이 수렴되는 중심부"로서, 마인드를 포함하는 포괄적 개념이라고 주장한다(김홍중. 2014: 180). 하지만 본 글에서는 마음을 마인드(mind)로 번역하고, 마인드의 개념에 더 가깝게 활용하고자 한다. 그 이유는 이 글에서 정의하는 '마음'은 외부의 영향을 받으면서도 동시에 내부의 작동방식에 따라 변형되어 다시금 외부와의 상호작용을 만들어내는 행동의 자원이면서, 행동되지는 않지만 태도, 시각 등으로 활용될 수 있는 자원까지 포함하기 때문이다. 물론 하트라는 개념 또한 충분히 마인드라는 개념이 지시하는 내용을 포함하고 있지만, 일반적으로 하트가 인간의 심적 기관을 지칭하는 데 사용되고 있다는 사실도 본 연구가 마음을 마인드로 번역하는 이유 중에 하나이다. 반면에 마인드는 동사로는 '상관하다', '기꺼이 ~을 하다(not mind ~)' 등의 뜻을 지니면서, 행동을 구성해내는 자원이라는 맥락을 담고 있다는 이유도 본 연구가 마음을 마인드에 더 가깝게 정의하는 이유다. 무엇보다도 본 글은 마음은 이성과 비이성의 총체이면서 동시에 외부의 데이터의 유입에 따라 변형되고, 다시금 행위를 만들어내는 복잡한 메커니즘으로 구성된다는 측면에서, 마인드로 개념화하는 것이 더 적절하다고 판단한다.

7   마음에 대한 연구는 활발하게 진행되고 있다. 영역도 다양한데, 인지심리학, 신경과학, 인

는 마음은 사회적 영향력을 지니면서, 개인과 사회의 긴밀한 관계성 내에 존재하는 '사회적 마음'을 일컫는다. 예컨대 북한 사회의 규범과 구조가 주조하는 북한적 마음은 특정한 북한주민의 마음을 가능하게 하고, 그 마음은 결국 그들이 사는 사회에서 이들만의 (문화적) 방식으로 살아가게 한다. 북한주민이 어떤 미래를 만들어갈지는 사실상 이들의 마음(가짐)에 달려 있다. 게다가 북한주민의 마음은 시공간이 압축되어 있는, 과거의 퇴적물이기도 하다. 사회주의, 반제국주의, 주체사상, 김일성, 김정일, 고난의 행군, 시장화 등 북한 사회의 역사성을 바탕으로 할 뿐만 아니라 북한이라는 공간의 특성이 역동적으로 (재)구성된 것이 곧 북한주민의 마음이다. 이런 맥락에서 과거가 녹아 있는 북한주민의 마음은 내구성을 지니고, 타자가 쉽사리 공유할 수도 없는 역사성을 지닌다.

문제는 북한주민의 마음을 확인하는 것에는 경험적인 어려움이 존재한다는 사실이다. 마음은 비가시적 실체이면서도 국면에 따라 다르게 재현되기 때문이다. 게다가 북한주민과 충분한 접촉이 어려운 남한 연구자가 직면한 현실적 어려움 또한 북한주민의 마음을 살펴보는 작업을 어렵게 한다. 이에 이 글이 활용하는 전략은 마음을 '방법'으로서 접근하여, 기존의 북한에 대한 고정된 시선과 관점을 해체하고 더 나아가 북한사회의 또 다른 참조점으로서의 북한주민의 '마음'을 문제시하는 것이다. 다시 말해, 본 연구는 북한주민의 마음을 이성 중심의 근대적 사고의 비판이라는 한 층위와 북한사회 이해의 다원화라는 두 개의 목적에 다다르기 위한 '방법'으로 접근할 것이다. 분석의 장(場)은 바로 북한주민의 일상이다. 가장 미시적 수준에서의 상호작용의 규칙과 질서를 문제시함으로써, 다른 상(像)으로 만들어지는 북한(들)에 접근할 것이다. 일상에서 북

공지능, 물리학, 진화심리학, 철학, 종교학(불교), 동양학(주자학) 등이 그것이다.

한주민들이 서로 함께 살아갈 수 있는 것은 단순히 이성적 판단이나 이해관계에 기반을 두기 보다는 서로를 존중하여 공존하는 상호작용의 규칙과 질서가 존재하기 때문이다. 미시적 수준의 상호작용을 가능하게 하는 규칙과 질서는 또 한편으로는 북한주민의 마음의 일부분이기도 하고, 다시금 마음을 (재)주조하는 장이기도 하다. 특히 이 글이 주목하는 일상의 장은 조직생활의 근간이 되는 생활총화라는 상황과 시장화 이후 공권력과 시장주체가 만나는 검열 상황이다. 이 두 상황은 북한사회의 특징을 집약적으로 내포하고 있으면서, 행위자들이 깊숙이 관여되어 있다. 덧붙여 두 상황은 모두 역사성을 지니는데, 이는 북한주민의 마음이 시간성을 가진, 역사의 퇴적물임을 확인시켜줄 것이다.

II. 마음과 상호작용

1. 북한 이해의 다원화: 방법으로서의 '마음'(Mind as Method)

북한을 이해하는 데 '마음'이라는 개념은 이론적·방법론적 측면에서 두 가지 전략을 가능하게 한다. 첫째는 '마음'이라는 개념이 내포하고 있는 포괄성에 기대어 북한사회에 대한 접근 시각을 확장하는 것이다. 근대적 사고와 지식체계에서 '의도적으로' 누락되었던 감정, 의지, 감각 등의 영역을 적극적으로 차용하고, 설명되지 않는 것으로 남아 있는 잔여물을 사회과학의 영역으로 포섭함으로써 지금껏 '특수한 무엇' 혹은 '이해할 수 없는' 것으로 상정된 북한사회에 대한 해석을 다원화하는 것이다.

이를 위해 이 글은 '방법으로서의 마음'이라는 시도를 한다. 마음을 '방법으로서' 접근하는 것은 일찍이 다케우치 요시미가 시도한 서구와 동양의 이분법을 교란하기 위해 방법으로서 아시아를 주목하는 것에서 그 전략을 차용한 것이다(다케우치, 2004). 다케우치는 아시아를 발견하고 분석해야 할 '실체'로 보지 말고 '방법'으로 보자고 주장하면서, 일본의 근대화의 문제를 단순히 서양의 그것과 비교하여 그 실체를 확인하기보다는 '아시아', 그 중에서도 특히 '중국'이라는 또 다른 참조점과의 비교를 통해 새로운 분석의 틀을 구축하자고 제안한다(다케우치, 2004: 145-147). 그는 서양이 구축한 문화가치가 보편적이기는 하나, 그것의 구현 방식은 식민지배라는 폭력성이 매개되었음을 지적하면서, 서양의 인본주의, 평등주의, 근대성 등의 보편적 가치는 동양의 경험의 맥락에서 다시금 재해석될 때 비로소 더 발전된 가치체계로 구축될 수 있다고 주장한 바 있다. 이를 '문화적 되감기 혹은 가치상의 되감기'라고 주장하는데, 서양의 가치는 바로 동양의 입장과 시각을 경유해서만이 변혁될 수 있다는 주장이다.[8]

비슷한 맥락에서 '방법으로서' 마음을 활용하는 것은 기존의 근대성에 바탕을 둔 논의를 더 풍부하게 하고자 하는 일종의 전략이라고 할 수 있다. 남북한을 가로지르는 분단이라는 사회 구조의 문제와 근대성으로 대표되는 이성 중심의 가치를 폄하하는 것이 아닌, 이러한 가치를 더 발전시키고 풍부하게 하려는 시도로서 '마음'을 '방법'으로 활용하는 것이다. 이는 1970년대 중반 이후에 사회과학에 등장한 '감정적 전환(emotional turn)'과 비슷한 문제의식을 공유한다. 즉, '감정' 혹은 '정동'의 영역 등 이성 이외의 것으로 치부되어 사회과학에서 결여된 다양한 영역

---

8 '방법으로서의 아시아'라는 명제는 다양한 문화이론가에 의해서 계승 발전되고 있다. 예컨 대 천광싱은 세계화와 탈제국 사이에서 아시아를 방법으로서 접근할 것을 제시한 바 있고, 쑨거는 아시아라는 공간을 실체가 아닌 인식과 담론의 장으로 재구성할 것을 주장하였다 (천광싱, 2009; 쑨거, 2006, 백영서, 2000에서 재인용; 윤여일, 2010).

을 복귀시킴으로써, '이성'으로만 존재했던 보편적 가치에 대한 논의를 한 단계 더 발전시키는 것이다(바바렛, 2007; 혹쉴드, 2007; 콜린스, 2009; 일루즈, 2010; 김홍중, 2013). 이러한 시도는 지금껏 이해할 수 없는 혹은 예외적 상태로 논의되었던 그 모든 사례가 현 사회의 일부분일 수 있다는 문제의식에 바탕을 둔다. 자유민주주의와 자본주의, 이성 중심의 근대성 등의 프레임에 존재하지 않는 비(非)이성의 영역이 사실은 현 사회의 중요한 부분을 차지하고 있음을 확인하는 것이다. 이런 측면에서 '방법으로서의 마음(Mind as Method)'이라는 전략은 근대적 사고체계에 대한 비판적 성찰의 과정이고, 동시에 이 과정에서 누락된 감정, 의지, 감각, 정서 등의 가치를 다시 확인하는 작업이다. 특히 이성과 근대성이라는 논리의 틀로 이해 불가능한 것으로 상정되어 있는 북한에 대한 단선적인 시각을 해체하려는 시도이다.

둘째로, '방법으로서의 마음'은 '마음'이 무엇인지 그 실체에 대한 논의에서 한걸음 비껴나감으로써 오히려 이 개념이 제공하는 사회학적 상상력을 적극적으로 선취하고자 하는 시도이다. '마음'이라는 개념은 모호하다. 마음은 일상에서 수없이 사용되는 용어이자 개념이다. 그 만큼 맥락에 따라 마음이라는 개념을 서로 다른 의미로 사용하고 있고, 같은 언어를 사용하는 공동체 내에서는 군이 개념 정의를 내리지 않아도 어떤 의미를 내포하고 있는지 직감적으로 알고 있다. 하지만 '마음'이 연구 대상이 되고, 증명해야 할 어떤 '실체'로 정의될 때 비로소 이 용어와 개념의 모호성을 목도하게 된다. 도대체 '마음'이란 무엇이란 말인가. 사회과학의 영역에서 '마음'의 실체가 과연 분석 가능한 것인가. 마음을 문제시한 일련의 연구가 의도적으로 마음이 무엇인지에 대한 논의를 충분히 하지 않으면서, 마음의 사회적 작동이나 역할의 분석에 집중하는 이유는 아마도 이런 개념 정의의 한계와 분석의 어려움 때문일 것이다(혹쉴드,

2007; Bellah, 1985).

　김홍중은 일상어인 '마음'을 사회학적으로 접근하기 위해서 "적절한 인식론적 "단절의 테크닉" 혹은 "단절의 도구"를 적용"하여 조작적으로 마음, 마음가짐, 마음의 레짐이라는 개념을 정의하여 분석할 필요가 있다고 주장한다(김홍중, 2014: 184).[9] 그에게 마음이란 행위를 만들어내는 힘이다. 즉, 마음은 사회적 실재로서 개인의 외부에 존재하고, 동시에 개인의 내부에 내재화되어 개인의 의식과 행동을 가능하게 하거나 규제하는 것을 말한다(뒤르켐, 2001: 53-62).[10] 김홍중이 뒤르켐적 시각을 차용하여 마음을 행위를 추동하는 힘 혹은 자원으로 정의하고 분석한 것 또한 일종의 마음을 '방법으로서' 활용하여 '사회적인 것'에 접근하려는 시도로 해석할 수 있다.[11] 그가 '마음'을 군이 들춰내어 분석의 장으로 포섭한 이유는 인간의 행동을 가능하게 하는 사회적 힘이 기존의 이성 중심적인 프레임보다 훨씬 더 깊고 넓다는 것을 증명하기 위해서이다. 다시 말해 그의 연구 또한 '마음' 그 자체를 특정한 '실체'로 증명하기보다

9　김홍중의 마음에 대한 조작적 정의는 다음과 같다. "1) 마음(heart)은, 사회적 실천들을 발생시키며, 그 실천을 통해 작동(생산, 표현, 사용, 소통)하며, 그 실천의 효과들을 통해 항상적으로 재구성되는, 인지적/정서적/의지적 행위능력(agency)의 원천이다. 2) 마음가짐(heartset)은 그러한 마음 작동을 규정하는 공유된 규칙과 규범의 총체를 가리킨다. 3) 마음의 레짐(regime of the heart)은, 마음의 작동과 마음가짐의 형성을 가능하게 하고 조건 짓는 사회적 실정성(이념들, 습관들, 장치들, 풍경들)의 특정 배치를 가리킨다"(김홍중, 2014: 184-5).

10　다시 말해 인간의 (무)의식 전반을 연구하는 과학적 학문이 심리학이라면, 사회학은 도덕적 개인의 의식과 행동을 구성하는 다양한 사회적 사실(들)(social fact)에 관심을 기울인다. 잘 알려진 것처럼 뒤르켐은 '범죄'를 사회적 실재(social fact)로 정의하는데, 그 이유는 범죄가 개인 외부에 존재하면서도 한편으로는 개인 내부에 내재화되어 있는 기제이기 때문이다. 범죄는 특정 도덕적 가치와 규율을 만들어내고, 이를 통해 개인은 도덕적 삶의 방식을 내재화한다고 설명한다.

11　이는 방법론적 괄호치기일 것이다. 김홍중은 마음의 영역이 상당히 넓고 모호하기 때문에, 사회과학에서 '마음'의 영역을 다루지 않기보다는, 오히려 적극적으로 사회과학이 '다룰 수 있는' 마음으로 영역을 좁혀갈 것을 제안한다(김홍중, 2014).

는 '마음'을 경유하여 꿈틀거리는 생물로 존재하는 '사회적인 것'에 좀 더 가까이 접근하려는 시도로 해석될 수 있다.[12] 비슷한 맥락에서 본 연구는 '마음'을 '방법으로서' 접근하여 이성·근대성 중심의 사회학적 논의의 영역을 넓히고, 우리가 살아가는 '지금 여기'가 '사회적'일 수 있게 하는 유무형의 힘과 자원의 작동을 분석하고자 한다. '마음이 무엇인가'라는 질문은 결코 답이 존재할 수 없다. 왜냐면 마음은 보이지도 않고, 그렇다 고 행동으로만 표출되는 것도 아니다. 그만큼 넓고 깊을 뿐만 아니라 유 동적이고 비가시적이다. 우리가 결코 마음의 실체가 무엇인지에 대한 답 을 구할 수는 없지만, '마음'이라는 개념의 모호성과 포괄성을 차용한다 면 지금껏 우리가 인식하거나 분석하지 못했던 현상과 사회에 대해서 새 로운 시각을 견지하게 될 것이다. 예컨대 '마음'이라는 경유지를 거쳐 북 한을 다시 사유하면, 북한 사회의 그 나름의 작동 방식과 존재 양식이 설 명될 수 있다. 구조적 측면에서는 부패하고, 이해할 수 없는 논리로 가득 차 있는 곳이지만, 그 사회의 구성원이 공유하는 마음은 그 나름의 이유 와 원리가 있을 것이기 때문이다. 이런 맥락에서 마음을 '방법으로서' 활 용하여 북한에 접근하는 것은 북한을 '제대로' 이해하기 위함이고, '비정 상적'이라고 폄하되던 북한 사회를 복원하려는 시도이며, 남한과 북한이 서로의 공존을 모색하는 기나긴 여정의 출발점이 된다.

---

12 사회학에서의 마음의 논의는 김홍중의 연구가 대표적이다. 김홍중은 1980년대라는 시공간 을 공유하는 집단의 마음체계를 '진정성의 마음'으로 정의하는 것을 시작하여 특정 개인(아 산 정주영)을 통해서 본 한국 자본주의의 마음, 청년세대의 생존주의, 그리고 최근에는 세 월호 참사를 '마음의 부서짐'으로 맥락화한 연구까지 마음이라는 개념에 천착한 사회학적 연구를 계속해오고 있다. 뿐만 아니라 동양철학적 시각으로 마음문화를 분석하고 있는 유 승무, 신종화, 박수호(2015)의 연구 또한 사회학의 지평을 넓히고자 하는 시도로 평가될 수 있다. 최근 사회학계에서는 '마음'이라는 용어를 사용하지는 않았지만, 유사한 문제의식 을 공유하면서 한국 사회를 감정, 정동, 감각, 공감, 연대감 등의 개념에 기대어 분석하려는 시도가 활발하게 진행되고 있다(김왕배, 2013; 이수안, 2015; 박형신·정수남. 2013).

2. 일상의 상황과 마음

최근에 북한을 떠나 한국에 정착한 상당수의 북한이탈주민은 북한 사회가 부패한 사회라고 설명한다. 먹고살기 위해서는 반드시 '돈을 고여야 한다'[13]는 것이다. 그렇지 않고는 장사를 하는 것은 고사하고, 각종 노력동원에만 끌려 다니다가 결국 제대로 된 삶을 영위하는 것이 힘들다고 말한다. 이러한 증언은 일견 설득력이 있다. 고난의 행군 이후에 북한 사회에서 체제와 시장의 기묘한 동거상태가 형성되면서 비합법적이었던 자본주의적 경제활동이 체제의 묵인 아래 활성화되었고, 이것의 이면에는 이미 고착된 시장과 체제의 부패구조가 있다. 그렇다면 이렇게 부패한 사회에 살고 있는 북한주민의 마음은 무엇일까. 그들은 왜 저항하지 않는 것일까. 북한주민은 과연 단순히 체제와 구조에 억눌려 있기만 한 것일까. 북한주민의 마음에 체제와 시장은 어떤 관계성으로 자리하고 있을까.

'방법으로서의 마음'이라는 전략은 기존의 북한사회에 대한 고정관념을 흔들고, 그 개념적 포괄성을 활용하게 하여 그 나름의 정합성을 띤 복수의 북한사회(들)를 목도하게 한다. 북한에서는 사회주의(혹은 독재) 체제, 규율, 검열, 주체사상 등의 정치적 영역과 시장을 위시한 개인주의, 물신주의 등 경제적 영역이 구분되거나 대립적으로 존재하는 것이 아니라 각 국면에 따라 다른 배열로 절합되어 있다. 더불어 이러한 복수의 사회(들)를 살아가는 행위자인 북한주민의 마음 또한 각 상황에 따라 다르게 구성되고 작동한다. 이러한 각각의 상황에서 북한주민의 마음은 특정한 행동을 수행하게(혹은 수행하지 않게) 하고, 각 국면에서 사회구조와 개인을 연결 짓는 고리의 역할을 한다(대닛, 2006; 구갑우, 2015).

13 뇌물을 준다는 뜻의 북한식 표현이다.

물론 북한주민의 마음이 단순히 행위를 가능하게(혹은 가능하지 않게) 하는 것에 국한되는 것은 아니다. 행위까지 만들어내지는 못하지만, 심연에서 작동되는 감정, 상상력, 감각 등은 북한주민들이 공유하는 사회적 마음의 일부분이 된다.

　이에 본 글은 복수로 (재)구성되는 북한사회와 각 국면에 발현되는 북한주민의 마음에 접근하기 위해 인간과 인간, 인간과 제도, 인간과 사회와 같은 사회 내 다양한 단위가 접촉하여 상호작용이 발생하는 '상황'을 주목한다. 고프만은 이를 상황의 사회학(sociology of occasion)이라는 용어로 정리하였는데, 분석의 초점을 개인이나 구조에 두지 않고 '지금-여기'의 구체적 '상황'에 두는 것을 의미한다. 고프만에게 상호작용 연구란 "개인과 개인의 심리학보다는 사람들이 서로를 보는 자리에서 하는 행동들의 결합관계를 탐구하는 것"이다(고프만, 2008: 15). 고프만에게 각각의 독립적인 행동 그 자체는 분석의 단위로 중요치 않다. 오히려 행동들을 결합되게 하는 상황적 요건이 중요한데, 이는 미시적 수준에서 역동적으로 구성되는 구조를 찾는 작업을 의미한다. 덧붙여 고프만의 '행동'은 단일하거나 일방향적인 것이 아니다. 그에게 행동이란 사회 내 행위자를 공유하고 있는 관계 양식에 따라 상호작용의 형태가 되었을 때 사회적 의미를 지닌다(콜린스, 2009: 31-38).

　미시적 수준에서의 인간의 행동 법칙과 질서를 문제시하는 것의 기본 가정은 각 개인과 집단은 특정 상황에 대해서 동일한 정의를 적용한다는 것에서 시작된다. 일명 토마스의 법칙이라고 칭하는 "상황정의"에 따르면 "인간이 상황들을 현실로 규정한다면 그것들은 결론적으로 '현실적인 것'이 된다"(Thomas and Thomas, 1928: 567; 손장권 외, 1994: 78에서 재인용). 인간은 사회적 만남의 상황에 놓여 있을 때 그 상황에 존재하는 사회생활의 구조에 따라 행동하는데, 여기서 가장 먼저 선행되는

것은 상황에 연루되어 있는 개인들이 동일하게 상황을 정의하는 것에 바
탕을 둔다. 여기서의 동일한 상황정의는 행위자들이 공유하고 있는 사회
적 마음과 연관되어 있다. 사회적 코드, 규범에 대한 이성적 판단과 더불
어 규범을 지키는 것으로 수반되는 감정적 만족감과 안도감, 규범에 따
라 파생되는 특정 결과에 대한 의도성 등을 포괄하여 행위자는 각 상황
을 동일하게 정의하기 때문이다. 즉 사회적 마음을 공유하는 개인들은
자연스럽게 특정 상황을 그 마음에 비춰 정의하고, 그 상황에 맞는 사회
적 행동을 한다.[14]

북한 사회에서 살고 있는 북한 주민은 이들 나름의 방식으로 매 상
황을 정의하고, 사회의 규칙과 질서에 따라 생각하고, 행동하고 있을 것
이다. 그렇게 형성된 내적 질서를 독재에 의한 세뇌라고 정의하기도 하
고, 공포 정치라고 단정 짓기도 한다. 한편 북한은 상징과 의례를 십분
활용하여 정통성과 권위를 재생산하여 주민의 동의를 이끌어내는 일종
의 '극장국가'라고 주장하는 이들도 있다(정병호, 2010; 권헌익·정병호,
2013). 하지만 이러한 논의는 북한주민을 수동적인 존재로 단순화하는
우를 범할 수 있다. 오히려 북한주민은 사회적 마음을 적극적으로 활용
하여, 특정 상황에서의 행동규칙을 (재)구성하고 이를 통해 나름의 상호
작용을 수행하고 있을 수 있다. 동시에 '지금-여기'라는 '상황'에서의 북
한주민의 상호작용은 다시금 사회적 마음의 균열과 재구성을 추동하기
도 한다. 이런 맥락에서 이 글이 미시적 수준에서의 상호작용을 문제시
하는 이유는 북한주민이 공유하고 있는 마음의 일면이 발현되고 재구성

14 누군가가 상황을 다르게 해석하거나, 혹은 상황의 질서에 반하고자 할 때는 강제적으로 규
   율하거나, 질서를 적극적으로 옹호해서 일탈적인 행동을 포기하도록 한다. 상호작용이라
   는 아주 미시적 수준에서의 인간의 행동과 감정 양식 등이 상황에 대한 동일한 정의를 바
   탕으로 하고 있을 뿐만 아니라 사회적으로 합의된 규칙이 작동하는 공간인 것이다(뒤르켐,
   2001).

되는 영역이기 때문이다.

　북한주민의 마음은 특정한 '실체'로 규정되거나 정의되기 어렵다. 이에 본 글은 특정한 상황에서의 북한주민의 상호작용을 분석함으로써, 이들의 상호작용을 가능하게 하는 공유된 사회적 마음에 조금 더 접근하고자 한다. 특히 주목하는 북한 사회의 특수한 상황은 크게 두 가지이다. 첫째, 북한 조직생활의 중요한 의례인 '생활총화'에서의 주민 상호작용의 의미에 주목한다. 북한 주민이라면 태어나면서 모두 조직생활을 하게 되는데, 탁아소부터 조직생활을 시작한다고 할 정도로 나이, 직장, 가정까지 모두 사회주의 대가정의 작은 '세포'로 조직되어 관리된다.[15] 각 조직에서는 일주일에 한 번 생활총화를 한다. 인민반과 같은 주거지에 기반을 둔 조직의 경우 한 달에 두 번 양육, 노력동원, 청소동원, 공원질서유지, 목욕, 이발 등과 같은 세세한 일상의 문제를 다루는 생활총화를 한다(배영애, 2011: 155). 그 만큼 생활총화는 '조직'으로 구성되고 규율되는 북한 사회의 일면이 가장 잘 드러나는 '상황'이다. 이 상황에서 북한주민은 동일하게 상황을 정의하고, 행동한다. 상호작용은 일정한 규칙과 질서를 지니지만, 그렇다고 고정불변한 것은 아니다. 사회적 급변을 경

15　북한에서 아이가 태어나면 분주소(파출소)에서 양식을 받아 인민반장(남한식 통·반장)에게 확인도장을 받고 다시 분주소에 제출하면 출생신고가 된다. 탁아소는 만 2세까지 아이를 돌보는 '어린이반'과 3세 아동을 위한 '유치원 진학준비반', 만 4세가 되는 어린이들은 '유치원 낮은 반'에 소속되게 된다. '유치원 높은 반'은 5세부터, 소학교는 6세에 진학하게 된다. 소학교 2학년부터는 소년단 조직에 가입하게 되고, 13세까지 소년단으로 활동한다. 만 14세부터 30세까지는 '김일성사회주의청년동맹'으로 조직생활을 하게 되고, 이후에는 각 직장에 소속되어 조선직업총동맹(직맹)에 속하거나, 협동농장원의 경우에는 조선농업근로자동맹(농근맹), 직장에 속하지 않은 기혼여성의 경우에는 조선민주여성동맹(여맹)으로 조직 활동을 하게 된다(정영철, 2002: 231-279). 1973년까지 실시된 5호담당제의 경우 북한의 전 세대를 5호로 나누고, 그 속에 충성분자 1세대를 두어 나머지 세대를 감시하게 하였다. 이후 5호담당제는 인민반(도시)과 분조담당제(농촌)로 명칭이 바뀌고, 단위도 인민반의 경우 20~30세대 정도로 구성되어 조직생활을 하게 된다(배영애, 2011: 154-5).

험한 고난의 행군을 기점으로 생활총화라는 장에서의 상호작용의 규칙 또한 재구성되는 양상을 띤다.

　두 번째로 주목하는 상황은 기존의 사회주의적 규율 주체와 시장 중심세력이 '검열'이라는 상황에서 어떤 상호 작용을 구성하는지이다. 현재 북한 사회는 사회주의와 시장주의가 복잡하게 얽혀 있다는 것은 재론의 여지가 없어 보인다. 그렇다면 이러한 사회의 변화가 북한 주민의 일상의 변화를 이끌어낼 수밖에 없을 것이고, 결국 북한 주민의 마음의 변화까지도 추동할 것이다. 변화하는 이들의 마음은 결국 이들이 만들어가는 상호작용의 규칙과 질서의 변화를 통해서 짐작이 가능하다. 이 글에서 특히 주목하는 '상황'은 시장 주도 세력으로 등장한 북한 여성이 국가의 검열주체인 남성과 어떤 상호작용을 하는지 관심을 기울인다. 최근에 북한 사회에서 등장하는 계급적(혹은 계층적) 차이가 '상황'에서도 다르게 작동하는지도 살펴보게 될 것이다.

　이 글은 생활총화와 검열이라는 상황의 역동성을 북한주민의 상호작용이라는 맥락에서 분석하기 위해 질적연구방법을 활용하였다. 총 15명의 북한이탈주민을 대상으로 심층면접(In-depth Interview)과 초점집단인터뷰(Focus Group Interview) 등을 실시하였다. 인터뷰 내용은 필자가 상당 기간 축적한 북한이탈주민 인터뷰 데이터 및 현장조사 자료와 교차 검증하였다. 이를 통해 이들의 증언이 북한주민이 정의하는 생활총화와 검열이라는 상황을 적절하게 설명하고 있는지 확인하였다. 북한이탈주민을 대상으로 북한주민의 경험을 확인하는 것은 근본적으로 방법론적인 한계를 지닌다. 그 이유는 이들이 이미 북한을 떠나와 남한 사회에 정착하는 과정에 있는 집단으로, 북한적 습성이나 행동체계를 유지하고 있다고 보기 어렵기 때문이다. 게다가 모든 증언은 현재의 시점에서 재구성되는 과거라는 점도 유념해야 한다(이희영, 2005). 하지만 남한

표 1. 연구 참여자의 기본정보

	이름	연령	젠더	탈북년도	입국년도	인터뷰 일시
1	A	58	남성	2003	2007	2015.4 (pair-IDI)
2	B	56	여성	2014	2014	2015.5 (FGD)
3	C	40	여성	2014	2014	2015.6
4	D	41	여성	2014	2014	2015.5 (FGD)
5	E	44	여성	2014	2014	5015.5 (FGD)
6	F	51	여성	2014	2014	2015.4
7	G	38	여성	2014	2014	2015.5
8	H	39	여성	2014	2014	2015.5
9	I	41	여성	2013	2014	2015.5
10	J	48	남성	2012	2014	2015.4 (pair-IDI)
11	K	29	여성	2012	2014	2015.2
12	L	30	여성	2014	2014	2015.2
13	M	49	남성	2011	2013	2015.5
14	N	47	여성	2011	2013	2015.5
15	O	45	여성	2010	2011	2015.5

에서 북한사회를 연구하는 것의 한계를 감안할 때 북한사회에 대한 생생한 정보를 얻을 수 있는 거의 유일한 채널은 북한이탈주민과의 심층인터뷰임을 부인하기 어렵다. 이 때문에 본 연구에서는 교차검증을 엄밀하게 진행함으로써 가능한 비판적이고 객관적으로 인터뷰 데이터를 분석하고자 하였다.[16]

16 분단체제가 확고히 자리 잡혀 있는 남한사회에 적응해야만 하는 북한이탈주민은 그만큼 자신들의 증언을 과장하거나 왜곡할 가능성이 있다. 게다가 상당수의 북한이탈주민은 북한

III. 북한적 '상황'과 북한주민의 상호작용

1. 생활총화라는 '상황'

생활총화는 조직생활에서 가장 중요한 '상황'이다. 김일성은 "조직생활은 사상단련의 용광로이며 혁명적 교양의 학교"라고 규정하고, "조직생활을 떠나서는 정치적 생명도 그리고 혁명성도 유지될 수 없다"고 강조하였다(정영철, 2002: 136에서 재인용). 그만큼 북한사회의 작동 방식의 주요한 축이 조직생활이고, 그중에서도 생활총화는 북한주민이라면 누구나 아주 어렸을 적부터 수행하는 일상적 실천이다. 각 개인은 생활총화를 통해 자신의 생활을 반성함으로써 집단주의적이고 사회주의적인 생활양식을 구성해나간다.

　　생활총화는 2일, 7일, 또는 10일에 한 번씩 일상생활을 반성하는 행사이다.[17] 일반 주민의 경우 매주 토요일에 생활총화를 실시하는 것으로

　　을 떠난 이후에 제3국에서 체류하기 때문에 이들에게 북한사회의 경험을 묻는 것은 그만큼 현재에서 소환된 기억에 의존될 확률이 높다. 이러한 문제점을 최소화하기 위해서 본 글은 가능한 최근에 탈북하고 제3국의 체류기간이 1년 이내인 북한이탈주민, 그리고 한국사회에 정착한지 1년 이내인 이들을 50% 이상 선별하였고, 그 다음으로 가능한 최근에 탈북한 순서대로 연구대상자를 선정하였다. 덧붙여 연구자는 2011년부터 북한이탈주민 인터뷰를 계속적으로 진행하였고, 이들의 정착과정에 대한 참여관찰 또한 진행하였다(김성경, 2012, 2015a, 2015b). 이러한 연구 경험을 바탕으로 북한이탈주민이 증언하는 실천과 행동, 마음의 면들을 교차 검증하려고 노력하였다(최봉대, 2003: 306-334). 그럼에도 불구하고 본 글이 활용하는 북한이탈주민 증언의 '객관성'은 담보되었다고 장담하기는 어렵다. 하지만 본 글이 주목하는 연구 영역은 이들의 증언의 '사실' 여부보다는 증언과 표현을 통해서 이들의 마음이 어떠한 역동성을 지니는지, 그리고 상호작용이라는 실천에서 어떠한 의미를 구성해내는지를 해석적으로 접근하려는 시도에 근간을 두고 있다. 이러한 방법론적 접근 방식의 적용과 한계에 대한 논의는 최종렬 외(2015)를 참고하라.

17　당의 유일사상체계 확립의 10대원칙 제8조 제5항 "2일 및 주 당생활총화에 적극적으로 참가하여 수령님의 교시와 당정책을 척도로 자기의 사업과 생활을 높은 정치사상적 수준에서 검토총화하며 비판의 방법으로 사상투쟁을 벌리고 사상투쟁을 통하여 자신을 혁명적으

알려져 있지만, 최근 탈북자의 증언에 따르면 김일성사회주의청년동맹
(청년동맹)의 경우 화요일에, 조선직업총동맹(직맹)의 경우에는 목요일에
생활총화를 하는 것으로 알려져 있다. 주별로 진행되는 생활총화와는 별
도로 월별, 분기별, 연말에 각각 더 큰 규모의 생활총화를 진행한다. 주별
생활총화에서 제기되었던 문제 중에 사안이 엄중한 것들은 월, 분기, 년
별 생활총화에서 다시금 제기되거나 문제시되어 문서로 남기 때문에 참
여자들은 주별 생활총화를 중요시 여긴다. 생활총화는 주로 10~15명 정
도의 인원이 참가하며, 조선로동당에서는 당세포, 동맹조직에서는 초급
단체 혹은 분조로 나뉘어져서 이루어진다(이우영·황규진, 2008: 126).

생활총화는 작은 북한사회다. 생활총화의 세부적 의례 양식은 북한
당국에 의해서 세심하게 정리되어 정례화되었다. 생활총화의 시작 시점
은 정확하게 밝혀지지 않았지만, 대략적으로는 1962년 3월 31일 로동신
문 기사에서 처음으로 발견된다.[18] 이때는 당에 충실하지 않는 이들을 선
별하여 개별적으로 교양하는 의례의 성격이 짙었다. 하지만 김정일이 본
격적으로 정치에 등장한 1970년대 이후에 김일성유일지도체제를 강화
하고, 수정주의를 배격한다는 명분으로 정례화되었고, 전국의 모든 조직
과 구성원을 대상으로 확산되었다. 그만큼 북한사회의 구성원이라면 누
구든 참가해야만 하는 의식이 되었고, 이를 통해 북한주민은 공유되는
사회규범과 질서를 구성하게 된다.

로 단련하고 끊임없이 개조해나가야 한다"고 밝히고 있다. 조선로동당 규약 제1장 제4조
(당원의 임무) 2항 "당원은 당회의와 당학습을 비롯한 당의 조직 및 사상생활에 충분히 참
가하고 당조직의 결정과 자기에게 부여된 임무를 정확히 수행하며 자신의 당생활을 정기
적으로 총화하며 비판과 사상투쟁을 통하여 자기를 혁명가로 단련시켜야 한다"고 명시되
어 있다(이우영·황규진, 2008: 123).
18   "당 생활 지도와 총화 고성군 창포리 제3당 분세포에서,"「로동신문」, 1962년 3월 31일자
2면, 이우영·황규진, 2008: 131에서 재인용).

생활총화에 참여하는 성원들은 의례질서를 따른다. 과거의 생활총화는 성스러운 세계라는 상징을 내포한 종교적 의례의 성격이 강했다면 최근의 생활총화는 새롭게 등장한 '성스러운' 개인이 만들어가는 상호작용의 의례로 변화하고 있다. 최근 북한주민이 생활총화라는 의례질서를 따르는 이유는 지도자를 숭배해서도 아니고, 사회주의 이데올로기에 대한 투철한 사명감이나 믿음 때문도 아니다. 오히려 동일한 상황정의를 바탕으로 사회적 규범과 질서에 따라 '체면(face)'을 지키기 위해서이다.[19] 여기서의 체면은 "한 사람이 다른 사람들과 접촉하는 동안 그들이 짐작하는 노선대로 자기를 표현하여 얻게 되는 긍정적인 사회적 가치"이다(고프만, 2014: 18). 그만큼 상황정의가 중요하다. 북한주민은 생활총화라는 상황이 무엇인지, 다른 참여자들은 어떻게 상황을 이해하고 있는지를 고려한다. 즉, 북한주민은 공유하는 마음에 따라 생활총화라는 상황을 정의하고, 이에 따라 세심하게 행동 규칙 등을 (재)구성해나간다.

이우영과 황규진은 생활총화의 변천과정을 면밀하게 살펴보면서, 생활총화가 집단성과 반복성을 지닌 의례로 "성스러운 가치의 재생산과 사회통합"에 기여한다고 주장한바 있다(이우영·황규진, 2008: 23). 그러면서 생활총화라는 의례적 행위를 통해 통합된 북한주민의 의식이 구성되고 있고, 이는 북한 체제의 규율의 메커니즘이 된다고 설명한다. 하지만 생활총화의 형식적 의례성 분석에 초점을 맞춘 나머지, 생활총화라는 '상황'에 대한 분석은 결여되어 있고, 이 때문에 생활총화의 역동적 장에서 참여자는 수동적인 존재가 되어 버린다. 더욱이 형식적 측면에서는

---

19   고프만의 *Interaction Ritual: Essays on Face-to-Face Behavior*는 『상호작용 의례: 대면 행동에 관한 에세이』라는 제목으로 번역되어 출간되었다. 이 책에는 'face'를 체면으로 번역하고 있다. 최종렬(2011)의 경우에는 이를 공안(公顔)으로 번역하였는데, "사회적으로 승인된 공적인 얼굴"으로 정의하였다. 두 번역어 모두 다 일면 의미가 있지만, 이 글이 번역본을 주로 활용하고 있기 때문에 '체면'이라는 용어를 사용하기로 한다.

규율과 이데올로기의 작동으로 설명되는 생활총화가 실제로는 사람들 사이의 관계의 규칙, 즉 상호작용의 규칙으로 이루어지는 일상적이고 미시적인 '관계의 장'으로 작동될 가능성도 농후하다.

일반적으로 알려진 것과는 다르게 생활총화의 궁극적인 목적은 '비판'이나 '처벌'에 있지 않다. 게다가 특정한 이데올로기나 국가가 장려하는 생활 규칙 확산의 기능만을 갖는 것도 아니다. 오히려 북한주민이 정의하는 생활총화라는 상황은 적절한 수준의 문제점을 고백하고, 해결점을 제시함으로써 면죄부를 얻는 의례이다. 이 때문에 생활총화가 일종의 종교적 의례성을 띤다는 주장이 있다(김병로, 2000; 이수원, 2011). 생활총화에서 참여자들은 자신들의 잘못을 고백하고, 성스러운 것의 대리자인 위원장(당세포비서 혹은 초급단체 비서)에게 용서 혹은 판결을 받게 된다. 일찍이 뒤르켐은 종교는 사회적 산물로서, 종교적 표상들과 관련된 집합적 실체의 통합된 체계라고 정의내린 바 있다(뒤르켐, 1990: 32-33). 그러면서 종교의 표상과 체계는 속된 세계와 성스러운 세계를 구분하는데, 속된 세계가 일상적이고 안정된 것에 바탕을 둔다면 성스러운 세계는 그 일상적인 것이 작동되지 않는 특정한 의례를 통해 구축된다. 성스러운 세계에 참여하기 위해서는 반드시 성스러운 존재로 전환되어야 하는데, 이를 위해 자의적으로 특정 상징을 성스러움을 표상하는 존재로 변화시키는 집합적 의례를 행하게 된다. 집합적 의례는 참가자들을 집합흥분을 경험하게 하고, 이는 이들이 공유하는 집합의식의 바탕이 되는 것이다. 뒤르켐은 성스러운 상징이 되는 추링가는 대부분 임의적으로 만들어지는 것이라고 주장하면서, 성스러운 것은 구성되는 것임을 밝혔다. 다시 말해 종교적 의례는 성스러운 것을 숭배하는 의식이 아니라, 특정한 상징이 성스러운 것으로 만들어지는 과정일 뿐이다(뒤르켐, 1990).

그렇다면 '생활총화'는 뒤르켐이 주목했던 집합적 의례일까. 참가자들은 생활총화를 통해 성스러운 세계로 한걸음 다가가게 되는 것일까.
생활총화가 실제로 이루어지는 공간은 조선직업총동맹(직맹)의 경우에
는 주로 김일성동지혁명사상연구실이다.[20] 참여자들은 이곳을 주로 '연
구실'로 줄여서 칭하는데, 이 공간에 들어가면 반드시 "딱 제대로 하고
자세를 거둔다"고 설명한다. 특정 방식으로 신체를 조직해야 하는 것이
다(Mauss, 1950: 365; 이상길, 2004: 47에서 재인용). '신체기술'은 사회
의 특이성을 드러내는 것이고, 신체에 사회가 '의례'로써 투과되고 있음
을 나타낸다. 특정 방식으로 신체를 조직하는 일은 아직은 (사회적) 행동
으로 실천되지는 않지만 특정 생활양식이나 구조가 어떻게 각 개인에게
영향을 미치는 지를 확인하게 하는 지점이기도 하다. 김일성의 업적을
교육하는 공간이자 김일성의 자취를 "잘 꾸려놓은" 이 공간은 신성한 의
미를 지닌다. 매주 시간이 되면 조직원들은 "엄청 존엄성 있는" "연구실"
에 가서 자리를 잡는다. 누가 먼저라고 할 것 없이 단상을 중심으로 일사
분란하게 차례대로 자리에 앉는다. 탈북자는 이 상황을 "이 때는 이빨 빠
지게 앉으면 안 되거든요"라는 말로 설명하는데, 빈자리를 둔 채로 자유
롭게 앉는 것은 "아름답지 못한 것" 혹은 "충분히 공경스러운 태도가 아
닌 것"으로 이들이 인식하고 있음을 나타낸다.

　연구실이라는 공간이 주는 제약이 상당한데, 김일성, 김정일 사진이
나 사회주의 구호가 전면에 배치되어 있는 이곳에서 북한주민은 자동적
으로 "존엄 있게" 행동하려 한다. 마치 교회당에서 십자가가 전면에 배
치되어 있고, 단상을 신자들이 앉는 곳보다 높은 곳으로 배치하여, 신성

20　여맹이나 인민반과 같은 다른 조직의 경우에는 지역 내의 학습을 담당하는 공간에서 생활
　　총화가 이루어진다. 김일성동지혁명사상연구실은 김일성주의연구실로 바뀌었다는 주장이
　　있다. 하지만 2014년에 탈북한 탈북자의 증언에는 여전히 김일성동지혁명사상연구실로 언
　　급되고 있어, 이 글에서는 이 용어를 그대로 사용하도록 하겠다(이수원, 2011, p. 318).

한 공간으로 구성하는 것과 비슷한 맥락이다. 신자들은 교회당에서 떠들거나 뛰어다니지 않는다. 왜냐면 그 공간에서의 특정 행동 규칙이 암묵적으로 의례화되어 있고, 그 행동 규칙에 의문을 제기하는 것 자체가 가능하지 않기 때문이다. 이와 비슷한 방식으로 북한주민은 생활총화를 할 때 그 공간에서 자신들의 몸가짐을 챙기고 특정 방식으로 행동한다. 지도자와 관련된 장소와 상징은 그것 자체로 '신성함'을 가진다. 그 '신성함'과 접촉하는 상황에서 개인들도 각자 나름의 방식으로 '신성함'을 실천한다. 예컨대 생활총화 때 깨끗하게 몸을 정돈하고 참석하는 것이나, 각 직장에서 "모시고 있는" 지도자의 초상화를 단정하게 관리하는 것 모두 그런 의례가 된다. 누군가가 신성함을 모독하게 되면 그것은 "도덕적이지 못한" 행동이 되고, 사회적으로 비판 받아 마땅할 뿐만 아니라 개인은 수치심을 느껴야만 한다.

시작은 주로 생활총화를 총괄하는 초급단체 위원장 혹은 (당원인 경우) 세포비서가 "자리 정돈 합시다"라고 하면, 참여자들은 다시금 자세를 가다듬는 것이 일종의 무언의 사인으로 작동한다. "이거는 존엄성과 관련이 있어서. 누구도 시비 못해요. 누구도 뭐라고 못해요. 어릴 때부터 체계화된 교육이기 때문에. 아 시작하네. 우리 도덕적으로 우리 존엄성 표하면서 앉아야 한단 말이에요" 자세를 가다듬으면 위원장은 "지금부터 위대한 지도자 김일성 동지께서 마련하신 주동맹 생활총화를 시작하겠습니다. 준비된 동무들은 토론에 참가해주십시오"라고 공표한다.

참가자들은 자아비판을 간단한 문서로 작성해서 생활총화에 참가한다. 탈북자의 증언에 따르면 주로 〈당의 유일사상체계확립을 위한 10대 원칙〉[21]이나 〈김일성, 김정일의 로작〉의 일부분을 인용하는 것으로 시작

---

21 1974년 4월에 발표된 〈당의 유일사상체계 확립을 위한 10대 원칙〉은 총 10조 64항으로 구성되어 있다. 기본내용을 요약하면 다음과 같다. 1) 김일성의 혁명사상으로 온 사회를 일색

하는 것이 일반화된 유형이다. 주로 신성화된 국가의 지침을 인용하면서, 한 주간 그 지침에서 언급된 항목 중에서 충분히 수행하지 못한 부분을 자아 비판하는 식이다. 비판은 주로 큰 문제가 되지 않는 것이 주된 항목이 된다. 탈북자에 따르면 "당의 유일사상체계확립을 위한 10대 원칙 중에서 제7조에서는 위대하신 지도자 김일성을 따라 공산주의적 풍모를 지키라고 하였는데, 저는 그만 지각을 하고 말았습니다"라는 식으로 설명하고, 잘못된 점의 원인을 분석한 후에 앞으로의 대책과 다짐을 하는 것으로 자아비판을 마친다. 당에서 자아비판을 강조하고 있기 때문에 때로는 치명적인 잘못을 생활총화를 통해서 고백하는 경우가 더러 있지만, 대부분의 경우에는 사상적 문제 등 자신의 신분을 위협할 정도의 치명적인 사안은 자아비판에서 등장하지 않는다. 게다가 위원장은 생활총화를 기록하여 문서로 작성하고 있다는 것을 참여자들은 잘 알고 있기 때문에 자신의 신변에 문제가 될 만한 사안은 될 수 있으면 숨긴다. 오히려 이들이 중점을 두는 서술 방식은 잘못된 점의 원인과 대책인데, 가벼운 잘못을 적당하게 원인을 분석한 후 앞으로는 잘하겠다는 다짐을 하는

화하기 위하여 몸 바쳐 투쟁하여야 한다. 2) 김일성을 충성으로 높이 우러러 모셔야 한다. 3) 김일성의 권위를 절대화하여야 한다. 4) 김일성의 교시를 신조화하여야 한다. 5) 김일성의 교시집행에서 무조건성의 원칙을 철저히 지켜야 한다. 6) 김일성을 중심으로 하는 전당의 사상의지적 통일과 혁명적 단결을 강화하여야 한다. 7) 김일성을 따라 배워 공산주의 풍모와 혁명적 사업방법, 인민적 사업작풍을 소유하여야 한다. 8) 김일성이 안겨준 정치적 생명을 귀중히 간직하며 김일성에게 충성으로 보답하여야 한다. 9) 김일성의 유일적 영도 밑에 전당, 전국이 한결같이 움직이는 강한 조직규율을 세워야 한다. 10) 김일성 동지가 개척한 혁명위업을 대를 이어 끝까지 계승하며 완성해 나가야 한다(현성일, 1999: 132-148, 통일정책연구소, 2003: 44-46에서 재인용; 이종석, 2003). 김정은이 집권한 이후에 〈당의 유일사상체계 확립을 위한 10대 원칙〉에 변화가 있다는 보도가 있다. 예컨대 1조의 경우 김정일을 포함하는 것으로 개정되었거나, 프롤레타리아 독재정권과 사회주의에 대한 강조를 주체혁명위업으로 바꾸었다는 것이다. 하지만 아직까지는 이에 대한 충분한 검증이 이루어지지 않은 것으로 판단되어, 이 글에서는 1974년에 명문화된 〈당의 유일사상체계확립을 위한 10대 원칙〉을 소개하였다.

것이 의례가 된다.[22]

상호작용의 좀 더 명확하게 나타나는 지점은 바로 상호비판(북한 용어로는 호상비판)을 하는 상황이다. 호상비판은 주로 자아비판을 마치고 난 이후에 위원장의 주문에 따라 선별된 몇몇이 수행한다. 참가자들은 지난 한 주 동안 자신들이 목격한 다른 참가자들의 과오를 지적한다. "호상비판을 시작하겠습니다. 저는 송금복 동무의 잘못을 지적하고자 합니다"라는 식으로 시작하고, 그 내용은 지각이나 불성실성과 같은 일상적이면서도 가벼운 잘못부터 여자(혹은 남자) 문제(북한 말로 부화) 등 사회주의 도덕에서 중대한 잘못으로 다루는 것까지 다양하다. 비판이 끝나면 위원장은 그것이 사실인지를 지목받은 참여자에게 확인하는데, 여기서의 행동 규칙은 절대로 변명을 하거나 대응하지 않는다는 것이다. 비판을 할 때는 잠자코 앉아서 듣는 태도가 중요한데, 비판을 비판으로 받아들이지 못하는 것이 바로 '체면을 잃는 것(be out of face)'이기 때문이다. 호상비판에서 가장 중요한 것은 흔들리지 않는 모습을 연출하는 것이다. 만약 개인적인 감정으로 서운하거나, 화가 나서 반박을 하는 것은 생활총화의 상황 규칙을 어기는 것이다. 다른 말로 하면 이들은 '비판'을 받았을 때 체면을 잃었다고 생각하기보다는, '비판'을 받았을 때 자신이 감정적 동요 혹은 상대방에 대한 서운한 마음을 갖게 될 때 그때 '체면'을 잃었다고 생각한다. 탈북자와의 수차례 인터뷰에서 공통적으로 확인된 사실은 이들은 생활총화에서 동료에게 '비판'을 받게 되면, 창피함을

---

22 북한이탈주민과 인터뷰를 하다보면 주로 두 가지 경향이 있는데, 한 가지는 자신을 철저하게 숨기고 아주 일부분의 모습만 보여주는 경우이고 또 다른 경향은 자기 자신의 내밀한 사적 영역을 거리낌 없이 얘기하는 경향이다. 흥미롭게도 이 두 경향은 동일한 개인에게서 혼재돼서 나타나기도 한다. 자기 자신을 드러내면서 비판해야 하는 상황과 동시에 적절하게 자신을 숨겨야만 하는 생활 총화의 문화가 이들의 마음과 행동 양식에 깊숙이 배태되어 있음을 유추해볼 수 있을 것이다.

느끼는데 그 이유는 "왜 내가 제대로 하지 못했나"하는 후회 때문이다.

만약 지적이 있으면 그걸 서로 받아들이고 서로… 결함도 있으면 모르니까 너 고쳐 이렇게 해주는 게 이게 비판이거든. 그래서 이게 서로 화합이 돼가지고. 혁명적 원칙에 근거한 화합을 이루자 뭐 이런 의의에서 그게 생활총화라는 게 나온 거거든요.

북한 사회에서는 지속적으로 서로 비판하고, 그것을 통해서 화합을 이루는 것이 사회주의 혁명에서 중요한 역할을 한다고 교육해왔다. 당은 조그마한 잘못이라도 있으면 끊임없이 비판하고 지적해야 하고, 그것이야말로 "진짜 수양이 있는 사람이고 영원히 당을 따를 수 있는 혁명 전사의 기지를 가진 사람"이라고 평가해왔다. 즉, '비판'하는 사람이 바로 사회적으로 인정받는 인민의 전형이 된 것이다. 이러한 사회적 규범 체계는 북한주민의 마음에 중요하게 자리 잡았고, 북한주민은 이러한 마음에 비춰 생활총화라는 상황을 정의하고, 상호비판의 의례를 수행한다. 누군가가 이 의례의 행동 규범을 어기고 변명을 하거나 비판에 대해서 너무 민감하게 반응한다면, 오히려 이런 행동을 하는 사람들이 당의 뜻을 어기는 사람으로 평가받기도 한다.

(비판에) 너무 민감하게 반응을 하다간 진짜 그것이 결함이 되어가지고 당 조직이 접착이 되면. 어느 사회나 아무리 일 잘해도 그 결함만 보이는 거에요. 사람이.

상호비판과 자아비판의 상호작용을 전체적으로 조율하는 역할을 수행하는 위원장은 생활총화의 상황에서 참여자들을 조율하고, 도덕적 가

치로 잘잘못을 가리는 전권을 수여받은 자이다. 즉, 면죄부를 주는 사람
은 지도자로부터 권한을 위임받은 위원장이 된다. 그(녀)는 때로는 질책
을 하고, 때로는 독려를 하면서 전체 집단의 토론을 생동감 있는 것으로
만들어낸다. 그 과정에서 비판을 받는 자는 진심으로 자신의 잘못을 깨
닫기도 하고, 비판을 하는 자는 자신의 행동이 사회적 가치가 있다는 확
신을 받기도 한다. 어쩌면 생활총화의 자아비판과 호상비판은 특정인이
비판당할 만한 일을 했다는 것을 밝히고 처벌하는 의례이기보다는, 앞으
로 더 잘하겠다는 다짐을 하고, 잘못에도 불구하고 서로 함께 도와가겠
다는 다짐을 하는 것을 통해 집단적인 감정을 공유하는 장이다. 사실 매
주 집단적으로 만나서 시공간을 공유하고, 서로의 잘잘못을 논하면서 미
래를 기약한다는 그 자체가 서로의 감정이 증폭되는 주요 지점이 될 수
있다.[23]

　하지만 이러한 의례의 작동에 변화가 감지되고 있다. 생활총화라는
상황을 정의하는 북한주민의 마음에 균열이 생겼고, 이에 따라 상호작용
의 행동 규칙도 재구성되었다. 고난의 행군 이후에 많은 수의 북한 주민
이 장마당에서 적극적으로 활동하게 되면서, 조직생활은 뇌물을 주면 피
해갈 수 있는 것이 되었다. 생활총화도 그 중의 하나인데, 장사를 크게
하는 사람일수록 위원장에게 뇌물을 주고 생활총화에 빠지는 일이 잦아
졌다. 당에서 현물을 포함한 과제를 각 단위에게 징수하기 시작한 이래
로 위원장의 입장에서도 생활총화의 내용에 충실한 것보다는 조직원들
에게 돈이나 현물을 상납 받아 당에 제출하거나 자신의 생활을 하는 것

23　이는 마치 최근에 유행하는 심리치료의 유형과 비슷하기도 한다. 비슷한 문제가 있는 참가
　　자(약물중독, 이혼, 우울증, 게임중독 등)가 자신의 잘못을 이야기하며, 모임에 참가한 사
　　람들의 공감을 얻는 방식의 심리치료가 상당히 확산되고 있다. 매주 만나 서로 이야기를 나
　　누면서, 사람들은 무엇보다도 강력한 심리적 유대감을 경험하게 된다.

이 더 중요하게 된 것도 요인 중에 하나이다. 이 과정에서 생활총화의 의례는 약화되었고, 특히 상호비판의 상호작용에서 그 변화가 두드러진다. 과거에는 비판자와 비판대상자 사이의 사전 조율이 없었다면, 이제는 이들 사이에 일종의 교환관계가 성립된 것으로 보인다. 어차피 해야 하는 상호비판이라면 서로 협력하여 생활총화의 시간도 단축하고 서로의 과오 또한 덮어주는 방식으로 변화한 것이다. 과거 생활총화가 '비판'보다는 '교화'와 '해결'에 중점을 둔 종교성이 짙은 의례였다면, 이제 생활총화는 또 다른 의미를 담지 못한 허울뿐인 형식만으로 존재한다. 다시 말해 생활총화에 참가자들이 함께 공유하던 안정된 의미체계는 희미해져가고, 참가자들이 함께 공유할 수 있는 집합흥분이나 집합의식이 급속도로 약화되어 간다.

> 이번에 네가 해라. 그럼 다음에 내가 널 하겠다. 뭐 이런 식으로 서로 짜고. 나 엊그제 조직생활 안 나왔다 그것 해라. 이런 식으로 뭘 비판할지도 다 서로 알려주고.

생활총화에서 '성스러운 것'으로 만들어졌던 것이 이제 더 이상 큰 의미를 지니지 못하게 되었다. 과거 성스러운 것이 무엇인지를 명확하게 해주는 지침인 〈당의 유일사상체계확립을 위한 10대원칙〉이나 〈김일성, 김정일의 로작〉 등은 참가자들이 가치의 기준점이 되지 못하는 것으로 보인다. 오히려 '속된 것'으로 취급되었던 일상적이고, 세속적인 가치가 생활총화를 새롭게 재구성하고 있는 것이다. 하지만 흥미로운 것은 이 과정에서 국가가 구축해둔 의례의 행동 규칙은 그대로 둔 채 참여자의 상호작용의 수준에서 또 다른 행동 규칙을 만들어내고 있다는 사실이다. 즉 참가자는 상황과 의례 자체를 바꾸어내지는 못하지만, 기존의 틀을 존중하면서도 그 안에서의 실천의 양식을 능동적으로 재구성하고 있다. 예컨대 국가의 권력에 적극적으로 대항하지는 않으면서, 그 상황에서 문제를 만들지 않는 방식의 행동 규칙을 구성하는데, 그것이 바로 '짜고 하기', '건성으로 하기' 등이다. 이 상황에서는 더 이상 성과 속의 구분이 명확하지 않게 된다. 종교적 특성이 약화된 상황에서 이제 비로소 '개인'이 상호작용의 전면에 등장하게 된다. '개인'이 그 자체로 '성스러운 존재'로 재탄생되면서, '개인'이 중요시된 사회적 마음이 구성되었고, 이를 바탕으로 한 상황정의에 따라 서로의 '체면'을 지켜주는 방식으로 상호작용을 하게 된 것이다. 이제 '체면'을 잃는 것은 마음의 변화를 포착하지 못하고 과거와 같은 방식으로 이 상황을 규정하고, 그에 따라 행동하는 것이다.

이 과정에서 사람들은 과거와는 다른 상황에서 수치심이나 당혹감을 느끼게 된다. 만약 누군가가 과거와 같은 방식으로 생활총화 공간에서 공개적으로 '비판'을 하고 그에 따른 대책을 요구한다면, 그 순간 북한 주민은 당혹감 혹은 수치심을 느끼게 된다. 과거 '비판' 그 자체에는 특별히 동요하지 않았던 북한주민의 마음에 균열이 포착되는 지점이다.[24] 이는 참여자가 생활총화를 '의례적인' 의례로 정의하는 상황의 규칙을 구성하고 있음을 의미한다. 하지만 생활총화의 상황정의가 변했다

---

24   이는 북한의 조선중앙방송의 TV 연속극인 「따뜻한 우리집」(2005)에서도 나타난다. 당에 충성하는 고지식한 남자 주인공인 영준과 여자 주인공 송윤희는 같은 병원에 근무하는 의사와 간호사인데, 생활총화시간에 영준이 윤희를 상호비판하자 윤희는 당혹스러워한다. 그 자리에서는 이의를 제기하지 않지만, 나중에 윤희는 영준을 따로 불러 따진다. "도대체 나만 꼬집어 비판하는 이유가 도대체 뭐에요. 내가 그렇게 맹물처럼 보여요? … 좋아요. 계속 충고를 해 주세요. 무한히 발전할 테니. 그런데 앞으로는 그런 충고를 좀 개별적으로 해주세요"라고 말한다. 북한 당국에서 TV를 선전선동으로 활용한다는 것을 감안했을 때, 이는 이미 생활총화의 의례 양식이 상당부분 변하고 있다는 것을 북한 정부가 인정하고 있음을 나타낼 뿐만 아니라, 공개적으로 비판 받(하)는 생활총화의 의례에서 북한 주민의 마음과 이에 따른 사회적 규범과 질서에 변화가 있음을 보여준다.

고, 이들이 경험하는 집합의식 혹은 집단흥분이 완전히 사라졌다고 단정하기는 어렵다. 오히려 새롭게 등장한 '성스러운 개인' 간의 상호작용의 규칙이 과거의 의례의 역할을 대신하고 있는 모양새이다. 개인들은 매 상황을 공유된 사회적 마음과 규범을 바탕으로 정의내리고, 이에 따라 서로의 '체면'을 유지하는 방식으로, 그 나름의 작동방식을 구축하고 있다. 이에 따라 생활총화에 참여하는 각 참가자들의 역할도 변하고 있고, 이들의 행동 수행 방식 또한 복잡해진다. 예컨대 위원장은 생활총화 참여자들 사이의 변화를 감지하면서, 자신의 역할을 재조정한다. 그(녀)는 생활총화를 총괄하는 역할을 계속 연출(presentation ritual)함으로써 생활총화의 의례를 계속적으로 유지한다. 물론 강도와 밀도의 측면에서 위원장은 유연함을 발휘하기도 하는데, 뇌물을 받고 결석자를 눈감아 주는 것과 허울만 남은 상호비판의 의례를 마치 '진짜'인 것처럼 넘기는 것 등이 그것이다. 위원장은 만약 자신이 과거와 같은 잣대로 생활총화를 진행할 경우 더 큰 문제가 생기고, 모든 참여자들이 얼굴을 붉히거나 반발할 것을 잘 알고 있다. 이런 측면에서 그(녀)는 적절하게 다른 참여자들의 행동을 회피(avoidance ritual)함으로써 그들을 존중하고 있다(고프만, 2013: 27-30).

상호작용의 규칙은 역사성을 띤다. 시간에 따른 이러한 변화는 개인들 사이의 긴밀한 커뮤니케이션을 통한 상황 인식의 조정을 바탕으로 한다. 그 만큼 '섬세한 균형'이 요구된다(고프만, 2013: 51). 상황 인식과 상호작용의 과정에서 '일탈'하는 자들은 사회적인 개인이 아닌 비정상적인 존재가 된다. 여기서 잊지 말아야 할 것은 비정상적인 사람의 존재가 결코 상호작용의 규칙이 약화되거나 사회적 마음이 와해되고 있음을 의미하는 것은 아니라는 사실이다. 일탈적인 행위자가 있음에도 불구하고, 대부분의 사람들이 사회적 규칙과 질서를 성실하게 수행함으로써 서로를 존중하는 개인으로 사회적 삶을 실천하게 된다. 고프만이 지적한 것처럼 체면을 지키려는 개인들의 상호 존중 약속이 바로 사회의 유대감을 구성하게 하는 것이다(고프만, 2013: 51-56). 이런 측면에서 북한은 기존의 종교적 의례에 바탕을 둔 집단적 흥분상태에서 개인의 상호 존중의 규칙이 작동하는 또 다른 사회로 변화하고 있다고 해석할 수 있다. 북한 주민의 마음 또한 변화한 사회적 환경에 따라 새로운 상황정의를 추동하고, 이에 따라 변화하는 상호작용과 의례 규칙의 배경이 된다. 이렇게 새롭게 구성된 상호작용은 다시금 북한주민의 마음을 재구성하는 역할을 수행하게 된다.

2. 검열이라는 '상황'

상호작용의 주요 메커니즘은 그 상황에 놓인 개인들이 동일한 상황정의를 바탕으로 나름의 규칙과 질서에 따라 행동한다는 것이다. 고프만은 뒤르켐의 원시종교의 성과 속의 개념을 존대와 처신을 통해서 발전시키면서, 종교가 누렸던 성스러움은 세속세계에서 개인으로 이전되었다고 주장한다. 다시 말해 현대사회에서 '수많은 신들은 소임을 다하고 사라졌지만 개인 자신의 신성은 엄청나게 중요해졌고 견고하게 남'게 되었다(고프만, 2013: 103). 개인은 자신의 위엄을 지키려고 노력하고, 그만큼 상대방의 신성함도 존대해야 한다. 상호작용에서 중요한 것은 성스러운 자아를 지켜내는 것이고, 다른 한편으로는 상대방의 신성함을 존대하는 것이다(최종렬, 2011a; 2011b; 최종렬 외, 2015). 흥미로운 것은 검열을 하는 경찰과 비사회주의적 행위 주체인 북한 여성의 관계에서도 이러한 상호작용의 규칙이 지켜지고 있다는 지점이다. 개인을 단순히 자신의 이익을 극대화하는 전략적이고 이기적인 행위자로 정의할 경우에는 서로 대척점에 있는 두 개인은 자신의 이익을 관철시키려는 시도를 할 것이다. 하지만 표면적으로는 '이기적'으로 보일 수 있는 이들의 행위와 상호작용에서도 여전히 이들이 상대방의 위치와 상황, 그리고 상대방 그 자체의 신성함을 인정하면서 서로의 기대를 감안하여 처신하고, 존대하고 있음을 확인할 수 있다.

미시적 수준에서의 시장 주체인 북한 여성과 검열하는 경찰 사이의 상호작용을 살펴보기 위해서는 이들의 신체기술의 역동을 살펴보는 것이 가장 중요하다. 신체기술은 고정된 것이 아니라 사회문화적으로 습득되고 계승되는 것이다(이상길, 2004). 이는 일종의 아비투스로 신체에 내재화되는 것으로, 공유되는 일상생활의 앎과 문화 없이는 이러한 신체기술을 수행하기 어렵다. 신체기술을 주목하는 또 하나의 이유는 대면상호작용의 경우에 신체기술의 의미의 파급력이 더 크다는 사실 때문이다. 언어를 매개로 한 상호작용의 경우에는 언어적 표현, 악센트, 발음, 속도 등이 일종의 '신체기술'로 제한적으로 작동할 수 있지만, 서로의 몸이 같은 공간에서 서로를 감각할 때의 상호작용의 작동은 좀 더 직접적으로 유대감을 구축한다(Garfinkel, 1984; Schultz, 1967). 이는 콜린스의 논의에서도 잘 드러나는데, 그에 따르면 의례는 '상황적 공현존(situational copresence)'의 조건에서 발생하는 것이고, 특히 신체적 공현존은 '초점이 맞추어진 상호작용(focused interaction)'의 조건이 되는 것이다(콜린스, 2007: 56-7). 그만큼 상호작용은 그것에 연루되어 있는 개인이 몸을 통한 공간적 접촉에서 발생하는 것이고, 이 때문에 신체기술을 살펴보는 것은 몸을 통해 구현되는 상호작용의 규칙을 짐작하게 한다. 덧붙여 몸의 접촉은 필연적으로 공간적 공현존을 의미한다는 측면에서, 검열의 상황이 발생하는 공간적 특성 또한 고려의 대상이 되어야 한다. 이 상황에서 조우하는 행위자가 어떠한 젠더적, 계급적, 그리고 도덕적 관계성을 구성하는지도 상황의 상호작용의 면면을 확인하는 데 중요한 자원이 될 것이다.

북한의 검열체계는 촘촘하다. 인민보안부, 국가안전보위부, 비사회주의그루빠 등의 조직이 북한주민을 감시하고 규율한다. 인민보안부는 남한의 경찰에 해당하는 것인데, 국방위원회 산하 조직으로 각 지역 보안국, 인민보안서, 보안소까지 중앙집권적 체제를 갖추고 있다. 게다가 보안부 조직은 직장, 학교, 인민반 등에 포진되어 있고, 한 명의 요원은 15~20여 명의 정보원을 관리하여 주민을 감시한다. 국가안전보위부의 경우 1973년에 인민보안부의 전신인 정무원 산하 사회안전부에서 정치보위 부문만 독립시켜 국가정치보위부라는 이름으로 만들어졌다. 1982년 최고인민회의 제7기 1차 회의에서 정무원에서 분리되어 '국가보위부'로 독립하였다가 1993년 국가안전보위부로 개칭되었다. 임무는 김일성과 김정일 부자 비방사건 수사 및 정치범 수용소 관리, 반국가 행위자 및 대간첩수사, 해외정보 수집 또는 공작, 호위총국의 협조 아래 고위간부 호위 등 방첩, 국경 경비, 대내외 정보수집, 반당 및 반국가사업 등의 관리, 사찰업무와 당 조직지도부에서 하달되는 특별사업 수행 등 포괄적인 업무를 담당하고 있다. 경제난 이후에는 북한의 세습체제를 보호하기 위해서 일반주민 통제와 감시를 담당하고 있고, 가장 높은 수준에서의 사찰을 담당하고 있다(최응렬·이규하, 2012: 196). 비사회주의그루빠(비사그루빠)는 2007년 이후부터 상시적이면서도 강도를 높여서 진행되고 있다. 기관별로 그루빠를 조직해서 검열을 하거나, 각 시도별로 순환 진행하기도 하고, 특정 사안에 대한 합동검열, 교차검열 등도 진행되고 있다(최대석·박희진, 2011: 89-90). 산발적으로 비사그루빠가 검열하던 2000년대 초반까지만 해도 사회주의에 반하는 자본주의적 행위, 상행위, 외국비디오 시청 등 광범위한 범위에서 작동되었지만, 최근 5년간 비사그루빠는 주로 국경지대 범죄행위와 반체제행위를 단속하였다. 즉, 밀수, 손전화꾼(남한이나 중국과 통화를 주선하는 브로커), 남한 대중문화 유통, 마약밀매 등이 주요 단속대상이다.

시장에 기대어 살고 있는 대부분의 북한주민은 이렇듯 적어도 세 개 기관으로부터의 주기적인 검열과 단속의 대상이 된다. 북한주민은 각 기관을 구분하기는 하지만 이들을 일반적으로 별다른 구분 없이 '법관'이라고 부른다. '법관'은 공권력의 상징으로 자신들의 장사활동을 규율하는 이들을 통칭한다. 특히 고난의 행군 이후에 여성이 시장의 중심세력으로 등장하면서 검열하는 남성과 장사를 하는 여성이 '검열' 혹은 '단속'이라는 '상황'에서 만나게 된다. 뿐만 아니라 장사를 하는 여성이 어느 정도 규모의 장사를 했고, 얼마만큼의 자본을 축적했느냐에 따라 상호작용의 메커니즘 또한 변주되는 양상이 있다.

검열의 상황이 주로 발생하는 곳은 사적 공간이다. 북한의 검열 기관은 수시로 개인의 집을 검열한다. 특히 특정인이 잘 산다는 소문이 나거나 인민반장이 주목하게 되면, 반드시 검열이 나오게 된다. 비사그루빠나 인민보안부가 직접 올 때도 있지만 인민반장이나 정보원을 내세워서 각 개인들이 어떤 일을 하는지 계속적으로 정보를 수집한다. 사적 공간이 내포하고 있는 함의는 이 공간은 다른 누군가와 공유하는 곳이 아닌 자신만의 비밀스런 장소라는 것이다. 하지만 북한에서는 검열의 상황이 빈번하게 발생하게 되면서, 사적 공간과 공적 공간의 경계가 상당히 무력화되는 양상이 있다. 법관이 아니더라도 인민반장이나 법관의 정보원들은 수시로 '친교 혹은 유대'라는 명목으로 사적 공간을 침해한다. 각 개인은 언제라도 들이닥칠 수 있는 검열에 대비해서 만반의 준비를 한다. 예컨대 검열의 대상이 되는 물건을 깊숙한 곳에 숨겨 놓는 것이나 항상 뇌물로 줄 돈을 준비해 놓는 것 등이 바로 그것이다. 사적 공간을 침입하여, 온통 헤집고 다니는 검열주체들은 그 누구보다도 당당하게 행동하는데, 그 이유는 이들이 도덕적인 가치를 선점하고 있기 때문이다. 국가의 힘을 이양받은 이들은 '국가의 이름으로' 어느 곳이든 갈 수 있고, 누구든 단속하고 규율할 수가 있다. 이들은 체제가 구축해 놓은 규범의 수호자이며, 체제가 신봉하는 도덕적 가치를 내재화한 자이다. 검열의 상황에서 대상자는 잠재적으로 비사회주의적 행동을 할 수 있는 위험인자가 되고, 이런 권력과 가치의 서열 속에서 법관과 검열대상자는 특정한 신체기술을 수행하게 된다.

특정 상황을 좀 더 자세히 살펴보자. 북한에서는 한국 영화나 드라마를 보는 것은 중대한 범죄로 취급받는다. 국경지역이나 청진, 함흥, 평양과 같은 큰 도시에서 암암리에 한국 대중문화를 시청하고 있고, 이 때문에 상시적으로 검열을 받는 상황에 맞닥뜨리게 된다. C씨의 경우는 청진에 살았는데, 비사그루빠의 가택 수색을 받게 되었다. C씨의 경우 이미 인민반장이 여러 차례 방문해서 집안을 둘러보았기 때문에, 법관이 곧 들이닥칠 것이라는 것을 예상했다. 그럼에도 불구하고, 법관 수 명이 들이닥치자, "손이 덜덜 떨리고, 입이 얼어서 아무 말도 하지 못"하는 경험을 하게 된다. 하지만 이내 마음을 다잡고, 어떻게든 이 고비를 넘겨야겠다는 생각을 한다.

부엌부터 그릇부터 다 보는데 그 다음에 창 다 열어보고 책은 자기네가 다치면 안돼요. 우리 보고 이 책을 이렇게 펼쳐봐라 이거예요. 그런데 이쪽에 창고에 이렇게 투명으로 된 서랍들이 있었어요. 서랍 거기는 옷들하고 OOO 시집갈 때 새 이불 좀 딱딱 이렇게 있는데 이거를 꺼내서 하나씩 내리라는 거야. 한두 개 내렸는데 됐다고 안 보겠다고 그 다음에 내가 막 내려서 '아니 다 보시오. 다시 보시오. 여기 창고에 또 뭐 있습니다. 다

보시오' 이러면서. 다 보시라고 하니까 이 사람들이 더는 못 보는 거야.

탈북자 C씨의 경우에는 자신의 결백을 증명하기 위해서 일부러 큰 소리로 더 확인하라고 소리친 경우이다. 사실 한국 드라마 CD를 피아노 안쪽에 붙여놓았던 C씨는 검열에 걸리면 처벌을 받을 수 있다는 것을 잘 알고 있었다. 하지만 고분고분하게 행동하거나 알아서 실토를 하면 더 큰 문제가 될 수 있다는 것을 알고, 끝까지 결백을 주장한다. 이런 식의 행동양식은 대부분의 북한 사람에게 확인되는데, 확실한 '물증'이 걸리지 않는다면 무조건 아니라고 소리치면서 결백을 주장해야만 한다. 그것이 행동 규칙이다. 북한은 무조건 문건으로 작동하는 사회이고, 이들은 문건이나 증거 없이는 아무리 법관이라고 하더라도 자신들을 처벌할 수 없다는 것을 잘 알고 있다. 이 때문에 자신의 결백을 끝까지 주장하는 행동연출은 상당히 중요하다. 물증이 나오면 그때는 또 다른 전략을 펼쳐야 하겠지만, 물증이 나오지 않은 상황이라면 무조건 결백을 당당한 자세로 소리 높여 외치는 것이 중요하다. 이는 법관의 체면을 위해서도 꼭 필요한 행동 규칙이다. 그 이유는 법관 또한 자신의 체면을 유지하면서도, 제대로 검열의 성과를 만들어내지 못할 경우 생길 수 있는 문제를 최소화해야하기 때문이다. 법관은 대략적으로 두 가지의 행동 규칙을 따르는데, 우선 증거가 없고 행동이 당당한 것을 보니, 결백하다고 상부에 보고함으로써 자신이 충분히 역할을 했음을 증명하는 것이고, 다른 하나는 오히려 더 옥박지르면서 증거나 자백을 받아내는 것이다. 각 상황에 따라 검열관은 탄력적으로 판단하는데, 이 상황에서 적절하게 타협이 일어나기도 한다. 그 시작은 주로 검열대상자인데, "힘든데 담배라도 한 막대기 사서 쓰시라"는 말로 화해를 유도하는 것이 그런 시작이다.

비슷한 맥락에서 밀수꾼과 법관의 상호작용도 흥미롭다. 특히 이

들의 신체기술은 상대방을 존중하면서, 서로의 체면을 지키려는 시도이
다. 밀수꾼들은 주로 중국에서 물건을 들여와 자신의 집에 며칠 동안 보
관하였다가 파는 방식으로 사업을 진행한다. 중국과의 밀수는 중대한 범
죄행위이기는 하지만 혜산 등에서는 마을 전체가 밀수를 한다고 할 정도
로 널리 퍼져있는 상황이다. 밀수꾼들은 법관들이 검열을 나온 것이 비
사회주의 행동을 찾아내서 처벌을 하고 이를 통해서 사회주의적 질서를
유지하기 위해서가 아니라, 뇌물을 받기 위해서임을 정확하게 알고 있
다. 밀수와 같은 불법적인 행동이 처벌의 대상이라는 것은 이미 알고 있
지만, 고난의 행군 이후에는 법은 법이고, 살기 위해서는 어쩔 수 없다는
의식이 북한 사회에 통용되기에 이른다. 이 때문에 법관까지도 너무 가
혹한 처벌이나 검열에 심정적으로 동조하지 못하는 경우도 많다. 게다가
법관들도 국가에서 더 이상 배급이나 살아갈 방도를 주지 못하는 상황에
서 밀수꾼에게서 받는 뇌물로 근근이 살아가는 경우가 대부분이다. 밀수
꾼과 법관은 일종의 '공모'의 관계를 구축하고 있는 것이다. '카바를 서
준다[25]'는 표현이 말해주는 것처럼 둘 사이에는 교환 관계가 성립되어 있
다. 하지만 이들의 신체기술을 찬찬히 들여다보면 단순히 이익을 나누는
'경제적 교환' 관계만으로는 충분하지 않은 다양한 의례를 하고 있다.

　밀수꾼들은 자신과 연계되어 있는 법관(보위부나 보안부)이 있는데,
가끔씩 다른 기관에서 검열이 나오는 경우가 있다. 검열은 주로 늦은 밤
에 나오는 경우가 많고, "물건이 들어온 것을 어떻게 귀신같이 알고" 집
으로 들이닥친다. 역시나 사적 공간이 검열의 대상이 되는 것이다. 법관
은 주로 오토바이를 타고 다니는데, 헬멧도 벗지 않은 채 밀수꾼 집의 대
문을 두드린다. "탕탕탕 이렇게 세게 두드린단 말이에요. 헬멧을 벗지도

25　뒤를 봐준다는 뜻으로 북한주민이 자주 쓰는 구어이다.

않아요. 그냥 들이닥쳐서 창고 문 여시오. 이렇게 소리쳐요." 법관이 처음에 헬멧도 벗지 않고 냉정하게 소리치는 것은 그의 단호함을 보여주기 위한 신체기술이다. 어떤 사례에서는 한밤중에 신발을 신은 채 집안으로 들이닥치는 경우도 있는데, 이 또한 역시 검열의 단호함을 과시하기 위한 방법이다. 뿐만 아니라 '사회주의 사상'에 따르는 자에 위치한 법관은 자신들이 어떤 행동을 하든 '사회주의 사상'을 지키기 위함이라는 가치의 권력을 지닌다. 반면에 밀수꾼은 '사회주의 사상'이 설파하는 가치에 반하는 행동을 하는 자들로, 그 어떤 처벌도 받아들여야만 하는 대상으로 전락하게 된다. 이러한 권력적 관계는 고스란히 이들의 상호작용에 묻어나게 된다.

밀수한 물건이 발각되었을 때 밀수꾼이 선택할 수 있는 길은 그리 많지 않다. 저항을 하거나, 정식으로 문제 제기를 하는 것은 이들의 상호작용에서 가능하지 않다. 대부분은 감정적 호소와 함께 법관과의 홍정을 통해 이 상황을 타계하고자 한다. 일단 밀수꾼은 모든 수단과 방법을 가리지 않고 법관에게 자신의 삶이 얼마나 힘들고, 이 물건이 생계에 얼마나 중요한지를 보여준다.

울고불고. 다 하는 거예요. 일단 '아이고, 잘못 했습니다' 하고 싹싹 빌어요. 땅바닥에 막 무릎 꿇고. 바짓가랭이를 붙잡고 막 그래요. 그럼 처음에는 암말도 안 한단 말이에요. 창고 여시오 이러면. 그럼 일단 창고 문을 연다고요. 물건을 대강 한번 이렇게 보고. 법관들이 '이렇게 많이 해쳐 먹으려고 했소' 이러면서. 그럼 제가 막 울고. 어쩔 때는 방에 (중풍을 맞아서 마비된 채) 누워있는 친정어머니 막 데리고 나오면서 내가 이 사람들을 다 먹여 살려야 한다 막 이러는 거지요. 그러면 그쪽에서 가만히 있어요. 그럼 그때 돈을 막 주머니에 쑤셔 넣는 거예요.

밀수꾼은 처음부터 뇌물을 줄 경우에는 법관의 체면을 모욕하는 것이 될 수 있다는 것을 감지하고 있다. 울면서 용서 구하기, 옷을 잡아당기면서 몸으로 절박함을 표현하기, 자신의 상황을 장황하게 설명하기 등의 의례를 통해 법관의 신성함을 존중하고, 이를 통해 자신들의 체면 또한 존중받기를 기대한다. 이 과정은 법관의 사회적 위치와 역할을 존중하면서도, 자신의 상황이 절박하다는 것을 표현하는 상호작용의 의례이다.

밀수꾼이 더 '잘' 울고, 더 '많이' 절박함을 신체기술에 녹여내면 낼수록 타협의 과정은 좀 더 자연스럽게 진행된다. 이때 밀수꾼은 자신의 여성성을 충분히 드러낼 필요가 있다. 연약함과 절박함과 더불어 여성 가장이라는 사실은 법관이 타협에 나서게 하는 좋은 구실이 된다. 밀수꾼은 어느 정도 합의의 여지가 만들어졌다는 판단이 서면 "지도원 동지, 이제 숙제 풉시다"라는 말로써, 자신이 해야만 하는 일을 하겠다는 의지를 표명한다. 즉, 내가 해야만 하는 과제가 있다면 기꺼이 하겠다는 메시지를 법관에게 전하고, 법관은 이제 자신이 요구하는 비용을 말하거나 서로간의 암묵적 합의에 따라 비용을 정하기도 한다. 여기서의 '숙제'라는 표현이 흥미로운데, 밀수꾼이 당과 법관에게 응당 해야 하는 것으로 뇌물을 칭하고 있기 때문이다. 이 과정을 통해 국가가 요구하는 것(법관의 몫까지 포함해서)을 어느 정도는 받아들이면서, 그 대가로 자신들의 밀수 물품을 안전하게 지켜낸다.

북한 사회의 계층 분화에 따라 상호 작용의 의례와 신체기술의 작동 또한 다변화되는 경향이 존재한다. 예컨대 큰 규모의 장사를 하는 여성의 경우 법관이 사적 공간에 들이닥치는 것을 사전에 막기 위해 인민반장이나 주변의 법관들과 좋은 관계를 유지하는 것에 신경을 쓴다. 만약 검열의 상황에 맞닥뜨리게 되더라도, 결백을 증명하거나 울면서 매달리는 감정적 호소와 같은 신체기술보다는 차분하게 타협하고 조율하는 상호작용을 구성한다. 교환과 호혜성이라는 상호작용의 규범이 좀 더 세련된 방식으로 수행되는 것이다. 청진에서 큰 규모의 장사를 했던 탈북자 G씨의 경우에는 인민반장부터 보위부 요원까지 주기적으로 '관리'를 하였다. 인민반장에게는 장사하다가 남은 물품을 항상 주었는데, 선물의 형태로 준다. 모스가 설명했던 것처럼 G씨는 선물의 대가로 또 다른 '선물'을 인민반장에게서 받을 것을 기대한다(모스. 2003; 카르센티. 2009). 그리고 인민반장 또한 그 대가로 '카바'를 서주는 역할을 한다. G씨의 동정을 확인하는 보위부원이나 보안소 요원에게 잘못된 정보를 주는 방식으로 '보답'한다.

보위부원이나 보안소 요원은 G씨가 따로 관리하기도 하는데, 방법은 '돈을 빌려주는 것'이다. 흥미롭게도 보위부원이나 보안소 요원의 부인과 관계를 맺어 그들에게 장사 밑천을 빌려준다는 핑계로 돈을 빌려준다. 돈을 빌려주고 받는다는 것은 이들에게 자신들의 교환관계를 특정 방식으로 설정하는 하나의 형식이 된다. 법관이라는 이들의 지위의 위신을 세워주기 위해서, 뇌물을 주는 것이 아니라 '돈을 빌려주는 것'으로 일종의 타협된 관계성을 만든다. 장사 규모가 큰 사람들은 타협의 과정에서 '울거나', '빌거나', '싸우거나' 하는 식의 신체기술의 활용 빈도와 밀도가 줄어든다. 그 대신 시장의 주체인 여성 사업가는 돈과 상품이라는 선물을 주고, 북한 정권의 규율 세력인 법관은 안전을 사업가에게 제공한다. 경제적 주체인 북한 여성과 법관은 호혜적 상호관계를 통해 자신들이 원하는 것을 타협적으로 획득해나간다. 즉, 표면적으로는 대립적으로 보이는 이들의 관계는 사실은 상호의존적이다.

검열이라는 상황에서 북한주민과 법관(검열관)은 그 나름의 행동규칙과 신체기술을 수행한다. 이들은 서로의 체면을 지켜줌으로써, 자신의 신성함을 존중받기를 기대한다. 이들의 상호작용에서 시장의 주체세력과 북한 체제의 대리자인 법관은 대립적 관계보다는 서로간의 이해와 성스러움을 존중하는 호혜적 관계를 구축하고 있다. 그만큼 북한주민은 자신들을 검열하는 법관에 단순히 대항하는 것이 아니라, 검열이라는 상황을 적절하게 공모한다. 법관 또한 일방적으로 '단속'하는 것이 아니라, 상대방을 고려하여 탄력적으로 상황을 구성해나간다. 이처럼 북한주민과 법관이 참여하는 검열이라는 상황은 이들이 함께 공모하여 만들어가는 상호관계로 정의될 수 있다. 그 만큼 이들은 지금 북한사회의 구조 내에서 서로의 신성함을 존중하며, 공생하고 있다.

그렇다면 이러한 상호작용을 추동하고, 다시금 상호작용을 통해 재구성되는 북한주민의 마음은 어떠한 궤적을 보일까. 중요한 것은 생활총화와 검열이라는 상황과 상호작용을 가능하게 하는 북한주민의 마음은 생각보다 훨씬 더 유연하다는 사실이다. 북한주민의 마음은 김일성주의 혹은 사회주의적 과거에만 얽매여 있는 것이 아닌, 변화하는 정치경제적 상황에 따라 재구성됨과 동시에 상호작용의 역동성에 영향을 받기도 한다. 어쩌면 북한사회가 치명적인 구조적 문제를 안고도 이렇게 계속 유지되는 이유 중에 하나는 북한주민이 공유하는 마음이 분절화 되거나 파편화된 것이 아니라, 그 나름의 역동성과 통일성을 띄고 작동하기 때문일 것이다.

IV. 결론을 대신하여: 공모의 마음

생활총화와 검열이라는 상황에서의 북한주민의 상호작용은 특정한 의식체계와 행동규칙이 유지되기도 하면서 동시에 변주되고 있음을 확인시켜준다. 이들의 상호작용을 가능하게 하는 것은 북한주민이 공유하고 있는 사회적 마음이다. 각 상황을 동일하게 정의하여, 합의된 행동규칙을 수행하는 데는 여러 가지 작용 요인이 있다. 이성적인 계산과 판단, 그리고 행동을 수행할 때 경험하게 되는 감정적 연대감, 동질감, 편안함뿐만 아니라, 적극적 행동을 통해 특정한 목적을 얻어내려는 의도성과 의지까지 포괄한다. 따라서 이성을 포함한 다양한 감정, 정서, 의지, 정동 등이 복잡하게 얽혀 이들의 상호작용의 자원이 된다. 더 나아가 상호작용에 참여한 북한주민은 그 의례적 행동과 의식을 통해서 다시금 공유하는 집합의식과 감성을 (재)구성하기도 한다. 예컨대 지도자를 보고 우는 것,[26] 김일성과 김정일의 장례에서 애통해하는 것,[27] 지도자에 대해서 열렬한 반응을 보이는 것, 생활총화에서 특정 방식으로 '신성함'을 실천하는 것 등의 의례적 상호작용의 경험은 이들에게 일종의 집단적 의식을 공유하게 하고, 이는 북한주민의 사회적 마음의 중요한 요소가 된다.

하지만 이러한 사회적 마음 또한 시공간적 변화에 영향을 받는다. 고난의 행군, 시장화, 지도자의 죽음, 국가의 행정 체계의 약화 등 사회 전반의 변화로 인해, 과거에 수행되었던 의례와 상호작용의 규칙은 변형되거나 그 내용이 바뀌고 있다. 이 과정은 국가의 일방적인 압력이었다거나 북한주민이 아래로부터 변화를 만들어냈다고 단순화하기보다는 사회·경제적 변화를 북한주민의 마음이 유연하게 받아들였고, 이는 의례와 상호작용의 변화를 낳고, 그리고 다시금 북한주민의 마음 또한 변화한 상호작용의 영향을 받았다고 하는 것이 옳겠다. 물론 그 과정이 그리

---

26 최근 김정은 위원장은 북한여자축구대표팀을 공항에서 직접 영접하였다. 사진 자료를 보면 김정은 위원장은 흐뭇하게 웃고 있고, 여자축구선수들은 크게 울면서 감격하고 있는 모습을 확인할 수 있다.

27 이는 일찍이 뒤르켐이 했던 것처럼 장례식에 가서 슬퍼하며 우는 이유는 죽은 자를 잃어서가 아니라 장례식이라는 의무를 부과하는 의례를 따르는 것이다. 함께 울고, 애통해 하면서 집단에 속한 개인은 '슬픔'과 '애도'라는 집합적 정서를 공유하게 된다.

순탄치는 않았다. 상호작용의 규범과 질서가 재편 되는 과정에서 일탈적 행동과 그에 따른 처벌, 낙인, 배제 등이 빈번하게 발생했다. 사회경제체제의 전환기와 국가적 위기 상황은 결국 의례와 마음의 균열을 가져온 것이다. 특히 생존의 문제가 위협 당했던 고난의 행군 시기를 기점으로 북한주민은 그 누구도 믿지 않는 불신의 마음이 존재했다. 사회적 규범과 질서는 깨졌고, 동일한 방식으로 '상황정의'를 하면서 상호작용을 하는 것이 불가능해졌다.

하지만 최근의 상황을 살펴보면 북한 사회, 적어도 북한주민의 마음에는 상당한 균형이 다시 찾아온 모양새이다. 국가 규율과 시장 세력의 사적 욕망 사이에서는 나름의 규칙과 질서가 만들어지고 있다. 이 규칙과 질서는 변화하는 사회적 상황의 맥락을 고려해서 서로의 '체면'을 충분히 지켜주면서도, 서로 공생하는 관계를 만들고 있다. 변화한 생활총화의 규칙과 질서를 보면 북한 주민은 이제 '많은 이들 앞에서' '비판' 받(하)는 것을 수치스럽게 느낀다. 과거와 같은 '비판'이 지향하는 해결점이나 면죄부의 의미가 더 이상 존재하지 않기 때문이다. 이 때문에 개인이 '비판'을 받는다면 이것은 '비난'으로 의미화 되고, 지향점 없는 '비난'은 개인 사이에 감정을 상하게 하거나, 대상자에게 수치심을 불러일으킨다. 이 때문에 참여자와 관리자(위원장)는 이들이 '진짜로' 비난 받지 않도록 생활총화의 규칙을 조정해나간다.

한편 국가 규율과 시장 세력의 사적 욕망 사이에도 변화가 감지되는데, 시장 세력은 과거 국가가 가지고 있는 절대적 권위와는 비견되기 어렵지만 국가의 권위를 어느 정도 인정하면서 자신들의 사적 욕망을 실현하고자 한다. 국가 또한 더 이상 규율될 수 없는 비사회주의적 행동을 나름대로 적절하게 '관리'하고자 한다. 즉, 국가와 시장은 대립적 관계가 아니라, 공모의 관계로 북한사회를 재구성하고 있고, 이러한 사회적 변화는 북한 주민의 마음과 상호작용의 상황에 내재하게 된 것이다.

모스와 고프만이 상호관계에서 가장 중요하게 본 것은 바로 호혜성이다. 개인'만'의 의식이나 행동은 결코 존재하지 않는다. 시장화에 기대어 살고 있는 북한주민은 국가와 정교하게 조직된 호혜적 관계를 구축하고 있다. 국가가 설정한 의례(생활총화, 검열)에서 국가의 '신성함'을 어느 정도 존대하고, 그 대가로 국가가 자신들이 욕망을 실천하는 것에 '카바'를 서주기를 기대한다. 물론 사회적 환경 변화에 따라 그 관계의 맥락이나 밀도에는 조금씩 변화가 만들어질 수 있지만, 중요한 것은 시장과 국가 모두 북한 주민의 마음속에서는 결코 대립적이지 않다는 사실이다. 시장화로 인해 일상의 큰 변화를 경험하고 있는 북한주민은 국가와 적절하게 공모하고 있다. 이 관계가 언제까지 계속될지는 쉽게 예단하기 어렵지만 분명한 것은 북한주민과 국가는 변화하는 상황에 따라 다시금 상호작용의 규칙과 규범을 조율해나갈 것이라는 사실이다. 국가와 주민이 서로의 '체면'을 지켜주는 것, 그것이 바로 지금 북한주민이 공유하고 있는 사회적 마음의 일면이다. 그리고 이러한 사회적 마음을 주목하는 것은 현재 북한이라는 시공간에서의 '사회적인 것'에 접근하기 위한 '방법'이다.

제11장

2014 인천아시안게임 남북 여자축구 관람기[1]

김성경(북한대학원대학교)

I. 자아문화기술지: 탈북자(친구)와 남북여자축구경기 관람하기

"이번에 북한 응원단 오는 겁니까?" 북한을 연구하는 학교에서 일하게
되었다는 말을 듣자마자 A는 북한에 대해서 이런저런 질문을 퍼부어댔
다. 김정은 체제의 문제를 시작으로 북한이 요즘은 좀 살만해졌는지, 곧
시작될 아시안게임에 북한 선수단과 응원단이 오는지 여부까지 A씨는
궁금한 것이 많다. 북한 출신인 A씨에게 북한에 대해서 조금이라도 더
생생한 이야기를 듣고 싶었던 나는 순간 당황스러운 마음을 숨길 수가
없다. "글쎄요. 제가 뭐 아나요." 대충 얼버무리기는 했지만 북한 출신이
남한 사람인 나에게 북에 관련된 소식을 묻는다는 것이 약간은 우습게
느껴지기도 했다. 하긴 생각해보면 얼마나 궁금할까 싶다. 가족과 고향
을 두고 떠나온 A씨 가족은 북한의 소식을 알고 싶어도 제대로 된 정보

---

1   이 글은 『문화와 사회』 18호에 실린 「2014 인천아시안게임 남북 여자축구 관람기: 탈북주
     민과 남한 출신 연구자의 교차하는 마음(들)」을 재구성한 것이다.

를 얻을 방법이 없었을 테니 말이다. "그럼 우리 이번에 열리는 아시아게임에서 북한 팀 경기 구경 갈까요?" 지금껏 어른들의 이야기에 심드렁했던 A씨의 아들 C는 "축구 보러 가요!" 라고 반갑게 참견을 한다. 과묵한 편인 A씨의 남편 B씨의 얼굴도 환하게 변한다. 한국에 온 지 어느덧 3년이 넘어가지만 북한 관련된 이야기에는 언제나 귀 기울여지는 것은 어쩔 수 없나보다. 옆에 조용히 앉아 있던 A씨의 여동생 D씨 또한 반가운 눈치다. 그녀는 10여 년 전에 중국 조선족과 결혼하여 중국 쪽으로 이주한 후 지금은 중국 국적인데, 한국에서 돈도 벌고 A씨도 만나려고 방문했다.

2014년 9월의 어느 날, 동료들은 이번 인천아시안게임은 별로 흥이 안 난다는 이야기가 한창이다. 북한에서 "미녀 응원단"이라도 왔으면 좀 더 흥행이 되었을 것이라는 동료의 말에 고개를 끄떡이면서도 아무렇지도 않게 '미녀'라는 수식어를 응원단에 붙이는 것이 좀 불편하게 느껴지기도 한다. 대화 끝에 A씨 가족[2]과 아시안게임 경기 관람하기로 했던 약속이 갑자기 기억이 났다. 혹시 A씨 가족이 내 연락을 기다리고 있는 것은 아닐까. 약속해놓고 시간이 없다는 핑계로 차일피일 연락을 미뤘던 것이 화근이다. 중학교 2학년인 C가 특히 축구를 좋아하니까 축구 경기면 좋을 것 같고, 기왕이면 내가 연구하는 '탈북자의 마음'을 확인할 수 있는 그런 경기라면 좋을 텐데. 북한 팀의 경기가 남아 있을지 갑자기 초조해졌다.

다행스럽게도 남북여자축구 준결승전이 이틀 후에 있다.[3] 월요일부

---

2   A씨 가족은 2011년 봄부터 연구자와 관계를 맺어오고 있는 북한이탈주민 가족이다. 북한에서 중국으로 넘어간 이후 약 3개월 가량 중국에서 머물다가 남한으로 이주해온 사례로 함경북도 출신이다. A씨는 올해 41세가 되었고, 남편인 B씨는 45세, 아들인 C는 15세이다. 2014년 여름부터 A씨 가족과 함께 살고 있는 D씨는 A씨의 여동생으로 올해 39세이다.

3   인천아시안게임 여자축구 준결승은 2014년 9월 28일 월요일 저녁 8시에 인천문학경기장

터 꽤나 먼 거리에 위치한 인천 문학경기장까지 갈 생각을 하니 좀 귀찮기도 하면서도, 이번이 어쩌면 인천아시안게임에서 남북축구경기를[4] 볼 수 있는 유일한 기회일 수도 있다고 생각하니 망설일 틈이 없었다. A씨에게 서둘러 전화를 하고 시간을 확인한다. 은근히 전화를 기다렸다면서 멋쩍어 하는 A씨는 아들인 C가 좋아할 것이라면서 들뜬 눈치이다. "혹시 회사에서 일찍 나오시는 것이 힘드신 것 아니에요?"라고 내가 묻자, "아 괜찮아요. 어떻게든 나올 거예요"라고 하는 것을 보니 북한 팀의 경기를 무척이나 보고 싶어 했던 것 같다.

주지하듯 축구 경기는 11명이 한 팀을 이뤄 대항하는 경기로 다른 스포츠보다도 '전투양식(stylized battle)'을 통해 관객들을 집합적으로 동원할 수 있는 경기이다(임현진·윤상철, 2002: 61-62). 국가 대항전의 경우 '국가'라는 이름으로 계층, 인종, 세대, 지역의 차이를 지워내고 '국민'이라는 이름으로 호명할 수 있다는 특징 때문에 축구는 국가적 정체성을 고양하는 주요 스포츠로서 활용되어 왔다. 게다가 월드컵이라는 글로벌 국가 대항전이 본격화되면서 각국은 '축구'라는 스포츠에 민족주의적 감정을 불어넣어, 자국민의 통합의 장(場)으로 만들어내기도 하고, 타국과의 경쟁(혹은 전투)의 의미로 상징화하기도 한다. 즉, 국민들은 축구를 통해 '상상적 공동체'를 형성하고, 선수들은 국가의 '대리전사'로서 국가의 명예를 걸고 '총성 없는 전쟁'에 참여하게 된다(임현진·윤상철, 2002: 62).

그렇다면 탈북한 북한 주민은 남과 북이라는 두 개의 국가 사이에서

에서 열렸다.

4   인천아시안게임에서 남자축구 역시 남북대결이었다. 2014년 10월 3일 금요일에 인천문학 경기장에서 남자축구 결승전이 열렸다. 이 결승전에서 남한 축구팀이 승리를 거둬 금메달을 목에 걸었다.

어떠한 마음을 갖게 될까. 이성만으로는 설명될 수 없고, 그렇다고 개인의 심리나 감정에 국한되지도 않고, 이념이나 경제적 이해관계까지도 포함하는 복합적인 총체로 인간의 '마음'을 정의한다면, 그 마음의 중요한 축은 '국가'를 중심으로 하는 정체성과 연관되어 있을 것이다. 그렇다면 국가와 연루되어 있는 마음의 작동을 어떻게 확인할 수 있을까? 국가 대항 축구 경기라는 원초적이고 감각적인 공간에서 그 마음의 풍경을 살펴볼 수 있지는 않을까? 대치하고 있는 두 국가를 대표하는 두 개의 팀. 정치·군사적으로 분단되어 있는 두 개의 국가 사이 어딘가에 표류하고 있는 탈북자의 위치가 남북축구라는 스포츠 관람 경험에서 어떤 방식으로 표출되는지를 해석하는 것이 이 글의 주요 목적이다.

또 한편으로는 축구 관람이라는 일시적인 상황에서 연구자의 '마음'이 어떻게 움직여가는 지를 살펴봄으로써 남한 주민, 탈북자의 가까운 친구, 그리고 에쓰노그라퍼(ethnographer)라는 서로 상충되는 정체성 사이를 서성이는 '나'를 성찰적으로 살펴보고자 한다. 연구자로서의 '나'를 기술하고 분석한다는 것은 경험주의가 오랫동안 주류의 자리를 확고하게 지켜온 사회과학의 영역에서 쉽게 받아들여지지 않는 시도임에 분명하다. 과학적이면서도 객관적인 방법을 통해 '과학적 사실과 실재'에 접근할 수 있다는 사회과학의 오랜 믿음은 연구자를 '가치중립적'인 지적 권위자로 상정하게 하였다. 하지만 '사람'의 경험과 정체성 연구 시 연구자의 주관적 해석의 중요성을 간과하기 어렵고, 연구자가 겪는 개인적인 체험의 분석을 통해 자아와 타자의 상호작용에 대한 보다 깊은 성찰이 가능하다는 측면에서 연구자 개인을 성찰적으로 들여다보는 연구가 최근에 활발히 진행 중이다(Ellis and Bochner, 2000; Holt, 2003; Wall, 2006). 물론 이는 때로는 주류 학계에서 충분히 논의되지 못하기도 하고, '과학적이고 객관적이지' 않다는 비판을 받기도 한다. 최근 이러한 시도를 한 최종렬은 자신의 에쓰노그라피를 주류 사회학 저널에 제출하고 심사를 받으면서 비판을 받았는데, 그는 논문 심사 과정을 회고하면서 "학문적 글쓰기는 객관적 실재를 충실하게 반영하도록 무(無)서사, 무(無)수사, 무(無)장르여야 한다는 태도가 그만큼 한국사회학 내에 견고히 뿌리를 내리고 있는 것"이라고 안타까워한다. 연구자 개인의 실존적 경험과 혼란을 사적인 방식으로 서사화하는 것의 가치에 대한 논의나 고려가 부족하다는 것이다. 그러면서 "개인적인 것과 문화적인 것"이 어떻게 얽혀 있는지 혹은 얼마나 혼용되어 있는지 성찰하려는 시도 또한 사회학의 하나의 방법론으로 활용되어야 한다고 주장한다(최종렬, 2013: 87-8). 이런 맥락에서 그는 자아문화기술지(autoethnography)로 구분되는 연구방법이 연구주제에 따라 좀 더 적극적으로 활용될 가치가 있다고 설명한다.

자아문화기술지는 고도로 감성적이고 사적인 글쓰기 방식을 활용하여 좀 더 효율적으로 연구자, 그리고 연구자와 긴밀하게 관련된 집단이나 타자들의 삶을 살펴보는 시도이고, 이를 통해 지속적인 자기 성찰의 과정을 독자에게 전달하는 것을 목표로 한다(김영천·이동성, 2011: 6; Geertz, 1983). 특히 본 논문은 성찰적 자아문화기술지적 접근(reflexive autoethnographic approach)을 활용하여[5] 연구자 자신이 탈북자와의 상호 교류를 통해서 어떤 변화를 경험하게 되는지를 살펴볼 것이다(Ellis, 2004: 46-8). 축구 경기 관람이라는 일시적이면서도 특수한 상황에서 상당 기간 교류를 해온 탈북 주민과 연구자가 어떤 상호 작용을 하고, 이

5   자아문화기술지는 여러 가지 형태로 활용되고 있다. 최근에서는 글쓰기 방식도 서사 구조를 갖고, 연구자와 연구 대상자의 주관적 관계성과 생활 세계를 살펴보려는 시도로 활용되고 있다. 글 전체를 서사화하는 시도가 최근에는 적극 활용되고 있지만(최종렬·최인영, 2012), 본 글에서는 사회학 이론과 방법론적 해석을 적절히 활용하여 남북여자축구 관람기를 다루도록 하겠다.

를 바탕으로 어떤 마음을 실천하고 표현하는지를 두텁게 해석하는 것이 주요 목적이다. 이를 통해 각 개인의 내밀하고 감정적인 경험과 정서적 실천은 깊은 층위에서 집단적인 심리체계에 연관되어 있고, 결국 개인의 '마음'은 사회와 문화라는 자원에 기대어 있음을 밝히고자 한다.

II. 국가대항 축구경기: 국가 정체성과 마음

북한은 아시아에서도 여자축구 강국으로 꼽힌다. 87년 여자축구 국가대표를 '체육지도위원회' 산하에 두고 여자축구팀 4개를 창설하였고 89년 제7차 아시아여자축구대회에 처음 출전한 이후 각종 국제대회에서 좋은 성적을 거두고 있다. 특히 김정은 체제가 출범한 이래로 사회주의 강성국가의 주요 구성요소의 하나로 체육 강국을 설정하고 체육 부흥을 위해 적극적인 노력을 경주해왔다(곽승지, 2014: 157).[6] 그 가시적인 성과로 북한은 이번 인천아시아게임에서 금 11, 은 11, 동 14개로 종합 7위에 올라섰다. 그 중에서도 북한의 여자축구팀은 지금까지 남한과의 전적에서 15전 13승 1무 1패로 절대적 우위에 있었고, 실제로 이번 경기에서도 극적인 역전골로 승리하게 된다.[7]

북한은 여자축구의 선전에 상당한 기대를 걸었던 것으로 보인다. 북한 정권의 입장에서는 축구라는 스포츠 매체의 속성과 다수의 관중의 관람이 가능하다는 점에서 인민을 동원할 수 있는 정치적 자원으로서의 가

[6]   인천아시아게임 폐막식에 참석한 북한의 실세 3인은 북한대표팀의 높은 성적을 김정은의 치적으로 선전하려는 시도로서도 해석될 수 있을 것이다. 특히 체육 강국의 중요성을 강조한 김정은 체제의 가시적 성과로 아시안게임에서의 북한대표팀의 선전을 십분 활용하려는 시도가 감지된다.
[7]   한국 여자 국가대표팀의 북한 여자 국가대표팀과의 전적은 아래와 같다.

치에 주목한다. 특히 폐쇄되어 있는 북한 사회의 속성상 "정치적 정당성을 위장하는 주요한 수단"으로 축구가 활용될 가능성은 얼마든지 있다(김문겸, 2002: 30). 아시안게임 직후, 북한의 매체들은 국제 경기에서 북한 축구팀의 성과를 부각시키면서 이 모든 것이 김정은 위원장의 '세심한 지도와 배려 아래 이루어졌다'는 논리를 확장시키고 있다(문경근, 2014; 이계성, 2014).

한편 남한의 상황도 크게 다르지 않은데 국가대항 축구 경기를 관람하는 것은 일종은 '국가적 행사'이면서 '민족주의적 경험'이 발현되는 지점이기 때문이다. 2002 월드컵의 국가적 차원의 응원 경험을 봤을 때 남한 내의 수많은 갈등의 틈새가 국가대항 축구경기의 스펙터클 속에서 잠

횟수	날짜	대회	상대팀	결과
1	2014.09.29	인천 아시안게임 준결승	북한	1:2 패
2	2013.07.21	EAFF 여자 동아시안컵 본선	북한	1:2 패
3	2012.02.15	중국 4개국 친선대회	북한	0:1 패
4	2011.09.05	런던 올림픽 최종예선	북한	2:3 패
5	2010.11.20	광저우 아시안게임 준결승	북한	1:3 패
6	2008.02.24	동아시아연맹 여자 축구선수권대회 본선	북한	0:4 패
7	2006.12.07	도하 아시안게임 본선	북한	1:4 패
8	2006.07.24	AFC 여자 아시안컵 본선	북한	0:1 패
9	2005.08.04	여자 동아시아연맹컵 본선	북한	1:0 승
10	2004.04.26	아테네 올림픽 예선 3/4위전	북한	1:5 패
11	2003.10.24	친선경기	북한	0:4 패
12	2003.06.16	AFC 여자 선수권대회 본선	북한	2:2 무
13	2002.10.09	부산 아시안게임 본선	북한	0:2 패
14	1993.12.08	AFC 여자 선수권대회 본선	북한	0:3 패
15	1990.09.27	북경 아시안게임 본선	북한	0:7 패

시나마 메워져온 것을 확인할 수 있다. 널리 알려진 것처럼 베네딕트 앤더슨이 활자매체의 확산으로 인해서 민족주의가 공고해졌음을 주장하면서 신문, 저널, 소식지 등의 활자매체를 통해 국가 내에서 어떤 일이 일어나고 있는지를 확인하게 되었고, 이를 통해 각 개인은 한 번도 본적이 없는 '공동체로서의 국가'를 상상하기 시작하였다고 주장했다(앤더슨, 2003). 20세기 이후에는 활자매체뿐만 아니라 영상매체, 스포츠, 예술 등의 영역을 통해서 국가라는 공동체를 상상하고 경험하게 하였고, 국가대항 축구 경기를 경기장에서 혹은 TV에서 관람을 하는 것은 국가를 대표하는 팀뿐만 아니라 함께 응원하는 대중을 확인하게 함으로써 '공동체로서의 국가'를 강력하게 경험하게 한다. 예컨대 과거 식민지의 기억을 일깨워오면서까지 예민하게 반응하는 축구 한일전만 봐도 국가가 어떻게 축구를 통해서 재현되고 상상되는지 짐작해볼 수 있을 것이다.

이런 측면에서 일상에 잠복해있던 국가의 구성원으로 공유하는 집합적인 심리 체계가 표층으로 부상하는 순간이 어쩌면 국가대항 축구경기일 수 있다. 계급, 계층, 성차, 종교 등의 차원에서는 분절화되어 있지만 '한국인'으로서 공유하고 있는 습속이 바로 '한국인의 마음'이 될 것이고, 이는 역사, 경험, 감각, 감정 등을 통해 (재)구축되어 있을 뿐 아니라 '한국인'의 정체성을 구축하는 중요한 시스템으로 작동한다. 특히 최근 한국 학계에서는 기존의 이성 중심의 패러다임에서 한걸음 더 나아가 감정, 정서, 정동, 감각 등 이성 이외의 영역을 포함하는 종합적인 총제로써의 '마음'에 대한 논의가 활발하게 진행되고 있다(김홍중, 2009, 2013, 2014, 유승무·박수호·신종화, 2013). 특히 김홍중은 마음의 사회학을 인간의 심리를 다루는 것에 국한된 것이 아니라 "사회적 실천이라는 특수한 맥락과 연계되어 있는 심적 차원, 혹은 심적 차원을 조형하는 사회적 실천들"을 살펴보는 것이라고 주장한다(김홍중, 2014: 185). 그는 "마음"

을 이성, 감정, 의지의 총체라고 규정하면서, 이러한 "마음(heart)"은 "마음가짐(heartset)"이라는 사람들 사이의 공유된 구조와 규범의 규정 내에서만이 존재한다고 설명한다[8](김홍중, 2009, 2014). 이 때문에 마음과 마음가짐은 구분되는 것이 아니라 항상 사회적 실천들과 그러한 사회적 실천들을 가능하게 한 구조와 규범과 연계되어 있는 결합체이다. 김홍중의 마음의 사회학이라는 개념은 기존의 사회학에서 충분히 다루어지지 않은 이성 밖의 영역을 주목하면서 이를 단순히 반(反)이성 혹은 비(非)이성이라는 이분법적 구조로 살펴보지 않고, 이성과 이성 이외의 영역의 결합체로서의 '마음'을 주목했다는 측면에서 의미가 있다. 실제로 인간의 사회적 실천을 만들어내는 것은 단순히 이성만의 힘으로 가능하지 않고, 그렇다고 감정, 정서, 의지만으로도 설명되지 않는다. 오히려 '마음'이라는 이성, 감정, 의지의 결합체가 인간의 사회적 실천을 가능하게 하는 것일 수 있다. 그러므로 한국인으로서 공유되는 집합적인 정체성을 '마음'이라는 개념으로 살펴보는 것은 기존의 이성의 영역에서 설명될 수 없었던 다양한 사회적 실천과 그 실천과 연계되어 있는 심적 자원을 문제시하는 것이다.

비슷한 맥락에서 레이몬드 윌리엄스는 무의식과 이데올로기 사이 어딘가에 위치하고 있는 '정서구조(structure of feelings)'의 중요성을 강조한 바 있는데, 그는 영국의 계급 문화를 분석하면서 이데올로기를 추적하는 것만으로 확인할 수는 없지만 그렇다고 무의식이라고 치부하면서 심리학의 영역에 국한시켜서는 안 되는, 사회적이면서 집단적인 '정서'가 존재한다고 주장하였다. 이러한 정서구조는 암묵적이지만 생

---

8   김홍중은 마음을 영어 표현으로 heart를 사용하는데, 그 이유는 heart의 경우 다양한 감성, 감정, 이성들의 총체를 의미하지만, mind의 경우 데카르트적 이분법에서 벗어나지 못한 채 이성 중심의 '마음'을 일컫기 때문이다.

산적이고, 개별적으로 발현되지만 집합적 기원을 두고 있는 심적 체제를 일컫는다(Williams, 1977). 즉 한국인으로서 공유되고 있는 집단적인 '정서구조'가 존재하고, 이는 이데올로기와 무의식의 중간쯤 위치하면서 이 둘과 긴밀하게 절합되어 있다. 한국인이라면 공유할 수 있는 특정한 이성, 감정, 감각, 정서 등이 바로 이러한 '정서구조'를 만들어내는 것이고, 이는 이데올로기의 영역과 연결 되어 있는 총체로서 인간의 마음 심연에서 사회적 실천을 만들어내는 자원이 된다.

하지만 남북한 주민의 '마음'과 '정서구조'를 어떻게 경험적으로 확인할 수 있을 것인가라는 방법론적 어려움이 존재한다(김홍중, 2014). 과학적 접근을 주장하는 주류 사회학적 시각에서는 '마음'이나 '정서구조'가 인간의 사회적 실천의 배경과 자원임을 인정하면서도, 이성적 언어와 분석 틀의 밖에 존재하는 것을 과연 어떻게 담아내고 분석할 수 있을 것인지에 대한 의문이 제기되고 있다(권명아, 2012; 권명아·김홍중·조형근, 2012). 게다가 분단 체제라는 문화적 특수성을 배태하고 있는 남북한 주민의 마음은 이성과 그 외의 영역의 결합 방식 혹은 발현 방식에 분단의 영향력을 감안해야 하는 어려움 또한 존재한다. 왜냐면 남북한 주민의 마음은 이데올로기 심급 혹은 이성의 영역에서 작동하는 과잉된 민족주의와 국가주의와 독립적으로 구축되어 있기보다는 오히려 상당히 긴밀하게 절합되어 있을 확률이 높고, 일상에서 강력하게 작동하는 분단체제는 남북한 주민의 사고, 세계관, 감정, 의식, 감각 등을 특정방식으로 구축하기 때문이다. 남북한 주민의 마음과 정서구조는 민족주의와 국가주의와 깊게 연관되어 있으면서도, 이데올로기나 이성적 언어로만으로는 설명될 수 없는 좀 더 심층적이고, 정서적인 자원을 일컫는다. 다른 말로 하면 국가주의라는 이데올로기적 정체성과는 다른 층위에서 국가와는 연계되어 있지만 이성적인 언어나 이데올로기적 언명으로는 설명할 수 없는 공동체로의 기억, 감정, 감각, 경험 등의 혼합체가 바로 남북한 주민의 마음이고, 이는 개별적이면서도 특정한(immediate) 사회적 상황(social setting)에서 부분적이면서 파편적으로 발현된다. 특히 이성 혹은 이데올로기의 힘이 약화되는 순간적인 상황에 인간의 행동과 실천 양식의 양태를 살펴보는 것은 그 심연에 존재하는 분단으로 구축된 남북한 주민의 '마음'의 흔적을 확인하게 한다.

한국인의 마음이 국가 정체성이라는 이데올로기적 층위와 절합되어 있는 어떠한 심적 총체라고 정의한다면, 한국인의 마음에는 분단 체제라는 마음가짐의 규범과 규칙이 배태되어 있을 수밖에 없다. 이는 북한 주민의 마음도 마찬가지인데, 일상을 지배하는 강력한 냉전 이데올로기는 북한 주민의 마음을 가능하게 하는 마음가짐이 된다. 그렇다면 북한 주민으로서 북한을 버리고 모국의 적국인 남한으로 이주한 탈북자의 마음은 어떤 것일까? 덧붙여 한국 주민으로서 북한에 관심을 갖고 있고, 탈북자와 상당 기간 유대감을 구축한 연구자 자신의 마음은 또 어떠한가? 분단 체제에서 남한 주민의 마음과 북한 주민의 마음이 서로를 '타자'로 상정하고 구축되어 있다는 것을 감안했을 때, 북한을 떠나온 탈북인은 두 개의 '마음(들)' 사이에서 어떤 반응을 보이는지, 덧붙여 연구자인 나 자신도 몸 속 깊이 각인된 '남한 주민'으로서의 마음과 탈북자와의 여러 교류를 통해 새롭게 구축한 또 다른 '마음' 사이의 간극을 어떻게 다루는지를 성찰적으로 살펴보고자 한다.

III. 접촉지대와 몸: 감각하는 마음

본 연구는 남북 축구 경기가 남과 북이 서로 맞닿아 있으면서 서로의 차이를 확인하는 경계이면서 접촉지대(contact zone)로 작동하고 있음을 주목한다. 서로 다른 역사와 문화를 배경으로 하는 사람들이 상호작용을 하면서 역동적인 관계를 형성하는 사회적 공간이 접촉지대라면, 남과 북이 축구라는 매개로 서로 접촉하고, 충돌하고, 경합하는 공간이 바로 남북 축구 경기가 된다(이수정, 2014: 88-89; 윤철기·양문수, 2013). 이 접촉지대에서는 남한과 북한의 축구팀뿐만 아니라 TV 중계를 통해 혹은 경기장에서 축구경기를 관람하는 남한과 북한을 응원하는 관람객들은 자신들의 몸과 감각을 활용하여 '접촉'한다. 특히 본 연구가 특히 주목하는 것은 경기장을 직접 찾은 관람객의 '접촉'인데, 이는 미디어를 통해서 단순히 시각이나 청각을 통한 '접촉'에 그치는 것이 아니라 모든 오감과 몸을 통하여 '접촉'한다는 측면에서 좀 더 총체적이면서도 집약적으로 남과 북 사이의 마음의 상호작용을 확인할 수 있게 한다(김현경, 2009; 메를로 퐁티, 2002). 특히 메를로 퐁티는 데카르트적 이원론이 신체를 영혼과 분리시켰기 때문에 신체의 중요성이 간과되어 왔다고 주장하면서 신체를 통한 감각의 중요성을 강조한 바 있다. 그는 인간 실존의 두 개의 층위로 신체와 심리 현상을 주목하면서 몸과 심리현상은 서로 연관되어 있으며, 서로 영향을 미친다고 주장하였다. 신체는 운동성을 가지며 세계와 접속하며, 공간을 감각한다(메를로 퐁티, 2002: 171). 인간의 신체는 "세계의 닻"으로 유기적인 통일체를 이루고 있는데, 인간은 신체를 통해 세계를 감각하고, 이 때문에 인간은 항상 세계가 "육화된 주체"이다 (메를로 퐁티, 2002: 128; 이남인, 2013: 183-198). 인간과 세계는 분리되어 있는 것이 아니라 신체를 매개로 항상 연결되어 있다. 인간이 자신의 감각을 통해서 특정 시공간을 지각한다는 것은 결국 신체와 절합된 세계의 지평에서 이를 특정 방식으로 지각하게 된다는 것을 의미한다(조광제, 2004). 예를 들면 육화된 주체인 탈북민과 나는 각각의 신체 내의 각

인된 세계의 지평에서 특정 공간과 상황을 지각하게 된다. 이 때문에 탈북민과 남한주민이 만나는 상황이나 공간은 단순히 두 개의 다른 집단이 신체와 지각으로 접촉하는 것에서 한걸음 더 나아가 각각의 육화된 세계(들)가 마주하는 것을 의미한다.

　게다가 접촉지대는 단순히 지정학적·사회적 공간에만 머무르는 것이 아니라 탈북민의 마음속에도 존재한다는 가정을 해볼 수 있다. 학계에서 행위자의 다중적 정체성에 대한 다양한 논의가 진행되고 있음을 감안할 때, 남과 북이라는 반대적인 자원을 동시에 갖고 있는 탈북민의 마음의 동학을 확인하는 작업은 중요하다. 탈북민은 분단체제로 인해 역설적인 위치에 있는데 그 이유는 북을 떠나 남으로 오면서 자신의 정체성(혹은 자신의 마음)의 대부분을 부정해야만 하는 위치에 있지만 자신의 정체성(혹은 마음)을 '부정'하는 것은 사실상 불가능하기 때문이다(김성경, 2014). 다른 말로 하면 이데올로기적인 층위에서는 '북'과 관련된 것을 지워낼 수 있을지 모르겠지만, 북에서부터 구축한 '마음'은 완전히 바꾸기 어렵기 때문이다. 이런 맥락에서 일찍이 짐멜이 주장한 '이방인'의 개념을 차용하면, 탈북자는 "소위 말해서 잠재적인 방랑자"인데, 그들은 "지금 떠나가지 않지만 떠나고 머무는 것의 자유를 확실히 극복하지 못한 자"다(Simmel, 1971, p. 143). 이방인은 반대적 자원을 동시에 가지고 있기 때문에 자신이 정주하고 있는 공간을 자신들의 '장소'로 만들어가지 못한다. 이 때문에 이들에게는 머물거나 떠나는 것을 결정할 수 있는 자유가 없다. 이동하는 자인 탈북민은 공간적으로는 '이주'를 감행하였고, 모국과 대치하고 있는 남한으로 이주하였기 때문에 타 이주민과는 다르게 자신의 마음을 바꿀 것을 강요받고 있다. 한국인의 마음을 구축하기 위해서는 지금껏 자신들이 구축해온 북한인의 마음의 흔적을 지우는 것이 선행되어야 한다. 하지만 '마음'이라는 것이 이성뿐만 아니라 감정, 정서, 감각, 의지 등의 총체이기 때문에 북한인의 마음을 지우는 것은 가능하지 않다. 그렇다고 기존의 북한 주민의 마음으로만 남아 있기에는 남한 사회의 사회적/문화적 환경이 이들의 마음을 계속적으로 재구성하게 한다. 이 때문에 이들의 마음은 이중적이면서 분열적일 가능성이 높다. 즉 반대되는 두 개의 자원과 세계가 접촉하고 있는 탈북자의 마음 그 자체가 바로 남과 북이 맞닿아 있는 '접촉지대'가 된다.

그리고 여기 또 다른 흔들리는 주체가 있다. 바로 나, 연구자이다. 탈북민에 관련된 연구를 시작한 지 오래되지 않았지만 연구 중에 만난 탈북자 친구들과 상당한 유대감을 갖고 있다. 2011년 하나센터의 정착 도우미를 시작할 때 처음으로 만난 탈북자가 바로 A씨 가족이다. 하나원 퇴소식에서 A씨 가족을 처음 만나 지역에 배정되고 정착하는 과정을 정착도우미로서 함께 하였다. 고백하건데 북한 출신 주민은 마치 '뿔이 달린 것'과 같이 다를 것이라고 생각하던 나는 A씨 가족을 만나면서 이들이 주변에서 흔히 만날 수 있는 이웃임을 서서히 받아들이게 되었다. 3년이 넘는 시간을 함께 하면서 A씨를 제일 친한 '언니' 중 한 명으로 생각하고 있고, 시간 날 때마다 그냥 '편하고 좋아서' 먼 길을 달려 A씨를 만나러 가곤 한다. A씨가 정착하는 과정에서 여러 신체적 증상을 호소할 때는 항상 같이 병원에 다니면서 곁을 지켰고, 서로 집으로 초대해서 음식을 해먹고, 여름이면 함께 휴가를 떠났다. 내가 외국에 있을 때는 메신저로 주말마다 연락을 했고, 집안의 대소사에는 어김없이 A씨를 초대하곤 하였다. 깍듯하면서도 정이 많은 A씨, 가장으로서의 책임감이 강하고, 뭐든 열심히 하는 B씨, 개구쟁이여서 사실 처음에는 그리 정이 가지 않았던 C까지, 나는 A씨 가족을 통해서 북한을 보았고, 북한에 '정'을 붙이게 되었다. 처음에 A씨를 만날 때의 설명할 수 없는 어색함과 긴장감은 어느덧 사라져 버렸고, A씨가 살다온 북한이 친근하게만 느껴진다.

누가 뭐라 하던 그곳도 사람이 사는 곳이 아니던가. 언제부터인가 A씨의 고향인 북한이 좀 더 잘 살았으면 좋겠고, 체제도 안정이 되었으면 하는 바람을 갖게 되었다. 통일을 꿈꾸는 것까지는 생각도 못하지만 집값 비싼 서울에서 벗어나 평양이나 개성으로 이사 가면 어떨까 하는 상상을 해보기도 하고, 가끔씩 북한에 대해 애정 어린 발언까지 서슴지 않게 되면서 '너 종북 아니냐'는 친구들의 농담 섞인 질책을 받는 일이 일어나기도 한다. 나 자신조차도 신기할 정도로 새로운 이 마음은 과연 무엇일까. 단순히 친한 친구를 안쓰러워하는 동정 섞인 마음일까. 혹시 탈북민 친구를 통해 내 마음의 균열이 일어나고 있는 것은 아닐까. 한국 축구경기가 있을 때는 TV 중계방송을 꼭 챙겨보면서 '대한민국~'을 외쳤던 내가 남과 북의 축구경기가 열리는 인천문학경기장에서는 과연 어떤 마음이 들까.

IV. "우리 한국팀"과 "쟤네 북한팀" 사이에서: 탈북자와 연구자의 남북여자축구경기 관람

경기는 8시에 시작이다. 인천문학경기장까지 지하철을 여러 번 갈아타고 꼬박 2시간이 걸려 도착했다. 종일 비가 흩날린 흐린 날이다. 그나마 대중교통을 이용해서 여유 있게 도착할 수 있었다. 경기 시작까지는 1시간 정도의 여유시간이 있고, A씨와 B씨 그리고 그의 아들 C, A씨의 여동생 D씨까지 총 4명을 매표소 앞에서 기다렸다. 7시 30분이 다 돼서 A씨 일행이 도착했다. A씨는 핸드폰 공장에서 최종제품을 검사하는 일을 하고 있는데, 오늘은 눈이 아파서 병원에 가야 한다고 거짓말을 하고 빨리 퇴근을 했다고 한다. B씨의 사정도 다르지 않은데 주물공장에서 일하는

B씨는 특유의 책임감 때문에 공장에서 일하는 것에 항상 열심이다. 그런 B가 사장님에게 결혼식 가야 한다고 거짓말을 했다면서 멋쩍게 웃는다. "내 이번 경기는 꼭 봐야겠어서… 그래서 그랬어요"라면서 한껏 들떠 있다. 공부하는 것이 마냥 싫은 C는 요즘 축구에 빠져 친구들과 항상 축구만 하러 다닌다고 한다. 그런 C가 경기장에서 직접 축구를 본다는 것은 그만큼 신나는 일임에 분명하다. D의 경우에는 아직 마음에 드는 일자리를 구하지 못해서 집에 있는 시간이 많았기 때문에 이번 나들이가 더욱더 반가운 눈치다. A씨 가족은 성실한 '노동자'로서 한국에서 상대적으로 잘 적응하고 있는데, 둘이 열심히 벌어서 월급의 반 이상을 저축하고 있고, 얼마 전에는 중고차이기는 하지만 자가용도 마련하였다. 이 모두 가족이 합심해서 '먹는 것, 입는 것, 쓰고 싶은 것' 줄여가며 열심히 돈을 모아서 가능했던 일이다. 이들은 빨리 잘 살고 싶다. 돈을 모으는 것만이 한국 사회에서 '잘사는 것'이라고 믿기 때문에 이들의 최대 관심사는 '돈을 모으는 것'이다. 이들에게는 꿈이 있는데, 돈을 모아서 5톤짜리 트럭을 사서 보란 듯이 '사장님' 소리를 들으면서 일을 하는 것이다. 그렇게만 된다면 경비를 제외하고 한 달에 적어도 250만원은 벌 수 있고, 그러면 C의 교육에도 좀 더 투자를 할 수 있을 것이다. 그래서 지금 직장에서 받는 괄시는 다 차를 살 돈을 모을 때까지 참아야만 한다. 외식도 이들에게는 남의 이야기이다. 매끼 김치와 계란이 전부인 식사를 하면서 식료품 가격까지도 아껴가며 돈을 모은다. 이렇듯 이들은 일상적인 삶을 유보한 채 살아가고 있다. 북한에서 살 때에는 고난의 행군이라는 갑작스런 경제난의 상황에서도 할 것은 하면서 살았는데, 오히려 남한으로 이주하고 난 이후에는 미래를 위해서 하고픈 것, 먹고픈 것을 참고 미래를 위해서 현재 삶을 마치 '위기 상황(state of emergency)'처럼 살아내고 있다.

"빨리 들어가야지 좋은 자리에 앉을 수 있어요"라는 나의 재촉에 A씨 가족이 바쁘게 움직인다. 내 손에 가득 담긴 치킨, 과자, 맥주 등을 B씨가 뺏어 든다. "아. 다 저 주세요" 괜찮다는 말을 할 틈도 없이 B씨가 쏜살같이 짐을 낚아챈다. 벌써 사람들이 길게 줄을 서서 입장하고 있다. 사람들이 많이 있는 곳에 오면 아직도 A씨 가족은 조용해지고, 주춤거린다. 정문을 지나서 표를 내고 보안검색대를 지나가려고 하던 찰나, 내가 사온 맥주 6캔이 문제다. 한 사람당 2캔 밖에 가지고 갈 수 없다고 하는데, B씨가 혼자서 그 짐을 다 들고 들어가다 보니 문제가 된 거다. 아르바이트 학생이 분명한 보안검색대원은 B씨에게 다짜고짜 맥주캔을 꺼내라고 난리이다. 내가 가서 성인이 여러 명이니까 2캔씩 가지고 가면 되는 것 아니냐고 얘기하고 맥주를 다시 받아든다. 남한 사람들의 속사포 같은 말투에 A씨 가족들은 '얼음'이 되기 일쑤인데, 이번에도 역시 같은 상황이다. 한국으로 이주해온 지 벌써 여러 해가 지났는데도, 새로운 환경이나 장소에 가면 이들은 여전히 어리둥절해하고 어떻게 행동해야 할지 모르는 모습을 자주 보인다. 이는 한편으로는 남한과 북한 사이의 언어의 괴리로 인한 것이다(전영선, 2015: 42-50). 이들과 가까워지면서 나는 이들이 북한에서 왔다는 것을 어느덧 까맣게 잊고 마치 남한 사람들 대하듯 빠르게 말을 내뱉을 때가 있는데, 최근에 처음으로 "무슨 말인지 몰라서 다시 전화했다"며 되묻는 경우가 있었다. 그 전에도 내 말을 제대로 이해하지 못했지만 다시 묻는 것이 왠지 어색해서 A와 B씨가 머리를 맞대고 내가 뭐라고 했는지 '추측'하곤 했다는 것이다. 또한 이들이 내가 한 말을 이해하지 못하는 것은 언어적 괴리감과 함께 그 말이 담고 있는 문화적 의미를 이해하기 어려워서이다. 남한 사람들에게는 익숙한 행동과 상황이 이들에게는 이해되기도 어렵고, 감각적으로도 낯설게 느껴진다. 북한이탈주민은 남한 사람들의 일상에서 구축되어 있는 "이미 만들어져서 표준화된 문화적 패턴"을 완전히 이해하기가 불가능한데, 그 이유는 남한 사람들의 일상은 "논리적이지도 그렇다고 일관되지도 않기" 때문이다(Schuetz, 1944: 501, 김성경, 2014). 이들이 일상에서 경험하는 대부분의 상황은 설명될 수 없는 수많은 규칙과 패턴으로 구성되어 있고, 이러한 낯선 상황을 마주할 때마다 이들은 자신들이 남한 주민과는 다른 사람임을 확인하게 된다.

보안검색대를 통과하고 나니 바로 앞에 경기장으로 연결된 문이 보인다. 오기 전부터 북한 응원단과 가장 가까운 쪽의 자리를 이미 확인해 두었고, 북한 대표팀이 국기를 바라보는 위치까지 세심하게 계산해서 우리가 앉아야 할 자리를 정해두었다. 하지만 상당한 함성소리와 환한 빛에 이끌려 그냥 경기장으로 들어서게 되었다. 꽤나 큰 경기장이었고, 생각보다 관중석과 경기장의 거리는 가까웠다. B씨가 갑자기 흥분을 한 듯 앞으로 성큼성큼 걸어가기 시작한다. '아, 이 자리에 앉으면 안 되는데. 반대편으로 가야 국가의례 때 국기를 볼 수가 있는데' 라고 생각했지만 내가 원하는 대로 설정을 하고 관찰하는 것이 너무 작위적이고 인위적일 수 있다는 생각도 머리를 스친다.

에쓰노그라퍼는 최대한 삶의 맥락을 통제하지 않고, 맥락 속으로 들어가 자료를 도출하고 기술해야 한다(신경림 외, 2005; Creswell, 2005). 에쓰노그라피는 사회적 상황을 주관적인 의미의 망으로 정의하고, 사회적 실재(reality)는 그 자체로 존재하는 것이 아니라 인간 삶과 연관성을 갖는다고 믿는다. 이 때문에 인간 삶의 면면을 맥락, 구조, 배경 등의 상호작용의 메커니즘과 연계하여 살펴보는 것이 중요하다. 게다가 과학적이고 경험주의적인 접근을 시도한 주류 사회조사방법은 인간 삶의 주관적 요소를 포착하는 데 한계가 있다는 것을 간과해서는 안 된다. 이 때문에 에쓰노그라퍼는 최대한 연구대상자의 삶의 맥락 안에서 관찰·해석해야 한다. 그렇다고 에쓰노그라퍼가 객관주의와 경험주의를 철저하게 배격하고 있는 것은 아니다. 오히려 에쓰노그라퍼는 주관성과 맥락의 중요성을 인정함과 동시에 가능한 객관적이고 과학적인 자세로 접근해야만 한다.

하지만 나는 에쓰노그라퍼로서 견지해야 할 객관적 거리보다 훨씬 더 연구 대상자의 삶에 깊숙이 연루되어 있다. 축구 경기를 보러 온 것도 내가 제안하지 않았으면 아마 일어나지 않았을 일일 것이다. 이미 이들의 삶과 나의 삶이 같이 얽혀 있는 상황이고, 이 때문에 이들의 삶을 나와 완전히 구분된 그들만의 것으로 보기에는 어려움이 존재한다. 게다가 이미 A씨 가족과 상당한 유대감을 구축한 나는 '객관적인 연구자'로서 가치중립적인 해석을 하는 것에 많은 한계를 경험하고 있다. 하지만 나와 A씨 가족의 관계는 이들을 일방적으로 '연구대상'으로 타자화시키지 않는다는 장점이 있고, 게다가 이번 연구와 같이 이들과 나의 관계성을 문제시할 경우 의미 있는 사회학적 성찰을 가능하게도 한다. 덧붙여 상당 기간 정기적인 만남을 통해서 구축한 라포(rapport)는 그들의 작은 감정의 변화나 의미를 시간의 궤적에 따라 포착해 낼 수 있다는 장점이 있다. 예를 들면 조금이라도 자존심이 상하는 일이 있으면 일자리를 그만두었던 A씨와 B씨는 지난 1년간은 한 직장에서 꾸준하게 일하고 있다. A씨의 경우에는 '북한 사람이라는 이유로 무시'하는 것 같으면 바로 직장을 그만 두기도 했고, 한국 사람들이 6시 이후에도 아무렇지 않게 잔업을 하는 것을 전혀 이해하지 못했었다. 하지만 이제 A씨와 B씨는 직장에서의 작은 '섭섭함'이나 자신이 '무시' 받는 것에 조금씩 무덤덤해져가고 있다. 자신들의 상황이 나아졌다기보다는 중요하다고 생각하는 것의 순위가 바뀌었기 때문이라고 하는 것이 옳겠다. 지금 이들에게 가장 중요한 것은 '돈을 버는 것'이다. 누구보다 열심히 일해서 돈을 벌고, 아이를 교육시키고, 그리고 아이만은 지긋지긋한 노동일을 하지 않았으면 하고 바라는 평범한 '노동자'로 변모하고 있다. 자본주의 시스템 내에서 순종해야만 하고, 경쟁이 당연하며, 시간이 '돈'이라는 생각으로 하루하루 휴식시간과 잠을 줄여가며 일을 한다. A씨는 추석에도 '잔업'을 했으면 좋겠다면서 "집에 있다고 돈이 나오는 것도 아닌데"라고 말하기까지 한다. 내가 처음 만난 그들은 내가 이해할 수 없는 이상한 자존심을 부리기도 하고, 다른 남한 주민의 선의의 도움을 너무나 당연한 것으로 받아들이기도 하였다. 설명하기 어려운 돌발적 반응을 보여 나를 당황시킨 경우도 종종 있었다. 시간을 함께 보내다 보니 어쩌면 이들의 자존심은 사회주의 체제에서 주조해 낸 습성일 수 있다는 생각도 들었다. 집단적 생산과 분배를 경험했던 그들에게 누군가를 돕는다는 것 혹은 도움을 받는다는 것은 그리 대단한 일이 아니다. 게다가 비교적 평등한 사회적 관계 속에서 살았던 북한 사람들에게 남한 사회 내에서 돈이나 지위로 인해 사람 사이에 서열이 존재하는 것도 이해하기 어려웠을 것이다. 물론 아직도 이들은 자신들의 습성을 완전히 '자본주의적'으로 바꾸지는 못하고 있지만, 적어도 노동과 돈에 관련된 영역에서는 빠르게 자본주의적 인간으로 변화되고 있다.

생각보다 관람객이 많지는 않다. 한쪽에는 통일 관련 단체에서 온 단체 관람객 100여 명이 자리 잡고 있고, 그 위에는 한국대표팀을 응원하는 꽤나 나이가 있는 분들이 50여 명 앉아 있다. 최대한 경기장과 가까운 곳을 찾아 우리도 앉는다. 경기장 안쪽에서는 북한 선수들이 한창 몸을 풀고 있다. "어디가 북한입니까?" 경기장에서 눈을 떼지 못하고 A가 묻는다. "흰 옷 입은 사람들인 것 같아요." "오마 어쩜 저리 몸이 한국 사람보다 더 좋구나." A는 북한 선수들의 건장한 체격에 놀란 것 같았다. "우리는 오마 이렇게 날씬한데. 쟤네는 못 먹는다는데 왜 저렇게 뚱뚱한

데. 와, 저 가슴 좀 보래요." A씨는 자연스럽게 "우리 한국팀"과 "쟤네 북
한팀"으로 구분하고 있었다. 여기서 '우리'는 남한에 살고 있는 남한 주
민과 탈북민 스스로를 가리키는 것이고, '쟤네'는 이미 타자가 되어 버린
북한 선수를 의미한다. A씨는 자신을 '우리'의 일부분으로 받아들이고
있고, 한편으로 자신들은 북한 주민과는 거리가 있는 '다른' 사람으로 느
끼고 있다.

   게다가 이미 몇 년을 한국에서 보낸 A씨는 북한 상황을 한국의 미디
어를 통해서 전해 듣곤 하는데, 북한 사람들이 아직도 많이 헐벗고 있다
는 정보는 다 종편 방송에서 얻은 것이다. 북한의 낙후된 경제사정과 어
려운 식량사정을 되뇌며 북한선수들이 건장한 것을 신기하게 생각하는
것 같았다. "와. 쟤네들은 키가 저렇게 큰데. 저, 저애 13번이. 키 큰 것
보세요." 경기장에서 앉자마자 선수들을 둘러보면서 말이 많아진 A씨와
는 다르게 B씨는 갑자기 말수가 줄었다. 눈은 계속 경기장을 바쁘게 오
가는데 특별히 말을 하지 않고 맥주만 들이킨다. 그러더니 갑자기 경기
장 반대쪽을 가리키면서 "저기 저. 북한 응원하는 애들 다 앉아 있다"고
흥분한 말투로 말한다. 돌아보니 내가 앉으려고 계획했던 경기장 반대편
에 북한 응원단이 자신의 팀을 응원하고 있다. 응원단이 오지 않았기 때
문에 선수단 중에서 몇몇이 응원을 하는 것 같았다. 북한 응원단은 30여
명이나 될까 아주 적은 수였는데, 똑같은 빨간색 유니폼을 입고 인공기를
들고 조용히 앉아 있었다. A씨와 B씨는 한동안 북한 응원단에게서 눈을
떼지 못했는데, 이들에게 응원단은 북한 정권이나 체제와는 다르게 가깝
게 느껴지는 존재이다. 만약 이들이 남한으로 이주하지 않았다면 자신들
도 북한 팀을 응원하는 그 자리에 있었을 확률이 높았기 때문이리라.

   가지고 온 주전부리를 펼쳐놓고 A씨 가족에게 권한다. 이 때 바로
우리 뒷자리에 한 무리의 사람들이 와서 앉는데, 말투와 외형을 보니 왠

지 남한 주민 같아 보이지는 않았다. "저기 북에서 온 애들이에요"라고 A씨가 내 귀에 대고 속삭이듯이 말한다. 꽤나 활발해 보이는 그들은 왁자지껄 떠들기 시작하는데, "나는 그래도 북한이 이겼으면 좋겠다." "와 너는 그래도 북한이 좋냐?" "그래도 그냥." 이런 저런 이야기가 오간다. A씨 가족은 더 조용히 앉아 있다. 같은 북한 사람끼리 이야기라도 할 법한데, 말을 섞고 싶지 않은 눈치다. 그 사람들도 우리가 북에서 온 것을 아는지 갑자기 소곤거리더니 다른 쪽으로 자리를 옮긴다. "여기 북에서 온 사람 많이 왔어요." "그걸 어떻게 아세요?" "딱 보면 알지요. 여기 많이 와 있어요." 하긴 나도 외국에 나갈 때면 저 멀리서 사람들의 실루엣만 보고도 한국 사람인지 느낌으로 알았던 기억이 난다. 느낌으로 같은 국민이라는 것을 아는 것은 그만큼 신체가 특정 시공간적 아비투스를 내포하고 있음을 설명해준다(부르디외, 2005). 경기장이 위치한 인천은 북한이탈주민이 많이 거주하는 곳이니 경기장을 찾는 것도 그리 어렵지는 않았을 것이라는 생각이 든다. "북한 애들이 어쩜 저렇게 시끄러운지. 내가 다 창피하다니까요." A씨가 탈북민들이 다른 자리로 옮기자 쑥스러운 듯이 얘기한다. "아이, 놀러 와서 떠들고 그러는 것은 당연한 거지요." 나는 전혀 개의치 않았는데 A씨는 탈북민 무리의 행동이 마음에 걸렸던 것 같다. "남한 사람들이 다 조용하게 있는데, 북한 사람들은 항상 시끄럽고 떠들고. 오마. 내가 어쩔 때는 얼굴이 화끈거린다니까요." A씨는 항상 엄격하게 북한 출신 주민을 객관화하고, 평가하는데, 그 판단의 기준점은 언제나 남한 주민이다. A씨에게는 남한 주민과 사회는 항상 긍정적이고, 현대적이어서 배워야 하는 것이지만, 반대로 북한 주민과 사회는 전근대적이고, 때문에 부정적이어서 변해야만 하는 것으로 의미화되어 있다.

"어느 팀 응원 하실 거예요?" 이런 단순한 질문이 있나 싶으면서도 궁금한 것을 참을 수 가 없다. A는 까르르 웃더니 "한국 응원해야지요"

한다. 그러면서 "공장에서 언니들이 자꾸 북한 가지고 이겼네 졌네 그러
는데 난 뭐 관심 없단 말입니다. 전 그냥 저 애들을 위해서. 네, 저 애들
때문이라도 그래도 이겨야 하는데…" A는 주변 사람들이 자꾸 자신을
북한과 연관시키는 것이 부담스럽다. 북한에서 무슨 문제가 생기거나,
아시안게임 같은 국제스포츠 경기가 있으면 주변 사람들이 자꾸 북한에
대해서 자신에게 묻는데 그때마다 마치 '엄마가 좋아 아빠가 좋아'라고
물어보는 것 같아 어색하고 불편하기까지 하다. 그러면서도 감정적으로
'북한 선수'들이 잘 해주었으면 하는 마음이 강하다. A에게 북한 선수들
은 '불쌍한 존재'이다. '가난한 나라에서 못 먹고 사는' 북한 선수들은 그
나마 경기에서 지기까지 하면 마음이 더 짠해질 것 같기 때문이다.[9]

　　옆에서 나와 A씨의 대화를 듣고 있던 C는 "이기는 팀 응원해야지"
라고 말한다. C는 남과 북의 문제에 대해서 생각하고 싶어 하지 않는다.
북한 말투를 쓰고, 북에 두고 온 가족들을 이야기하는 부모님의 이야기
를 의식적으로 무시하려고 한다. 그렇다고 특별히 본인이 한국 사람이라
는 생각이 있는 것도 아니다. "아, 귀찮아요. 그냥 한국 응원할래요. 저쪽
은 어떻게 응원해야 할지도 몰라요." C는 북한을 어떻게 응원해야 할지
모르겠다고 했다. 한국대표팀은 '대~한민국' 이런 구호도 있고 '오 필승
코리아' 노래도 있어서 따라 부르면 되는데 북한대표팀은 뭐라고 응원해
야 할지 모르겠다는 것이다. 그러고 보니 C에게는 북한을 상징화하고 의
미화할 수 있는 문화적 자원이 전무하겠다는 생각이 든다. 이미 북한에
서 살았던 생활을 대부분 잊었고, 그 때문에 부모님을 제외하고는 북한

9　　언제부터인가 남한 주민들은 북한 선수들이 좋은 경기 결과를 만들어내지 못하면 북한 정
　　권으로부터 처벌을 받는다고 믿어왔다. 이는 확인되지 않은 사실인데, 북한 체제를 악마화
　　하는 과정에서 만들어진 이야기일 확률이 높다. 내가 만난 탈북민들은 스포츠 경기에서 좋
　　은 활약을 못한 선수들이라도 절대로 정권에 의해서 불이익을 당한다든가 질책을 당하는
　　일은 없다고 설명한다.

을 감각하고 상상할 수 있는 충분한 '문화적 레퍼토리'가 없다. 다만 학교에서 친구들이 북에서 왔다고 놀리면서 빨갱이라고 했을 때는 주먹을 날려서 싸울 정도로 화가 나기도 했었다. 북에서 왔다는 것이 창피한 것은 아니지만 그래도 부모님이 친구들 앞에서 북한 말투를 쓰지 않았으면 하고 바란다.

조용하지만 야무진 성격의 D는 이미 10년 전에 조선족과 결혼을 하여 중국으로 이주하였다. "정말 고생을 많이 하기"는 했지만 지금은 중국 국적을 갖고 있다. 한국에 온 이유는 한국으로 이주한 언니 A씨의 권유가 있기도 했고, 한국에서는 돈을 더 많이 벌 수 있기 때문이기도 하다. 중국에 어린 딸아이를 두고 왔기 때문에 D씨는 빠른 시간 내에 돈을 많이 버는 것이 제일 중요하다. 그래서 그 돈으로 딸아이 교육 잘 시켜서 중국에서 잘 사는 것이 D씨의 궁극적 목적이다. 탈북자로 신고해서 혜택을 받을까 생각도 했는데, 그 경우 "별로 받는 것도 없으면서 중국 국적을 잃"을까봐 아직은 생각이 없다. 이런 D씨에게는 남북축구경기가 그리 대단한 이벤트가 아니다. D씨에게는 그냥 축구경기일 뿐이다. 어느 팀을 특별히 응원하고자 하는 마음도 없다. D씨에게는 남한도 북한도 큰 의미가 없다. 남한도 정주할 곳이 아니고, 북한이라는 곳으로 돌아갈 생각도 없다. 고향에 대한 향수는 이미 없어진지 오래다. 중국의 가족이 그녀에게는 가족이고, 그 가족이 있는 곳이 곧 고향이 되었기 때문이다.

IV. 마음속의 분단

이제 그토록 고대했던 경기가 시작되었다. 국민의례가 시작된다. 인공기와 태극기가 나란히 놓여 있고, 두 팀의 선수들이 정렬해 있다. 관람객은 모두 일어나라는 안내에 따라 우리도 일어서서 국기를 바라본다. 북한의 국가가 먼저 연주된다. 나는 A씨 가족의 반응을 살피느라 정신이 없다. 혹시라도 눈물을 흘리거나 특정한 반응을 보이는 것은 아닐까 온갖 가정을 머릿속에 쑤셔 넣고 가족들을 살핀다. 하지만 A씨와 B씨는 아무런 반응도 미동도 없다. 북한 국가가 마친 후에 애국가가 울려 퍼질 때 그들은 손을 가슴에 올리고 국가를 따라 부른다. 누구보다도 큰 소리로, 심각한 표정으로 국가를 따라 부르는 그들은 어쩌면 너무나 진지해서 어색하기까지 한 '한국인'이었다. 오히려 문제는 나였다. 갑자기 한민족을 부르짖는 '민족주의자'가 된 것인지 북한 국기와 태극기가 함께 있는 것을 보니 마음속에서 이상한 기분이 들었다. 오랫동안 부르지 않았던 애국가를 부르기에는 내 위치가 뭔가 어정쩡하다고 느낀다. 국기에 대한 경례로 가슴에 손을 얹는 것은 더더욱 어색하다. 가장 극적인 순간일 것이라고 예상했던 국민의례 순서는 성실한 '국민' 역할을 수행하고 있는 탈북자와 남과 북 사이에서 이상한 기분이 든 내가 만들어내는 침묵과 어색함이 가득한 순간이었다.

"마음이 어떠세요?" 나의 질문에 B는 뭔가 가슴에 뜨거운 것이 올라오는데 그걸 설명을 못하겠다고 한다. 국기 두 개가 놓인 그 상황에서 이상하게 가슴은 뜨거워지는데, 갑자기 그때 카메라가 북한대표팀 축구 감독을 비춰주는데 마음이 싸늘하게 식었다는 것이다. 마음이 뜨거워지고, 북한 선수들이 안쓰럽고 대견스러우면서 이상한 연대감을 느끼면서도 일종의 '권력층'인 대표팀의 감독 및 임원을 보면 갑자기 화가 난다고 설명한다. "감독을 보면 막 화가 난단 말이에요. 쟤네들이 다 해 처먹고 그래서 그렇게 되는 거니까." B에게 김정은 체제를 대표하는 권력층은 증오의 대상이지만, 북한은 따뜻한 고향이고 북한 선수들은 자신과 연대감을 갖는 공동체가 된다. A도 마찬가지인데 경기 내내 A의 관심은 선수들이 아니라 경기장 건너편에 모여 앉은 북한 응원단이었다. 얼굴이 보이지도 않는 거리인데, 북한 '사람'에게서 눈을 떼지 못한다. "아 북한은 응원도 잘 못한단 말입니다. 그냥 우리 편 이겨라 이렇게 막 하는데, 한국은 응원도 얼마나 멋지고 세련되게 하는지." A에게 북한은 경제적으로 어려운 친척 같은 존재이다. 마음이 아프고, 안되고 그러면서도 "사는 게 한심한" 피붙이다. 조금이라도 잘 살면 좋겠고, 이제 밥은 굶지 않고 살았으면 하지만 특별히 남겨놓고 온 가족이 없는 A씨에게는 이미 북한에 대한 거리두기가 조금은 이루어지고 있다. "전 통일된다고 해도 거기 올라가서 살겠다, 뭐 그런 생각은 이제 안 든단 말입니다. 그냥 자주 가서 살던 집에도 가보고 동네도 가보고 싶은 그런 마음은 있는데. 살라면 다시 살라면 오메 싫단 말입니다." 반면에 B씨의 경우에는 부모님과 형제들이 아직 북에 있다. 그 때문에 통일이 간절하기도 하고, 북한 정권이나 권력층에 대한 적개심도 상당한 편이다. 그러면서도 북한 사람에 대한 연대감이나 친밀감은 여전하다. 남한 사람은 도무지 속을 알 수가 없어 믿을만하지 않고, 북한에서 자유롭게 살 때가 훨씬 더 낫다고 생각한다. B씨는 그래서 더더욱 자영업을 하고 싶다. 북한에 있을 때는 동네에서 잘 사는 편에 속했고, 원하는 대로 마음대로 휘젓고 돌아다니면서 살았는데, 남한에서는 항상 주눅이 들어 있다. 빨리 트럭을 사서 자영업을 하고 싶은 이유도 가고 싶은 곳을 마음껏 다니고, 그리고 누구의 간섭도 없이 살고 싶기 때문이다.

벌써 전반전의 중반이 넘어간다. 예상을 깨고 남한 대표팀의 선전이었다. 선취골은 남한 쪽에서 먼저 나왔고, 그 순간 경기장을 메우고 있는 많은 관중들은 박수를 치며 기뻐하였다. 관중석은 온통 '대~한민국'을 외치고 있고, 통일관련 단체에서 온 응원단은 '원 코리아'를 외치면서 한반도기를 흔들고 있다. 하지만 나는 북한대표팀을 응원하고 있다. 선취골을 내주었기 때문이기도 하고, 다른 한편으로는 이 많은 사람이 다 한국팀을 응원하는데 나라도 북한을 응원해야겠다는 마음이 들었기 때문이다. 옆에 조용히 앉아 있는 A씨 가족을 대신해서 나라도 응원을 해야겠다는 마음이 들기도 한다. "북한 파이팅!"이라고 외치자, 순간 주변의 모든 시선이 나를 향한다. 옆에 앉아 있던 A씨도 "오마, 교수님만 북한 응원하네요" 하면서 웃는다. 주변에서는 이미 우리가 좀 이상하다는 것을 눈치 챈 것 같다. 북한식 억양에 북한대표팀을 응원하기까지 하니 이상할 수밖에 없으리라. 주변에서 우리를 힐끔거리기 시작하자 A씨와 B씨가 조용해진다. 또 말수가 적어지고 주위 눈치를 보기 시작한다. "뭐 어때요. 사실 북한이 더 잘하니까. 난 잘하는 팀 응원하는 거예요"라고 말하면서도 나의 묘한 감정이 생소하다. 그러면서도 한편으로는 남한 선수들에게서 눈을 떼지 못하는 나 자신을 발견하기도 한다. 나는 남한 선수들이 공을 몰고 골대를 향해 가는 여러 번의 기회를 볼 때마다 두 손을 잡은 채 아무 말도 하지 못하고 있었다.

전반전이 끝나고 후반전이 시작되었다. 담배를 한 대 피고 온 B씨는 계속 남한 팀이 잘하고 있다는 말을 나에게 한다. 아시아 최강이라는 북한을 상대로 한국 팀이 상당히 선전하고 있는 것이 사실이었다. '이러다가 한국 팀이 이기는 거 아니야'라는 생각이 들 때쯤 북한 팀의 동점골이 터진다. 경기장은 '괜찮아'를 외치는 한국 관중의 함성이 꽉 들어찬다. 승부가 원점으로 돌아오자 멀리 앉아 있던 북한 응원단도 상당히 기쁜 것처럼 보인다. "와 정말 승부를 알 수가 없네요." 내가 A씨 가족의 눈치를 살피면서 이런 저런 말을 걸어보지만, 이들은 이미 경기에 완전히 몰입한 모습이다. 내가 거는 말에 대꾸를 하기는커녕, 경기장에 마치 자신들만이 있는 것과 같이 조용히 경기만을 응시한다. 남과 북 둘 다 자기랑은 상관없던 D씨까지 경기를 숨죽여 관람한다. 옆에서 북한 팀을 응원한다고 소리치던 나도 점점 더 경기에 몰입하고 있었다. 이미 응원 같은 것은 잊은 지 오래고 공을 쫓아 눈을 바쁘게 움직인다.

　경기가 거의 막바지에 이를 때 경기 내내 경기장을 종횡무진 달리던 북한 선수가 결승골까지 뽑는다. 너무나 갑자기 나온 결승골 때문인지, 아니면 한국 팀을 응원하던 대부분의 관중 때문인지 북한 팀의 두 번째 골에 경기장은 쥐 죽은 듯이 조용해진다. 다만 그 중에서 A씨 가족만은 벌떡 일어서면서 소리치고 박수를 쳤다. 극적인 순간이 되자 주변의 시선에도 그들의 감정을 숨기기는 어려웠던 것 같다. 다들 앉아 있는 조용한 관람석에서 A씨 가족만 눈에 띄게 뛰어올라 기뻐하고 있었다. 경기장에서는 얼싸안고 기뻐하는 북한 선수들과 저 멀리서 서로 박수치며 즐거워하는 북한 응원단, 그리고 어찌할 바를 모르고 그냥 벌떡 일어나서 소리 지르며 기뻐하는 북에서 온 나의 탈북자 친구들이 있었다. A와 B는 그렇다고 쳐도, 남한과 북한 팀 사이에서 큰 반응을 보이지 않았던 C와 D까지 뛸 듯이 기뻐하고 있다. 아마도 북한 말투를 많이 잃어버린 C까지 북한 팀의 골을 감각적으로 기뻐한 이유는 아마도 부모를 통해서 전이되어 온 북한 사람의 마음이 C에게 내재화되어 있기 때문일 것이다. 부모세대의 특정한 마음을 언어를 잃어버리고, 공간을 함께하지 못한 자녀세대가 공유하는 것은 여러 이민자 사회에서 쉽게 찾아볼 수 있는 예이다. D씨가 A씨 가족과 함께 기뻐한 이유는 아마도 오랜 시간 중국에서 정착하고 있지만 모국에 대한 깊은 정서는 아직 간직하고 있기 때문일 것이다. 이데올로기와 이성의 측면에서는 모국의 흔적을 많이 지워냈지만 감정과 정서의 영역에서는 여전히 북한에 대한 이상한 끌림과 안쓰러움이 자리 잡고 있었던 것이 분명하다. 남과 북 다 똑같이 별로 자신과는 상관없다던 D씨는 자신에게 경제적 기회를 제공해주는 남한보다 그래도 태어나서 자란 북한에 더 큰 애착을 마음 속 깊이 갖고 있었다. 뿐만 아니라 D씨는 중국으로 이주한 이후에 줄곧 북·중 경계지역에서 정착하여 살고 있는데, 그녀의 공간적 삶에서 북한은 여전히 가깝게 존재한다. 일상에서 북한 사람을 종종 볼 수 있고, 강 하나만 건너면 자기가 태어나서 자란 동네까지 볼 수 있었던 D씨는 고향에 대한 감각을 여전히 유지하고 있었다. 이 때문에 D씨에게 북한은 남한보다는 훨씬 더 가까운 존재이다.

하지만 나는 무슨 연유에서인지 자리에서 일어서서 즐거워하는 그들 옆에서 그냥 앉아 있었다. 결승골이 터지는 그 찰나의 순간에 그들의 몸은 자동 반사처럼 반응했지만, 오히려 경기 내내 북한 팀을 응원한다고 소리 높였던 나는 다른 관객들과 함께 조용히 앉아 있었다. 너무 몰입을 했던 것인지, 아니면 예상하지 못한 순간의 갑작스런 골 때문인지 기쁘거나 즐거운 감정보다는 아쉽고, 안타까운 마음이 먼저 들었다. 내 눈에 들어온 것은 망연자실해서 그라운드에 서 있는 남한 팀의 선수들이었다. 나도 모르게 "우리 팀 너무 잘했는데"라는 말이 불쑥 튀어나온다. 이성적으로 북한과 남한을 한민족으로 생각하고, 남한에서 열리는 경기에 온 북한 팀을 응원했던 나는 순간 마음속 깊은 곳에서 '남한 팀'과 동일시된 나를 발견하게 되었다. 겉으로는 어떤 생각과 행동을 하던, 나를 대신해서 상대인 북한 팀과 소리 없는 전쟁을 펼친 것은 남한 선수들이었다.

경기가 끝나고 B씨는 오랫동안 상당히 객관적으로 경기를 분석하면서 남한 팀이 사실 더 잘했다고 설명했다. "와, 내 보니까 뛰는 거랑 힘은 북한이 낫고요. 그런데 뛰기만 하면 뭐해요. 이쪽은 개인기. 볼을 참 잘 다룬단 말이에요." A씨도 남한대표팀이 더 잘했다면서 북한대표팀을 깎아내린다. 그제야 나도 "아니에요. 북한 팀이 잘 했어요. 남한도 잘했는데 북한이 뭐 더 잘하던걸요." 말은 이렇게 하면서도 아쉬운 마음이 드는 것은 어쩔 수가 없다. 우리는 마치 상대방에 최대한 겸손하게 예의를 차리는 모습이었다. 경기의 흥분이 가라앉자 우리가 할 수 있는 것은 상대팀을 치켜세우면서 '그래도 다 잘했다'는 식의 훈훈한 마무리였다. 하지만 마치 이성이라는 얇은 겹을 치워내자 생각보다 더 뿌리 깊은 '국가'를 맞닥뜨리고 난 후의 멋쩍음이라고나 할까. 북한에서 온 친구들 앞에서 더 '의식적으로' 북한을 응원하던 나는 승패가 갈리는 결정적인 순간에 감정적으로 실망하는 나를 확인하였고, 애국가를 따라 부르며 북한에서 온 선수들을 안쓰럽게 바라보면서 자신들은 그들과 같지 않다고 믿었던 탈북자 친구들은 그래도 '북한'의 승리를 기뻐했다. 그렇다면 남과 북 사이에서 균열을 경험하고 있다고 믿었던 나는 거짓이었던 것일까. 북한을 부정하였던 나의 친구들 또한 자신을 속이고 있었던 것일까.

V. 두 개의 국가, 두 개의 마음

국가 대항 축구경기라는 일시적이고 이벤트적인 상황에 북을 떠나온 북한출신 주민들과 북한에 대한 관심과 애정을 갖고 있는 남한출신 연구자의 마음의 교차를 살펴보았다. 이 연구는 탈북민의 마음 혹은 남한 주민의 마음의 총체를 확인하는 것을 목적으로 하지 않는다(물론 그것이 가능하지도 않을 것이다). 다만 남북여자축구경기라는 장(場)에서 단편적이고 부분적이면서, 고정되기보다는 스쳐가는 다양한 마음의 교차를 포착하는 것을 목적으로 한다. 마음이 이데올로기와 무의식의 중간에 위치하고 있는 정서구조라고 할 때에 이것은 일상의 심연에서 작동하기도 하지만 한편으로는 의외의 순간의 경험, 감각, 감정을 통해서 발현되기도 하고, 재확인되고 있음을 주목한다. 국가대항 그것도 대치하고 있는 남북 대결이라는 가장 '이데올로기적인' 공간이, 어떤 순간에는 축구라는 매체가 갖고 있는 동물적인 의례 때문에 이성보다 심연이 존재하는 더 본성적인 집단의 심리 체계가 발현될 수 있음을 가정하였다. 이들은 관람 초반에는 자신들이 선택한 남한이라는 국가에 대한 애착을 설명하고 증명하려 하였고, 이들이 행동과 내러티브 안에서 떠나온 북한은 부정적인 의미로 상징화되었다. 물론 북한을 국가(권력층)와 북한 사람으로 이중화하고 있기는 하나, 북한은 '한심하면서도 안쓰러운 존재로' 자신들과는 어느 정도의 거리가 있다. 경기가 진행되면서 이들이 보여주는 마음은 북한대표팀이 자신들을 '대리해서' 남한대표팀을 상대하고 있는 것으로 감각했다.[10] 한국으로 이주해온 이후에 하루도 빠짐없이 '한국인'임을 증명해야 하는 상황에 직면했던 그들이 내화하고 있는 국가정체성은 어쩌면 표피적 수준에서 계속적으로 호명되고, 구축되는 것이다. 게다가 이들은 '경제이주자'로서 최대한 빨리 한국의 정체성을 습득해야만 한다는 압박을 받고 있다. 이 때문에 이들에게 '한국인임을 증명하고, 자기 자신에게조차 '한국인'임을 주지하는 것'은 정착하기 위한 어쩔 수 없는 선택이자 전략이 된다. 이는 연구자 자신도 마찬가지다. 의식적으로는 (혹은 스스로도 그렇게 생각했다) 북한에 애정을 갖고 있다고 주장하면서도, 국가대항전이라는 동물적 공간에서 자신을 대리해서 그라운드에 누비는 사람들은 빨간 유니폼을 입은 남한 대표팀이었다. 탈북자 친구들과 관계를 맺기 시작하면서 '의리' 혹은 '안쓰러운 마음' 때문에 자신이 북한에 상당한 '애정'을 갖고 있다고 믿었지만, 그 마음에는 분명한 '서열'이 존재하고 있었다. 어쩌면 북한연구자랍시고 북한 팀을 응원한다는 것 자체가 '이데올로기'의 영역에서 발현되는 나의 표피적인 의식이었다.

10   중앙일보와 인터뷰를 한 탈북자 김모씨(50)는 "여자 축구는 북한의 실력이 월등하다" 며 "기분이 묘했다. 양쪽을 다 응원했지만 솔직히 북한이 이기길 바랐다"고 말했다(김원, 2014).

문제는 이데올로기적인 측면에서의 '국가'를 걷어내면 그 아래에는 '다른' 혹은 '대치된' 국가와 연관되어 있는 정서구조가 뿌리 깊게 작동한다는 점이다. 특히 북한출신 주민의 경우 한국인이 되어야 하고, 한국인의 국가 정체성의 압박이 작동하는 일상에서 벗어나는 특정한 상황에서 이성의 언어나 논리로 설명할 수 없는 마음에서 '또 다른 국가'의 존재를 확인하게 된다. 연구자 자신도 이성적으로 통일을 지향하고, 통일을 위해 북한에 대한 따뜻한 시선을 견지해야 한다는 믿음, 덧붙여 탈북자 친구들을 통한 친밀한 감정까지 뒤엉켜 '균열된 국가 정체성'을 믿고 있지만, 그 심연의 한국인으로의 마음은 여전히 북한을 적으로 생각하는 '한국'과 깊게 연루되어 있다. 이데올로기적으로 구축되는 정체성과 그 아래 존재하는 '마음'이 대립적으로 충돌된다는 것은 그 만큼 남과 북 경계에 서 있는 탈북자와 연구자가 자기 분열적 정체성(schizophrenic)의 문제를 안게 될 확률을 높게 한다.

두 개의 국가, 두 개의 마음. 북한출신 A씨 가족과 나는 어쩌면 그 둘 사이를 서성거리고 있는지도 모르겠다. 문제는 그 두 개의 마음이 서로 대치되어 있고, 이 때문에 둘 중 하나를 선택해야만 하는 대립적 관계라는 것이다. 두 개의 국가가 사실은 이웃하고 있는 것이고, 두 개의 마음 역시 서로 연관되어 있는 것이라면 이 둘은 '선택과 서열'의 대상이 될 수 없음은 자명한 일이다. 하지만 과잉된 국가주의와 민족주의가 계속되는 한 남한으로 온 북한주민이나 북한에 애정을 갖고 있는 남한주민 모두 다 이 이항대립적 관계의 틀 안에 갇혀있을 확률이 높다. 문제는 이런 관계항 내에서는 두 개의 국가 사이, 두 개의 마음 사이, 혹은 두 개의 국가와 마음의 영역 밖에 있는 다양한 마음(들)의 동학을 포착하지 못 한다는 것이다. 중요한 것은 남과 북의 주민은 '국가'라는 큰 괴물 때문에 너무나 다양한 마음의 풍경을 단순화해왔다는 점을 잊어서는 안 될 것이다.

결국 북한여자대표팀은 인천아시안게임에서 금메달을 목에 걸었다. 게다가 남자축구결승전까지 남북한이 대결을 펼쳤다. 여자축구를 보고 돌아오는 길에 혹시 남자축구가 열리면 반드시 또 오자는 다짐을 했던 것이 기억이 났다. 남자축구 결승전이 열리기 이틀 전 다시 A씨 가족에게 다시 연락을 했다. 같이 가보자는 나의 말에 망설임 끝에 돌아온 대답은 "진짜로 보고 싶은데… 아무래도 어려울 것 같아요"였다. 아무래도 직장에 또다시 핑계를 대고 일찍 퇴근하는 것이 마음에 걸렸으리라. 나또한 다른 일들이 밀려 있던 차에 오히려 안도감이 들었다. 그러고 보니우리들은 모두 신자유주의가 맹위를 떨치는 지금 '노는 것'을 줄이고 '열심히 일해야만 하는' '임금 노동자'이다. 경쟁의 패배는 개인의 탓이고, 이 때문에 우리는 딴생각 하지 말고 끊임없이 달려야 한다. 그것이 지금우리가 함께 만들어가는 '마음'일지도 모르겠다.

제12장

결론: 공동연구원 토론문

이우영·구갑우·이수정·권금상·윤철기·양문수·양계민·김성경

I. 왜 마음의 통합인가?

윤철기　두 번째 단행본의 결론 부분은 라운드테이블, 일종의 좌담회 결과를 기록하기로 했고, 출판사에서 결론 부분에 넣었으면 좋겠다고 제안한 것이 있습니다. 북한 마음 체계의 변화, 그리고 남한 사람이 북한을 보는 마음이 어떻게 변화해야 하는지에 대한 내용이 포함되었으면 좋겠다고 출판사 쪽에서 과제를 하나 더 줘서 그 부분에 대한 것까지 같이 말씀해 주셨으면 좋겠습니다.

양문수　다른 분들은 어떻게 하셨는지 모르겠는데, 저 같은 경우는 글에 쓰인 것들을 중심으로 했거든요. 그런데 우리가 글에 있는 것들의 반복은 좀 그렇고, 그걸 가지고 각자가 재정리하는 것도 필요하지만, 거기서 한 번 더 튕겨서 말 그대로 (윤–공통적인 의견을 말씀하시는 거죠?) 꼭 공통이 아니더라도 말 그대로 그냥 일단은 예를 들어서 책에 있는 글 같은

경우는 자기가 한번 던진 거잖아요. 거기에 대한 피드백이나 그런 것들이 더 의미가 있지 않을까 싶어요. 그리고 또 본인이 이야기를 할 때 책에 있는 것과 없는 것을 구별해주면 나중에 정리하는 사람이 정리할 수 있도록. 책에 있는 내용을 굳이 단순 반복하는 건 의미가 없으니까요.

윤철기　지금 말씀하신대로 책에 나온 내용을 결론 부분에 다시 반복을 하면 결론이 라운드테이블이 아니고 결국은 요약이 될 것 같아요. 그렇게 하는 것보다는 책에 없는 것 중심으로 해서. (양-아니면 책에 있는 것을 좀 다르게) 책에 있는 것은 간단하게 아주 짧게 요약하시는 형태로 접근해 주셨으면 좋겠습니다. 먼저 포문을 구 교수님이 열어 주시는 것은? (다수-단장님이 하셔야지, 양-처음과 끝은 단장이 해야지.) 알겠습니다. 우리 단장님께서는 항상 의무가 있을 때마다 자기만 시킨다고. (웃음)

이우영　첫 번째 주제는 우리 연구단이 왜 마음에 집착하느냐 하는 것인데, 사실 일반론적 얘기로 본다면, 기존의 통합 논의에서 오랜 세월 동안 제도나 구조에 집중해온 것이 분단기의 기본적인 특징이라고 볼 수 있어요. 사실 이것은 분단 그 자체를 이념적으로 만들어 놓고 정치체제의 문제라고 생각했던 경향 때문이라고 볼 수 있는데, 일종의 정치적 과잉 때문이기도 합니다. 그런데 우리의 근대사라는 게 어쩔 수 없이 일제 강점기, 그 이후 분단시대에 남북의 역사가 전시체제가 되면서 정치중심으로 강화되었고, 냉전체제 하에서 남북한이 적대적인 경쟁을 하면서 제도와 통합 혹은 구조의 통합을 중점적으로 이야기하면서 정치적 통합 중심의 논의가 이뤄졌다고 볼 수 있어요.
　　화해협력이 진전되면서 남북관계를 설명하는 관점이 두 가지가 있다고 봅니다. 화해협력의 시작을 7.4공동성명부터라고 보기는 하지만,

실제로 90년대 이후 사회문화 교류가 진행되면서 남북관계적 측면이나 분단에 대해서 사회문화적인 측면이 상당히 영향을 미쳤다는 생각이 있죠. 또 하나는 우리 내부에 소위 87년 체제라고 하는 민주화가 성립되면서 국가와 분리되는 사회적 영역에 대한 관심이 확대되는 과정 자체가 분단문제에도 영향을 미쳤다고 보는 견해가 있어요. 학문적으로 보자면, 백낙청의 분단체제론이 나왔고 그다음 조혜정 선생님이 중심이 되었던 탈분단론 이야기가 나오면서 이런 과정에서 통합 논의 자체에도 단순히 제도나 구조, 분야별로 보면 정치적인 것뿐 아니라 사회문화적인 것, 혹은 경제나 일상의 미시적 차원까지 통합되었습니다. 이런 점에서 사회통합 논의의 발전 과정에서 사회문화적 관점이 점차 결합되었다고 볼 수 있죠. 하지만 90년대, 2000년대 이후 본격화된 사회통합 논의에서도 역시 제도적 관점이 중심이었고, 통일 논의에서도 일부 외면적 변화가 있었지만 여전히 당위성, 민족주의 혹은 단일화론 등이 유지되었다고 봅니다. 개인적으로 이런 것들을 상징하는 말이 분구필합(分久必合)이라고 생각합니다. 논어에 나온 말로, 나뉘어진 것은 반드시 합쳐진다는 의미인데, 말 자체가 틀린 말은 아니지만 통일 논의와 결합될 때는 결과적으로 복고주의 통합 논의가 되버린 셈이죠. 저는 이런 사회적 통합 논의를 동질성 체제라고 이야기하고 있는데, 소위 다양성에 대한 인식은 부족하지 않았나 싶습니다.

이런 반면 우리는 일종의 결여되었던 부분들을 좀 채울 필요성이 있지 않나 하고 생각했고, 특히 사회문화교류 현장에서 나타나는 다양한 문제들, 예컨대 교류협력이 확대되면서 생겨났던 접촉에 주목했던 거죠. 실질적으로 1990년대 북한의 고난의 행군 이후에 갑자기 폭발적으로 늘어났던 이탈 주민이 남한으로 유입되면서 나타나는 여러 가지 사회적응 과정 속에서 기존의 프레임하고는 다른 문제의식을 생각하게 되었던 것 같습니다. 결국 이런 일련의 요인들이 우리 연구단이 마음에 조금 더 집착하게 됐던 원인이 되지 않았나 싶어요.

정리해서 말씀드리자면, 사회통합 논의가 체제 속에서 구조통합에서 사회통합으로 확장되었고, 기존의 구조와 제도 차원에서 미시적이고 일상적인 영역으로 초점이 확대되어 갔는데, 이런 관점을 조금 더 발전시켜서 보고자 했던 거죠. 일상의 영역 혹은 실질적 교류협력에서는 다양한 사회적 갈등이 나타나고 있는데 기존의 전통적인 이분법적인 이념적 갈등의 구도로는 설명하기 어려운 많은 부분들이 있다고 판단했던 것이고, 이것이 마음의 통합이라는 새로운 주제를 고민하게 되었던 배경이라고 생각합니다.

윤철기　우리가 왜 마음의 통합에 집중했는지에 대해서 이우영 교수님이 크게 첫 번째는 정치의 과잉이라고 하는, 통합에 있어서 어떤 정치적인 통합 위주의 논의들이 있었다는 것. 두 번째는 체제와 제도적인 통합에 중심이 이뤄졌다는 점, 그러한 것들을 극복해야 했고, 그리고 어떤 남북한 관계의 환경적인 변화, 그리고 북한 이탈주민들의 수의 증가, 이러한 측면들에서 구체적으로 미시적인 통합 방안을 모색하는 차원에서 마음의 통합이라고 하는 논의가 진행되고 있는 것이다, 라고 말씀해 주신 것 같습니다. 그 다음은 구 교수님.

구갑우　사회통합이라는 용어를 갖고 오는 이유는 아마 탈국가중심적 사고가 필요하다는 문제의식이 있었을 것 같고요. 저는 개인적으로는 사회이론에서 가장 오래된 문제인 구조와 행위자 문제에 주목해 왔습니다. 맑스주의적 용어로 쓰면 재생산과 이행을 한꺼번에 설명하는 게 어렵다는 게 맑스주의자들의 기본적인 생각이에요. 왜냐하면 재생산을 설명할 때 보면 실은 구조에 천착하고 나머지는 괄호치기를 하는 건데, 반면에 이행을 설명할 때는 결국 행위자가 변해야지 이행이 발생할 수밖에 없기 때문인 거죠. 예를 들어 국제관계이론에서도 보면 변화의 시기에는 행위자에 중심을 두고 갈 수 밖에 없는 불가피성이 있는 것 같고. 그러기 위해서는 결국은 두 가지가 중요하다고 보는데, 우리 연구단 안에서도 계속 헷갈리고 있는 건데 개인적 행위자와 집합적 행위자 문제가 여전히 해결되지 않은 문제로 남아 있는 것 같아요. 그리고 그것들이 균열하는 지점도 나타나 있고.

　　남북관계 전체가 일종의 체제전환기, 이행기라고 본다면 그게 어떻게 보면 우리한테 행위자에 주목하게끔 했고, 행위자에 주목했을 때 가장 근저에 있는 것이 일단 마음이라고 정리를 해야 되는 거 아닌가 싶어요. 지난번에도 마음이 곧 실천인가의 문제에 대해 논의를 했고, 나중에도 이야기가 되겠지만 반드시 실천이 아닐 수 있다는 거죠. 시인들이 좋아하는 표현처럼, 보이지 않는 것을 보고 싶어 하잖아요. 예를 들어서 보이지 않는 것과 보이는 것이 분열하면서 실천으로 나타난다고 봐야 되는데, 반성적으로 보면 그 둘을 다 보려고 노력을 했는가 하는 부분이 좀 고민이 되고. 어쨌든 마음에 주목하게 되는 건 결국 행위자의 행위를 결정하고자 하는 가장 근저에 놓여있는 것, 그리고 또 다른 거시적인 이론 틀에서 얘기하면 김성경 교수님이 좋아하는 일종의 정동적 성향이 아닐까. 전반적인 정동적 선회(affective turn)인가요. 그 전에 한 번 언어적 선회(linguistic turn)가 있었다면 그것을 중심으로 해서 변화나 담론에 주목하는 것이 있다면, 근래 그러한 경향이 나타난 이유는 저는 이행의 시기라고 생각하기 때문에 그렇고, 기존에 합리적 설명으로는 규명되지 않은 그 무엇들을 보기 위해서 이성보다 감성 혹은 감정에 훨씬 주목하는 사회학적 경향하고도 연관되어 있지 않은가 싶습니다.

양문수　정동적 선회?

구갑우　정동적 선회, 일종의 감정적 선회인데. 'affective'를 어떻게 번역하느냐에 따라 용어는 달라질 수 있지만, 'affect'라고 하는 새로운 변수에 대해서 주목하려고 하는 경향들이 도처에 난무하거든요. 정치학적으로 보면 최근에 나온 일본학자의 책에서 나오듯이 "정치는 감정에 따라 움직인다"는 거죠. 그러니까 우리가 기존에 가져온 대부분의 가정이 이성에 기초한 설명으로 이어진다는 거예요. 역사를 보더라도 굉장히 합리적인 설명을 하려고 해요. 대표적인 게 북한에서 김정일은 수령제에서 볼 수 있는 것처럼 신처럼 다가오는데, 그들에게는 오류가 없는 것처럼 기술한 사례들이 우리한테는 굉장히 어색하고 비합리적인 설명이 되어버리는 거죠. 그것들을 깨기 위해서는 반드시 역사가 이성에 따라 움직이는 게 아니고 단선적이지도 않을 뿐만 아니라 굉장히 진폭이 있다는 점을 인정해야 하는 것 같습니다. 그러기 위해서는 감정이라는 것에 주목해야 한다는 게 사회학적 유행 같은 거라고 보고요. 제가 보기에는 전반적인 사회과학의 영역에서 부분적으로 그런 생각들을 하는 것 같아요. 그래서 경제학에서도 보면 노벨상은 대부분 심리학자들이 타잖아요. 노벨경제학자도 심리학자들이 타는 시대가 도래했고, 마찬가지로 행동경제학도 이성보다는 감성, 감정에 훨씬 충실한 게 조류이기도 하고요.

　이런 내용은 사회과학에서 나타나는 분위기하고도 연관되어 있는 게 아닐까 이런 생각도 듭니다. 감정이 생겨야지 거기에 따른 가치관이라고 할 수 있는 이성의 집합체가 만들어질 수 있다는 게 정치학 하는 사람들 중에 아주 일부의 주장이죠. 가령, 「100분토론」 같은 걸 보면, 그거 보고 생각 바뀌는 사람 아무도 없어요. 어떻게 하면 상대방을 더 비판할 수 있는 논리를 개발하고자 고민하지 이 이야기가 맞다고 순응하는 경우는 거의 없거든요. 이건 어떻게 보면 편견과 같은, 편견이 나쁘다는 게 아니라, 편견과 같은 감성이 만들어져 있고, 그 속에서 이성적인 구성이 이뤄진다고 해석할 수 있는 측면이 많은데, 더 올라가면 쿤이 이야기했던 패러다임 같은 것이라고 저는 보는 편인데. 거기까지 연결시키는 건 무리겠지만. 이런 전반적인 조류가 남북관계 연구, 북한 연구에 투영되고 있는 게 아닌가 그런 생각을 하는 거죠.

윤철기 구 교수님 말씀을 간략하게 요약해보면, 기본적으로 우리가 마음의 통합에 천착하게 된 중요한 이유는 어떤 사회보다는 국가에 주목하는 국가중심적인 통합 방안에서 벗어나서 행위자들을 중심으로 한 어떤 사회적인 변화와 통합 방안에 대한 논의를 진행할 필요성이 있었고, 또 사회과학적으로 감정이라고 하는, 홋카이도 대학이었던 것 같은데, 정치는 감정에 따라 움직인다는 논의가 정치학 내에서도 증가하는 것 같습니다. 이러한 논의가 진행되는 과정의 연속선상에서 마음의 통합을 봐야 한다고 말씀해 주셨습니다.

김성경 우선 전 사회통합이라는 문제부터 우리가 좀 더 고민을 해야 한다고 생각해요. 왜냐면 사회통합이라는 것이 일종의 텅 빈 기표라는 생각이 많이 들거든요. 수많은 기의를 지시할 수 있고, 그 기의는 시대와 상황에 따라 다를 뿐만 아니라 발화하는 사람의 입장에 따라서도 다를 것이라는 생각이요. 그만큼 어떤 상태가 '통합'된 사회라는 정의를 내리기도 어렵고, 어느 정도 합의를 한 상이 있다고 하더라도 그것이 가능한지도 모르겠고요. 그러니까 일종의 가치로서 '통합'이라는 것이 존재하는 것이 아닌가 하는 생각이 듭니다. 제가 사회학을 해서 익숙한 사회학자들의 연구를 좀 살펴보면 사회학의 아버지(왜 어머니는 없는지는 모르

겠지만)들인 맑스, 뒤르켐, 베버 같은 사람들이 가장 천착했던 연구문제
가 바로 급변하는 시대, 즉 자본주의가 태동했던 그 시기에 분열된 사회
를 어떻게 통합할 수 있을까라는 주제였어요. 그만큼 그들이 보기에는
자신들이 살던 시기의 가장 엄중한 사회적 문제가 '통합'이었다는 것일
수도 있고, 수백 년이 지난 지금까지도 여전히 '통합'의 문제가 사회학의
주요 문제인 것을 보면 그만큼 현실에서 해결하기 어려운 문제라는 생
각도 들고요. 그런 측면에서 통합은 특정 사회의 '상태'를 의미하는 것이
아니라, 그 사회가 추구하는 가치나 지향일 수 있겠다는 생각이 들어요.

물론 한반도의 상황을 봤을 때 통합의 문제를 단순히 '가치'나 '지
향'으로 국한하기에는 '분열'과 '대립'의 정도가 너무 심한 것도 사실이지
요. 흙수저 논쟁에서도 드러나듯이 빈부격차는 날로 심해지고 있고, 지
역감정과 같은 정치적 분열 또한 여전히 심각한 수준입니다. 세대와 젠
더에 따른 갈등 또한 점점 더 심각해지고 있는 양상입니다. 그중에서도
남과 북의 분단으로 인한 분열과 대립이 곳곳에서 작동하고 있습니다.
소위 말해 '종북', '친북', '남남갈등'이라고 말하는 대부분의 대립과 반목
은 분단과 냉전이 만들어 내고 강화시킨 갈등 양상이라고 할 수 있어요.
게다가 최근 30,000여 명을 넘어선 북한출신자가 과연 한국 사회에 동등
한 일원으로 그 나름의 역할과 사회적 위치를 구축했는지 또한 회의적입
니다. 게다가 남과 북은 전세계 역사상 가장 참혹한 내전이라는 평가를
받고 있는 한국전쟁을 경험했습니다. 서로에게 총부리를 겨눴던 그 기억
이 쉽게 잊히지 않겠지요. 그것만이 아닙니다. 남과 북은 지난 70여 년간
서로를 '적'으로 규정하면서, 각 국가의 정체성을 구축한 경향이 강해요.
굳이 분단체제론을 들먹거리지 않아도, 남과 북은 그런 측면에서 서로에
대한 적대감을 근간으로 각자의 사회를 유지해왔습니다. 이런 상황에서
남과 북이 통일을 꿈꿀 수 있을까 그런 의구심이 있는 것도 사실입니다.

하지만 남과 북이 지금처럼 서로를 비방하고 적대하면서 살 수만은 없습니다. 분단으로 지금껏 각자의 체제를 유지했지만, 이제는 분단의 사회적 비용이 너무 커져 버린 거지요. 남과 북 둘 다 분단으로 인해 절름발이로 살고 있는 것과 다름없어요. 어떻게든 남과 북은 관계개선을 해야만 합니다. 그렇다면 남과 북이 서로 마주할 때 무엇이 가장 어려운 문제일까요. 제가 주목했던 것은 서로를 적대하는 그 심성, 즉 마음이라고 생각했습니다. 사실 정치 체제나 경제 구조 등의 문제는 해결할 '방안'을 만들어낼 수 있다는 측면에서 '문제 해결'이 가능한 영역입니다. 하지만 사람들 사이의 알 수 없는 적대심, 불편함, 어색함 등은 그 원인을 찾기 어렵기 때문에 더더욱 해결할 '방안'을 만들어내는 것도 어렵습니다. 예를 들어 한국의 젊은 세대는 일본 식민지를 경험하지도 않았지만, 일본에 대한 막연한 불편함이 있어요. 일본과의 국가대항 축구 시합에서의 한국인의 마음, 태평양전쟁 시기의 성노예 사건의 문제, 일본의 개헌에 대한 위기감 이런 것 등은 뭔가 설명할 수는 없지만 오랜 시간 동안 한반도에 사는 사람들 사이에서 전수되고 공유되어 온 일종의 '감정구조(structure of feeling)'라는 생각이 듭니다. 그만큼 특정한 원인에 의해서 일방적으로 '생산'된 것이 아닌 오랜 시간동안 시공간의 무게를 배태하여 사람들의 몸과 마음에 쌓여있는 것이지요. 그만큼 모호하고, 쉽게 변하지 않습니다. 그리고 무엇보다도 그만큼 사람들의 행동과 의식에 중대한 영향을 미칩니다.

남과 북도 마찬가지라는 생각이 들어요. 서로를 적대시한 그 기억과 경험이 쌓여서 서로 다른 마음체계를 만들었고, 이는 서로를 이해하거나 감각하지 못하게 할 확률이 높아요. 그 적대적 감정, 불편한 감각 등이 서로를 오롯이 마주보지 못하게 하는 것이지요. 그렇다면 어떻게 할 것인가라는 문제가 남습니다. 즉, 남과 북이 이대로 계속 분단되어 살 수는 없고 화해해야 하는데, 그 과정에서 가장 어려운 것은 바로 사람들의 다른 마음이라는 결론에 이르게 된 것이지요. 그래서 마음의 통합이라는 주제를 고민하게 된 것 같아요. 여기서 중요한 것은 앞서 말씀드린 것처럼 '통합'을 도달해야 할 어떤 형태로 생각해서는 곤란하다는 사실입니다. 다시 말해 서로의 다른 마음 체계를 서로 소통할 수 있고, 이해할 수 있는 그 지향으로서 '통합'의 상을 논의해야 한다고 생각해요. 그만큼 각자의 다른 마음을 면밀하게 아는 작업도 중요하고, 그 작업의 방향성은 서로 소통하여 이해하는 것, 즉 통합의 지향 아래 이루어져야 한다는 뜻입니다.

윤철기 남북한 마음의 통합 연구단의 '마음의 통합'에 천착하게 된 것은 기존의 정치적이고 제도적인 사회통합 방안이 가지고 있는 문제와 한계 때문입니다. 한국사회에서 사회통합에 대한 논의는 정부가 주도해왔어요. 정부주도의 사회통합은 시민들을 통합의 주체로 인식하기 어렵게 만들 수 있다는 문제에 직면할 가능성이 높아요. 법과 제도를 통해서 통합을 주도하게 되었을 때 역설적으로 사람이 소외되고 배제될 위험이 존재하는 것이죠. 정부 주도의 사회통합은 일반적으로 사회적으로 배제되거나 소외된 사람들을 법적으로 보호하고 사회적 배려를 의무화하는 방식으로 추진되고, 그 이후는 책임지지 않습니다. 법적인 보호와 배려의 의무화가 끝나고 나면 정부가 할 수 있는 일은 캠페인 말고는 없는 거죠. 법적인 보호와 사회적 배려를 하려는 사람들에게 사회통합은 의무가 되고, 그 대상이 된 사람들은 동화되고 적응하기 위해서 노력해야만 하는 숙제를 떠안게 되는 겁니다. 사람에게 모든 의무와 책임을 떠넘기는 사회통합은 사실 강요에 가까워요. 그래서 이제 우리는 사람을 통합의 중심에 두고 고민해야 한다, 즉 마음의 통합은 '사람 중심의 통합'이어야 한다고 생각합니다.

　마음의 통합은 이러한 하향식 사회통합 방안의 문제를 극복하고 사회통합에 대한 새로운 접근을 시도하기 위해서 시작되었어요. 마음의 통합을 '위'에서 강요하게 된다면 그것은 전체주의와 다름없습니다. 권력이 개인의 마음을 지배하려는 마음을 먹는 것 자체가 이미 폭력적인 것이에요. 전체주의 사회에서 권력은 개인을 끊임없이 감시합니다. 권력에 의한 미행과 도청은 물론 그리고 시민들 상호간의 감시를 일상화하고 신고를 의무화해요. 마음의 통합은 이러한 전체주의적 통합을 단호히 거부합니다. 마음의 통합은 결코 누군가에 의해서 마음을 지배하고 강제함으로써 성취되는 것이 아니에요. 전체주의 사회마저도 마음의 지배에는 결국 실패했어요. 마음은 숨길 수 있는 것이기 때문이에요. 마음의 통합은 누군가의 힘에 의해서 강요될 수 없는 것이에요. 그래서 마음의 통합은 '아래부터의 사회통합'이에요. 정부가 주도하는 통합이 아니라 시민들이 주체가 되는 통합입니다.

　마음의 통합은 진정성(authenticity)을 필요로 합니다. 마음은 단지 말로 표현되지 않습니다. 표정과 몸 그리고 행동으로 표출될 수 있어요. 말로는 서로에 대한 배려와 존중을 이야기하면서 표정과 행동으로는 다를 때가 적지 않아요. 일본어에서 마음을 표현하는 단어는 직접적인 표현인 '코코로(こころ; 心)'도 있지만 간접적인 표현에 해당하는 '혼네(ほんね; 本音)'도 있어요. '本音'의 한자를 그대로 뜻풀이를 해보면 '본래의 소리'예요. 이는 한국식으로 이야기하면 본심에서 우러나온 말을 의미합니다. 이는 곧 겉으로의 표현과 진짜 속마음이 다를 수 있음을 암시해요. 이는 곧 마음이 숨길 수 있는 있는 것이라는 점을 말해줍니다. 사실 마음은 쉽게 알기 어려워요. 마음의 통합은 숨겨지고 가려져 있는 본래의 마음에 주목합니다. 그리고 마음의 통합은 그 숨겨져 있던 마음들이 만나

흉금을 터놓고 소통함으로써 서로를 이해하고 배려하며 존중하게 된 상태를 의미해요. 그래서 마음의 통합은 매우 어렵고 실체를 알기 어렵지만 '진정성 있는 통합'이에요.

II. 마음은 무엇이고, 우리는 마음을 어떻게 알 수 있는가?

윤철기　두 번째 주제는 우리가 마음을 어떻게 알 수 있는가의 문제인데, 주로 접근법, 방법론에 대해서 연구자들 간에 다소 차이가 있습니다. 사실은 이 부분에 대한 해명이 어쨌든 있어야 할 것 같습니다. 왜 우리가 마음에 대해 다르게 접근하고 있는가에 대해서 해명하는 시간을 갖겠습니다. 글을 주신 분들도 좋고 안 주신 분들도 좋고 글에 없는 것 중심으로 해서 말씀해 주시면 좋겠습니다.

김성경　제가 마음에 관련된 연구를 발표할 때마다 가장 많이 받는 질문이 바로 '그래서 도대체 마음이 뭐냐'는 것이었어요. 누구는 'the emotional turn'이라고 설명하면서 감정이라고 정의하기도 하고, 또 다른 누구는 '정동(affect)'이라고 하기도 하고, '감각(perception)'이라고 설명하는 사람들도 있습니다. 대체적으로는 이성 중심의 사고방식, 혹은 근대성에 대한 비판으로 비이성의 영역에 주목하는 시도의 한 조류가 바로 마음 연구라고 볼 수 있을 것 같습니다. 어쩌면 이성과 감정 혹은 이성과 몸을 구분하는 이분법을 교란하려는 시도로 마음 연구를 위치 지울 수 있을 것 같아요. 인간이 어떤 행동을 할 때 단순히 '이성'에 의한 계산으로만 하는 것이 아니라 이성, 감정, 의지, 감각, 몸의 반응 등이 다 결합하여 일종의 화학작용을 일으킨다는 문제의식이에요. 근대에 주목한

주류 사회과학은 지금까지 연구의 영역을 '이성', 즉 로고스에 중점을 두었고 이 때문에 상당부분의 인간의 행동이나 사회 현상을 설명하지 못했다는 생각이 들어요. 이런 맥락에서 제가 정의하는 마음은 인간의 행동을 만들어내는 힘, 그리고 그 힘은 모호하고, 무형의 어떤 것으로 이성, 감정, 의지, 감각 등의 총체인 것이지요. 뿐만 아니라 제가 마음을 살펴보는 것은 단순히 '심리적' 작동 혹은 유행에 따라 '비이성'의 영역에 관심을 기울이는 것에 머무르는 것이 아니라, 우리의 사고방식과 지식에 내재화된 근대와 이성에 대한 뿌리 깊은 맹신에 대한 의문을 제기하려는 하나의 시도이기도 합니다. 하지만 여기서 제가 꼭 강조하고 싶은 것은 마음에는 분명 '이성'이 포함되어 있다는 사실입니다. 즉 마음이 주목하는 것은 기존의 '이성'을 해체하는 것이 아니라, 이성과 비이성의 다른 영역이 어떤 결합과 관계상을 만들어 내는가 하는 점입니다. 이런 측면에서 뒤르켐의 사회적 실재(social facts)라는 개념이 흥미로운데요. 전 마음이 일종의 사회적 실재라고 생각해요. 사회 내에 존재하면서 동시에 외재하고, 특정한 구성요소로 구성되어 있지만, 그렇다고 각각의 구성요소로 분해되거나 구분되어서 작동하는 것이 아니라는 맥락에서요.

마음은 이처럼 모호하면서, 광의의 영역을 아우르고 있습니다. 이 때문에 마음을 '연구'하는 것에는 여러 가지 문제가 있습니다. 연구문제를 어떻게 설정해야 하는지, 적절한 연구방법은 무엇이 되어야 하는지, 분석된 마음은 어떻게 서술되거나 설명되어야 하는지 등의 문제입니다. 결국 근대와 이성이라는 틀에 고정된 사회과학의 언어와 방법론으로 '마음'을 분석하는 것이 가능할까 하는 의문 또한 있는 것이 사실입니다. 그래서 제가 선택한 방법은 마음을 '방법'으로서 경유해본 것입니다. 마음에 대한 불필요한 논쟁에서 한걸음 빗겨나가서, 마음이라는 개념을 전유했을 때 드러날 수 있는 사회 현상이나 인간의 행동에 초점을 맞춰 분석하자는 것이지요. 그리고 분석 수준을 미시적 상황으로 국한시켜 행동을 만들어내는 힘으로서의 마음에 접근해보려고 시도했습니다. 북한주민의 마음을 '생활총화'와 '검열'이라는 상황에 국한시켜 분석한 연구 성과물이 그러한 시도의 한 조각이라고 할 수 있습니다.

또 다른 방법으로는 자아문화기술지라는 것인데요. 전 북한주민의 마음을 연구할 때 연구자의 마음 또한 고려해야 할 대상이라고 생각했어요. 왜냐면 마음이라는 것이 특정한 순간이나 상황에서 발현되기보다는 상호작용 속에서 드러나는 경향이 강한데, 이때 연구자의 위치가 걸림돌이 될 수 있기 때문이지요. 그래서 좀 더 적극적으로 연구자와 연구대상자, 즉 북한출신자가 특정 상황에서 서로 어떤 마음으로, 어떤 행동을 하는지를 분석하려 했습니다. 물론 그 과정이 쉽지는 않았습니다. 분석도 그렇지만, 그것을 어떻게 서술할 것인지도 문제였으니까요. 자아문화기술지는 과학적 글쓰기를 지양하고, 좀 더 친근하면서 서사적 글쓰기를 지향하는데요. 이러한 글쓰기 방식이 북한연구나 기존의 사회과학 연구자들에게는 낯설게 느껴졌던 것도 사실인 것 같아요. 저 또한 연구자 자신을 드러내는 글쓰기의 감정적 고통이 상당했었습니다. 게다가 그것보다도 더 중요한 것은 연구대상자와 연구자 사이의 거리의 문제, 신뢰 형성의 가능성, 윤리적 관계 및 책무 등 복잡한 문제에 맞닥뜨리게 된 것이지요. 답답하게도 그 해답은 아직도 명확하게 찾지 못했습니다. 어쩌면 영원히 풀 수 없는 문제가 아닌가 하는 생각도 들어요. 특히 소수자 연구를 할 때 연구대상자와 연구자의 윤리적 관계에 대한 질문은 제가 연구를 계속하는 한 계속 안고 가야 하는 존재적 질문이라고 생각합니다.

양문수　김성경 교수님 말씀은, 기존에 논의했던 감정에서 벗어나서 마음을 방법으로서 경유해 본다는 의미네요. 예전에 구갑우 교수님도 마음

을 선험적으로 정의하지 말자는 이야기를 했던 것 같은데요. 특히, 마음
에 주목하는 건 기존의 이성을 해체하는 것이 아니라 이성과 비이성의
다른 영역들이 어떤 결합과 관계성을 만들어 내는가의 문제라는 부분이
인상적이었던 기억이 있어요. 마음은 모호하면서 광의의 영역을 아우르
고 있기 때문에 마음을 연구하는 데 있어서 문제도 있을 수 있지만 방법
으로 접근할 수 있는 영역 역시 존재한다는 것이죠.

이우영　　이 논의는 앞서 나온 왜 마음 연구를 하는가의 문제와도 연관된
다고 봅니다. 남북관계에서도 실질적인 남한의 사회적 변화와 환경이라
는 게, 구교수가 이야기했듯이, 학문적 관심사에 대한 변화와 결합했다
고 볼 수 있죠. 사실 포스트모던 인식이라는 것이 근대적 합리성을 기반
으로 된 학문과의 관계에서 충돌의 가능성이 있다고 봐요.
　　여전히 근대적 합리성의 논리 구조를 바탕으로 하는 학문이라는 기
본적 토대에서는 우리가 강조하는 주제와 내용이 다루어지기 어렵다는
근본 모순이 있다고 봐요. 실제로 분석적으로 접근하거나 논문을 쓰려고
할 때 고민되는 지점인거죠. 이런 문제의식은 충분히 충돌할 가능성이
있다고 보는 것이고, 요즘 연구자들이 다 마찬가지지만 정신을 다뤘다고
는 해도 기본적으로는 다 근대적 합리주의적 학습에만 익숙해 있기 때문
이에요. 그래서 포스트모던이 문제 삼는 것에 대해서 무엇인지 알겠다고
는 할 수 있지만 포스트모던적인 현실 분석 같은 것이 기존의 구도에서
는 쉽지 않은 것이죠.
　　여기에는 여러 가지 이유가 있겠지만 근본적인 논리적 모순 관계가
있다고 보고, 마음 연구에서도 그게 충돌하지 않나 싶어요. 그런 고민도
좀 있는 거지. 우리 스스로도 그렇지만 외부에서도 그런 생각을 할 것 같
아요. 이런 것이 아니라고 이야기하는데 막상 글 쓴 것을 보면 결국 그

이야기 아니냐? 그런데 그것이 우리 연구진의 한계가 아니라 근본적 모순 관계에서 비롯된 것이 아닌가 하는 생각이 들어요. 우리가 학문적으로 평가할 수 있는 기준이라는 건 결국 근대적 합리성에 바탕을 둔 기준들인데 거기서 어긋났을 때 그것이 갖고 있었던 어떤 타당성이라든지 그런 것들을 어떻게 확보할 것인가 고민되는 것이죠. 그런데 사실 우리가 해결할 수 없는 문제거든요. 이런 주제에 대해서 계속 시도해 보면서 여러 가능성들이 축적되지 않을까 싶은데, 그렇다면 근본적 모순이 있다는 것을 전제해야 될 것 같고요.

다만 마음연구 같은 경우는 복합성이나 이런 요소들이 핵심적이라고 저는 개인적으로 보고 있어요. 사실 핵심 개념에 대해서는 연구진 내부에서도 고민이 많고 밖에서 보는 사람들도 똑같이 물어보는 건데, 어떻게 보면 기존에 이야기했던 것들로는 다 맞지 않기 때문에 우리가 마음이라는 것에 힘을 줄 수 있는 것이거든요. 그래서 아까 구갑우 교수님이 이야기했던 것처럼 감정이라는 것만 다룰 수 있는 것도 아니고요. 저는 그냥 근본적으로 복합적 층위성 이런 내용에 초점을 맞춰야 하지 않나 싶어요.

양문수　복합적, 다층적, 중층적, 혼성적, 혼종적……

이우영　혼종적은 김성경 교수님이 좋아하죠. 어쨌든 그렇기 때문에 마음은 사실 전체적으로 보는 것도 필요하지만, 편의주의적일지 몰라도, 마음에 대해서는 여러 가지가 있다고 전제해야 하지 않나 싶어요. 생각해보면, 마음이 여러 가지 요소일 수 있어요. 예를 들어 내가 물건을 산다고 했을 때, 어떤 경우는 모양이 예뻐서 살 수 있겠고, 어떤 경우는 소위 가성비라고 해서 가격이 좋아서 살 수도 있고, 내가 필요해서 살 수도 있거든요. 그런데 사실 물건 고를 때 보면 복합되어 있잖아요. 필요하기도 하고, 물론 나는 불필요한 것도 많이 사지만, 이게 복합되어 있는 거지. 그래서 총제적으로 이야기하는 것도 좋겠지만, 하나하나 나눠서 볼 수밖에 없지 않겠나 하는 생각이 들어요. 어떻게 보면 역으로 전체에 묻어서 본다는 것도 개념적 전체주의라고 볼 수 있기 때문에 나눠서 볼 수밖에 없고요. 그렇다면 각 요소들, 어떤 분들은 좀 더 감정 쪽에, 정서 쪽에 치우친다면, 윤 교수님 같은 분들은 이데올로기에 조금 집중한다든지, 어떤 분들은 심리 영역에서 전통적인 심리학적인 방향으로 갈 수 있겠고, 또 역사의식이라든지 이렇게 다양하게 갈 수밖에 없지 않은가 하는 생각이 들어요. 그러고 보면 우리가 마음이 뭐다, 그래서 뭔데? 이런 질문 자체도 근대적 질문이 아닌가. 결국 다양한 내용과 접근방식이 모여 전체로 묶여질 수 있지 않겠나 생각해요.

구갑우 서양이든 동양이든 마음에 관한 오래된 논쟁들이 있는 거잖아요. 근대 이전도 그렇고, 조선시대도 마찬가지고요. 그러니까 우리가 가장 가까운 거는, 예를 들어 데카르트와 파스칼을 찾아서 논의를 했지만, 그들은 굉장히 다른 마음에 집중하고 있었고요. 같은 시대를 살면서도 한 쪽은 정말 로고스중심주의(logos-centrism)라고 하면, 파스칼은 정반대 얘기를 하고 있죠. 그런데 어떻게 보면 전반적으로 데리다가 한 이야기긴 하지만 요한복음 1장 1절, 태초에 말씀이 있었다는 거잖아요. 그 말씀은 로고스였고, 그 로고스가 이제 신이 되는 것이죠. 그 논리 구조를 어떻게 보면 깨고자 하는 시도들이 마음까지 이어지고 정동적 선회까지 이어지는 일단은 포스트모던을 경유해서, 포스트구조주의(post-structuralism)라고 이야기하는 것까지 포함해서 일종의 과정이고, 다시 반복이지만 결국은 그 합리성에 대한 과정을 깨는 여러 가지 시도들은 있는 거잖아요. 예를 들어서 푸코의 계보학이라는 것도 마찬가지에요. 계보학이라는 게 역사가 마치 처음과 끝이 있는 것처럼 서사하면 안 되겠다는 문제의식을 굉장히 크게 갖는 것이고, 그 기원과 전개과정은 다를 수도 있다는 이야기를 해보고 싶어 하는 거고요.

그러면 그 여러 가지 균열지점을 보여주는 것이 어쩌면 상당히 중요한 지점일 수 있는 것 같아요. 예를 들어 이우영 교수님이 이야기하신 불필요한 물건을 사는 것도 행동에서 중요한 구성요소, 마음의 표현이라는 거죠. 그런데 우리는 불필요한 걸 사는 걸 항상 제거해 왔고, 거기에 대해서 의미를 부여하지 않으려 했는지 모르는 거고요. 그런데 그 불필요한 걸 사는 것이 개인이라는 한 사람의 마음에 어떤, 어떻게 보면 우리가 이성적으로 보면 불필요한 것 같지만 본인에게 있어서는 중요한 마음의 표현일 수도 있다는 생각을 하게 되면 의미부여가 완전히 달라질 수 있는 거라는 생각이 든다는 것이죠, 마음 문제에서는.

또 하나 개념과 관련해서는, 김성경 교수님이 그렇게 쓰고 있지만, 동서양을 막론하고 마음이란 말은 상호작용을 염두에 두고 있는 거잖아요. 그러니까 마음은 마치 어떤 개인이나 집단에게 독립적인 실체로 존재하는 게 아니라 항상 상대방이나 타자를 염두에 두면서 형성되는 그 무엇이라고 볼 수 있죠. 이건 농담인데 진화심리학자들은 언어를 발명한 이유가 마음을 감추기 위해서라고 이야기할 정도에요. 그 다음에 우리 연구에서 제일 혼란스러워하고 있는 게 개별적 마음과 평균적, 집합적 마음이에요. 그런데 개별적 마음에서 평균적 마음을 도출하는 것은 전형적인 구성의 오류거든요. 반드시 개별적 마음이 평균적 마음으로 가지 않을 수도 있고, 평균적, 집합적 마음에서 개별적 마음을 규정하는 정반대 방식도 쓰고 있어요. 이건 전형적인 생태학적 오류인데, 그러니까 그걸 우리가 방법론적으로 어떻게 해볼 수 있을까 고민이에요. 제가 보기에는 사실, 사람들이 마음체계나 마음체제를 쓰는 이유는 평균적, 집합적 마음에 의미를 부여하기 위해서 쓰는 거예요. 여기 계신 분들 글을 쓴 걸 보면 어떤 분들은 굉장히 개별적인 마음들을, 특히 인터뷰하시는 분들 보면, 정리하고 계시거든요. 제 생각에는 그 둘 사이의 관계에 대해서는 과도하게만 의미부여만 안 하면 되고 드러내주면 되지 않나 싶어요.

윤철기 집단하고 개인 간의 관계에서 집단의 마음을 조금 캐치해 낼 수 있는 어떤 방식들이 있는 것 같은데, 개별적인 마음을 캐치를 하게 되면 이것을 사실 어떻게 해석할 거라고 하는 문제로 접근해 보면, 결국은 집단적인 또는 평균적인 어떤 생각으로 환원시켜서 다시 해석하기 쉬운, 쉽게 말하면 그렇게 해야 논문을 쓰기 쉬운 것도 사실이거든요. 그런 부분에서 조금 어려운 부분이 있지 않나 싶어요. 저도 사실 이데올로기라고 하는 것으로 접근하게 됐던 이유는 집단이라고 하는, 집단성이라고 하는 어떤 정체성을 접근하기에 상대적으로 용이한 개념이다 싶어서 이렇게 접근을 했는데 이 과정상에서 이제 변하는, 아까도 말씀하셨던 것처럼 어떤 집단 속에서 있기보다는 어떻게 보면 개인 속에도 있을 확률이 더 높은, 개인의 마음속에 오히려 변화, 우리가 체제 이행의 그런 과정에서 어떤 변화의 시작이 행위자에서 시작된다면 개인에게 오히려 그런 변화의 징후들을 찾아내고, 이러한 것들이 어떤 사회적 의미를 갖고 있는가라고 하는 것을 해석해내는 것이 필요할 텐데 그걸 어떻게 접근해야 할지 사실 잘 모르겠는 게 사실이고.

구갑우 그러니까 한쪽 끝에 원자론(atomism)이 있다면 다른 쪽 끝에는 전체론(holism)이 있는 거고, 그 중간 어디쯤에 방법론적 개인주의나 반환원주의라고 부를 수 있는 것들이 존재한다면, 최소한 우리는 그 두 개를 모두 열어놔야 된다고 생각하는 편이에요. 방법론적 개인주의로 가서 그 속에서 집합적 마음을 도출하는 과정도 있을 수 있고, 집합적 마음을 개인적 마음으로 환원할 수도 있다라고 이야기할 수 있는 거고, 그 개인의 마음으로 환원되지 않는 집합적 마음의 존재 같은 경우도 얘기할 수 있는 거고요. 그렇기 때문에 일종의 방법론적 전체주의로 가면 안 될 것 같고 그 중간에서 어쨌든 유동할 수밖에 없는 것들이 있지 않을까 싶어요.

이우영　사실은 그건 관심사에 따라 다르잖아.

구갑우　네, 주제마다 다르죠.

이우영　그래서 그것도 일률적으로 이야기하기 어렵다고 봐요. 방법론적 개인주의라든지 개별 특수성이 존재한다고 보면 그걸로 충분하다고 생각해요.

구갑우　나도 충분하다고 생각해요.

이우영　어떤 경우에는 근본적으로 집합적 마음체계에 대해서 이야기하는 것이 의미가 없다고까지 극단으로 얘기할 수 있는 것이거든요. 나는 과연 그걸 조율할 필요가 있을까 하는 생각을 하기도 해요. 어떤 사람들은 그냥 보편적 마음을 찾는 것 자체를 중시하는 사람들도 있고. 그러면 방법론도 거기로 가야 할 것이고, 어떤 사람들은 그 자체가 의미가 없다고 보는 사람들도 있기 때문에 그것대로 보는 거죠.
　　이론적으로 우리가 처음 이 사업 시작할 때 고민했던 게, 신복룡 교수도 얘기했듯이, 점점 더 심학적인 생각이 들어요. 사실 우리 프레임에 대해서 사람들이 잘 모르고 관심이 없어서 그러는데, 유학에 대항하는 게 심학이거든요. 그러니까 유학사적으로 보면 결국 전통적 성리학에 대해서 반발하는 것이 심학이에요. 대신 그걸 전체로 보면 물론 다르긴 하지만 프레임은 좀 합리주의에 대한 반대로서 포스트모던인데. 지난번에 중앙일보인가 보니까 서양철학으로 유명한 사람이 동양철학만 본다고 하던데. 결국 근본적으로 존재하는 프레임 차이를 어느 정도에서 인정할 것인가 라는 문제에 대해서 꼭 합쳐야 되나 하는 문제의식을 갖고 있기도 하고요.

구갑우 그 문제가 우리 책의 단행본 챕터를 나눌 때도 중요한 것 같아요. 김성경 교수 글을 보면 과학적 글쓰기와 서사적 글쓰기를 구분하고 있잖아요. 그리고 서사적 글쓰기가 이른바 주류 사회과학자들한테 굉장히 낯설게 보이는 것 같아요. 김성경 교수님 보면 자신의 감정적 고충을 드러냈을 때 그것들을 보는 다양한 시선들이 불편한 거죠. 그런데 그게 한 축인 거고. 정반대로 고전적인 방식을 그냥 견지하는 또 다른 한 축을 그냥 견지해도 저는 상관없다고 생각하는 거예요.

이우영 김성경 교수가 말씀하신 자아문화기술지 그런 것들이 선도적인 탈분단시대를 열 수 있게 했죠. 똑같은 주제를 가지고 보신 분은 알겠지만 탈북자하고 같이 한 페이지씩 나눠서 쓴 게 있거든요. 똑같은 이야기를 둘이 같이 쓰는 거야. 그런 것도 그냥 한 축의 한 파트인거죠. 매번 똑같은 주제를 남한 사람이 쓰고, 북한사람이 쓴 거예요. 지금 어떤 면에서 보면 기존의 것들을 다 무시하는 게 아니라 이론이나 방법론이나 개념에 대해서 충분히 고민해야 되지만 방법론적으로 우리가 너무 소심하지 않나 이런 생각이 들어요. 우리가 하는 연구 자체가 과감하게 새로운 시도를 하는 거거든요. 평가에 집착하다 보니까 너무 수세적이었는데 개념이나 방법론에서 조금 더 공세적으로 발전시킬 필요도 있지 않을까 싶어요.

구갑우　제가 개인적으로 문학을 하는 이유는, 정치경제적 구조라는 게 있다면 그게 개인이라는 소설가에게 강제되는 측면이 있는데, 개인으로서 가질 수 있는, 문학이라는 장르가 가질 수 있는, 일종의 자율성 같은 것들이 어떠한 식으로 터져 나오는가가 궁금한 거예요. 그런데 문학이라는 것이 결국은 대중에게 소비된다면 대중의 마음체계를 주도하는 데 일종의 기여를 할 수 있다고 생각하기 때문에 그 소재를 문학으로 잡고 있는 거구요. 그리고 그 속에서 어떻게 보면 마음의 또 다른 한 축이라고 할 수 있는 감성, 감정이라는 것들이 드러날 수 있게끔 하는 가장 좋은 매체라는 생각 때문인 건데요. 그래서 저 같은 경우 그렇게 분명히 하고 글을 써보고 싶은 생각은 지금 계속 있는 거 같아요. 구조와 행위자, 거시와 미시를 횡단하고, 가로지를 수 있는 방법이 무엇일까에 대한 고민인 건데, 그걸 전부 다 고민할 필요는 없는 것이고요. 김성경 교수님처럼 전형적으로 미시적 수준에서 나타나는 이성과 감성의 충돌 이런 것들을 확연히 드러내 주는 방법으로 가는 것도 어떻게 보면 방법론적 개인주의에 가장 부합할 수 있는 거라 생각해요. 그러니까 자기가 가고 있는 길이 어딘지만 잘 짚어주면 괜찮지 않을까요?

III. 북한 주민들의 마음은 어떠한가? 마음의 변화는 있었는가? 있었다면 무엇이 달라졌는가?

윤철기 그 다음에 세 번째 북한 주민들의 마음의 변화에 대한 부분으로 넘어가겠습니다. 이 부분은 저희 두 번째 단행본에서 가장 많은 내용을 담고 있고, 많이 강조해야 될 부분들이었던 것 같습니다. 보내주신 글 외에 하고 싶으신 말씀이 있다면 말씀해 주시면 좋겠습니다. 아까 구 교수님께서도 체제 변화 또는 체제 이행, 전환, 다양한 표현을 쓰셨는데, 이러한 변화과정 속에서 북한 주민들이 어떠한 마음의 변화를 경험하고 있고, 그런 마음의 변화를 우리가 어떻게 포착해 냈고 어떻게 설명해 내고 있는지에 대해서 설명해 주시면 좋겠습니다.

양문수 북한이란 대상 자체도 그렇고 남북한 관계라는 대상 자체도 전반적인 학문의 보편성의 관점에서 본다면, 보편성도 있겠지만 특수성도 있겠죠, 기존의 근대화론과 같은 근대적인 학문체계로 설명이 안 되는 부분들이 꽤 있을 것 같아서 우리는 마음으로 간다, 이런 설명도 나쁘지는 않을 것 같아요. 북한 같은 경우에도 제가 하는 영역들과 일정 부분 연관성을 갖고 있죠. 전체적으로 북한이 경제 위기 이후에 사회경제적인 변화를 이끌어 가는 동력이 시장화 부분인데, 그것으로 인해서 사람들의 생활뿐만 아니라 마음이라고 일컫는 그런 것들이 변화를 하는데, 사실은 한국 사회에서 그것을 볼 때 흔히들 이야기하는 우리의 시각 내지는 기존의 시각으로 보기 때문에 놓치고 있는 것들이 이번에 설문조사 같은 과정에서 좀 부분적으로 나타나지 않았나 싶어요. 어떻게 보면 역사가 단선적으로 변하지 않듯이 마음체계도 단선적으로 변하지 않는다는 것이죠.

예를 들어 시장화가 발달된다고 해서 다른 나라들처럼 결국 체제 변화 내지는 체제 이행으로 갈 거냐 그리고 자본주의화가 그렇게 빨리 진행될 거냐 하는 문제가 제기되죠. 그런 요소가 침투하는 건 분명하지만 저는 거기에 대해서는 과연 그럴까 의문이었고. 이번 조사에서도 그런 경향들이 좀 나타나고 있는 것으로 봐요. 북한이라는 나라가 시장화가 진전된다고 해도, 물론 장기적으로 보면 재스민 혁명이라든지 그런 정치적인 격변을 겪겠지만은, 다른 나라들처럼 그렇게 쉽게 변하지는 않을 거라는 거에요. 기존의 시스템이 무너지고 새로운 시스템이 나와야 되는데 과도기적 내지는 제3의 형태라는 부분들이 생각보다는 길게 갈 수도 있고요. 정확하게 설명하기 어렵지만 나름의 생명력을 가질 수도 있는 것들이 어떻게 보면 이러한 마음체계, 물질주의, 개인주의 이런 두 개만 보더라도 그런 것들의 단초를 발견한다는 부분들인 거죠. 그러니까 기존의 것들이 일정 부분 무너지더라도 우리가 생각했던 대척점에 있었던 새로운 것들이 나타났냐 하면 꼭 그런 것만은 아니라는 거죠. 그래서 아까도 얘기했듯이 다층적, 복합적, 혼종적, 다중적 그런 것들인 것 같아요. 또 어떻게 보면 우리가 보는 관점에서 모순적일 수도 있는데, 저 사람들 입장에서는 그렇게 모순적이지 않을 수도 있다는 그 무엇이 보인다는 거고요. 그리고 특히 남한과 북한을 비교하면 조금 더 선명하게 드러나는 그런 영역들인 것 같습니다.

김성경 마음은 시공간을 배태하고 있습니다. 그만큼 변화할 수밖에 없겠지요. 하지만 과거의 마음은 그냥 사라지고, 현재의 마음으로 대체되는 것이 아니라 흔적으로 남는 것 같아요. 그래서 저희가 마음의 지질학이라는 개념 또한 써봤던 것이고요. 과거 식민지, 한국전쟁, 분단, 고난의 행군 등이 켜켜이 쌓여 구성된 북한주민의 마음에 최근에는 시장화로 인한 사회 변화가 또 다른 층위가 된 것 같습니다. 개인주의와 물질주의 등도 과거에 비해서는 좀 더 확장된 모양새이고요. 하지만 중요한 것은 북한 주민의 마음에는 과거, 현재, 미래가 공존한다는 것이에요. 과거에 대한 기억, 현재의 경험, 그리고 미래의 지향 등이 뒤섞여서 북한 주민들이 공유하는 특유의 북한적 마음이 구성된다고 생각됩니다. 이런 측면에서 최근 북한 주민의 마음은 사회주의, 국가, 반제국주의 등이 여전히 존재하지만 동시에 시장, 개인, 물신주의 또한 양가적으로 존재한다고 생각됩니다.

물론 대부분의 인간은 정체성의 혼란, 즉 양가적 정체성의 문제를 안고 살아갑니다. 하지만 북한주민의 경우 사회 변동의 폭이 너무나도 크고, 시스템이나 구조 또한 급변하고 있는 상황에서 과거의 기억과 현재의 경험의 차이가 크게 발생하는 것 또한 사실입니다. 이 때문에 이들의 마음의 향방 또한 예상하지 못한 쪽으로 갈 가능성 또한 존재합니다. 남과 북이 마주하게 될 때 이러한 북한주민의 마음의 특징을 고민해야 할 이유이기도 합니다.

윤철기　네, 이 부분이 사실은 저희들이 자주 이야기했던 부분인 것 같아요. 아까 말씀해 주신 복합적, 다층적, 중층적 이런 표현들은 이제 구 교수님하고 김성경 교수님은 절합(articulation)이라는 용어를 가지고 접근을 하셨고, 그 다음에 저는 하이브리드(hybrid)라고 표현을 했는데요. 어쨌든 북한의 변화에 대해서 다양하게 규정을 내리려는 시도들을 우리가 해봤는데 여기에 대해서 조금 더 설명을 해주셨으면 좋겠습니다. 구 교수님, 절합(articulation)에 대해서 한 마디 해주시죠.

구갑우　김성경 교수님 말씀 들으면서 생각한 것이, 우리가 썼던 마음의 지질학에 대한 내용이에요. 일종의 퇴적층같이 켜켜이 쌓여 있는 것인데 그 안에서 과거의 기억, 현재의 경험, 미래의 기억, 이 세 가지가 중요하다고 얘기했죠. 좀 생경한 것 같지만 사실은 갈등 전환의 시각에서 보자면 북한 관련해서는 미래의 지향을 어떻게 공유하느냐가 체제가 유지되는 부분에서 핵심이라고 보거든요. 그런데 좀 전에 말씀하신 제3의 길이 어떤 방식인지 모르겠지만 지도부와 인민들이 공유하고 있는 미래의 기억이 뭘까? 사실 미래의 기억이 없을 때 갈등이 전혀 발생하지 않는 건데, 그 미래의 기억에 따라서 사실은 과거의 기억들이 다 재구성되는 방식이기도 하거든요. 지금도 역사 다시 쓰기를 계속하고 있듯이 말이죠.

시장화라는 현재의 경험과 그 속에서 인민이 공유할 수 있는 북한에서의 미래의 기억이라는 게 무엇일까, 그리고 그 속에서 과거의 기억들이 어떻게 바뀌고 고쳐나갈 것인지를 잘 볼 수 있으면 좋겠다는 생각이 들어요. 쉽게 이야기해서 그냥 미래의 기억으로 우리가 갖고 있는 붕괴론 같은 것들이, 실제로 북한에선 전혀 작동하지 않는 이유는 지도부와 인민 사이에서 타협되고 협상되는 그 무엇이 있다는 것이고, 그것이 무엇인지를 잡아주는 것이 중요하지 않을까요. 현재의 경험이 시장화를 통해서 얘기가 되어야 할 부분이지 않을까 싶어요.

양문수　　남북한 비교를 할 때, 기본적으로 시장화가 진전됨에 따라서 통상적으로 이야기 되는 게 개인주의가 확산됨에 따라서 집단주의가 약화될 것이다, 라는 이야기예요. 과연 그럴까요? 이번에 진행한 설문조사에서, 물론 대표성의 문제가 있긴 하지만, 그런 부분에 대한 약간의 단초들이 드러나는 거고요. 사실 기존의 이론에서 보더라도 개인주의가 발달한다고 해서 집단주의가 약화되는 것만은 아니라 둘 다 같이 갈 수도 있다고 보는 거죠, 실제로 층위 자체도 여러 가지가 있고 포함 부위가 크기 때문에 개별 설문을 보더라도 이런 내용을 확인되는 것 같아요. 국가나 사회 전체에 대한 집단주의는 모르겠는데 가족에 대한 부분들은 여전히 아주 견고해요. 그리고 재밌는 게 이런 부분도 있어요. 결국 아무도 나를 돌봐주지 않는다, 내가 살기 위해서는 내가 생계를 책임져야 한다는 생각이 나타나요. 특히 바닥의 사람들은 남쪽 사람들보다 훨씬 더 경쟁의식이 강하고요. 그런데도 불구하고 예를 들어서 내가 어려울 때는 또 주변 사람들하고 상의를 하고, 간단하게 돈을 빌리기도 하고요. 그 다음에 내가 내 가족을 위해서 내지는 내가 아끼는 집단을 위해서 내가 희생, 헌신하는 것들도 아직까지는 기꺼이 받아들이는 모습도 나타나요. 남쪽 사람 입장에서 보면 무슨 말이 안 되는 사고 구조일 수도 있는 거거든요. 특히 일반 주민들은 자신들의 전반적인 경제적인 삶이 어쨌든 평균적으로 보면 이전보다 나아졌단 말이에요. 격차가 확대되기는 했지만요. 이 부분들이 사람들이 갖는 글쎄 희망이라고 해야 되나 뭔지는 잘 모르겠는데, 과거에 살아왔던 가치관들이 무너진 지는 이미 오래 됐고 국가가 자신들을 케어해 주지 않는 것이기 때문에 그냥 뭐 살아갈 수 있다는 생각을 하게 된 건 아닌가 싶어요. 물론 편안히 잘 사는 건 아니지만 그래도 생존을 유지할 수 있게 되면서 고난의 행군과 같은 과거의 어려운 시기는 아마도 더 이상 없지 않겠느냐라는 이야기를 하고요.

그리고 재밌는 게 아직 일부에 지나지 않습니다만, 여기 내려 온 탈북자들이 자기 가족들하고 이야기를 하잖아요. 그 사람들하고 이런저런 이야기를 하다가 생활이 어렵다는 이야기뿐만 아니라 좋아진다라고 해야 하나, 순간적으로 툭툭 튀어나오는 이야기가 그런 거예요. 언니, 형, 옛날이야기 하지 마, 그건 옛날이야기야, 그런 이야기가 생각보다 꽤 많이 튀어나와요. 지금 여기 탈북자들이 자기네 사람들하고 이야기할 때, 갑자기 자기네들도 벙찐대요. 자기네들도 생각하기 어려울 만큼 빨리 변하는 그 무엇이 있다는 것인데, 그런 모습들이 참 인상적이죠. 거기서 이야기하는 게 과거에 대비되는 미래에 대한 부분들이 아닐까 싶어요. 그리고 어떻게 보면 정치적인 영역에선 아직 살아 있잖아요. 예를 들면 당의 명령이라든지 법체계가 실제로 존재하는 것이죠. 법도 작동하지 않는 부분들이 있지만 그런 형식적 세계는 별도로 있는 거고 실제로 살아가는 세계가 또 존재하고요. 이런 이중적인 것들에 익숙해지다 보면 사람들이 그냥 그건 그거고 이건 이거다라는 식으로 생각하게 되는 것 같아요.

그리고 시간이라는 게 중요하잖아요. 이제 거의 26~7년을 그런 식으로 살아왔어요. 특히 젊은 세대들 같으면 장마당 세대가 아니라 하더라도 어릴 때부터 했던 생활은 공식적으로는 이렇게 떠들고, 돌아와서는 딴짓하는 그런 것들이 오히려 자연스럽게 받아들일 수 있다고 하면 그것 역시 하나의 살아가는 방식일 수도 있다는 느낌이 들어요.

이우영 조심스럽게 접근해야 될 부분도 있는 것 같아요. 예컨대 빨리 변하는 게 있고 늦게 변하는 게 있듯이, 변화에도 중층적인 측면이 있거든요. 그런데 북한 체제에 대해서는 여전히 총체론적으로 접근하려고 하기 때문에 변한 거 가지고 확대시켜서 얘기하거나 안 변한 거 가지고 확대시켜서 얘기하려는 경향도 여전하지 않나 싶어요. 마음에 있어서도 당연하게 변화한 것하고 안 변한 것하고 공존하고 있거든요. 예를 들어 그 안에서 일종의 문화 지체(cultural lag)가 있는 거죠. 정치적 의식 같은 경우에도 우리 지역주의가 잘 바뀌냐 안 바뀌냐 논쟁이 있듯이 쉽게 바뀌는 게 있고, 안 바뀌는 게 있다는 거예요.

또 하나, 가치 형태 있어서 주목되는 것은 전환과 연관되는 내용이에요. 양 교수님께서 가족 이야기를 했지만, 나는 고난의 행군 이전에 자기 가족에 대한 생각과 고난의 행군 이후 가족에 대한 생각에서 근본적으로 중요한 요인 자체는 바뀌었다고 봐요. 물론 여전히 가족주의적인 요소가 강하다는 측면에서는 동일하다고 볼 수 있어요. 북한에서 가족주의가 가부장제하고 같이 수반되어서 강화되고, 계속 그래왔다고 볼 수 있겠죠. 그렇지만 고난의 행군 이전의 가족주의라고 하는 것은 우리가 이야기하는 가족 차원에서의 결속, 혈연적 유대감, 정서적 차원이었다면, 고난의 행군 이후는 여전히 가족주의가 유지되고, 오히려 더 강해진 측면이 있는데 이런 것은 소위 합리적 거래 영역이라든지 경제활동과 연결된 거예요. 사실 생각해 보면 북한의 마음체계가 어떻게 변했다라고 이야기했을 때 조심해야 될 것은 이런 것들이지 않나 싶어요. 그러니까 그 안에서의 중심적인 다름이 있겠고, 하나는 그 안에서 같은, 외양은 같을지 모르지만 내연의 질적 변화 역시 같이 봐야 되지 않겠냐라는 것을 좀 이야기하고 싶어요.

하나만 더 이야기한다면 지금 변하고 있는 전환에 대해서 이야기하는 것들이에요. 이렇게 변화하는 중간 국면에서 봤을 때, 어떻게 성격이나 의미부여를 하겠냐는 것은 굉장히 조심스러운 게 있거든요. 이를 테면 여전히 국가에 대해서도 중시하는 게 있고 국가에 대해서 굉장히 의존하고 있는데, 실질적으로 동경하고 있는지는 다른 문제라는 거죠. 예컨대 여전히 당료라든지 관료에 대한 중요성이라는 건 있어요. 그렇지만 그런 것들이 강하다고 하더라도 지금과 같은 전환기에서 굉장히 약화되고 있다고 봐야 될 수도 있는 거고요. 그러니까 또 하나 주목할 점은 북한의 마음의 변화에 대해서 이야기할 때는 현재 국면이 변화하는 연장선상에 있는 국면이라는 것을 좀 고려하면서 이야기해야 되지 않을까 싶어요. 안 그러면 피상적인 이야기로 가고 오해를 일으킬 수도 있다는 거죠.

양문수　하나만 더 추가를 하면 사회적인 관계 자체에서 변화한 부분들과 안 변할 부분들에 관한 내용이에요. 우리가 봐서는 좀 황당한 모습들에 대해서 두 가지 예를 들면, 개성공단에서 일을 하는 북측 근로자들이 결근을 하는데 결근계를 안 쓰고 사전에 통보도 안 해요. 그런데 이 사람들한테는 그게 익숙한 거예요. 그리고 남쪽에서 우리가 아프면 당연히 의사한테 가서 진단서를 받아와야 하는데, 그 사람들은 그걸 황당해 해요. 진단서를 떼 준 적도 없고, 왜 그래야 되느냐 그런 걸 가지고 실랑이를 벌이는 부분도 있어요.

　　두 번째 예를 들면, 사적으로 돈을 빌려주는 방식으로 사적인 금융을 하잖아요. 돈을 빌려주는데 계약서를 안 써요. 문서라는 게 전혀 없어요. 그 사람들한테는 그게 익숙한 거예요. 그런데 시한이 조금 지나면서 담보라는 게 생겨나고, 부동산이라든지 그런 게 생겨나고, 나중에 못 갚으면 법적인 뒷받침이 안 되기 때문에 깨지게 되기도 하고요. 2009년 화폐개혁 이후에 약간 변화가 생기는 게 일부에서 계약서를 쓰기 시작했대요. 그런데 여전히 전체적으로는 돈을 빌려주는데도 계약서를 안 써요. 그럼 나중에 어떻게 얼굴을 보느냐 서로 안면이 있는데 이런 식인 거죠. 이런 것들이 관계의 하나의 단적인 모습인 거예요. 그런데 그게 변하는 부분들, 안 변하는 부분들로 이야기할 수도 있겠지만, 전반적으로 우리가 봤던 근대성의 흐름하고 좀 연관이 되는 것 같아요.

구갑우　엘리트의 마음도 그런 것 같아요. 제가 핵문제를 들여다보는데, 지금 ICBM까지 갔잖아요. 작년 〈로동신문〉을 보면 1~2면을 컬러로 깐 게 몇 개 있어요. 1~2면 컬러는 돈이 많이 들어가거든요. 뭘 깔았냐면, 작년 4월달에 ICBM 엔진 실험한 거, 두 번째가 청와대 습격 훈련 하는 거, 그게 1~2면 컬러로 깔렸어요. 그 다음에 또 하나가 초급당대회한 걸 1~2면 컬러로 깔았어요. 그들이 생각하는 현재의 경험은 ICBM 엔진까지 간 거예요. 그런데 뭘 고민하고 있냐면 해결책이 무엇인가에 대해서 왔다 갔다 하는 거예요. 다시 7월달부터 조선반도비핵화를 갖고 오기 시작했거든요. 3년 동안 조선반도비핵화 얘기를 안 했고, 조선반도비핵화를 다시 갖고 왔는데 이번에는 교환품목이 너무 세서 핵문제하고 바꾸자는 거예요. 그러니까 엘리트층 내부에서 핵문제에 대한 마음도 왔다 갔다를 계속 하고 있는 거예요. 미래 지향에 대해서 고민이 굉장히 많은 거고, 그래서 이제 과거를 다시 쓰기 시작하는 거고, 그러면 6자회담이 이제 완전 무시되는 거죠. 역사를 완전히 다시 쓰면서 자기네가 조선반도비핵화를 이야기하게 되니까 옛날부터 얼마만큼 비핵화를 위해 노력해왔는가가 다시 쓰이고 있는 건데요. 핵문제만 들여다봐도 그들이 확실히 고정되어 있는 게 전혀 아니구나, 라는 걸 아주 쉽게 느꼈어요. 왔다 갔다를 너무 하고 있거든요.

권금상 짧게 한마디 하자면, 북한 주민들에게 마음의 변화가 저는 성(性)을 통해서 드러난다고 생각해요. 굉장히 생뚱맞은 주제기도 하지만 사실 성은 사람의 마음을 담보하고 그것을 수행하게 하고, 확 드러나는 것이라는 생각을 해서 연구를 진행했었는데요. 저는 지속적으로 개별적인 마음들을 조사하고, 그런 현상들을 바라봤습니다. 제가 갖는 문제의식은 프로이트가 욕망의 이야기를 했고, 라이히가 성을 통한 시민의 등장이라든가 이런 이야기를 했다면, 저는 결국은 푸코디안(Foucauldian) 입장에서 구조에 의해서 어떻게 성이 권력화되고, 사람들이 어떻게 수행하는가를 지속적으로 바라봤는데요. 북한사람들이 굉장히 변한 게 있다면 전 성이라고 생각을 합니다. 그래서 고난의 행군 때 죽음을 경험을 하면서 기존의 규범을 다시 쓰고, 생존이 앞섰기 때문에 그때부터 북한 사회에서 성매매가 살아가는 방편으로 생겨났죠. 또한 북한 이탈주민들이 국가를 벗어나고 중국 사회에 들어가면서 여성들이 할 수 있는 것은 사실 아무 것도 가진 것이 없는 여성들이었기 때문에 그들이 바로 그런 어떤 규범을 뛰어 넘으면서 돈을 벌고 하는 모습들은 사회에서 또 다시 성에 대한 어떤 인식변화를 일으키는 데 굉장히 중요한 기제였다고 생각합니다. 물론 본인들이 해체했던 것은 아니지만, 성적 규범이 해체되면서도 성이라는 것은 근본적으로 부끄럽고 천박한 것이라고 생각을 해왔어요. 인구문제라든가 여러 가지 성을 둘러싼 제도들이 같이 결합하는 과정에서 국가에서도 계속 성을 억압하고 통치하는 모습들이 보입니다. 연구에 실린 내용 중에 『조선녀성』에 실린 만화를 보면 국가가 성을 통치하려는 마음은 여성들의 몸을 동원하는 인력으로 계속 규정을 했지만, 개인들의 욕망들은 끊임없이 드러나는 거죠. 이를테면 남편이 오니까 여성들이 집안에서 하던 일들을 안 하고 화장을 한다든가. 이것을 국가는 계속 주시를 하고 경고를 하기 때문에 여기에는 바로 국가의 마음과 개인들의 어떤 욕망과의 불일치들이 나타나고 있었는데요. 이런 것들이 개인으로 방점을 옮기게 되는 게 바로 고난의 행군이었다고 봅니다. 그렇지만 완전히 해체하지는 않고, 가족질서라는 것 중에서 남성들이 여성들의 돈벌이에 편승하는 한편, 대신 내준 것이 바로 성에 대한 규범이 아닌가 하는 생각을 합니다.

IV. 남북한 마음체계를 비교한 결과는 무엇이 다르고, 무엇이 같은가?

윤철기 네 번째 주제는 제가 생각하기에 이건 출판사에서 준 주제하고 연결시켜서 같이 말씀해 주셨으면 좋겠어요. 저희가 사실 남북한 마음체

계 비교에 대해서는 양 교수님말고는 쓰신 논문들이 없을 겁니다. 남한
사람들의 마음에 대해서 공식적으로는 제가 이 용어를 넣고자 했던 것은
출판사는 어떻게 생각하는지, 저희들이 어쨌든 남북한 마음체계 비교가
중형단계 핵심적인 주제이기 때문에 북한 주민들에 대한 마음체계를 보
면서 남한 사람들과의 차별성이라든지 공통점이라든지 이런 것들에 대
해서 어쨌든 결론부분에서라도 구술로라도 말을 해 주는 것이 좋을 것
같아서 요청해 봤습니다. 이것에 대해서 간략하게 말씀해 주시죠.

양문수　제가 먼저 말씀드리고, 거기에 대해서 대답을 주시면 좋을 것
같습니다. 설문조사가 한계가 있고 세부적으로 보면 달라지겠습니다만,
개인주의하고 집합주의를 보면 남북한 간에 유사성과 상이성이 동시에
나타나요. 개별적으로 보면 유사성 부분들은 아마도 북한주민 내부에서
본다면 결국 집단주의가 상대적으로 강하게 나타나요. 그건 남한이나 북
한이나 마찬가지라는 점에서 상당히 인상적이었던 것 같아요.

　그럼 이런 결과를 우리가 어떻게 해석해야 될 것인가의 문제가 남는
데, 큰 틀로 봐서는 개인주의보다는 집단주의가 강하다는 게 남북한 공
통의 상황들이에요. 물론 잘게 쪼개서 수평적인 성향과 수직적 성향을
놓고 보면 오히려 북쪽 사람들이 수직적인 성향 부분들은 상대적으로 좀
강해요. 그러니까 전반적으로 보면 시장화가 진전됨에도 불구하고 대인
관계에서 위계성이 조금 크게 나타나는 것처럼 과거의 모습이 부분적으
로 드러난다고 보입니다.

　그 다음에 남북한 간에 뭐가 같고 뭐가 다른지, 그리고 그런 것들을
어떻게 해석해야 될 것인지에 대한 문제도 있어요. 예를 들어 집단주의
의 경우, 우리가 논의해온 마음의 지질학에서 나왔던 것처럼 분단 체제
이후의 상황과 무관하게 한민족으로서의 역사적인 공통의 뿌리인 건지

아닌지도 고민해봐야 할 부분이에요. 그런데 어쨌든 남북한 간에 체제의 차이를 뛰어넘는 그 무엇이 공통적으로 있었다고 한다면 그 또한 재미있는 발견들이 아닌가 싶어요. 물론 우린 굉장히 다를 거라고 많이 인식을 하는데 심연에 있는 같은 것들 내지는 공통적인 것들이 조금 인상적이었어요.

윤철기　개인적인 질문인데 지금 순간적으로 드는 생각인데, 그러면 민족주의에 대한 자각도 있나요? 민족에 대한 생각, 민족주의적인 어떤 자기 감정들이 있잖아요. 북한이탈주민, 북한사람, 남한사람들. 이 사람들이 어떤 민족주의적인 사고가 강하다고 그러잖아요.

양문수　글쎄, 그건 조금 다른 맥락들인데 북쪽 사람들하고 이야기하다 보면 그 사람들은 자신들이 현재 어려움을 겪고 있는 큰 요인으로 분단을 많이 이야기하거든요. 최근은 모르겠는데, 예전에 북쪽 사람들 인터뷰를 하다 보면 통일이 되면 좋아진다, 자기들의 삶이 좋아진다라는 생각들은 꽤 많이 가지고 있어요. 우리는 안 그렇잖아요. 그러니까 이게 묘한 부분인 거죠. 실제 그런지 아닌지는 모르겠고 허위의식인지는 모르겠지만, 그런 생각은 거의 공통적으로 나타나요. 그게 민족이다, 아니다라는 부분들하고 연결이 될지는 모르겠는데 어쨌든 제가 생각하는 일반 주민들은 통일에 대한 기대감을 분명히 갖고 있어요. 엘리트들은 잘 모르겠지만요.

윤철기　이우영 교수님이 강조하시는 맥락이 미래에 대한 기억의 공유를 이야기하시는데, 사실은 이렇게 되면 같은 민족이지만 미래에 대한 기억을 공유하기는 어려운 거 아닌가요?

구갑우   그래서 개인적으로는 그 중간 지점을 만들어야 된다고 생각하는 편이에요. 그래서 중간적 평화체제가 왜 중요한가라는 질문을 하기도 하는데 잘 안 먹혀요. (웃음) 저도 비교에 대해서는 콜로퀴엄에서 발표만 간략하게 한 편이고, 탈식민적 마음으로서 반미주의 했다가 잘린 거예요, 제목을. 그러니까 반미주의는 탈식민적 마음의 ○○○이다, 라고 이야기를 했더니 도저히 수용을 안 하더라고요. 그런데 그때 이야기한 것처럼 반미주의의 기원이 되는 형태가 굉장히 다르다고 생각해요. 반미주의에는 여러 가지 분모가 있고, 어떻게 보면 북한은 미국 그 자체에 대한 반대가 강한데 우리는 대부분 주한미군을 매개로 한 반미주의가 강하죠. 그러니까 대부분 담론장에 나와 있는 내용을 보면, 우리는 주한미군이 철수하면 반미주의가 해결될 수 있다고 보는데, 북한한테 미국은 아주 근본적인 문제인 거예요. 거기다가 기독국가까지 결합시켜서 기독교와 미국을 등치시키는 방식으로 둘을 싸잡아 욕하는 게 북한식 반미의 특징이고, 많이 변하긴 했지만 여전히 북한식 반미의 가장 지층을 이루고 있는 거라고 생각해요. 그러니까 해결책은 다르겠지만 근본적 문제는 둘 다 굉장히 강한 안티오리엔탈리즘(anti-orientalism)이고 제가 보기에 안티페미니즘(anti-feminism), 페미니즘적 고려가 거의 제로에 가까운 기원적 사고들 같은 것들을 보고 있어요.

권금상   비교연구를 하는 것이 있는데요. 이우영 교수님하고 같이 한 겁니다. 현대사회에서 북한 이탈주민의 증가 현상에 대해서 미디어가 적극적으로 반영하고 있고, 지금 종편에서는 그걸 앞세워서 오락 프로그램, 예능 프로그램이자 교양 프로그램, 여러 가지 이름을 달아서 하고 있어요. 저희가 남북한 사람들이 같이 동석을 해서 이야기를 진행했습니다. 그때 그걸 보면서 북한사람들의 많은 수는 저 프로그램이 통일의식에 도움을 줄 것이라고 얘기해요. 물론 문제점은 있지만 조금 제거를 하면 될 것이라고 이야기를 해요. 놀랍게도 한국 사람들은 다 거부를 하고 있었습니다. 그런 프로그램을 볼 때마다 통일을 해서는 안 되겠다 하고 생각을 한다는 것이에요. 어쨌든 이런 미디어의 역할도 굉장히 중요하고 많은 마음들이 교차를 하고 있고, 이것을 극복하기 위해서는 연구자뿐 아니라 대중사회에서의 노력이나 특히 먼저 연구자들의 노력이 우리 안에서 끝나지 않고 좀 확산될 필요가 있다고 생각했습니다.

구갑우 개념사 때문에 보는 거지만, 북한의 엘리트들은 이제 전민(全民)적으로 살아가는 방법들에 대한 이야기들을 공식적으로 하기 시작했어요. 그러니까 엘리트 내부에서는 담론이 두 민족론, 두 국가론으로 가는 것 같아요. 예를 들면 다시 김일성 민족주의를 굉장히 세게 박기 시작했고요. 그런데 그게 아까 양 교수님이 이야기한 대중의 마음하곤 또 다를 수 있는 거죠.

윤철기 대중에겐 아직도 '조선은 하나다'라는 게 있다 그거죠?

이우영 남북한 마음의 비교를 할 때 어떤 이행이랄지 앞으로 어떻게 될 것인가라는 것이 추세인데, 사실 나는 앞으로 점차 간극이 넓어지지 않을까 생각해요. 그러니까 큰 방향성에서는 북한이 시장을 받아들이고 우리도 시장주의고 자본주의적 마음들이 많이 들어온다고 볼 수도 있고 세계사적 보편적 변화의 패턴이라는 것도 있거든요. 기술이라든지 그런 것들처럼요. 그런데 그 추세성이라는 것이 같기 때문에 수렴한다고 생각할 수도 있지만 남북한 마음의 간극의 관점에서 보자면 이것이 방향이 같다고 해도 가는 속도가 차이가 있기 때문에 간극은 더 벌어진다고 보는 거예요. 똑같은 목표를 향해 뛰어간다고 해서 같은 방향으로 가는 것 같지만 한쪽은 늦고 한쪽이 점점 커지면 남북의 격차는 점점 더 벌어지는 거죠. 그래서 민족에 대한 부분도 그렇고 개인에 대한 것도 그렇고 여러 가지 범지구화와 관련된 것, 당연히 땅에 대한 것, 민족에 대한 것이 그런 것 같은데 전체적으로 다 엷어질 수 있다 하더라도 남쪽이 훨씬 더 빨리 엷어지는 거예요. 그럼 이 변화의 속도 차이 때문에 마음의 간극은 점점 커지는 것이고 그것에 좀 주목해야 될 필요가 있지 않나 싶어요. 방향성에 있어서 같은 방향인데도 뒤쳐진다고 생각할 수도 있다는 거죠.

김성경　저는 남과 북의 마음체계를 본격적으로 비교하지는 못했습니다. 다만 남한출신 연구자와 북한출신자가 국가대항 축구경기라는 특정 상황에서 어떤 마음의 격동을 경험하는지를 자아문화기술지로 분석한 연구가 있습니다. 일종의 '국가'에 대한 남한출신자와 북한출신자의 마음이 어떻게 다른지 혹은 얼마나 유사한지를 확인하려는 시도였습니다. 결과적으로 분단이나 '국가'에서 조금은 자유롭다고 생각했던 남한출신자 또한 '국가'와 '분단'이 몸과 마음에 내재화되어 있음을 확인할 수 있었고, 북한을 떠나 남한으로 이주해 온 북한출신자 또한 마음속에서 '고향'으로 내재화되어 있는 북한을 부정하기 어렵다는 것을 확인할 수 있었습니다. 즉, 남과 북의 주민을 적대적 관계로 만들어낸 '분단'은 남과 북의 주민이 공유하는 거의 유일한 마음체계로 존재하고 있었습니다. 문제는 이렇게 공통으로 공유하고 있는 '분단'이라는 마음체계가 상대방에 대한 적대감을 필연적으로 내포하고 있다는 점입니다. 결국 '분단'의 마음을 극복하고, 서로 상생하며 공존할 수 있는 새로운 마음체계의 구축이 시급히 요구됩니다.

양문수   좀 다른 맥락인데 4번, 5번 주제와 연관해서 인상적이었던 점
은, 탈북자들이 이 사회에 와서 겪는 어려움 중에서 하나가 전체적인 인
식 차원이라는 거예요. 자신들은 남쪽 사람들이 같은 동포, 같은 민족으
로서 대해주기를 원하고 또 자신들도 그런 식으로 다가서는데 안타깝
게도 남쪽 사람들은 같은 민족이 아니라 그냥 외국인노동자, 다문화의
'one of them'으로 인식한다는 것도 문제점이죠. 그런데 그게 민족 내
지는 통일에 대한 인식들하고 다 연동되어 있는 것 같아요. 또 어떻게 보
면 북쪽은 굳이 따지면 다문화를 경험한 것도 아니고, 또 자신들이 남쪽
에 넘어온 것들도 굳이 따지면 일본이나 중국에 가고 싶었는데 못 간 측
면들도 있을 거예요. 어쩔 수 없이 오게 된 측면도 있었는데 우리 사회는
이미 그 이전에 겪었던 부분들인 거죠.

　　여기에는 분명히 보편성의 관점도 있습니다만 특수성의 관점도 있
는 것 같아요. 남쪽 사람들이 이제껏 어떻게 살아왔는가 보면 제가 해외
에 가서 일본에서 유학을 하면서 참 많이 느꼈던 게 일본 사람들도 참 배
타적이다 느꼈는데, 남쪽도 그에 못지않게 배타적이라는 점이에요. 단적
인 예를 들어서 화교가 제대로 발을 붙이지 못하는 두 나라가 있는데, 하
나는 일본이고 그 다음에 한국이에요. 그나마 일본은 그래도 요코하마
가면 화교 타운이라고 있어요. 물론 우리도 인천에 가면 있지만, 인천에
있는 건 정말 화교촌이라고 할 수 없을 정도라는 점에서도 저는 단적으
로 나타난다고 봐요. 그만큼 우리가 오랜 역사를 가지고 있는데, 다문화
가 될지 뭐가 될지 모르겠지만 같이 살아가는 역사적인 경험이 없었다는
것도 상당히 아픈 부분들이죠. 그런 경험이 없는 나라가 반으로 잘려버
렸고, 그러면서 또 중간에 다문화를 수용을 하는 건지 아닌 건지 모르겠
는데 그 속에서 결국은 남북한 통합이란 부분들이 사실 대중들에게는 현
실적으로 크게 와 닿지 않는 게 당연한 것 같아요.

윤철기 그러니까 한국에서, 아까 구 교수님이 미래에 대한 기억을 말씀하셨지만 우리가 끊임없이 담론으로 통일담론 이야기하면서 민족주의적인 담론이라고 하지만, 민족주의 담론 자체가 과거의 기억에 대한 공유이고 역사의 공유인데, 그런데 사실은 남북한이 역사에 대해 무슨 공유한 것도 없어요. 역사에만 지금 공유하지 못한 게 아니라 과거에 대해서도 생각보다 이렇게 공유하고, 특히 남한사람들의 입장에서 같이 이제 과거의 역사에 대해서 공유한다기보다 우리가 언제나 우월하다는 것을 강조해 왔고, 특히나 남북한의 경제적인 격차가 커지면서 그게 너무 일상화 되어 버린, 북한 사람들을 너무 도구적으로 바라보는, 그래서 북한의 낮은 임금, 풍부한 자원 이런 식으로 접근하는 통일 담론에 익숙해져 버렸기 때문에 쉽게 민족주의 담론도 이렇게 큰 설득력을 얻기가 어려워진 게 아닌가 싶어요, 사실.

양문수 그런데 그것도 쉽지가 않은 게, 개성공단에 근무하는 사람이나 남쪽 사회에서 북쪽 사람하고 같이 하는 회사라고 칩시다. 아까도 이야기했지만 우리가 익숙해져 있는 문화에 저 사람들은 익숙해져 있지 않은 부분들이 있어요. 특히 조직 내에 들어온 북쪽 사람들의 입장에서 보면, 예를 들어 내가 조직의 관리자다, 그리고 북쪽 사람이 조직의 성원이다, 라고 가정하면 우리가 굉장히 불편한 부분들이 많아요. 우린 계약이라든지 이런 증명하는 것들이 당연시되고 그 속에서 일정 정도 역할을 해줘야 돼요. 안 나오고 출근 안 하려고 하면 왜 그러는지 사유서로 분명히 이유를 밝혀줘야 하고, 그쪽에서 필요하다 그러면 연장 근무도 해줘야 하는데, 그게 이 사람들은 익숙하지 않잖아요. 그러니까 다른 부분을 인정한다고 하더라도 사실은 같은 조직 내에서 일정한 목적을 가진 기업들 같으면 상당히 불편한 점이 있어요. 그런 점에 대해서는 서로가 맞춰

줘야 되는 부분들인데 그러려면 시간이 걸리고 진통이 되는 것들도 결코 무시는 못하는 부분이죠. 그러니까 원론적으로는 다름을 인정하자고 이야기하고, 그게 맞아요. 하지만 다름을 인정하는 것들이 예를 들어서 상호작용을 안 하는 동네 이웃처럼, "어휴, 최 박사님 뭐 잘 지내시죠?" 이렇게 가는 그런 관계가 아니고, 좀 더 관계가 실질적이고 동일한 목적의식을 가진 조직 내에 들어왔다 그러면 힘들어지죠. 단적으로 우리가 탈북자 학생을 받아들이면서도 일반 남쪽 학생들보다는 탈북자 학생을 논문 지도하는 게 훨씬 더 많은 에너지를 필요로 하거든요. 그런데 그게 의무감이기도 하지만, 어쨌든 1차 사회가 아닌 2차 사회 같은 영역에서는 간단치가 않은 게 사실이에요.

V. 남북한 사회통합의 현황과 과제

윤철기   자연스럽게 다섯 번째 주제로, 다섯 번째, 여섯 번째 주제를 같이 해 주시면 될 것 같아요. 남북한 사회통합, 앞으로 어떤 과제가 있는지, 그리고 그러려면 특히 북한이탈주민이나 북한사람들에 대한 변화를 막연히 기대하는 게 아니라 남한 사람들이 대체 무엇이 바뀌어야 하는지가 출판사 쪽에서 요구한 주제인데요. 그 두 주제를 분리하지 말고 같이 마지막으로 이야기하시면 될 것 같습니다.

권금상   짧게 제가 먼저 해도 될까요? 제가 이번에 베트남 조사를 하면서 통합에서 이 사람들이 겪는 갈등이나 숨겨진 마음들을 알고 우리들에게 교훈으로 삼아야 되겠다고 한 부분들이 있습니다. 북베트남과 남베트남이 1975년 통합을 하면서 사실은 서로 총을 들이대고 죽이고 했지만,

그리고 서로에 대해 아직도 굉장한 미움도 있고 한데도 그것을 드러내지 않는 게, 국가 정책으로 계속 기억을 지우고 하는 교육이 계속 진행이 되어 왔습니다. 그래서 과거는 과거고 현재는 현재다 이런 식이었고, 특히 그 이면에는 그럼 어떻게 서로 죽였는데 미워하지 않고 같이 공존할 수 있는가를 물어봤더니 보복을 하지 않았다고 합니다.

비록 남쪽의 군인들이 미군에 부역하면서 베트콩을 죽이고 했어도 이들이 주가 되어서 한 게 아니라 그냥 직업이었다 하고 국가가 설득을 했고 사람들에게는 일정 시간의 교육을 했다고 해요. 자기 직책에 따라서 교육을 받든지 이런 식으로 해서 그 이후에 피를 부르지 않아서 현재 화합을 할 수 있다고 이야기를 해요. 우리들이 통합에서도 내부 식민화라든가 이런 문제들에 앞서서, 그러면 과거의 경험들을 통해서 우리들이 어떠한 마음으로 좀 더, 이게 뭐 배려가 아니라, 우리들의 안정을 위해서 마음가짐들을 가지고 갈 것인가에 대한 어떤 연구들이 필요하고, 주로 독일 관련한 연구가 많았다면 저는 이번에 가기 위해서, 베트남 관련해서 통합에 대해 계속 책을 찾다보니까 굉장히 부족함을 느꼈고, 가서 이야기들이 많이 달랐습니다. 그래서 저희들이 좀 이런 다른 사례 목소리들을 좀 더 수렴을 해야 하지 않을까 합니다.

구갑우 북한이 다문화주의를 받아들일 수 있을까?

윤철기 북한 그, 예전에 여담인데 ○○○ 교수님이 북한에 갔을 때, 북한에 여성, 무슨 여맹 위원장인가 한 사람이 제일 문제시했던 게 그거래요. 왜 한국 남자가 베트남 여자하고 결혼하냐고.

구갑우 그래서 로동신문에 한 번 떴거든요. 북한이 공식적으로 남한의 소수자인권문제에 대한 논쟁에 개입을 해서 저번에 소수자, 이주노동자다 포괄해서. 미제국주의의 동물이다라고 하면서 한 번 세게 들이받은 적이 있어요. 공식매체에서 그 정도 얘기를 할 정도였는데, 그들에 있어서 그런 마음의 변화가 발생할 수 있을까? 아까 배타주의라고 했지만 더 배타주의적인데.

양문수 그럴 수 있어요. 주체의 나라잖아요. 우린 겨우 이제 혈(血), 순혈 그건데, 거긴 플러스 알파, 주체의 나라니까요. 주체의 나라라는 게 배타성 부분들과 연결되는 면도 있는 거예요. 개성의 경험들을 놓고 보면, 개성 사람들이 그런 이야기를 많이 해요. 없는 사람들이 오히려 더 자존심이 강하다. 예를 들어 남쪽 사람들이 북쪽 근로자들이나 관리자들한테 어떤 연유로든 물질적으로 챙겨주잖아요. 그들의 말로는 줄 때의 마음이 중요하다고 하더라고요. 아이나 와이프 생일이지 하면서 뭐라도 해 주라고 현금이나 현물을 줬을 때, 그때 어떤 말을 주고받느냐 하는 부분이 결정적으로 중요하다는 거죠. 주면서 "야, 이거 뭐 해, 니 마누라 생일이지"하고 던져 주는 거하고 "와이프 생일인데 이거라도 해"하고 마음을 담아서 주는 거하고는 전혀 다르다는 거예요. 그러니까 마음을 안 담아서 주면 안 받는대요. 그 사람들이 절실하게 느꼈던 게 자존심이라는 것들이 되게 크다는 거예요. 그러니까 아주 극단적인 굶주림의 상황이 아니면 물질적인 것들에 대해서 시혜를 하면서도 거의 거지에게 던져주는 식 같은 것은 절대로 안 받고 오히려 그런 것들이 역작용을 일으킬 수 있는 거죠.

윤철기 남한에 와서도 저희도 인터뷰하다 보면, 남한의 팁(tip) 문화에 대해서 굉장히, 보통 서비스 업종에 계신 분들 팁을 받게 되면 그것에 대

해서 좋아하는 사람도 있지만, 극단적으로 싫어하시는 분들이 북한이탈
주민들 가운데 있더라고요.

양문수 　그 다음에 개성의 경험에서 보면 상당 부분들이 나도 이해하기
가 어려운데 문화의 차이에서 또 하나 드러나는 부분들이 협상과도 연관
된다고 하더군요. 이런 부분들이 사실은 남북한 당국 간 협상, 핵 협상에
도 연관되는 부분들이에요. 우린 대개 보면 협상이라고 하면 기브 앤 테
이크(give-and-take)잖아요. 옛날에 나왔던 상호주의 이야기할 때 대칭
적, 비대칭적, 동시적, 그런 내용하고 맥을 같이 하는 부분들인데, 어쨌
든 그 사람들에게 주면서, 무언가를 해 주면서 바로 받는 것들에 대해서
거의 거부감이 있다는 거예요. 기브 앤 테이크 문화에 대한 단순한 부적
응을 떠나서 거부감이라는 부분들은 아마 자존심 그런 부분들하고 연관
되는 것 같아요. 어떻게 보면 그 사람들한테는 굳이 따지면 우리가 먼저
해 줘야 된다는 생각이 되게 커요. 기본적으로 주체의 나라이고 외부하
고의 관계가 단절되어서 사실은 닫고 있는 사람들이잖아. 우리보다도 훨
씬 더 개방되지 않은 나라이기 때문에 타인이 다가오는 것에 대해서 일
단 경계심을 가져요. 그러면 중요한 게 경계심을 풀기까지의 과정들은
어렵지만 한 번 풀고 나면 거의 모든 것을 다 줄 정도로 되는 그런 시스
템들이란 것들이죠.

　　그리고 기브 앤 테이크는 "내가 이런 거 줄 테니까 넌 이거 줘" 내지
는 "넌 뭐 줄래? 아니면 네가 뭐 주는지 나한테 명확하게 이야기 안 하면
너 안 줄래"라는 것인데 그 사람들한테 그런 식으로 접근하면 거의 그냥
깨진다는 것들이죠. 그냥 일단 주면서 저쪽이 상대에 대한 경계를 풀고
내가 너한테 친밀하다 그러니까 보통 이야기되는 신뢰라고 하는 부분들
이 우리가 자본주의 사회에서 이야기되는 신뢰하고는 또 다른 차원의 이

야기라는 거죠.

일단 먼저 상대에게 신뢰감을 주고 나면 그 사람이 이러이러한 것들을 사실은 해 줄 수 있는 거예요. 그리고 특정을 하면 되게 어려워요. 이걸 해 달라 저걸 해 달라 나중에 그 사람이 뭐 해 줄까라고 물어 보거나 아니면 이러이러한 선택지를 주는 방식으로는 어렵다는 거예요. 그런데 이게 쉽지 않은 게 우리가 그런 데 익숙하지 않은데 저 사람들은 또 다른 그런 관계, 엄밀히 말하면 관계죠, 관계를 어떻게 가지고 가냐의 문제를 중요시하는 것이니까요. 결국 남북한 사회통합 내지는 남쪽 관계에서도 마찬가지에요. 우리는 서구적인 관계들을 많이 수용을 했기 때문에 우리 입장에서 답답하고 말도 안 되는 거잖아요.

이우영　기본적으로 보면 어느 정도의 통합을 본질적으로 통합이라고 볼 것이냐의 문제이지 않나 싶어요. 아까 구 교수님 이야기 했듯이 북한이 다문화주의를 받아들일까요? 나는 안 받아들이진 않을 거라고 생각해요. 그 정도까지 부정적으로 보지는 않는데 점차적으로 변화하는 추세가 있기 때문에 단정하기는 어려워요. 예를 들어서 우리 사회에서조차 받아 들인지 얼마나 됐냐 이거죠. 내가 늘 예를 드는 게 우리 국적을 갖고 있어도 혼혈아들 군대 못 갔잖아요. 그것이 바뀐 지 얼마 안 되고 여전히 우리 사회에서 소수자들에 대한 고민이 많아요. 지금 미국도 트럼프 들어오면서 소수자 문제에 대해서 나오잖아요. 사실 진짜 고민은 굉장히 다양한 독자적인 마음이든지 마음체계를 만들어 왔던 북한이라는 사회 혹은 사람들하고 우리가 어느 정도 관계를 만드느냐 하는 거죠. 그러니까 딜레마가 뭐냐 하면 다문화주의는 좋은데 다문화주의에서 회교를 굉장히 존중한다 그거예요. 회교의 문화적 가치를 중시한다고 해도 명예살인은 인정 안 해 주잖아요. 그럼 그 어느 바운더리를 잡는 것이 굉장히 애매한 것 같아요. 가치가 문화의 핵심 중에 하나니까 보편적 가치 같은 것을 어느 정도로 갖겠냐는 것, 관계를 맺는 것이 통합에서 굉장히 중요한 것일 수 있다고 봐요.

그렇다면 북한하고는 어떻게 하겠냐는 것이죠. 실질적으로 우리가 봤던 다양한 접촉지대들에서 상호작용이 일어났어요. 예컨대 양 교수님이 주로 하셨던 것처럼 동일한 목적을 가진 조직이란 것 자체가 접촉에서 가장 중요한 것은 특정한 목적을 달성해야 되기 때문에 그 과정들에서 나타나는 충돌이나 갈등이 훨씬 많은 거거든요. 그것과 옆집에서, 동네에서, 이웃에서 사는 것은 완전히 관계가 다르다고 볼 수 있는 거죠. 이쪽은 어느 것을 목표로 해야 되겠느냐 하는 거고, 혹은 그 목표 자체를 일반화시킬 수 있을까 하는 지점도 좀 고민해 볼 필요가 있을 것 같아요.

결국 통합을 어떻게 정리할 것인가의 문제인데요. 두 국가로 보고 두 문화로 본다고 하면 다 오케이로 보느냐, 그리고 과한 비유인 것 같지만 명예살인에 대해서 인정하지 않는다면 똑같이 북한의 인권 문제에 대해서도 반인권적, 반자유주의적 행동에 대해서 우리가 문제를 삼을 수 있는 거예요. 이런 본질적인 것들에 대해서 지금 고민을 해야 되지 않겠는가 생각해요. 다양성의 인정 같은 건 좋지만 두 가지 이슈가 있는 거예요. 어느 정도까지 다양성을 인정해 줄 것이냐의 문제처럼 다문화에 대한 측면이 하나가 있겠고, 두 번째로는 북한하고 우리하고 통합했을 때 어느 정도를 통합이라고 봐야 되겠느냐, 그리고 하나 더 하자면 통합이라는 것이 내외의 국면과 상황에 따라서 다르게 상호작용을 할 텐데, 그런 것도 좀 볼 필요가 있거든요. 지금 꽌시가 갑자기 생각났는데, 우리가 중국에 가서 장사를 하겠다면 중국의 꽌시를 중요시해 줘야 되잖아요. 그럼 그 틀에서 인정하고 들어가는 것들이고, 우리와 안 맞을지 모르겠지만. 개성공단 같은 경우에는 우리 식 시스템이 작동되는 공간이기 때문에 그것과 부딪히게 되는 것들이에요. 똑같은 경우에도 다른 식에 의해서 인도적 지원 현장에서 나타나는 결과는 달랐잖아요. 우리가 봤던 사례들에서 남동구 다르고, 뉴몰든 달랐듯이 사실 좀 더 고민해야 될 것은 근본적으로 사회통합이라는 것은 지향해야 되지만 그 수준과 레벨을 어느 정도까지 해야 될 것인가. 그걸 관통하는 기본적인 것들이 있을까 하는 문제라고 봅니다.

구갑우 공존의 마음.

양문수 예를 들어서, 미니멈 안 싸우는 거.

구갑우 그러니까 공존의 마음.

이우영 그런데 공존의 마음인데 쟤는 명예살인을 하는 애였고 나랑 공존할 수 있겠냐는 거지.

구갑우 그런데 공존이 이뤄지기 위해서는, 다시 마음의 개념으로 돌아와서, 마음의 구성요소 중에서 예를 들어서 이해관계를 공유했을 때 공존의 마음이 생겨요. 개성 같은 경우도 아무리 충돌이 있어도 양쪽의 이해관계가 맞아 떨어지기 때문에 완전히 정치적 개입에 의해서 끝나지 않는 한 갈 수 있었던 거예요. 그런데 지금 우리가 이야기하는 것 중에 하나는 감성의 충돌이 낳는 문제가 있는데 그걸 어떻게 터치할 수 있을까요. 아까 이야기한 엄격한 상호주의 같은 것들을 수용하지 못하는 문제처럼요. 시장이라는 게 엄격한 상호주의의 가장 대표적인 사례가 될 수 있어요. 그런데 감성 영역에서 나타나는 문제 속에서 어떻게 공존의 마음을 만들어 나갈 거냐 하는 문제가 또 있는 것이고요. 마지막에는 또 다른 마음의 부분이 있겠지만 의지와 희망이라는 측면이, 계속 이야기하는 미래와 관련해서 우리가 어떤 공존의 형태를 가지고 갈 것인가. 그러니까 세 가지 영역들 내에서도 한 번 개별적으로 실시한 조사들 같은 경우에는 해볼 수 있는 가능성이 있다고 봐요.

윤철기 지금 구 교수님 말씀에 하나 덧붙이면, 지금 김성경 교수님 문제의식인데, 마음적 실천, 실천에 대한 문제죠. 결국은 이제 무엇인가 해야 되는 거죠. 관계가 유지되고, 그 관계가 유지되면서 서로에 대해서 이해하고 존중하고, 양 교수님이 강조하시는 신뢰하고, 그런 과정 속에서 실천이 이뤄져야 되는데 그것은 이제 당위적으로는 저희들이 1차년도, 소형 단계 연구에서 접촉을 많이 하면 가능한 거라고 했는데, 사실 저희들이 연구하면서 접촉을 많이 해서 항상 서로에 대한 이해관계가 높아지거나 그렇지는 않았잖아요. 그걸 보면서 마음의 통합이라고 하는 부분에서의 실천이라고 하는 것은 더 어려워지고 모호해진 것이 아닌가 그런 생각도 드네요.

구갑우 적절한 거리두기도 좋죠. 적절한 거리두기 하면 친해져요. 너무 끈적끈적하면 맨날 싸워요. 가까이 가면 터져요.

이우영 앞으로 어떻게 해야 되느냐 하는 문제인데, 교류라는 경우에는 완전히 분리해서 살겠다는 것이 아니라는 게 전제되어야 해요. 안 보고 살면 편한 거에요. 미국 할렘에서 사는 애들은 계속 할렘에서 사는 거고, 할리우드 사는 사람들은 계속 할리우드 살면서 안 보고 살면 문제없다는 거예요. 그런데 그게 답은 아니라고 보는 거죠. 예컨대 분리주의적인 것

에 동의하지 않는다면 사실 다양한 접촉이라는 것이 필요조건은 되는 거
죠. 충족조건은 아니지만 그렇다고 필요조건도 아니라고 하는 것은 문제
가 있어요. 다만 그랬을 때 결국은 실천에 있어서 굉장히 중요한 의미일
수는 있지만, 전체적으로 일률적으로 가지 않을 필요가 있지 않나 싶어
요. 아까 이야기했듯이 결혼관계하고 계약관계하고 동창관계는 달라질
수가 있거든요. 다만, 이걸 어떻게 하면 되겠냐에서 답을 찾는 것도 중요
하지만 최소한 아까 구 교수님 이야기하신 평화공존인지는 모르겠으나,
어쨌든 지금까지 왔었던 탈분단 이야기를 기존의 것들에서 나쁜 것들을
걷어내는 게 가장 중요하지 않나 싶어요. 다문화라고 이야기하는지 모르
겠지만 적대감이라든지 배타성이라든지, 가장 쉬운 것은 타자화를 안 하
기, 뭐 이런 것들이 되는 거죠.

　　그러니까 새로운 것을 만드는 것도 굉장히 중요한데 계속 이야기하
는 것도 실천이라고 보거든요. 소통이라는 게 뭐냐. 이야기하면 소통인
거죠. 합의가 될 필요는 없다고 봐요. 통합이라는 것도 하나가 되는 것이
단일성에서의 그런 통합이 아니고 계속 이야기하는 것 자체도 과정으로
서의 통합인 거예요. 그런 면에서 보자면 계속 미래에 대해서 이야기한
다 하더라도 내가 생각하기에 가장 문제는 지금까지 가져왔던 남북한의
혹은 남북한 관계에 영향을 준 남북한의 내부 사회에 있어서 어떤 부족
적인 소위 반통합적인 것, 아주 잠정적으로 이야기 하자면, 적대라든지,
전투성이라든지, 아니면 타자화라든지, 차별이라든지 편견이라든지, 이
런 것 자체를 없애는 것이 첫 번째 실천이 아닌가 싶어요.

구갑우　　그게 이제 마음 연구가 중요한 건데요. 이제까지 통상적인 과정
은 이해관계를 공유하면 될 거다라는 게 가정이었고 기존의 대북정책에
서 핵심이었던 거거든요. 지금도 마찬가지인데 어떻게 보면 지금 우리가

마음에 더 천착하는 이유는 단순히 이해관계의 공유뿐만 아니라 이해관계의 공유를 넘어서려는 문제의식이라고 생각해요. 이우영 교수님 말을 다시 반복하면 일종의 감성의 공유, 감성의 공존, 희망의 공존 그런 이야기들이라 할 수 있는, 예를 들어서 실천은 뭘까, 마음연구가 주는 효과는 그런 것에 대한 고민을 하게끔 하는 거죠.

이우영　실천이 심학에서 굉장히 중요하거든요.

양문수　실천이 어떻게 보면 경험들을 축적해 나가는 거잖아요. 경험들을 쌓고 그게 확산되게 하는 부분들인데요. 예를 들어서 개성 같으면 물론 이제 이해관계가 공유된다는 부분들도 나오지만 사실은 기업들마다 편차가 커요. 편차가 큰 부분들이 밖으로는 드러나지 않는데 이게 일종의 마음하고 연관되는 부분들이 있어요. 어느 정도 그쪽하고 관계를 잘 맺어가느냐에 따라서 퍼포먼스가 달라지는 부분들이에요. 거기에 따라서 또 하나 인식들이 서로 달라져요. 잘 안 되는 놈은 여전히 밖에 나와서 북한에 들어가면 안 돼라고 이야기를 하는데, 되는 애들은 조금 말을 달리 해요. 더욱이 이제 지금 또 다른 경험들인데, 개성에 가기 전에 다른 데하고 비교를 해 보잖아요. 그런데 지금 닫고 나서 대체지를 물색하는 과정에서 다시 개성하고 검토해요. 대체 중에서 가장 많은 게 베트남인 것 같아요. 그런데 베트남 가서 잘된 놈도 있지만, 안된 놈이 더 많아요. 그러면 이제 다시 개성을 보게 되면서 하는 이야기가, 그래도 거기가 나았다라고 하는 부분들이에요. 그러면서 그쪽 멘트 중에 하나가, 개네들도 결국은 그렇게 말이 안 통하는 상대가 아니다라는 거예요. 이런 경험들이 굉장히 중요하죠. 중간 중간 진통도 있지만 어쨌든 나중에 와서 보니까 다른 데보다는 그래도 개네들하고는 말이 통하더라 하는.

그리고 특히 충복이라든지 당국 쪽 애들도 상황에 따라서는 말이 통할 여지들이 생긴다는 것이에요. 예를 들면 탈북자들이 남쪽 사회에서 편입되어 가는 구조들이 조금씩 나올 거예요. 그런데 일정 부분들이 과거 외국인노동자가 했던 영역들인데 이른바 3D라든지 그런 부분들이 플러스알파가 돼요. 왜? 말이 통하잖아요. 문화는 공유를 못해도 말이 통하는 영역들이고, 그리고 그중에 예를 들면 간병인들이 북쪽 사람들이 들어가서 일할 수 있는 재밌는 구조라고 봐요. 물론 노래방이라든지 그런 여러 가지 영역들도 있지만 간병인 같은 경우는 그렇잖아요, 외국인노동자 하는 것보다는 우리도 북쪽 사람이 하는 게 아픈 사람 입장에서 훨씬 편하죠. 물론 사회에 좀 닫힌 부분이긴 하지만 어쨌든 서로가 서로를 필요로 하는 내지는 북쪽 사람들이 장단점이 있지만 장점을 살릴 수 있는 것들을 우리 사회가 이해관계 공유라는 차원에서 다룰 여지는 충분히 있다고 생각해요. 그러면서 전체는 아니지만 부분적으로 그래도 북쪽 사람들이 이러이러한 장점은 있네 생각하게 되는 거죠. 간병인으로 북쪽 사람 둬 봤는데 처음엔 긴가민가하다가 뭐 나쁘진 않네라는 식으로 경험이 축적되고 확산되면서 완벽하게 남한 사람들과 동질적으로 구조는 안 되더라도 일정 정도 사회의 부분에 기본 하층 내지는 3D업종들, 외국인 근로자들이 했던 업종들이 상당 부분 차지하겠지만 그런 식으로 한국사회에 편입되는 과정들이 중요하지 않을까 생각해요.

물론 아까 이우영 교수님이 이야기 했듯이 기본적으로 100% 통합은 안 되고 있을 수도 없죠. 그런데 그 속에서 공존할 수 있는 부분들은 최소한 같이 서로 먹고 살 수 있는 영역들에서 서로가 거기에 맞아야 될 거 아니에요. 무조건적인 시혜라고 해서 될 부분들도 아니고요. 시혜를 베풀면 남쪽 사람들이 왜 쟤네들한텐 역으로 더 특혜를 주느냐 하는 말을 많이 하잖아요. 그렇게 되지 않으려면 남한 내부에서 사회구조적으로 그 사람들을 필요로 하는 영역들 내지는 그 사람들이 실질적으로 역할을 할 수 있는 영역들이 만들어지는 게 중요한 거죠.

윤철기   제가 좀 갑자기 든 질문은 말이 통하면 마음이 통하는 건가요?

양문수   꼭 그렇진 않아요. 그런데 말조차 안 통하면 마음 통하기가 쉽지는 않아요.

양문수   일단 말을 많이 주고받으면 서로 오해할 수 있는 영역들은 줄어드는 부분들이 많아요. 자기를 표현 못하면 우리가 외국 가서 고생하는 것도 말이 안 통하니까 그런 거잖아요. 하다못해 컴플레인도 못해서 그냥 속으로만 ××하고 다신 거기 안 간다라고 이야기해요. 내가 말만 할 수 있고 컴플레인만 할 수 있으면, 그래서 문제를 풀 수 있으면 상대적으로 관계는 좋아질 여지가 있는 것이죠. 물론 역도 성립하지만요. 그러니까 말이란 건 중요해요.

참고문헌

제1부 제1장 고난의 행군과 북한주민의 마음

강선규.『교정의 륜리』. 평양: 학우서방, 2001.

고병철 외.『한국전쟁과 북한 사회주의체제 건설』. 서울: 경남대학교 극동문제연구소, 1992.

김갑식. "1990년대 '고난의 행군'과 선군정치: 북한의 인식과 대응."『현대북한연구』, 제8권 1호,
    pp. 9-38, 2005.

김갑식 · 오유석. "'고난의 행군'과 북한사회에서 나타난 의식의 단층."『북한연구학회보』, 제8권
    2호, pp. 91-115, 2004.

김광남. "젊은 탄광지배인."『조선문학』, 제2호, 2001.

김명진. "고임돌."『조선문학』, 제3호, 2002.

김문창.『열망』. 평양: 문학예술종합출판사, 1999.

김미경. "기억의 전환, 저항 그리고 타협: 광주 5 · 18 민주묘역과 히로시마평화자료관을 둘러싼
    기억담론의 분석." 세계한상문화연구단 국내학술회의, 2008년 8월, 2008.

김순철. "관측원들은 보고한다."『조선문학』, 제7호, 2008.

김영범.『민중의 귀환, 기억의 호출』. 파주: 한국학술정보(주), 2010.

김우경. "보답의 길."『조선문학』, 제7호, 2005.

김은정. "《불멸의 향도》에 나타난 "고난의 행군" 묘사방식과〈적기가〉의 수용양상."『세계문학
    비교연구』, 제15권, pp. 43-68, 2006.

김은정. "총서《불멸의 향도》『강계정신』에 나타난 고난의 일상화와 희생의 양상."『국제어문』,
    제42집, pp. 441-469, 2008.

김재용. "탈냉전적 분단구조와 '고난의 행군' 이후 북의 문학."『한국근대문학연구』, 15호, pp.
    7-23, 2007.

김정일. "사회주의법무생활을 강화할데 대하여(1982/12/15)."『김정일 선집 7』. 평양:
    조선로동당출판사, 1996.

김정일. "'청년들은 당과 수령에게 끝없이 충실한 청년전위가 되자'. 첫 청년절을 맞는
    전국의 청년들과 사로청 일군들에게 보낸 서한(1991/8/26)."『김정일 선집 12』. 평양:
    조선로동당출판사, 1997.

김종곤. "'역사적 트라우마'에 대한 개념의 재구성."『시대와 철학』, 제24권 제4호, pp. 37-64,
    2013.

김홍중. "마음의 사회학을 이론화하기."『한국사회학』, 제48권 제4호, pp. 179-213, 2014.

김홍철. "풋 강냉이."『조선문학』, 제9호, p. 33, 2000.

리신현.『강계정신』. 평양: 문학예술출판사, 2002.

림병순. "꺼지지 않는 메아리."『조선문학』, 제4호, 2000.

444

문학예술출판사 편. 『조선문학예술연감(2002)』. 평양: 문예출판사, 2003.

양문수·이우영. "북한경제·사회연구의 성과와 과제." 양문수 편. 『김정은 시대의 경제와 사회: 국가와 시장의 새로운 관계』. 파주: 한울, 2014.

오광철. "어머니에 대하여 말하다." 『조선문학』, 제6호, 2001.

오창은. "'고난의 행군' 시기 북한 문학평론 연구: 수령형상 창조·붉은기 사상·강성대국건설을 중심으로." 『한국근대문학연구』, 제15호, pp. 25-51, 2007.

이기동. "'고난의 행군' 세대의식과 체제변화." 『북한학보』, 제36권 제2호, pp. 8-39, 2011.

이무철. "북한 주민들의 경제관과 개혁, 개방 의식: 북한이탈주민 면접 조사를 통한 추론." 『북한연구학회보』, 제10권 제2호, pp. 187-213, 2006.

이주철·오유석. "1990년 이후 북한주민의 경제위기 대응과 의식변화." 『지역사회학』, 제8권 제2호, pp. 59-87, 2007.

임옥규. "'고난의 행군' 이후 북한문학에 나타난 여성·모성·조국애 양상 - 『조선문학』(1997-2006)을 중심으로." 『여성문학연구』, 제18권, pp. 339-365, 2007.

전영선·권정기. "집단적 치유와 제의로서 북한 영화: 〈자강도 사람들〉을 중심으로." 『북한연구학회보』, 제17권 제1호, pp. 205-227, 2013.

전진성. "기억과 역사: 새로운 역사·문화이론의 정립을 위하여." 『한국사학사학보』, 제8권, pp. 101-140, 2003.

정은이. "북한의 자생적 시장발전 연구 : 1990년대 '고난의 행군' 이후를 중심으로." 『통일문제연구』, 제21권 제2호, pp. 157-200, 2009.

정진선. "기근과 죽음: 고난의 행군시기 인민의 죽음." 북한대학원 대학교 석사학위 논문, 2014.

제프리 K. 올릭 저, 강경일 역. 『기억의 지도』. 서울: 옥당, 2011.

조선중앙통신사 편. 『조선중앙년감』. 평양: 조선중앙통신사, 1999.

조선중앙통신사 편. 『조선중앙년감』. 평양: 조선중앙통신사, 2001.

차문석. "'고난의 행군'과 북한 경제의 성격 변화: 축적 체제와 조정 기제의 변화를 중심으로." 『현대북한연구』, 제8권 제1호, pp. 39-79, 2005.

최윤경. "집단 트라우마와 마음의 치유." 한국사회학대회 논문집, 2014년 6월, 2014.

한성훈. 『전쟁과 인민 : 북한 사회주의 체제의 성립과 인민의 탄생』. 파주: 돌베개, 2012.

황청일. "천한산의 붉은 단풍." 『조선문학』, 2002년 10호, 2002.

「로동신문」. "붉은기를 높이 들고 새해의 진군을 힘차게 다그쳐나가자." (1월 1일), 새해공동사설, 1996.

「로동신문」. "영웅적으로 살며 싸우자." (12월 16일), 정론, 1996.

「로동신문」. "우리사회는 혁명적랑만이 차넘치는 생기발랄한 사회." (11월 28일), 론설, 1997.

「로동신문」. "우리는 백배로 강해졌다."(12월 12일), 정론, 1997.

「로동신문」. "위대한 당의 영도에 따라 최후승리의 강행군을 다그치자." (2월 16일), 1998.

「로동신문」. "우리는 영원히 잊지 않으리라." (10월 3일), 2000.

Alexander, J. *Cultural Trauma and Collective Identity*. Berkeley. University of California Press, 2004.

Burke, K. "Literature as equipment for living." *The philosophy of literary form*, pp. 293-304, 1973.

Janoff-Bulman, R. & Sheikh. S. "From national trauma to moralizing nation." *Basic and Applied Social Psychology*, Vol. 28 No. 4, pp. 325-332, 2006.

Kim, M. "Myths, Milieu, and Facts: History Textbook Controversies in Northeast Asia." Hasegawa Tsuyoshi and Togo Kazuhiko. eds. *East Asia's Haunted Present: Historical Memories and the Resurgence of Nationalism.* pp. 94-118. New York: Praeger, 2008.

Peter J., McKeena, A., McKay, P., & Laws, K. "Memory in Functional Psychosis." German E. Berrios and John R. Hodges. eds. *Memory Disorders in Psychiatric Practice.* pp. 234-67. Cambridge: Cambridge University Press, 2000.

대한민국 통계청. 『1993~2055 북한인구추계』. http://www.kostat.go.kr/portal/korea/kor_nw/3/index.board?bmode=read&aSeq=244062&pageNo=13&rowNum=10&amSeq=&sTarget=&sTxt.(2016/04/01), 2010.

통일부 북한정보포털. http://nkinfo.unikorea.go.kr/nkp/term/viewNkKnwldgDicary.do?pageIndex=1&koreanChrctr=&dicaryId=1.(2015.8.11)

한국영화데이터베이스. "자강도사람들." http://www.kmdb.or.kr/vod/vod_basic.asp?nation=F&p_dataid=24664#url.(2015/8/11), 2000.

제1부 제2장 북한 소설가 한설야의 평화의 마음

1. 북한 자료

• 단행본

『대중정치용어사전(증보판)』. 평양: 조선로동당출판사, 1959.
『대중정치용어사전』. 평양: 조선로동당출판사, 1957.
『조국통일민주주의전선선언서·강령』. 1957년판.
『조선말대사전』. 평양: 사회과학출판사, 1992.
『조선문학사』. 평양: 과학, 백과사전출판사, 1978.
『조선문화어건설리론』. 평양: 사회과학출판사, 2005.
『조선민주주의인민공화국 대회관계사 1』. 평양: 사회과학출판사, 1985.
『조선어 철자법』. 평양: 조선민주주의인민공화국과학원, 1954.
『조선중앙년감 1951~1952』. 평양: 조선중앙통신사, 1952.
『朝鮮中央年鑑 國內篇 1949』.
김일성. 『김일성전집』, 제9권, 평양: 조선로동당출판사, 1994.
박종원·류만, 『조선문학개관 2』. 평양: 사회과학출판사, 2010.
신언갑. 『주체의 인테리리론』. 평양: 과학, 백과사전출판사, 1986.

446

崔昌益, 『朝鮮民族解放鬪爭史』. 平壤: 金日成綜合大學, 1949.

평화옹호전국민족위원회. 『평화옹호세계대회문헌집』. 평양: 국립인민출판사, 1949.

• 논문과 소설과 시

"새로규정한우리글의띄어쓰기." 『천리마』, 6, 7, 8호, 2000.

"프레데리크 · 졸리오-큐리교수의 보고." 평화옹호전국민족위원회, 『평화옹호세계대회문헌집』.
　　평양: 국립인민출판사, 1949.

김룡준. "한설야와 장편소설 『력사』." 『사회과학원학보』, 82호, 2014.

김일성. "쏘련 모스크바에서 공부하고있는 우리 나라 류학생들과 한 담화." 『김일성전집』, 제9권.
　　평양: 조선로동당출판사, 1994.

＿＿＿. "북조선로동당 제2차대회에서 한 중앙위원회사업총화보고." 『김일성전집』, 제7권. 평양:
　　조선로동당출판사, 1993.

＿＿＿. "북조선로동당창립대회의 총화에 관하여." 『김일성전집』, 제4권. 평양:
　　조선로동당출판사, 1992.

김희중. "미제의 침략에 의한 남조선의 참상." 『근로자』, 제3호, 1958.3.1.

드 · 브 · 레빈. "외교의 개념에 관한 문제에 대하여." 『인민』, 3월호, 1949, 〔『북한관계사료집』,
　　37권(과천: 국사편찬위원회, 2002)에서 인용〕.

박헌영. "조선민주주의인민공화국 정부의 대외정책에 관하여." 『인민』, 2월호, 1949,
　　〔『북한관계사료집』, 37권(과천: 국사편찬위원회, 2002)에서 인용〕.

方壽龍. "平和의소리." 『문학예술』, 7호, 1949.

쁘 · 위신쓰끼 저, 정관호 역. "세계주의는 제국주의 반동의 무기이다." 『문학예술』, 8호, 1949.

평화옹호전국민족위원회. "평화옹호 전국련합대회 선언." 『평화옹호세계대회문헌집』. 평양:
　　국립인민출판사, 1949.

한설야. "파리기행: 제1차 세계평화대회를 중심으로." 『한설야선집: 수필』. 평양:
　　조선작가동맹출판사, 1960.

＿＿＿. "한설야씨의 보고." 평화옹호전국민족위원회, 『평화옹호세계대회문헌집』.

＿＿＿. "남매." 『八 · 一五解放四週年記念出版 小說集』. 평양: 문화전선사, 1949.

＿＿＿. "얼굴." 『문학예술』, 1호, 1949.

＿＿＿. "자라는마을." 『한설야단편집哨所에서』. 평양: 문화전선사, 1950.

＿＿＿. "평화를 위한 투쟁에서의 문학예술." 『문학예술』, 8호, 1949.

• 기타

「로동신문」에 연재된 『대동강』, 1952.

『근로자』, 제3호, 1958.3.1.

『문학예술』, 4호, 1948.

2. 국내자료

• 단행본

강진호. 『한설야』. 파주: 한길사, 2008.

김학재. 『판문점 체제의 기원』. 서울: 후마니타스, 2015.

김홍종. 『마음의 사회학』. 파주: 문학동네, 2009.

남원진. 『한설야의 욕망, 칼날 위에 춤추다』. 광명: 도서출판 경진, 2013.

대니얼 데닛(Daniel C. Dennett) 저, 이희재 역. 『마음의 진화』. 서울: 사이언스북스, 2006.

리디아 리우(Lydia H. Liu) 저, 민정기 역. 『언어횡단적 실천』. 서울: 소명출판, 2005.

박명림. 『한국전쟁의 발발과 기원 I』. 서울: 나남, 1996.

백원담·임우경. 『'냉전' 아시아의 탄생: 신중국과 한국전쟁』. 서울: 문화과학사, 2013.

블라디미르 일리히 레닌(Vladimir Il'ich Lenin) 저, 남상일 역. 『제국주의론』. 서울: 백산서당,
　　　1988.

시모토마이 노부오(下斗米伸夫) 저, 이종국 역. 『모스크바와 김일성: 냉전기의 북한
　　　1945~1961』. 서울: 논형, 2012.

안함광. 『조선문학사』. 연길: 연변교육출판사, 1957.

자크 랑시에르(Jacques Rancière) 저, 유재홍 역. 『문학의 정치』. 고양: 인간사랑, 2009.

정병준. 『현앨리스와 그의 시대』. 파주: 돌베개, 2015.

존 루이스 개디스(John Lewis Gaddis) 저, 정철·강규형 역. 『냉전의 역사: 거래, 스파이,
　　　거짓말, 그리고 진실』. 서울: 에코리브르, 2010.

중국중앙공산당사연구실 저, 홍순도·홍광훈 역. 『중국공산당역사』, 상권. 서울: 서교출판사,
　　　2014.

진은영. 『문학의 아토포스』. 서울: 그린비, 2014.

폴리쾨르 저, 박병수·남기영 편역. 『텍스트에서 행동으로』. 서울: 아카넷, 2002.

韓雪野. 『英雄金日成將軍』. 釜山: 新生社, 1947.

• 논문

구갑우. "북한 '핵 담론'의 원형과 마음체계, 1947-1964년." 『현대북한연구』, 제17권 1호, 2014.

＿＿＿, "미·중패권경쟁, 한국의 길은?" 『창비주간논평』, 2015.3.25.

기광서. "북로당 창설 과정에 대한 검토." 2014북한연구학회동계학술회의 발표문.

김철민. "코민포름 분쟁(1948)에 대한 유고슬라비아의 시각과 대응전략." 『슬라브연구』, 18권
　　　1호, 2002.

김영호. "탈냉전기 냉전 기원의 새로운 해석에 관한 연구." 『한국정치학회보』, 제35집 제2호,
　　　2001.

김철민. "코민포름분쟁(1948)에 대한 유고슬라비아의 시각과 대응전략." 『슬라브연구』, 제18권
　　　1호, 2002.

김태우. "냉전 초기 사회주의진영 내부의 전쟁·평화 담론의 충돌과 북한의 한국전쟁 인식 변화."
　　　『역사와 현실』, 제83호, 2012.

기무라 미쓰히코(木村光彦)·아베 게이지(安部桂司). 『전쟁이 만든 나라, 북한의 군사공업화』.
　　　서울: 미지북스, 2009.

박건영. "핵무기와 국제정치: 역사, 이론, 정책 그리고 미래." 『핵의 국제정치』, 서울:
　　　경남대출판부, 2012.

유임하. "북한초기문학과 '소련'이라는 참조점." 『한국어문학연구』, 57집, 2011.

이민영. "1947년 남북문단과 이념적 지형도의 형성." 『한국현대문학』, 39권, 2013.

이삼성. "동아시아 대분단체제: 전후 동아시아질서의 개념적 재구성과 '냉전'." 『냉전과 동아시아분단체제』, 한국냉전학회창립기념학술대회, 2015.6.25.

정성임. "북·러 관계." 『북한의 대외관계』. 파주: 한울, 2007.

정용욱. "6·25전쟁 이전 북한의 평화운동." 『역사비평』, 106호, 2014.

채오병. "식민구조의 탈구, 다사건, 그리고 재접합: 남한의 탈식민국가형성, 1945-1950." 『담론201』, 13권 1호, 2010.

청카이(程凱). "평화염원과 정치동원: 1950년의 평화서명운동." 백원담·임우경, 『'냉전' 아시아의 탄생: 신중국과 한국전쟁』. 서울: 문화과학사, 2013.

하영선. "근대 한국의 평화개념 도입사." 하영선 외, 『근대 한국의 사회과학 개념 형성사』. 파주: 창비, 2009.

• 기타

전중환. "내 속에 '나'는 없다." 「경향신문」, 2015년 11월 18일.

3. 국외자료

• 단행본

Barash, D. P. & Webel, C. *Peace and Conflict Studies*. London: Sage, 2002.

Daniels, R.(ed.). *A Documentary History of Communism Vol. I*. New York: Random House, 1960.

Leffler, M. & Westad, O.(eds.). *The Cambridge History of the Cold War: Volume I Origins*. Cambridge: Cambridge University Press, 2010.

Mercer, J. *Reputation & International Politics*. Ithaca: Cornell University Press, 1996.

Myers, B. *Han Sŏrya and North Korean Literature*. Ithaca: Cornell East Asia Series, 1994.

Ovsyany, I. D. et al. *A Study of Soviet Foreign Policy*. Moscow: Progress Publishers, 1975.

Rowlands, M. *The New Science of the Mind: From Extended Mind to Embodied Phenomenology*. Cambridge: The MIT Press, 2010.

Wittner, L. *One World or None: A History of the World Nuclear Disarmament Movement Through 1953*. Stanford: Stanford University Press, 1995.

• 논문

Burke, K. "Literature as Equipment for Living." Direction 1, Reprinted in D. Richter(ed.), *Classic Texts and Contemporary Trends*, Boston: Bedford Books, 1998.

Callahan, K., "The International Socialist Peace Movement on the Eve of World War I Revisited: The Campaign of 'War Against War!' and the Basle International Socialist Congress in 1912," *Peace & Change*, Vol.29, No.2, 2004.

"Cominform Resolution and Manifesto," *Current History*, Vol.13, No.76, December,

1947.

Deery, P., "The Dove Flies East: Whitehall, Warsaw and the 1950 World Peace Congress," *Australian Journal of Politics* & *History*, Vol.48, No.4, December 2002.

Fay, S., "The Cominform," *Current History*, Vol.14, No.77, January, 1948.

Hitchcock, W. "The Marshall Plan and the Creation of the West," in M. Leffeler and O. Westad(eds.), *The Cambridge History of the Cold War*. Cambridge: Cambridge University Press, 2010,

Holloway, D. "Nuclear Weapons and the Escalation of the Cold War, 1945-1962," in M. Leffeler and O. Westad(eds.), *The Cambridge History of the Cold War: Volume I Origins*. Cambridge: Cambridge University Press, 2010, http://wasi.alexanderstreet. com/help/view/the_womens_international_democratic_federation_widf_history_ma in_agenda_and_contributions_19451991.

Park-Kang, S. "Fictional IR and Imagination: Advancing Narrative Approaches." *Review of International Studies*, 41, 2015.

Pechatnoy, V. "The Soviet Union and the World, 1944~1953," in M. Leffeler and O. Westad(eds.), *The Cambridge History of the Cold War: Volume I Origins*. Cambridge: Cambridge University Press, 2010.

"Report on the Communist 'Peace' Offensive; A Campaign to Disarm and Defeat the United States," Prepared and Released by the Committee on UN-American Activities, U.S. House of Representatives, Washington, D.C., 1951.4.1.

"Soviet Cultural Policy-the Liberal Periond," in R. Daniels(ed.), *A Documentary History of Communism*, Vol.I, New York: Random House, 1960.

Stalin, J., "Stalin on Socialism in One Country," in R. Daniels(ed.), *A Documentary History of Communism Vol. I*. New York: Random House, 1960.

_____, "Stalin on the Two Camps," in R. Daniels(ed.), *A Documentary History of Communism Vol. II*. New York: Random House, 1960.

Wernicke, G., "The Unity of Peace and Socialism? The World Peace Council on a Cold War Tightrope Between the Peace Struggle and Intrasystemic Communist Conflicts," *Peace* & *Change*, Vol.26, No.3, 2001.

Zhdanov, A., "The 'Cold War' and the Cominform," in R. Daniels(ed.), *A Documentary History of Communism Vol. II*. New York: Random House, 1960.

제1부 제3장 북한 속어 '석끼' 담론을 통해 본 북한 주민의 마음

1. 국문단행본

김홍중. 『마음의 사회학』. 서울: 문학동네, 2009.

다케우치 요시미 저, 마루카와 데쓰시·스즈키 마사히사 편, 윤여일 역.『내재하는 아시아:

다케우치 요시미 선집 2』. 서울: 휴머니스트, 2011.
동국대학교 북한일상생활연구센터.『북한의 일상생활세계: 외침과 속삭임』. 서울: 한울, 2010.
조정아 외.『북한주민의 일상생활』. 서울: 통일연구원, 2008.
이교덕 외.『북한군의 기강 해이에 관한 연구』. 서울: 통일연구원, 2011.
홍민·박순성.『북한의 권력과 일상생활: 지배와 저항 사이에서』. 서울: 한울, 2013.

2. 국문논문

구갑우. "북한 소설가 한설야의 평화의 마음(1), 1949년."『현대북한연구』, 제18권 3호, 2015.
김성경. "북한 주민의 일상과 방법으로서의 마음: 생활총화와 검열의 상황에서의 공모하는
    마음."『경제와 사회』, 제09권, 2016.
김홍중. "마음의 사회학을 이론화하기: 기초개념들과 설명논리를 중심으로."『한국사회학』,
    제48권 4호, 2014.
남근우. "북한 영화와 탈북자 면접조사를 통해 본 사회주의 도덕의 약화와 현실 지속성 – 북한
    주민들은 왜 저항하지 않는가?"『아태연구』, 제21권 4호, 2014.
서동진. "환멸의 사회학: 김홍중의『마음의 사회학』에서의 마음, 사회, 그리고 비판의 자리들."
    『문화와 사회』, 제9권, 2010.
알렉산드르 제빈. "사회제체의 변화된 전통으로서의 북한의 인민반."『아세아연구』, 제37권 1호,
    1994.
이진호. "국어 유행어에 대한 연구." 전남대학교 국어국문학과 석사학위 논문. 2008.
주경복. "한불 은어비교를 통한 언어의 사회 심리적 기능 연구."『언어』, 제15권, 1990.
정영철. "북한의 생활문화로서 도덕 – 반제국주의 사상혁명과 사회주의 도덕."
    『남북문화예술연구』, 제9권, 2011.
주창윤. "해방 공간, 유행어로 표출된 정서의 담론."『한국언론학회보』, 제53권 5호, 2009.
최봉대·오유석. "은어풍자어를 통해 본 북한체제의 탈정당화 문제."『한국사회학』, 제32권,
    1998.
홍민. "북한의 도덕담론 교환구조와 사회적 관계의 변화 동학."『북한학 연구』, 제2권 1호, 2006.

3. 영문논문

Dumas, B. K. & Lighter, J. "Is Slang a Word for Linguists?" *American Speech*, vol. 53, no. 1,
    1978.
Lee, Soo-Jung, "North Korea 24-7: The Negotiation between Disciplinary and Market
    Regimes," 「AAS-ICAS 2011 Joint Conference」, Association for Asian Studies(AAS),
    Annual Conference of Association for Asian Studies, 2011.4.3.

4. 기타

「평양신문」, 1983년 4월 7일. http://munibook.unikorea.go.kr/?sub_name=information&c
    ate=1&state=view&idx=86&page=3&ste= (검색일: 2016. 4. 25).

제1부 제4장 인민의 몸과 마음을 규율하는 지배권력의 성(性)담론: 『조선녀성』 분석을 중심으로

1. 북한 문헌

김일성. 『김일성선집 1권』. 평양: 조선로동당출판사, 1954.

_____. 『김일성저작집 1권』. 평양: 조선로동당출판사, 1979.

김정본·강운빈. 『미학개론』. 평양: 사회과학출판사, 1991.

김정일. 『김정일 미술론』. 평양: 조선로동당출판사, 1992.

리홍종. 『녀성들의 공산주의 품성』. 평양: 로동신문출판인쇄소, 1960.

류승일·신광혁. 『선군: 사랑의 정치』. 평양: 평양출판사, 2010.

조선녀성사. 『전국어머니대회 문헌집』, 평양: 조선녀성사, 1962.

조선민주녀성동맹. 『조선녀성』, 1946년 9월-2015년 11월 각호. 평양:근로단체출판사, 1946-2015.

2. 국내 및 외국 문헌

게이 터크만 저, 박홍수 역. 『메이킹 뉴스 현대사회와 현실의 재구성』. 나남출판, 1995.

권금상. "북한여성의 섹슈얼리티 연구: 지배 권력과 여성주체 간의 동학을 중심으로." 북한대학원대학교 박사학위논문, 2015.

권헌익·정병호. 『극장국가 북한: 카리스마 권력은 어떻게 세습되는가』. 창비, 2013.

김복용. "해방직후 북한인민위원회의 조직과 활동." 『해방전후사의 인식 5』. 공동체, 1995.

김석향. "〈조선녀성〉에 나타나는 남녀평등과 성 차별 및 여성의 권리 의식 연구." 『여성과 역사』, 제3집, 한국여성사학회, 2005.

미셸 푸코 저, 이규현 역. 『성의 역사 1: 앎의 의지』. 나남출판, 1976.

박영자. "북한의 남녀평등 정책의 형성과 굴절(1945-70): 북한여성의 정치사회적 지위 변화를 중심으로." 『아시아여성연구』, 제43권 2호, 숙명여자대학교 아시아여성연구소, 2004.

박영자. "선군시대 북한여성의 섹슈얼리티 연구: 군사주의 지배 권력의 성 정체성 구성을 중심으로." 『통일정책연구』, 15권 2호, 통일연구원, 2005.

박현선. "북한 경제개혁 이후 가족과 여성생활의 변화." 북한연구학회(편), 『북한의 여성과 가족』, 2006.

빌헬름 라이히 저, 오세철 역. 『파시즘과 대중심리』. 현상과 인식, 1987.

세키가와 나쓰오. 『마지막 '신의 나라' 북조선』. 연합통신, 1993.

스튜어트 홀 저, 임영호 편역. 『문화, 이데올로기, 정체성』. 컬쳐북, 2015.

스티븐 미텐 저, 윤소영 역. 『마음의 역사』. 영림 카디널, 2001.

앙드레 미셸 저, 변화순·김현주 역. 『가족과 결혼의 사회학』. 한울아카데미, 2007.

에두아르드 푹스 저, 이기웅·박종만 역. 『풍속의 역사1: 풍속과 사회』. 까치, 2006.

연세대대학원 북한현대사연구회. 『북한현대사1: 연구와 자료』. 공동체, 1989.

오창섭. "위생 개념의 출현과 디자인." 『한국디자인문화학회』, 17권 4호, 한국디자인문화학회, 2011.

왕상셴. "국가의 가족계획운동과 남성성- 중국, 한국, 인도의 정관수술 비교 연구, 인구·몸·장소

452

저출산 시대 한중일의 인구정책과 젠더." 『제3차 한중 젠더국제 학술회의』, 성공회대, 2015년 8월.

우정. 『북한사회의 성과 권력』. 이경, 2012.

윤미량. 『북한의 여성정책』. 한울, 1991.

이사벨라 버드 비숍, 이인화 역. 『한국과 그 이웃 나라들』. 살림, 2006.

이성숙. 『여성, 섹슈얼리티, 국가』. 책세상, 2009.

임순희. "경제난과 북한여성: 식량난이 북한여성에게 미친 영향." 『통일논총』, 제25호, 숙명여자대학교 통일문제연구소, 2007.

전영선. 『북한의 대중문화: 이해와 만남, 소통을 위한 모색』. 글누림, 2007.

정진상·김수민·윤황. "북한의 인구구조에 관한 분석." 『북한연구학회보』, 7권 1호, 북한연구학회, 2003.

조정아·임순희·노귀남·이희영·홍민·양계민. 『북한주민의 의식과 정체성: 자아의 독립, 국가의 그늘, 욕망의 부상』. 통일연구원, 2010.

조지 모스 저, 서강여성문학연구회 역. 『내셔널리즘과 섹슈얼리티』. 소명출판, 2004.

찰스 암스트롱. 『북조선 탄생』. 서해문고, 2006.

크리스 쉴링 저, 임인숙 역. 『몸의 사회학』. 나남출판, 1993.

피에르 부르디외 저, 최종철 역. 『구별짓기: 문화와 취향의 사회학』. 새물결, 2006.

한나 아렌트 저, 이진우·박미애 역. 『전체주의의 기원 1』. 한길사, 2006.

Michel Foucault, *Discipline & Punish: The Birth of the Prison*. N,Y, : Vintage books, 1979., Robert Hurley trans. The History of Sexuality, volume 2: The use of Pleasure, N.Y. : Vintage books, 1990.

제1부 제5장 북한 시장화 이후 계급체계 노동계급의 이데올로기적 정체성 변화

1. 북한문헌

김천식. 『주체의 계급리론』. 평양: 과학백과사전종합출판사, 2001.

2. 국내문헌

김보근. "북한 부동산시장 꿈틀…"평양에 20만달러짜리 아파트 등장"." 『인터넷 한겨레』, 2015년 4월 6일자(http://www.hani.co.kr/arti/politics/defense/685702.html).

문성민. "북한 국민소득 통계 소개 및 소득수준 비교." 『통계를 이용한 북한 경제 이해』. 한국은행 경제연구원, 2014.

박영자. "2003년 '종합시장제' 이후 북한의 '주변노동'과 '노동시장'." 『한국정치학회보』, 제43집 3호, 2009.

장용석. "북한의 국가계급 균열과 갈등구조: 1990년대 경제위기 이후 변화를 중심으로." 성균관대학교 정치외교학과 박사학위논문, 2009.

정운영. 『노동가치이론 연구』. 서울 : 까치, 1993.

정은이. "1990년대 '고난의 행군' 이후, 북한에서 시장의 자생적 발전과정에 관한 연구."
　　『통일문제연구』, 제21권 제2호, 2009.
＿＿＿. "북한 부동산시장의 발전에 관한 분석: 주택사용권의 비합법적 매매 사례를 중심으로."
　　『동북아경제연구』, 제27권 1호, 2015.
조명철 외.『북한경제의 대중국 의존도 심화와 한국의 대응방안』. 서울: 대외경제정책연구원,
　　2005.
양문수.『북한경제의 시장화』. 파주: 한울, 2010.
윤철기. "북한지배체제의 성격과 해석." 성균관대학교 박사학위 논문, 2009.
＿＿＿. "북한체제에서 인플레이션 관리의 정치: 2009년 11월 화폐개혁을 중심으로."
　　『현대북한연구』, 제14권 2호, 2011.
＿＿＿. "체제적 부패상황과 북한의 정치경제."『북한 부패 실태와 반부패 전략』. 서울:
　　통일연구원, 2012.
＿＿＿. "북한체제의 주변부로의 귀환."『한국정치학회보』, 제47집 1호, 2013.
＿＿＿. "북한의 노동계급 이론과 실제."『통일문제연구』, 제27권 2호, 2015.
이국영.『자본주의의 역설: 계급균형과 대중시장』. 서울: 양림. 2005.
이영훈. "북한의 화폐금융 현황 및 최근의 금융조치 평가:
　　인플레이션·달러라이제이션·사금융을 중심으로."『북한연구학회보』, 제19권 2호, 2015.
한기범. "북한 정책결정과정의 조직형태와 관료정치," 북한대학원대학교 박사학위논문, 2010.

3. 해외문헌(번역본 포함)

大塚久雄 저, 송주인 역.『자본주의 사회의 형성』. 서울: 한벗, 1981.
Bahro, Rudolf. Die Alternative. Köln: Europäische Verlagsanstalt, 1977. *The Alternative
　　in Eastern Europe.* Manchester: New Left Review Press, 1978.
Beblawi, Hazem. "The Rentier State in the Arab World." *The Rentier State.* New York:
　　Croom Helm, 1985.
Brenner, Robert 저, 이영석 역. "전산업시대 유럽 농업 부문의 계급구조와 경제발전,"
　　『신자본주의 이행논쟁』. 서울: 한겨레, 1985.
Bryson, Phillip. *The Reluctant Retreat.* Dartmouth, 1995.
Djilas, Milnovan. *The New Class.* San Diego: A Harvest/Hbj Book, 1995.
Dobb, Maurice & Sweezy, Paul 저, 김대환 편역.『자본주의 이행논쟁』. 서울: 동녘, 1985.
Engels, Friedrich. "Anti-Dühring." *Marx Engels Werke 20.* Berlin : Dietz Verlag, 1975.
Elsenhans, Hartmut. "Rent, State and the Market: the Political Economy of the Transition
　　to Self-sustained Capitalism." *Paper for the 10th Annual Meeting of the Parkistan
　　Society of Development Economists in Islamabad,* 1994.
＿＿＿. *State, Class, and Development.* New Dheli: Dhaka, 1996.
＿＿＿. *Das Internationale System zwischen Zivilgesellschaft und Rente.* Münster: LIT
　　Verlag, 2000.
Habermas, Jürgen 저. 한승완 역.『공론장의 구조변동: 부르주아 사회의 한 범주에 관한 연구』.

파주: 나남, 2009.

Hofmann, Werner. *Stalinismus und Antikommunismus: Zur Soziologie des Ost-West-Konflikts*. Frankfurt: Suhrkamp, 1969.

Kornai, János. "The Soft Budget Constraint". *Kyklos*, vol. 39. Fasc. 1, 1986.

Kornai, Mskin, & Roland. 2002. "Understanding the Soft Budget Constraint" 2002.

Kubat, Daniel. "Soviet theory of classes." *Social Forces*, vol. 40. no.1, 1961.

Lane, David. *Soviet Labour and the Ethic of Communism*. Colorado: Westview Press, 1987.

Lenin, V. I. 저, 김민호 역. 『무엇을 할 것인가?』. 서울: 백두, 1988.

Lenski, Gerhard. *Power and Privilege*. New York: McGraw-Hill Book Company, 1966.

Liebman, Marcel 저, 정민규 역. 『레닌의 혁명적 사회주의』. 서울: 풀무질, 2007.

Lipset, Martin and Rokkan, Stein. *Party Systems and Voter Alignments*. New York: Free Press, 1967.

Marcuse, Herbert 저, 문헌병 역. 『소비에트 마르크스주의: 비판적 분석』. 서울: 동녘, 2000.

Marx, Karl. *Wage Labour and Capital*. in Marx/Engels Internet Archive, [1847]1999. (https://www.marxists.org/archive/marx/works/download/Marx_Wage_Labour_and_Capital.pdf)

_____. *The Poverty of Philosophy*. Moskow: Progress Publishers. 1999. Marx/Engels Internet Archive html ed, [1955]1999. (http://www.marxists.org/archive/marx/works/1847/poverty-philosophy/ch02e.htm)

_____. "Der Bürgerkrieg in Frankreich." in *Marx Engels Werke 17*. Berlin: Dietz Verlag, 1962.

_____. 강신준 역. 『자본 I-1, 2』. 서울: 도서출판 길, 2010.

Marx, Karl. "Kritik des Gothaer Programms." in *Marx Engels Gesamtausgabe 25*. Berlin: Dietz Verlag, [1875]1985.

Marx, Karl & Engels, Friedliche. "Manifest der Kommunitischen Partei." *Marx Engels Werke 4*. Berlin: Dietz Verlag, 1977.

Nove, Alec. "The Class Nature of the Soviet Union Revisited." *Socialism, Economics and Development*. London: Allen and Unwin, 1986.

Schmid, Claudia. *Das Konzept des Rentiers-Staates*. Hamburg: Lit Verlag, 1991.

Schultze, Peter. "Übergangsgesellschaft und Außenpolitik". in *Probleme des Sozialismus und der Übergangsgesellschaft*. Frankfurt am Main: Surhrkamp, 1973.

Sweezy, Paul. *The Theory of Capitalist Development*. New York: Monthly Review Press, 1956.

Ticktin, Hillel. "Toward a Political Economy of the USSR." *Critique*, vol.1. no.1, 1973.

Thompson, E. P. 저, 나종일 외 역. 『영국 노동계급의 형성 상』. 파주: 창비, 2004.

Wright, E. O. 저, 이한 역. 『계급론』. 파주: 한울아카데미, 2005.

Zagolow 저, 윤소영 편. 『정치경제학 교과서』. 서울: 새길, 1990.

제2부 제6장 남북한 주민 마음의 비교: 물질주의와 개인주의에 대한 정량적 분석

김창희. "북한 사회의 시장화와 주민의 가치관 변화."『한국동북아논총』, 제52집, 2009.
남희은 외. "대학생의 개인주의-집단주의 가치성향에 따른 탈북자에 대한 태도 및 통일 인식
　　영향에 관한 연구."『한국민족연구논집』, 60권, 2014.
독고순. "비교문화적 관점에서의 탈북 주민 적응 연구." 연세대학교 대학원 사회학과
　　박사학위논문, 1999.
박재홍·강수택. "한국의 세대변화와 탈물질주의: 코호트 분석."『한국사회학』, 제46집 4호,
　　2012.
양문수. "북한주민의 마음에 대한 정량적 연구: 물질주의와 개인주의를 중심으로."
　　『통일문제연구』, 제27권 2호, 2015.
이무철. "북한 주민들의 경제관과 개혁·개방 의식: 북한이탈주민 면접 조사를 통한 추론."
　　『북한연구학회보』, 제10권 제2호, 2006.
이정우. "탈북 청소년의 집단주의-개인주의 성향에 관한 비교 연구."『사회과교육연구』, Vol.13
　　No.2, 2006.
전귀연. "가족구조환경, 물질주의 및 청소년 비행간의 관계"『대한가정학회지』, 36(3), 1998.
한규석. "사회심리학에서의 문화 비교 연구." 한국심리학회 학술위원회 편,『심리학에서의
　　비교문화 연구』. 서울: 성원사, 1997.
한성열·이홍표. "개인주의-집단주의와 지각된 소외감의 관련성 연구." 한국심리학회 학술대회
　　자료집, 1994(1).
황호영·최영균. "조직공정성이 직무만족과 조직시민행동에 미치는 영향에 관한 연구:
　　개인주의·집단주의 효과를 중심으로."『인적자원개발연구』, 제5권 제1호, 2003.
Richins, M. L.& S. Dawson, "A Consumer Values Orientation for Materialism and Its
　　Measurement: Scale Development and Validation." *Journal of Consumer Research*,
　　19(3), 1992.
Triandis, Harry C. *Individualism & Collectivism*. Colorado: Westview Press, 1995.

제2부 제7장 북한이탈주민이 다문화집단에 대해 느끼는 현실갈등인식이 삶의 만족에 미치는 영향: 지각된 차별감의 매개효과를 중심으로

1. 국내자료

고경빈. "「북한이탈주민정착지원사무소」(하나원) 업무현황과 과제." Marc Ziemek 편,
　　『북한이탈주민 리포트: 먼저온 미래』. 서울: ㈜늘품플러스. Konrad Adenauer
　　Foundation, 2009.
권수현. "북한이탈주민에 대한 남한의 태도."『한국정치연구』, 20(2), pp. 129-153, 2011.
김병로. "북한이탈주민에 대한 태도와 사회통합 정도."『2010 한국의 사회동향』. 통계청,
　　통계개발원, 2010.

456

김석호. "한국인의 다문화수용성." 『2012 한국의 사회동향』. 통계청, 통계개발원, 2012.

김신영·임지연·김상욱·박승호·유성렬·최지영·이가영. 『청소년발달지표조사 I : 결과부분측정지표검증』. 한국청소년개발원, 2006.

김혜숙·김도영·신희천·이주연. "다문화시대 한국인의 심리적 적응: 집단정체성, 문화적응 이데올로기와 접촉이 이주민에 대한 편견에 미치는 영향." 『한국심리학회지: 사회 및 성격』, 25(2), pp. 51-89, 2011.

남북하나재단. 『2014 북한이탈주민 실태조사』. 남북하나재단, 2014a.

_____. 『2014 탈북청소년 실태조사』. 남북하나재단, 2014b.

박군석·한덕웅. "영호남의 상대적박탈에서 사회구조 요인과 사회정체성의 영향." 『한국심리학회 연차대회 학술발표논문집』, pp. 401-402, 2002.

북한이탈주민지원재단. 『2013 북한이탈주민사회조사』. 북한이탈주민지원재단, 2013a.

_____. 『충청지역 북한이탈주민실태조사』. 북한이탈주민지원재단, 2013b.

신미녀. "남한주민과 북한이탈주민의 상호인식을 통해 본 통일준비." 『사회과학연구』, 19(1), pp. 87-112, 2010.

안미영·김혜숙. "집단지위와 정당성 및 안정성이 차별지각에 미치는 효과." 『한국심리학회지: 사회 및 성격』, 17(3), pp. 159-179, 2003.

안미영·김혜숙·안상수. "집단의 지위, 정당성 및 안정성의 구조적 측면에 대한 지각이 차별 경험에 미치는 영향: 성별집단과 지역집단의 경우." 『한국심리학회지: 사회 및 성격』, 18(2), pp. 107-135, 2004.

양계민. "국내 소수집단에 대한 청소년들의 태도에 영향을 미치는 요인." 『한국심리학회지: 사회 및 성격』, 23(2), pp. 59-79, 2009.

_____. "한민족정체성과 자민족중심주의가 청소년의 다문화수용성에 미치는 영향." 『한국청소년연구』, 20(4), pp. 387-421, 2009.

_____. "현실갈등인식과 지각된 경제수준이 이주노동자에 대한 태도에 미치는 영향: 주관적안녕감의 상호작용효과를 중심으로." 『한국심리학회지: 사회 및 성격』, 24(1), pp. 111-128, 2010.

_____. "북한이탈주민이 국내 다문화집단에 대하여 느끼는 태도에 영향을 미치는 요인." 『한국심리학회지: 사회 및 성격』, 29(3), 165-193, 2015.

양계민·김승경·박주희. 『다문화가족 아동·청소년의 발달과정 추적을 위한 종단연구 II』. 연구보고 11-R07. 서울: 한국청소년정책연구원, 2011.

윤인진·길은배·박영희·엄홍석·윤여상·채정민. 『새터민 여성·청소년 실태조사 보고서』. (사)북한인권정보센터, 2006.

윤인진·송영호. 『한국인의 다문화적 소수자집단과 다문화사회에 대한 인식. 한국인의 갈등의식의 지형과 변화: 2007년과 2010년 한국인의 갈등의식 조사결과 비교분석』(윤인진·윤상우·이소영·김선업·조윤경·송영호). 서울: 고려대학교 출판부, 2012.

윤인진·채정민. "북한이탈주민과 남한주민의 상호인식: 정체성과 사회문화적 적응을 중심으로." 북한이탈주민지원재단. 『연구총서』, 2010-04, 2010.

이기식. 『독일통일 15년의 작은 백서』, 고려대학교 교양총서 5. 서울: 고려대학교출판부, 2008.

이승종. 『문화이입과정 스트레스와 유학생의 신념체계 및 사회적 지지와의 관계』. 연세대학교 석사학위청구논문, 1996.

이종두·백미현. "한국의 특수성과 다문화정책." 『한국다문화주의의 성찰과 전망』(윤인진·황정미 편), 아연동북아총서 20. 서울: 아연출판부, 2014.

조영아. "북한이탈주민의 차별경험이 심리적 디스트레스에 미치는 영향: 자아존중감과 자기효능감의 매개효과." 『상담학연구』, 12(1), pp. 1-19, 2011.

통일부. "북한이탈주민은 다문화인가요?" http://kin.naver.com/qna/detail. nhn?d1id6&dirId = 60602 & docId =151715707&qb =67aB7ZWc7J 207YOI7KO86 6+8IOuLpOusuO2ZlA = =&enc =utf8&section =kin&rank =1&search_sort =0&s pq =0&pid =SiLgpspySo0ssaljxllsssssssG-137486&sid =1OVI4DIh9HRfxuMBaLV3 vw%3D%3D(2015. 6. 30), 2012.

통일부. "북한이탈주민정책현황." http://www. unikorea.go.kr/content. do?cmsid =3099(2015. 6. 20), 2015.

통계개발원. 『한국의 사회동향 2012』. 통계개발원 보고서 11-1240245-000014-10, 2012.

한국청소년개발원. 『한국청소년개발지표연구 II: 측정도구 개발을 중심으로』. 서울: 한국청소년개발원, 2005.

행정자치부. 『2015년 지방자치단체 외국인주민 현황』. 행정자치부, 2015.

황정미·김이선·이명진·최현·이동주. 『한국사회의 다민족·다문화 지향성에 대한 조사연구』, 경제·인문사회연구회 협동연구총서 07-19-02. 서울: 한국여성정책연구원, 2007.

Ziemek, M. 『북한이탈주민 리포트: 먼저 온 미래』. 서울: ㈜늘품플러스. Konrad Adenauer Foundation, 2009.

2. 해외자료

Anderson, T. "Comparative Experience Factors Among Black, Asian, and Hispanic Americans: Coalitions or Conflicts?" *Journal of Black Studies*, 23(1), pp. 27-38, 1992.

Aronson, E , & Gonzalez, A. "Desegregation, Jigsaw, and the Mexican-American Experience." In *Eliminating Racism: Profiles in Controversy*, ed P. A. Katz and D. A. Taylor, pp. 301-14. New York: Plenum, 1998.

Ayalona, L. & Gum, A. M. "The relationships between major lifetime discrimination, everyday discrimination, and mental health in three racial and ethnic groups of older adults." *Aging & Mental Health*, 15(5), pp. 587-94, 2011.

Baker, J, & Binham, C. "Minority against minority." *Newsweek*, 117(20), p. 28, 1991.

Baron, R. M. & Kenny, D. A. "The moderator-mediator variable distinction in social psychological research: conceptual, strategic, and statistical considerations." *Journal of Personality and Social Psychology*, 51(6), pp. 1173-1182, 1986.

Barry, D. T., & Grilo, C. M. "Cultural self-esteem, and demographic correlates of perception of personal and group discrimination among East Asian immigrants."

American Journal of Orthopsychiatry, 73, pp. 223-229, 2003.

Bennett, G., Wolin, K., Robinson, E, Fowler, S., & Edwards, C. "Perceived racial/ethnic harassment and tobacco use among African Americans young adults." *American Journal of Public Health*, 95, 238-340, 2005.

Bobo, L., & Hutchings, V. L. "Perceptions of racial group competition: Extending Blumer's theory of group position to a multiracial social context." *American Sociological Review*, 61, 951-972, 1996.

Bodkin-Andrews, G. H., Seaton, M., Genevieve F. Nelson, G. F., Rhonda G. Craven, R. G. & Yeung, A. S. "Questioning the General Self-Esteem Vaccine: General Self-Esteem, Racial Discrimination, and Standardized Achievement Across Indigenous and Non-Indigenous Students." *Australian Journal of Guidance & Counselling*, 20(1), 1-21, 2010.

Brondolo, E., Brady, N., Thompson, S., Tobin, J., Cassells, A., & Sweeney, M. "Perceived racism and negative affect: Analyses of trait and state measures of affect in a community sample." *Journal of Social Clinical Psychology*, 27(2), pp. 150-173, 2008.

Brondolo, E., Rieppi, R., Kelly, K. P., & Gerin, W. "Perceived racism and blood pressure: A review of the literature and conceptual and methodological critique." *Annals of Behavioral Medicine*, 25, 55-65, 2003.

Cardarelli, R., Cardarelli, K. M., Fulda, Espinoza, A., Cage, C., Vishwanatha, J., Young, R., Steele, D., & Carroll, J. "Self-reported racial discrimination, response to unfair treatment, and coronary calcification in asymptomatic adults – The north Texas healthy heart study. *BMC Public Health*, 10(285), 1-11, 2010.

Chae, D., & Walters, K. "Racial discrimination and racial identity attitudes in relation to self-rated health and physical pain and impairment among two-sprit American Indians/Alaska Natives." *American Journal of Public Health*, 99(S1), S144-S151, 2009.

Coenders, M., Lunners, M., & Scheepers, P. *Majority populations' attitudes towards migrants and minorities-report for the European Monitoring Venter on Racism and xenophobia*, http://eumc.int, 2003.

Conover, P. J., & Feldman, S. "Emotional reactions to the economy: I'm mad as hell and I'm not going to take it anymore." *American Journal of Political Science*, 28, pp. 95-126, 1986.

Corning, A. F. "Self-esteem as a moderator between perceived discrimination and psychological distress among women." *Journal of Counseling Psychology*, 9, pp. 117-126, 2002.

Crocker, J., & Major, B. "Social stigma and self-esteem: The self-protective properties of stigma." *Psychological Review*, 96, 608-630, 1989.

Croker, J., Cornwell, B., & Major, B. "The stigma of overweight: Affective consequences of attributional ambiguity." *Journal of Personality and Social Psychology*, 64, 60-70, 1993.

Ellemers, N., & Bos, A. E. R. "Social identity, relative deprivation, and coping with the threat of position loss: A field study among native shop keepers in Amsterdam." *Journal of Applied Social Psychology*, 21, 1987-2006, 2006.

Esses, V. M., Jackson, L. M., & Armstrong, T. L. "Intergroup competition and attitudes toward immigrants and immigration: An experimental model of intergroup conflict." *Journal of Social Issues*, 54, pp. 699-724, 1998.

Fischer, A. R., & Shaw, C. M. "African Americans'mental health and perceptions of racist discrimination: The moderating effects of racial socialization experiences and self-esteem." *Journal of Counselling Psychology*, 46, 395-407, 1999.

Gee, G., & Walsemann, K. "Does health predict the reporting of racial discrimination or do reports of discrimination predict health?" *Social Science and Medicine*, 68, pp. 1676-1684, 2009.

Hayes, A. F. *Introduction to mediation, moderation, and conditional process analysis: A regression-based approach*. Guilford Press, 2013.

Jackson, J. W. "Realistic group conflict theory: A review and evaluation of the theoretical and empirical literature." *Psychological Record*, 43, 395-413, 1993.

Jost, J. T., & Banaji, M. R. "The role of stereotyping in system-justification and the production of false consciousness." *British Journal of Social Psychology*, 33, 1-27, 1994.

Juan, C. "Perceived Discrimination and Subjective Well-being among Rural-to-Urban Migrants in China." *Journal of Sociology & Social Welfare*, March 2013, Volume XL, Number 1, pp. 131-156, 2013.

Kaiser, C. R., & Miller, C. T. "Stop complaining! The social costs of making attributions to discrimination." *Personality and Social Psychology Bulletin*, 27, 254-263, 2001.

Karlsen, S., & Nazroo, J. Y. "Relation between racial discrimination, social class, and health among ethnic minority groups." *American Journal of Public Health*, 92, pp. 624-631, 2002.

Kessler, R. C., Mickelson, K. D., & Williams, D.R. "The prevalence, distribution, and mental health correlates of perceived discrimination in the United States." *Journal of Health and Social Behavior*, 40, pp. 208-230, 1999.

Major, B. "From social inequality to personal entitlement: The role of social comparisons, legitimacy appraisals and group membership." In M. P. Zanna (Eds.), *Advances in Experimental social psychology* (Vol.26, pp. 293-348). San Diego, CA: Academic Press, 1994.

Mellor, D. "Responses to racism: A taxonomy of coping styles used by Aboriginal Australians." *Australian Journal of Orthopsychiatry*, 74, pp. 56-71, 2004.

Michener, H. A., DeLamater, J. D., & Schwartz, S. H. *Social psychology*. San Diego:

Harcourt Brace Jovanovich, 1986.

Minescu, A. & Poppe, E. "Conflict in Russia: Testing the group position model." *Social Psychology Quarterly*, Vol. 74(2), pp. 166-191, 2011.

Noh, S., Beiser, M., Kaspar, V., Hou, F., & Rummens, J. "Perceived racial discrimination, depression and coping: A study of Southeast Asian refugees in Canada." *Journal of Health and Social Behavior*, 40, pp. 193-207, 1999.

Olzak, S., & Nagel, J. *Competitive ethnic relations*. New York: Academic Press, 1986.

Paradies, Y. "A systematic review of empirical research on self-reported racism and health." *International Journal of Epidemiology*, 35(4), pp. 888-901, 2006.

Pascoe, E., & Richman, L. "Perceived discrimination and health: A meta-analytic review." *Psychological Bulletin*, 135(4), pp. 531-554, 2009.

Pratto, F., Sidanius, J., Stallworth, L. M., & Malle, B. F. "Social dominance orientation: A personality variable predicting social and political attitudes." *Journal of Personality and Social Psychology*, 67, pp. 741-763, 1994.

Ruggiero, M., & Taylor, D. M.. "Coping with discrimination; How disadvantaged group members perceive the discrimination that confronts them." *Journal of Personality and Social Psychology*, 68, pp. 826-838, 1995.

Ruggiero, M., & Taylor, D. M. "Why minority group members perceive or do not perceive the discrimination that confronts them: The role of self-esteem and perceived control." *Journal of Personality and Social Psychology*, 72, pp. 373-389, 1997.

Sampson, R. J., Morenoff, J. D., & Raudenbush, S. "Social anatomy of racial and ethnic disparities in violence." *American Journal of Public Health*, 95(2), pp. 224-232, 2005.

Sanders-Phillips, K., Kliewer, W., Tirmazi, T., Nebbiyy, V., Carter, T., & Kye, Heather. Perceived Racial Discrimination, "Drug Use, and Psychological Distress in African American Youth: A Pathway to Child Health Disparities." *Journal of Social Issues*, 70(2), pp. 279-297, 2014.

Sandhu, D. S., & Asrabalah, B, R. "Development of an acculturative stress scale for international students: Preliminary findings." *Psychological Reports*, 75, pp. 435-448, 1994.

Schmitt, M., & Maes, J. "Stereotypic ingroup bias as self-defense against relative deprivation: Evidence from a longitudinal study of the German unification process." *European Journal of Social Psychology*, 32, 309-326, 2002.

Seaton, E., & Yip, T. "School and neighborhood contexts, perceptions of racial discrimination, and psychological well-being among African American adolescents." *Journal of Youth Adolescence*, 38, 153-163, 2009.

Sherif, M. *Group conflict and co-operation: Their social psychology*. London: Routlege & Kegan Paul, 1966.

Sobel, M. E. "Asymptotic Confidence Intervals for Indirect Effects in Structural Equation

Models." In Leinhardt, S. (ed). *Sociological Methodology*. pp. 290-312. Washington: American Sociological Association, 1982.

Szalacha, L. A, Erkut, S., Coll, C. G., Fields, J. P., Alarcon, O., & Ceder, I. Perceived discrimination and resilience. In S. S. Luthar (Ed.), *Resilience and vulnerability: Adaptation in the context of childhood adversities* (pp. 414-435). Cambridge: University Press, 2003.

Turner, J. C., & Brown, R. "Social status, cognitive alternatives and intergroup relations." In H. Tajfel (Ed.), *Differentiation between social groups: Studies in the social psychology of intergroup relations* (pp. 235-250). London: Academic Press, 1978.

Vedder, P., van de Vijver, F. J. R., & Leibkind, K. "Predicting immigrant youths'adaptation across countries and ethnocultural groups." In J. W. Berry, J. S. Phinney, D. L. Sam, & P. Vedder (Eds.), *Immigrant youth in cultural transition: Acculturation, identity and adaptation across national contexts* (pp. 47-50). Mahwah, NJ: Erlbaum, 2006.

Verkuyten, M., & Brug, P. "Educational performance and psychological disengagement among ethnic-minority and Dutch adolescents." *The Journal of Genetic Psychology, 164*, pp. 189-200, 2003.

Williams, D. R. "The health of U. S. racial and ethnic populations." *Journal of Gerontology*, 60B, pp. 53-62, 2005.

Wimmer, A. "Explaining xenophobia and racism: a critical revise of current research approaches." *Ethnic and Racism Studies*, 20(1), pp. 17-41, 1977.

Wong, C. A., Eccles, J. S., & Sameroff, A. "Ethnic identification: The influence on Africans' and Whites' school and socio-economic adjustment." *Journal of Personality*, 71, pp. 1197-1233, 2003.

Zatate, M. A., Garcia, B., Garza, A. A., & Hitlan, R. "Cultural thereat and perceived realistic group conflict as predictors of attitudes towards Mexican immigrants." *Journal of Experimental Social Psychology*, 40, 99-106, 2004.

제2부 제8장 북한이탈주민이 다문화집단에 대하여 지니는 태도에 영향을 미치는 요인

구재선. "행복은 심리적 자원을 형성하는가." 『한국심리학회지: 사회 및 성격』, 2(1), 165-179, 2009.

김광웅·이봉근. "북한이탈주민의 '사회적 배제'에 관한 실증연구." 『북한연구학회보』, 15(1), pp. 1-38, 2011.

김금미·한덕웅. "집단의 지위, 집단범주화 및 지위관련성이 집단간 분배에 미치는 효과." 『한국심리학회지: 사회 및 성격』, 16권 2호, pp. 147-171, 2002a.

_____. "집단간 지위, 성별사회정체성 및 지위관련성이 집단간 분배에 미치는 효과." 『한국심리학회지: 사회 및 성격』, 16권 3호, pp. 1-14, 2002b.

김이선·황정미·이진영.『다민족·다문화사회로의 이행을 위한 정책 패러다임 구축(I): 한국사회의 수용현실과 정책과제』. 한국여성정책연구원, 2007.

김혜숙. "북한사람에 대한 고정관념, 감정과 태도."『한국심리학회지: 사회문제』, 6(2), pp. 115-134, 2000.

_____. "우리나라 사람들이 가지는 가치가 소수집단에 대한 편견적 태도에 미치는 영향." 『한국심리학회지: 사회 및 성격』, 21(4), pp. 91-104, 2007.

김혜숙·고재홍·안미영·안상수·이선이·최인철. "다수집단과 소수집단에 대한 고정관념의 내용: 유능성과 따뜻함의 차원에서의 분석."『한국심리학회지: 사회 및 성격』, 17(3), pp. 121-143, 2003.

김혜숙·김도영·신희천·이주연. "다문화시대 한국인의 심리적 적응: 집단정체성, 문화적응 이데올로기와 접촉이 이주민에 대한 편견에 미치는 영향."『한국심리학회지 : 사회 및 성격』, 25(2). pp. 51-89, 2011.

남북하나재단. "'2014 북한이탈주민 사회조사' 보도자료." https://www.koreahana.or.kr/ eGovHana Report Detail.do?pageIndex=2&key=75083, 2014.

박영정.『북한이탈주민의 문화적응방안 연구』, 한국문화관광연구원 기본연구 11-62. 서울: 한국문화관광연구원, 2011.

북한이탈주민후원회. http://www.dongposarang.or.kr, 2001.

안전행정부.『2014년 지방자치단체 외국인주민현황』. 안전행정부 통계자료, 2014.

양계민. "국내 소수집단에 대한 청소년들의 태도에 영향을 미치는 요인."『한국심리학회: 사회 및 성격』, 23권 2호, 59-79, 2009.

_____. "현실갈등인식과 지각된 경제수준이 이주노동자에 대한 태도에 미치는 영향." 『한국심리학회지: 사회 및 성격』, 24(1), 111-128, 2010.

양계민·신현옥·박주희.『다문화가족 아동·청소년의 발달과정 추적을 위한 종단연구II』, 한국청소년정책연구원 연구보고 11- R07. 서울: 한국청소년정책연구원, 2011.

양계민.『청소년과 다문화수용성, 청소년문화론』, 2판. 서울: 교육과학사, 2015.

양계민·정진경. "북한이탈주민과의 접촉이 남한 사람들의 신뢰와 수용에 미치는 영향." 『한국심리학회지: 사회문제』, 11권 특집호, pp. 97-115, 2005.

_____.『사회통합을 위한 청소년 다문화교육 활성화방안 연구』, 연구보고 R08-07. 서울: 한국청소년정책연구원, 2008.

윤경로. "미주한인사회의 초기 구국운동과 한민족의 정체성: 1910년대 한인교회를 중심으로." 한국기독교와 역사 심포지움 자료집. 한국기독교역사연구소, 2004.

윤덕룡, 강태규. "탈북자의 실업과 빈부격차에 의한 갈등 및 대책."『통일연구』, 1(2), pp. 169-220. 연세대 통일연구원, 1997.

윤인진. "탈북자의 남한사회 적응실태와 정착지원의 새로운 접근."『한국사회학』, 33, pp. 511-549, 1999.

_____. "탈북자의 취업 및 직장부적응 상황." 한국사회학회 사회학대회 발표요약집. 2000권 2호, pp. 247-252, 2000.

_____. 소수자에 대한 사회적 인식과 거리감: 장애인, 북한이탈주민, 외국인노동자, 중국동포를 중심으로. 사회운동과 사회변동. 나남출판, 593-645, 2003.

_____. 탈북자의 사회적응실태와 지원방안. 한국의 소수자, 실태와 전망. 최협, 김성국, 정근식, 유명기 엮음. 서울: 한울아카데미, 2004.

윤인진·김상화. "적극적 조치에 대한 인식과 태도: 장애인, 북한이탈주민에 대한 대학생 의식조사."『경제와 사회』, 2003년 여름호(통권 제 58호), p. 238, 2003.

윤인진·송영호. "한국인의 소수자 및 다문화 관련 태도의 비교분석." 한국사회학회 후기사회학대회 국제이주/소수자 분과 발표논문집. 강원대학교, 12월 14-15일(2007년), 2007.

이광규. "세계 속 동포들의 현황과 과제."『이중언어학』, 29호, pp. 1-10, 2005.

이금순·강신창·김병로·김수암·안혜영·오승렬·윤여상·이우영·임순희·최의철. "북한이탈주민 적응실태 연구." 통일연구원 협동연구총서 03-07, 2003.

이기식.『독일 통일 15년의 작은 백서』. 서울: 고려대학교출판부, 2008.

이소래. "남한이주 북한이탈주민의 문화적응 스트레스에 관한 연구." 이화여자대학교 석사학위 논문, 1997.

이수정·양계민. "북한이탈주민과의 지역사회 내 접촉수준에 따른 남한출신주민의 태도의 차이: 인천 논현동 지역 거주자를 중심으로."『북한연구학회보』, 17(1), pp. 395-421, 2013.

이승종. "문화이입과정 스트레스와 유학생의 신념체계 및 사회적 지지와의 관계." 연세대학교. 석사학위청구논문, 1996.

이종두·백미현. "한국의 특수성과 다문화정책. 한국다문화주의의 성찰과 전망"(윤인진, 황정미 엮음).『아연동북아총서 20』. 서울: 아연출판부 고려대학교 아세아문제연구소, 2014.

임성택. "세계시민교육관점에서의 외국인에 대한 한국학생들의 고정관념분석."『교육학연구』, 41(3), pp. 274-301, 2003.

장상희. "인종간 접촉과 편견: 미국내의 한흑 집단간 비교연구."『사회조사연구』, 13(1), 43-59, 1998.

장태한.『아시안아메리칸: 백인도 흑인도 아닌 사람들의 역사』. 서울: 책세상, 2007.

전우택. "땅의 통일을 넘어 사람의 통일을 위하여: 통일에 있어 민족 이질화의 내용과 극복방안." 기독교학문 연구소.『신앙과 학문』, pp. 63-87, 2000.

조영아. "북한이탈주민의 차별경험이 심리적 디스트레스에 미치는 영향: 자아존중감과 자기 효능감의 매개효과."『상담학연구』, 12(1), pp. 1-19, 2011.

통일부. 2014 북한이탈주민입국현황, 2014.

Aberson, C. L. & Haag, S. C. "Contact, perspective taking and anxiety a predictors of stereotype endorsement explicit attitudes and implicit attitude." *Group Processes & Intergroup Relations*, 10(2), pp. 179-201, 2007.

Allport, G. W. *The nature of prejudice*. Doubleday anchor books, New York, 1954.

Alvarez, A. N., Sanematsu, D., Woo, D., Espinueva, M., & Kongthong, J. "Chinese Americans and racisms' impact on psychological well-being." Poster session presented at the 114th annual convention of the American Psychological Association, New Orleans, LA, 2006.

Baker, J, & Binham, C. "Minority against minority." *Newsweek*, 5/20/1991, 117(20), p. 28, 1991.

Brewer, M. B. "In-group bias in the minimal intergroup situation: A cognitive–motivational analysis." *Psychological Bulletin*, Vol 86(2), pp. 307-324, 1979.

Brewer, M. B. "Ethnocentrism and its role in intergroup trust." In M. Brewer & B. Collins (Eds.), *Scientific inquiry in the social sciences* (pp. 214-231). San Francisco: Jossey-Bass, 1981.

Brewer, M. B. "Ingroup identification and intergroup conflict." In L. Jussim, Ashmore, R. D., & Wilder, D. (Eds), *Social Identity, Intergroup Conflict, and Conflict Reduction*. New York: Oxford University Press, 2001.

Brown, R. J., & Turner, J. C. "Interpersonal and Intergroup Behavior." In Turner, J. C., & Giles, H. (Ed.) *Intergroup behavior*. Oxford, England: Basil Blackwell, 1981.

Coenders, M., Lunners, M., & Scheepers, P. "Majority populations' attitudes towards migrants and minorities-report for the European Monitoring Venter on Racism and xenophobia," http://eumc.int, 2003.

Compton, W. C. "An Introduction to Positive Psychology." *Counseling Psychology*, 54, pp. 132-141, 2005.

Diener, E. "Subjective well-being." *Psychological Bulletin*, 95, 542-575, 1984.

Diener, E., Suh, E. M., Lucas, R. E., & Smith, H. L. "Subjective well-being: Three decades of progress." *Psychological Bulletin*, 125, 276-302, 1999.

Eller, A. & Abrams, D. "Gringos' in Mexico: Cross-Sectional and Longitudinal Effects of Language School-Promoted Contact on Intergroup Bias." *Group Processes & Intergroup Relations*, 6(1), 55-75, 2003.

Forsyth, D. R. *Group Dynamics* (3rd Ed.). Belmont, CA: Wadsworth Publishing Company, 1999.

Greene, M. L., Way, N., & Pahl, K. "Trajectories of perceived adult and peer discrimination among Black, Latino and Asian America adolescents: Patterns and psychological correlates." *Developmental Psychology*, 42, 218-238, 2006.

Hewstone, M., Rubin, M., & Willis, H. "Intergroup Bias." *Annual Review of Psychology*, 53, 575-604, 2002.

Jones, J. *Prejudice and Racism* (second edition). New York: McGrow-Hill, 1997.

Jussim, L., Ashmore, R. D. & Wilder, D. "Social Identity and intergroup conflict." In L. Jussim, Ashmore, R. D., & Wilder, D. (Eds), *Social Identity, Intergroup Conflict, and Conflict Reduction*. New York: Oxford University Press, 2001.

Kahn, B. E., & Isen, A. M. "The influence of positive affect on variety seeking among safe, enjoyable products." *Journal of Consumer Research*, 20, pp. 257-270, 1993.

Lee, R. M. "Do ethnic identity and other-group orientations protect against discrimination for Asian Americans?" *Journal of Counseling Psychology*, 50(2), pp. 133-141, 2003.

Lee, R. M. "Resilience against discrimination: Ethnic identity and other-group orientation as protective factors for Korean Americans." *Journal of Counseling Psychology*, 52(1), 36-44, 2005.

Liang, C. T. H., & Fassinger, R. E. "The role of collective self-esteem for Asian Americans experiencing racism-related stress: A test of moderator and mediator hypotheses." *Cultural Diversity & Ethnic Minority Psychology*, 14, pp. 19-28, 2008.

Liang, C. T. H., Alvarez, A. N., Juang, L., & Liang, M. "The role of coping in the relationship between perceived racism and racism related stress for Asian Americans: Gender differences." *Journal of Counseling Psychology*, 54, pp. 132-141, 2007.

Liebkind, K., & Jasinskaja-Lahti, I. "The Influence of experiences of discrimination on psychological stress: A comparison of seven immigrant groups." *Journal of Community Applied Social Psychology*, 10, pp. 1-16, 2000.

Mackie, D. M., Devos, T,, Smith, E. R. "Intergroup emotions: Explaining offensive action tendencies in an intergroup context." *Journal of Personality and Social Psychology*, 79, pp. 602-616, 2000.

Multicultural Collaborative. *Race, Power, and Promise in Los Angeles: An Assessment of Responses to Human Relations Conflict.* Los Angeles: Multicultural Collaborative, 1996.

Myers, D. G., & Diener, E. "Who is happy?" *Psychological Science*, 6, pp. 10-19, 1995.

Oakes, P. L., & Turner, J. C. "Social categorization and intergroup behavior, Does minimal intergroup discrimination make social identity more positive?" *European Journal of Social Psychology*, 10, pp. 295-301, 1980.

Pettigrew, T. F. & Tropp, L. R. "How does intergroup contact reduce prejudice? Meta-analytic tests of three mediators." *European Journal of Psychology*, 3(6), pp. 922-934, 2008.

Pettigrew, T. F. "Generalized intergroup contact effects on prejudice." *Personality and Social Psychology Bulletin*, 23(2), pp. 173-185, 1997.

Pettigrew, T. F. "Intergroup contact theory." *Annual review of psychology*, Vol. 49, pp. 65-85, 1998.

Phinney, J. "Ethnic Identity in Adolescents and Adults: Review of Research." *Psychological Bulletin*, 108, 499-514, 1990.

Powers, D. A. & Ellison, C. G. "Interracial Contact and Black Racial Attitudes; The Contact Hypothesis and Selectivity Bias." *Social Forces*, 74(1), 205-226, 1995.

Rothbart, M. & John, O. P. "Social categorization and behavioral episodes: a cognitive analysis of the effects of intergroup contact." *Journal of Social Issues*, 41(3), 81-104, 1985.

Sandhu, D. S., & Asrabalah, B, R. "Development of an acculturative stress scale for international students: Preliminary findings." *Psychological Reports*, 75, 435-448, 1994.

Sherif, M. *Group conflict and co-operation: Their social psychology.* London: Routlege & Kegan, 1996

Shibutan, T., & Kwan, K. *Ethnic Stratification: A comparative Approach*. New York: The Macmillan Company, 1966.

Sigelman. L. & Welch, S. "The Contact Hypothesis Rivisited: Black-White Interaction and Positive Racial Attitude." *Social Forces*, 71(3), pp. 781-795, 1993.

Tajfel, H. "Social categorization, social identity and social comparison." In H. Tajfel, *Differentiation between social groups: Studies in the social psychology of intergroup relations*. London: Academic Press, 1978.

Tajfel, H. "Human groups and social categories: Studies in social psychology." Cambridge: Cambridge University Press, 1981.

Thoits, P. A., & Virshup, L. K. "Me's and we's : Forms and functions of social identities." In R. D. Ashmore, & L. Jussim, (Eds.), *Self and identity: Fundamental issues* (Rutgers Series on Self and Social Identity, Volume 1; pp. 106-133). New York: Basil Blackwell, 1997.

Tropp, L. R. & Pettigrew, T. F. "Intergroup contact and the central role of affect in intergroup prejudice." In C. W. Leach & L. Tiedens (Eds.), *Social life of emotion*, Cambridge University Press, 2004.

Turner, J. C. "Social categorization and the self-concept: a social cognitive theory of group behavior." In. E. E. J. Lawlen(Ed.) *Advanced in Group Process: Theory and Research*, Vol. 2. Greenwich, Com: JAIP, 1985.

Turner, J. C. "Rediscovering the social group: A self-categorization theory." New York: Basil Blackwell, 1987.

Turner, J. C., Hogg, M. A., Oakes, P. J., Reicher, S. D., & Wetherell, M. *Rediscovering the social group: A self-categorization theory*. Oxford/New York: Blackwell, 1987.

Turner, R. N., Hewstone, M. & Voci, "A. Reducing Explicit and Implicit Outgroup Prejudice Via Direct and Extended Contact : The Mediating Role of Self-Disclosure and Intergroup Anxiety." *Journal of Personality and Social Psychology*, 93(3), pp. 369-388, 2007.

Veenhoven, R. "The utility of happiness." *Social Indicators Research*, 20, pp. 333-354, 1988.

Waugh, C. E., & Fredrickson, B. L. "Nice to know you: positive emotions, self-other overlap, and complex understanding in the formation of a new relationship." *The Journal of Positive Psychology*, 1, 93-106, 2006.

Williams, D. R., Neighbors, H. W., & Jackson, J. S. "Racial ethnic discrimination and health: Findings from community studies." *American Journal of Public Health*, 93, 200-208, 2003.

Zárate, M. A. "Racism in the 21st century." In Nelson, T. D. (Ed.) *Handbook of prejudice, stereotyping, and discrimination*. New York: Taylor & Francis Group, 2009.

제3부 제9장 공감의 윤리, 그 (불)가능성: 필드에서의 연구자의 마음

김경호. "슬픔은 어디서 오는가?: 신체화된 마음을 중심으로."『철학탐구』, 31, pp. 125~152, 2012.

김왕배. "도덕감정: 부채의식과 감사, 죄책감의 연대."『사회와 이론』, 23, pp. 135~172, 2013.

김현경.『사람, 장소, 환대』. 서울: 문학과 지성사, 2015.

김홍중. "마음의 사회학 이론화하기: 기초개념들과 설명논리를 중심으로."『한국사회학』, 48(4), 2014.

노명우. "'지금' '여기'에서, 사회학에서 쓸모를 묻다." 지그문트 바우만,『사회학의 쓸모』. 서울: 서해문집, 2015.

리처드 세넷.『투게더』. 서울: 현암사, 2013.

마샤 누스바움.『감정의 격동 2: 연민』. 서울: 새물결, 2015.

신중섭. "도덕감정과 이기심: 아담스미스를 중심으로."『철학논총』, 73, pp. 109~133, 2013.

안진. "나는 왜 백인 출연자를 선택하는가?: 어느 TV 제작자의 로서적 연구."『미디어, 젠더&문화』, 30(3), pp. 83~121, 2015.

이기형. "소통과 감응을 지향하는 학문인 글쓰기를 위한 문제의식과 대안의 추구: '자기민속지학'과 대안적인 학술 글쓰기의 사례들을 중심으로."『커뮤니케이션 이론』, 9(2), pp. 250~301, 2013.

이남인.『현상학과 해석학』. 서울: 서울대학교출판문화원, 2013.

에드문트 후설.『순수현상학과 현상학적 철학의 이념들 1』. 서울: 한길사, 2009.

에바 일루즈.『감정 자본주의』. 서울: 돌베개, 2010.

_____.『사랑은 왜 아픈가: 사랑의 사회학』. 서울: 돌베개, 2013.

엘리 러셀 혹실드.『감정노동: 노동은 우리의 감정을 어떻게 상품으로 만드는가』. 서울: 이매진, 2009.

엠마누엘 레비나스.『시간과 타자』. 서울: 문예출판사, 2009.

정향진. "감정의 인류학."『한국문화인류학』, 46(3), pp. 165~209, 2013.

주형일. "왜 나는 스파이더맨을 좋아하는가: 자기민속지학 방법의 모색."『언론과 사회』, 15(3), pp. 2~36, 2007.

_____. "지방대에 대한 타자화 담론의 주관적 수용의 문제."『미디어, 젠더&문화』, 13, pp. 75~113, 2010.

_____. "직관의 사회학, 나의 사회학 그리고 현상학적 방법",『커뮤니케이션 이론』, 4(1), pp. 77~113, 2008.

지그문트 바우만.『도덕적 불감증: 유동적 세계에서 우리가 잃어버린 너무나도 소중한 감수성에 관하여』. 서울: 책읽는 수요일, 2015.

_____.『사회학의 쓸모』. 서울: 서해문집, 2015.

최종렬 외.『이야기가 있는 사회학: 베버와 바나나』, 서울: 마음의 거울, 2015.

최종렬·최인영. "탈영토화된 공공장소에서 '에스니시티 전시하기': 안산에 대한 관광객의 문화기술지적 단상들."『한국사회학』, 40(4), pp. 1~44, 2012.

클리퍼드 기어츠 저, 김병화 역. 『저자로서의 인류학자: 레비스트로스, 에번스프리처드, 말리노프스키, 베니딕트』. 서울: 문학동네, 2014.

피에르 테브나즈. 『현상학이란 무엇인가: 후설에서 메를로 퐁티까지』. 서울: 그린비, 2011.

한병철. 『에로스의 종말』. 서울: 문학과 지성, 2013.

한우리, 허철. "정체성의 구성과 균열: 20대 여성주의자와 아이돌 사이에서." 『문화와 사회』, 12, pp. 105~145, 2012.

황태연. 『감정과 공감의 해석학』. 서울: 청계, 2014.

Chang, Ngunjiri & Hernandez. *Collaborative Autoethnography*, CA: Left Coast Press, 2013.

Ellis, C & Bochner, A.P. "Autoethnography, personal narrative, reflexivity: Researcher as subject." in N. K. Denzin & Y.S. Lincoln (eds), *Handbook of Qualitative Research*, CA: Sage, 2000.

Holt, N.L. "Representation, Legitimation, and autoethnography: An autoethnographic writing story." *International Journal of Qualitative Methods*, 2(1), pp. 18~28, 2003.

Khosravi, Khosravi. *'Illegal' Traveller: An Auto-Ethnography of Border*. London: Palgrave, 2010.

Malinowski, Bronislaw. *A Diary in the Strict Sense of the Term*. London: Duckworkth, 1967.

Reed-Danahay, Deborah. *Auto/ethnography: Rewriting the Self and the Social*. London: Berg, 1997.

제3부 제10장 북한 주민의 일상과 방법으로서의 마음

구갑우. "북한 소설가 한설야의 '평화의 마음(1), 1949년'." 『현대북한연구』, 18(3), pp. 260-306, 2015.

권헌익·정병호. 『극장국가 북한』. 창비, 2013.

김누리. 『머릿속의 장벽: 통일 독일을 말한다 1』. 한울, 2006.

김병로. 『북한사회의 종교성: 주체사상과 기독교의 종교양식 비교』. 통일연구원, 2000.

김성경. "북한이탈주민의 월경과 북·중 경계지역: '감각'되는 '장소'와 북한이탈여성의 '젠더화'된 장소 감각." 『한국사회학』, 47(1), pp. 221~253, 2013.

_____. "북한 청년의 세대적 '마음'과 문화적 실천: 북한 '사이(in-between) 세대'의 혼종적 정체성." 『통일연구』, 19(2), pp. 5~39, 2015a.

_____. "2014 인천아시안게임 남북 여자축구 관람기: 탈북 주민과 남한 출신 연구자의 교차하는 마음(들)." 『문화와 사회』, 18, pp. 215~254, 2015b.

김왕배. "도덕감정: 부채의식과 감사, 죄책감의 연대." 『사회와 이론』, 11, pp. 135~172, 2013.

김홍중. "사회적인 것의 합정성을 찾아서: 사회 이론의 감정적 전환." 『사회와 이론』, 23, pp. 7-48, 2013.

김홍중. "마음의 사회학 이론화하기: 기초개념들과 설명논리를 중심으로." 『한국사회학』, 48(4), pp. 179~213, 2014.

다케우치 요시미 저, 서광덕, 백지운 역. "방법으로서의 아시아." 『일본과 아시아』. 소명출판, 2004.

대니얼 데닛 저, 이희재 역. 『마음의 진화』. 사이언스북스, 2006

랜달 콜린스 저, 진수미 역. 『사회적 삶의 에너지』. 한울, 2007.

마르셀 모스 저, 이상률 역. 『증여론』. 한길사, 2003.

박순성·홍민. 『외침과 속삭임, 북한의 일상생활세계』. 한울, 2010.

박형신·정수남. "고도 경쟁 사회 노동자의 감정과 행위 양식: 공포의 감정동학을 중심으로." 『사회와 이론』, 23, pp. 205~252, 2013.

배영애. "북한 사회통제의 특성과 변화." 『통일전략』, 11(4), pp. 147-183, 2011.

백영서. "중국에 '아시아'가 있는가." 『동아시아의 귀환』. 창작과 비평사, 2000.

브뤼노 카르센티 저, 김웅권 역. 『마르셀 모스, 총체적인 사회적 사실』. 동문선, 2009.

손장권. 『미드의 사회심리학』. 일신사, 1994.

신현정 외. 『마음학: 과학적 설명＋철학적 성찰』. 백산서당, 2010.

어빙 고프만 저, 진수미 역. 『상징작용 의례: 대면 행동에 관한 에세이』. 아카넷, 2004.

어빙 고프만 저, 윤선길·정기현 역. 『스티그마: 장애의 세계와 사회적응』. 한신대학교출판부, 2008.

에밀 뒤르켐 저, 노치준·민혜숙 역. 『종교 생활의 원초적 형태』. 한국사회학연구소, 1990.

에밀 뒤르켐 저, 윤병철·박창호 역. 『사회학적 방법의 규칙들』. 새물결, 2001.

유승무·신종화·박수호. "북한사회의 합심주의의 마음문화." 『아세아연구』, 58(1), pp. 38-65, 2015.

윤여일. "방법으로서의 동아시아." 『오늘의 문예비평』, 78, pp. 160~205, 2010.

이상길. "일상적 의례로서 한국의 술자리: 하나의 문화적 해석." 『미디어, 젠더 & 문화』, 창간호, pp. 39~77, 2004.

이수안. "감각중심 디지털문화와 포스트 휴먼 징후로서 '호모 센수스(homo sensus)'의 출현." 『문화와 사회』, 18, pp. 127-168, 2015.

이수원. "북한 주체사상학습체계의 종교성 연구: 기독교 종교 활동과의 비교를 중심으로." 『통일문제연구』, 55, pp. 311-343, 2011.

이우영 편. 『북한 도시주민의 사적 영역 연구』. 한울, 2008.

이우영·황규진. "북한의 생활총화 형성과정 연구." 『북한연구학회보』, 12(1), pp. 121-145, 2008.

이종석. 『조선로동당연구』. 역사비평사, 2003.

이희영. "사회학 방법론으로서의 생애사 재구성: 행위이론의 관점에서 본 이론적 의의와 방법론적 원칙." 『한국사회학』, 39(3), pp. 120-148, 2005.

에바 일루즈. 『감정자본주의』. 돌베개, 2010.

엘리 러셀 혹실드 저, 이가람 역. 『감정노동: 노동은 우리의 감정을 어떻게 상품으로 만드는가』. 이매진, 2009.

잭 바바렛. 『감정의 거시사회학: 감정은 사회를 어떻게 움직이는가』. 일신사, 2007.

_____. 『감정과 사회학』. 이학사, 2009.

정영철. "조직생활 유지의 근간, 생활총화." 『민족 21』, 11, pp. 136-137, 2002.

_____. "북한주민의 일생과 변화하는 일상." 장달중 편, 『현대북한학강의』. 한울, 2013.

조정아 외. 『새로운 세대의 탄생: 북한 청소년의 세대경험과 특성』. 통일연구원, 2013.

천광싱 저, 김진공 약. "세계화와 탈제국, '방법으로서의 아시아'." 『아세아연구』, 52(1), pp. 57-80, 2009.

최대석·박희진. "비사회주의적 행위유형으로 본 북한사회 변화." 『통일문제연구』, 23(2). pp. 69-105, 2011.

최봉대. "탈북자 면접조사 방법." 박재규 편, 『북한연구방법론』. 한울, 2003.

최응렬·이규하. "북한 인민보안부의 사회통제에 대한 연구." 『사회과학연구』, 19(1), pp. 187-218, 2012.

최종렬. "사회적 공연으로서의 2008 촛불집회." 『한국학논집』, 42. pp. 227~270, 2011a.

_____. "대면적 상호작용에서 여성의 '성스러운 게임'." 『사회이론』, 39, pp. 4-35, 2011b.

최종렬·최인영·김영은·이예슬. 『이야기가 있는 사회학: 베버와 바나나』. 마음의 거울, 2015.

통일정책연구소. 『주체사상과 인간중심철학』. 예문서원, 2003.

홍민·박순성. 『북한의 권력과 일상생활』. 한울, 2013.

Bellah, Robert, N. et al. *Habits of the Heart: Individualism and Commitment in American Life* (3rd edition). University of California Press, 2007.

Garfinkel, Harold. *Studies in Ethnomethodology*. Polity Press, 1984.

Schultz, Alfred. *Phenomenology of the Social World*. Northwestern University Press, 1967.

제3부 제11장 2014 인천아시안게임 남북 여자축구 관람기

곽승지. "북한의 움직임, 사회." 『월간 북한』, 2월호, 2014.

권명아. 『무한히 정치적인 외로움』. 갈무리, 2012.

권명아·김홍중·조형근. "'무한히 정치적인 외로움', 북클럽 논쟁." 『문화/과학』, 72, pp. 167-191, 2012.

김문겸. "축구의 대중화와 세계화의 사회학적 의미." 『경제와 사회』, 54호, pp. 9-34, 2002.

김성경. "북한이탈주민 일상연구와 이주연구 패러다임 신고찰." 『아태연구』, 18(3), pp. 1-21, 2011.

김성경. "분단체제가 만들어낸 '이방인', 탈북자: 탈냉전과 대량탈북시대에 남한 사회에서 '탈북자'라는 위치의 한계와 가능성." 『북한학연구』, 10(1), pp. 35-67, 2014.

김영천·이동성. "자문화기술지의 이론적 관점과 방법론적 특성에 대한 고찰." 『열린교육연구』, 19(4), pp. 1-27, 2011.

김원. "내일 남북 축구 결승 … 탈북자 '금메달 나눠먹었으면'." 「중앙일보」, 2014년 10월 1일, 2면, 2014.

김현경. 『현상학으로 바라본 새터민의 심리적 충격과 회복경험』. 한국학술정보, 2009.

김홍중. "진정성의 기원과 구조."『한국사회학』, 43(5), pp. 1-29, 2009.

_____. "사회적인 것의 합정성(合情性)을 찾아서."『사회와 이론』, 23, pp. 7-48, 2013.

_____. "마음의 사회학을 이론화하기: 기초개념들과 설명논리를 중심으로."『한국사회학』, 48(4), pp. 179~213, 2014.

메를로 퐁티 저, 류의근 역.『지각의 현상학』. 문학과 지성사, 2002.

문경근. "축구광 김정은의 '스포츠 정치'."「서울신문」, 10월 7일 3면, 2014.

베네딕트 앤더슨 저, 윤형숙 역.『상상의 공동체』. 나남출판, 2003.

신경림 외.『질적연구방법론』. 이화여자대학교출판부, 2005.

안민석. "2002년 월드컵과 스포츠문화."『경제와 사회』, 54호, pp. 35-56, 2002.

유승무·박수호·신종화. "'마음'의 사회학적 재발견과 '합심(合心)'의 소통행위론적 이해: 조선왕조실록의 용례 분석에 근거하여."『사회사상과 문화』, 28, pp. 1-47, 2013.

윤철기·양문수. "한 연구의 미시적 접근과 남북 접촉지대 연구: 마음체계 통합 연구를 위한 시론."『현대북한연구』, 16(2), pp. 251-280, 2013.

이계성. "지평선: "조선 열풍"."「한국일보」, 2014년 10월 10일 30면, 2014.

이남인.『후설과 메를로-퐁티 지각의 현상학』. 한길사, 2013.

이만우. "축구와 관중심리: '당파주의적 열정'에 대한 정신분석'."『경제와 사회』, 54, pp. 233-254, 2002.

이수정. "접촉지대와 경계의 (재)구성."『현대북한연구』, 17(2), pp. 85-125, 2014.

이용헌. "북한여자 축구팀과 집단주의 정신: 침체된 주민사기진작과 체제 결속을 위한 스포츠 활동 강조."『북한』, 1월호, 2009.

임현진·윤상철. "월드컵의 국제정치경제: 누구를 위한, 무엇을 향한 잔치인가?"『경제와 사회』, 54, pp. 57-83, 2002.

전영선.『북한의 언어: 소통과 불통 사이의 남북언어』. 경진출판, 2015.

조광제.『몸의 세계, 세계의 몸』, 이학사, 2004.

최종렬. "관광객, 이방인, 문화기술지자: 한 에스닉 관광 문화기술지에 대한 자아문화기술지."『문화와 사회』. 14, pp. 51-96, 2013.

최종렬·최인영. "탈영토화된 공공장소에서 '에스니시티 전시하기': 안산에 대한 관광객의 문화기술지적 단상들."『한국사회학』, 46(4), pp. 1-44, 2012.

피에르 부르디외 저, 최종렬 역.『구별짓기, 상·하』. 새물결, 2005.

Creswell, John W. 저, 조홍식 역.『질적연구방법론 다섯가지 전통』. 학지사, 2005.

Ellis and Bochner. "Autoethnography, Personal Narrative, Reflexivity." pp. 733~768 in Norman K. Denzin and Y.S. Lincoln (eds), *Handbook of Qualitative Research* (2nd edition). Thousand Oaks, CA: Sage, 2000.

Elllis, Carolyn. *The Ethnographic I: A Methodological Novel About Autoethnography*. Oxford: AltaMira Press, 2004

Geertz, C. *Local Knowledge: Further Essays in Interpretive Anthropology*. New York: Basic Books, 1983.

Holt, Nicholas L. "Representation, Legitimation, and Autoethnography: An Autoethnographic Writing Story." *International Journal of Qualitative Methods*,

2(1), pp. 1-22, 2003.

Sabelo J. Ndlovu-Gatsheni. "The World Cup, Vuvuzelas, Flag-Waving Patriots and the Burden of Building South Africa." *Third World Quarterly*, 32, no. 2, 2011.

Schuetz, A. "The Stranger: An Essay in Social Psychology", *American Journal of Sociology*, 49-6, 1944.

Simmel, Georg. "The Stranger" excerpt from Donald N. Levine, ed. *On Individuality and Social Forms: Selected Writings*. Chicago: Chicago University Press, 1972.

Wall, Sarah. "An Autoethnography on Learning About Autoethnography", *International Journal of Qualitative Methods*, 5(2), pp. 146-160, 2006.

Williams, Raymond. *Marxism and literature*. Oxford: Oxford University Press, 1977.

찾아보기

474

저자 약력

이우영은 연세대학교에서 지식사회학으로 박사학위를 받았다. 통일연구원 선임연구위원을 거쳐 북한대학원대학교 교수로 재직 중이다. 『남북한 문화정책비교』, 『북한문화 둘이면서 하나인 문화』(공저), 『북한도시주민의 사적영역연구』(공저) 등의 저서가있고, 북한의 사회문화 변화, 남북한 사회문화 통합 등을 주로 연구하고 있다.

구갑우는 서울대학교 경제학과를 졸업(1986)하고 같은 대학 정치학과 대학원에서 정치학 박사학위(1998)를 받았다. 일본 토야마 대학 외래교수, 릿쿄 대학 방문연구원을 지냈고, 현재 북한대학원대학교 교수로 재직 중이다. 지은 책으로는 『비판적 평화연구와 한반도』, 『국제관계학 비판: 국제관계의 민주화와 평화』가, 주요논문으로는 "아일랜드섬 평화과정 네트워크의 형태변화", "북한 '핵담론'의 원형과마음체계, 1947년-1964년", "제2차 북미 핵갈등의 담론적 기원", "북한 소설가 한설야(韓雪野)의 '평화'의 마음(1), 1949년" 등이 있다.

이수정은 미국 일리노이대학에서 인류학으로 박사학위를 받았다. (재)무지개청소년센터 부소장, 북한대학원대학교 조교수를 거쳐, 현재 덕성여자대학교 문화인류학과 조교수로 재직 중이다. 주요 저서로는 『인류학 민족지 연구 어떻게 할 것인가』(공저) 등이 있으며, 북한이주민/난민, 북한사회/문화, 이주, 평화, 젠더 등을연구 주제로 삼고 있다.

권금상은 충남대학교 교육사회학으로 박사학위 후 충남여성정책개발원에서 다문화정책 연구위원, 북한대학원대학교 북한학 박사학위를 수여하여 동대학원 SSK마음통합연구단에서 연구교수를 역임했다. 주요저서는 『10가지 접근 다문화사회의 이해』(공저), 『외로운 아이로 키우지 마라』(단독) 등이 있으며 분단사회의 통합과 북한여성 문제에 관심을 가지고 연구하고 있다.

윤철기는 성균관대 정치외교학과에서 학사, 석사, 박사를 받았다. 성균관대, 서울시립대 등에서 강의를 했고, 북한대학원대학교에서 연구교수를 했다. 현재는 서울교육대학교 윤리교육과에서 조교수로 재직 중이다. 북한의 정치경제, 남북한 사회통합, 통일교육 등에 관심을 가지고 연구를 하고 있다.

양문수는 일본 도쿄대(東京大)에서 경제학 박사학위를 받았다. 매일경제신문 기자, 문화일보 기자, LG경제연구원 부연구위원을 거쳐 현재 북한대학원대학교 교수로 재직 중이다. 주요 저서로는 『북한경제의 시장화』 등이 있고, 북한경제, 남북경협, 남북경제통합 등을 연구주제로 삼고 있다.

양계민은 중앙대학교에서 심리학으로 박사학위를 받았고, 현재 청소년정책연구원 선임 연구위원으로 재직 중이다. 주요 연구 주제는 탈북이탈주민과 다문화 가족의 아동 및 청소년 정책방안이다.

김성경은 영국 에섹스대학에서 사회학으로 박사학위를 받았다. 성공회대학교 동아시아연구소, 싱가폴국립대학교 아시아연구소(Asia Research Institute)와 사회학과를 거쳐 2014년부터 북한대학원대학교에서 조교수로 재직 중이다. 북한 사회/문화, 이주, 여성, 영화 등을 주요 연구주제로 삼고 있으며, 최근에는 분단의 문제를 마음이라는 키워드로 분석하는 것에 관심을 기울이고 있다.